CB064461

MISTURE A GOSTO

Glossário de ingredientes do Brasil

Dados Internacionais de Catalogação na Publicação (CIP)
(Câmara Brasileira do Livro, SP, Brasil)

Trajano, Ana Luiza

    Misture a gosto: glossário de ingredientes do Brasil / [idealização, criação, pesquisa e curadoria]. Ana Luiza Trajano; [tradução francês Aldo Monteiro; tradução inglês Elisa D. Teixeira]. – São Paulo: Editora Melhoramentos, 2015.

    Edição trilíngue: português/francês/inglês.
    ISBN 978-85-06-07958-4

    1. Culinária – Brasil 2. Cultura – Brasil 3. Gastronomia – Brasil 4. Gastronomia – Glossários, vocabulários etc. I. Título.

15-09679   CDD-641.0130981

Índices para catálogo sistemático:
1. Brasil: Gastronomia 641.0130981
2. Gastronomia: Brasil 641.0130981

© Ana Luiza Trajano

© 2015 Editora Melhoramentos Ltda.
Todos os direitos reservados.

2ª edição, novembro de 2015
ISBN: 978-85-06-07958-4

Atendimento ao consumidor:
São Paulo – SP – Brasil
Tel.: (11) 3874-0880
sac@melhoramentos.com.br
www.editoramelhoramentos.com.br

Impresso no Brasil

MISTURE A GOSTO

Glossário de ingredientes do Brasil

MELHORAMENTOS

Idealização, criação, pesquisa e curadoria: Ana Luiza Trajano

Gestão de projeto e produção geral: Vinícius Martini Capovilla (SAPERIAN Agência de Inteligência Gastronômica)

Direção de criação: Bruno D'Angelo (Yello Jello Soluções Criativas)

Edição, textos e revisões: Gabriela Erbetta (Ipê Edições e Comunicação)

Projeto gráfico e direção de arte: Paulo Inoue (Yello Jello Soluções Criativas)

Fotografia artística: Alexandre Schneider (Z5 Produções Fotográficas)

Pesquisa e textos: Júlio Simões, Nana Tucci, Silvana Azevedo

Produção gastronômica: Fernanda Cunha e Vinícius Martini Capovilla

Ilustração: Eber Evangelista

Tratamento de imagens: Paulo Garcia (Z5 Produções Fotográficas)

Assistência gráfica: Leandro da Costa

Prefácio e consultoria: Neide Rigo

Tradução (francês): Aldo Monteiro; Ipê Edições e Comunicação

Tradução (inglês): Elisa D. Teixeira; Ipê Edições e Comunicação

Pitacos geniais: Eco Moliterno

Assessoria jurídica: Olivieri & Associados

Agradecimentos: Agenor Maia, Alexandre Costa, Ana Alice Correa, Antonio Carlos Capovilla, Ari Lopes, Bella Masano, Beto Pimentel, Brasil a Gosto e equipe, Breno Lerner, Cacau Show, Carla Pimentel, Castelatto Acabamentos, Cerrado Carnes, Cíntia Bello, Clarisse Barreiros Barbosa de Araujo, Denise Rohnelt De Araújo, Domingos Llorca, Douglas Bello, Eliana Martini Capovilla, Elie Werdo Jr., Erica Torres, Fábio Vieira, Gonzalo Barquero, Humberto Macêdo, Ibiza Acabamentos, Joanna Martins, João Paulo Abade, Joca Pontes, José Luiz Felício, Jussara Dutra, Kadhum Barbosa Lima, Kalina Romeiro, Luciana Santos, Luiza Helena Trajano Inácio Rodrigues, Luiza Trajano Donato, Marcos Livi, Marcos Torres, Margot Botti, Miragina, Neka Menna Barreto, Ocílio Ferraz, Paulo Machado, Renato Capovilla, Sergio Polignano, Sítio do Bello, Suely Sani Quinzani, Ticiana Neves Guerra, Tereza Paim

CRÉDITO DE FOTOS:
Shutterstock (Cação, Capivara, Cateto, Grumixama, Ovos de Capote, Paca, Queixada); **Sergio Polignano** (Tartaruga)

Aos produtores, pesquisadores e cozinheiros que se dedicam a perpetuar e valorizar nossa identidade culinária.

Aos meus filhos, Pedro e Antoine, com a esperança de que a geração deles possa usufruir a cozinha brasileira.

E aos meus pais e avós, por terem me ensinado que a cozinha brasileira é um valor tão importante quanto os outros.

SUMÁRIO

Prefácio	9
Apresentação	11
Aproveite seu livro	13
Ingredientes	14
English / Français	230
Índice	336
Bibliografia	338

VIAGEM GUIADA SEM DIVISÃO DE CLASSES

QUANDO ANA LUIZA ABRIU O SEU BRASIL A GOSTO, em 2006, ela era ainda uma menina – pelo menos na idade e na feição. No entanto, era madura nas suas decisões e logo mostrou que não estava ali pra brincar de restaurante nem pra fingir que se interessava por comida brasileira quando o assunto ainda não estava na moda. Foi logo expondo seu baú de conhecimento e curiosidade acumulados desde pequena.

Por ter nascido no interior de São Paulo, por passar férias com a avó cearense e porque gostava de estar sempre perto de quem cozinhava, Ana aproveitou cada oportunidade que teve para aprender.

Com o que tinha em mãos, poderia ter se trancado na cozinha e ainda assim comeríamos do bom e do melhor. Se ela quisesse, poderia viajar mundo afora e mostrar descobertas de fazer inveja a qualquer cozinheiro ou amador da cozinha. Em vez disso, abastece sua mala de uma paixão rara e se embrenha por lugares desconhecidos em nosso próprio território para voltar com a bagagem pesada de ingredientes novos para a maioria de nós, conhecimento sólido e muitas ideias na cachola.

Ana não se contenta em cozinhar e servir um lindo e delicioso prato. Faz questão também de viajar por todo o Brasil para ver de perto ingredientes e produtos. Aprende como preparar, observa os gestos e atenta para os utensílios usados. Para isso, entra na casa de pessoas e se torna uma delas com humildade e gentileza.

Ana Rita Dantas Suassuna, autora do livro *Gastronomia Sertaneja*, me contou que andou com ela por aí. Embora Ana Luiza já conhecesse as feiras de Caruaru e de Gravatá, aproveitou a companhia especializada da amiga para entender mais sobre os ingredientes e a comida do sertão. Quis ainda aprender com a irmã boleira da escritora a fazer bolo de rolo, o grude de goma e o Souza Leão. E assim são suas andanças, valendo-se de cada momento para se instruir. Se alguém está saindo para pescar em mar aberto, Ana vai junto. Se é pra enfiar os pés no mangue para catar caranguejo, vai também. Caminhão, avião, barco, jegue, não importa o meio, Ana sempre chega aonde quer.

Depois de suas viagens, quando visita feiras, mercados, produtores e cozinheiros, costuma homenagear o lugar com um cardápio criado para o Brasil a Gosto a partir dos ingredientes e das formas locais de preparo. É o jeito que encontrou de apresentar a cozinha brasileira aos clientes e estimular outros profissionais e amadores a conhecer nosso país no que ele tem de melhor. Nisto, tem sido mestra.

E, generosa que é, faz questão de dividir também com os amigos os itens que traz na mala. De sua última expedição ao Piauí, por exemplo, me trouxe uma bolsa feita com palha de buriti cheia de preciosidades como munguba, cará-moela, fava-feijão, alga, macaúba e outros mimos.

Parte desses ingredientes desvendados Brasil afora ou produtos do dia a dia você vai encontrar nas próximas páginas deste livro, que traz informações enciclopédicas, mas não monótonas. Na leitura linear ou na simples consulta, você vai perceber o ritmo e o destaque para dados de maior relevância que podem variar entre os verbetes. Às vezes interessa mais saber sobre a origem do alimento ou os nomes populares; em outro caso, a composição nutricional, o preparo ou se aquele item está protegido pelo projeto Arca do Gosto, do Slow Food, por exemplo.

Então, embarquemos aqui numa viagem guiada sem divisão de classes, que é como Ana trata ingredientes e viajantes, e vamos não só revendo o que já nos é familiar, como o chuchu, mas também descobrindo a riqueza que a autora nos revela. E nunca mais vamos confundir farinha d'água com farinha seca, goma com carimã ou carne de fumeiro com carne-seca. Faça como ela, aproveite tudo!

Neide Rigo é nutricionista, autora do blog Come-se *e uma das maiores especialistas em ingredientes do país*

CONHECER, UTILIZAR, PRESERVAR

PESQUISAR A RIQUEZA da cozinha brasileira, para mim, é mais do que um trabalho: é um imenso prazer e meu legado de vida. Há mais de dez anos, quando comecei a viajar pelo país para ver de que forma nossos ingredientes são utilizados no dia a dia, minha maior preocupação sempre foi aprender de que maneira eles aparecem no cotidiano das pessoas. Dividir esse conhecimento tem sido uma missão do restaurante Brasil a Gosto e, agora, é a deste livro também: acredito que compartilhar a informação só nos fortalece.

Misture a Gosto organiza parte desse conhecimento. Nas próximas páginas, você encontrará imagens e informações sobre mais de 500 ingredientes existentes no Brasil. Alguns são utilizados – e, muitas vezes, conhecidos – apenas em suas regiões de origem, como o óleo de babaçu do Piauí e do Cariri cearense. Outros participam mais da culinária em todos os recantos do país, a exemplo da mandioca e do arroz. E há também os que, além do extenso aproveitamento individual, ainda dão origem a vários outros alimentos, caso da mandioca e seus subprodutos: farinha, goma, polvilho, tucupi.

Muitas dessas comidas e processos, porém, correm o risco de se perder se não fizermos uso deles. Órgãos como a Embrapa (Empresa Brasileira de Pesquisa Agropecuária) desempenham um papel importante ao orientar e apoiar a perpetuação de nossos ingredientes. E hoje existem mais produtores dedicados a fornecer alimentos que, um dia, estiveram fadados a sumir do mapa, assim como um grupo de chefs interessado em seus usos. A matemática é simples: quanto maior o consumo, maior a demanda e a manutenção de sua existência.

Por isso, unir forças para perpetuar nossas riquezas é extremamente necessário. Utilizar esses ingredientes no cotidiano, dentro da sua casa, faz com que os alimentos tipicamente brasileiros se mantenham entre nós. Exemplo disso são diversos queijos regionais que, depois de adotados por vários restaurantes e chefs, já se encontram à venda em supermercados e empórios de outros cantos do país. O baru, uma castanha do Cerrado, e a farinha de mandioca de Uarini, feita no Amazonas, começam a seguir o mesmo caminho.

E a riqueza culinária brasileira não se esgota, é claro, em 500 ingredientes. Este livro terá continuações e pretende se firmar como uma obra de referência ainda mais completa a respeito de nossa identidade cultural. Por isso – e por acreditar que o esforço coletivo é capaz de dar excelentes frutos –, faço um convite a você. Entre em contato para dizer que alimento brasileiro você conhece e que merece espaço em nosso próximo glossário. Se tiver algum por perto, melhor ainda: pode mandar e nós fotografamos. Você me encontra no e-mail pesquisa@brasilagosto.com.br.

O próximo livro da coleção Brasil a Gosto trará receitas clássicas da nossa cozinha sem se limitar aos seus regionalismos. Teremos acarajé e feijoada, sim, mas também pratos do cotidiano, como arroz com feijão e bife acebolado. E essas tradições, assim como nossos melhores ingredientes, merecem ser preservadas. Conto com vocês nessa empreitada.

Misture os ingredientes a gosto e boa leitura.

Ana Luiza Trajano

APROVEITE SEU LIVRO

- Os ingredientes aparecem em ordem alfabética. Como existem muitas variações regionais de nomes – mandioca, por exemplo, pode ser macaxeira, mas também aipim –, o índice da página 336 ajuda a identificar os produtos da maneira como são chamados em cada lugar.

- Os **destaques** dos textos referem-se a pratos típicos ou a preparos clássicos encontrados no dia a dia da cozinha e dos restaurantes brasileiros.

- As grandes fotografias em páginas duplas mostram ingredientes importantes para a cultura gastronômica do país e alguns de seus subprodutos. Os principais deles foram escolhidos como verbetes deste livro.

- Sempre que possível, foi usada a nomenclatura binomial mais recente para identificar o nome científico dos ingredientes. Essa, porém, é uma informação que sofre constantes atualizações.

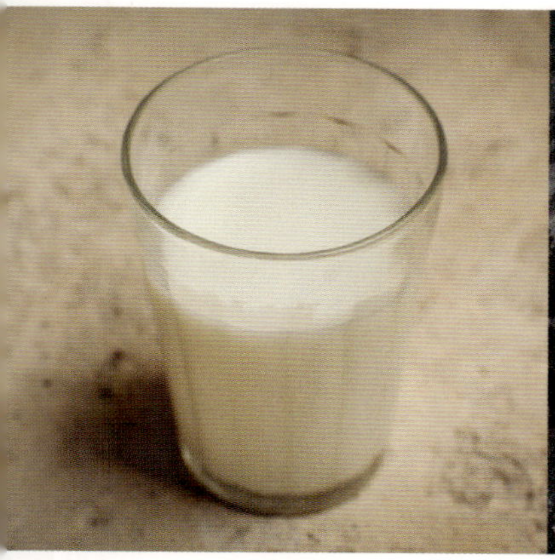
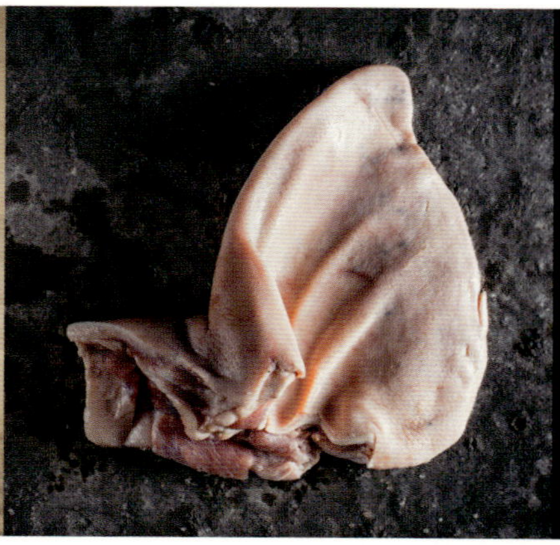
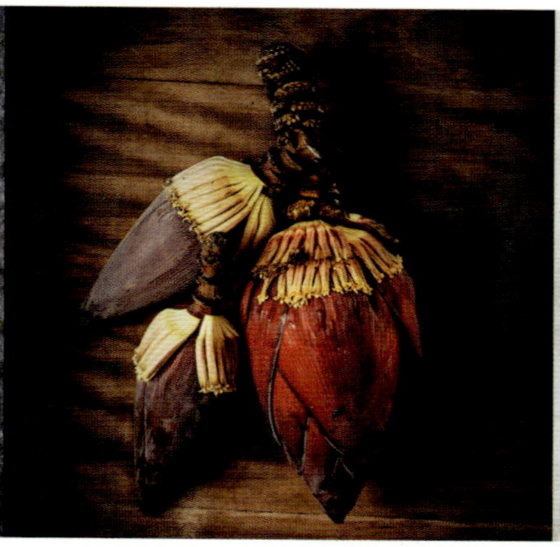
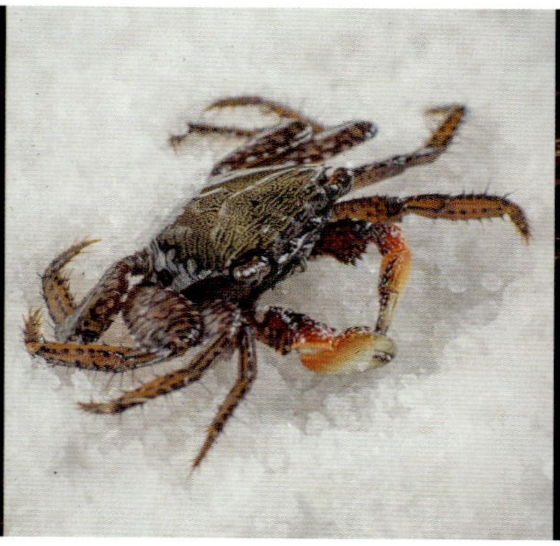
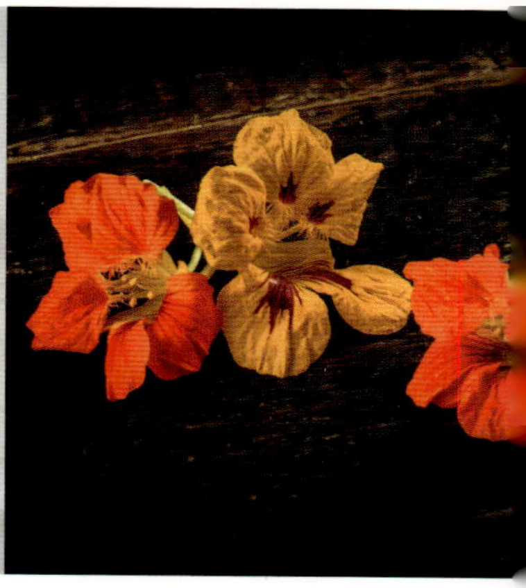

MISTURE A GOSTO

ABACATE

Persea americana Mill.

ASSIM COMO A MANDIOCA, a abóbora e o milho, entre outros ingredientes, o abacate foi um presente das Américas para o resto do mundo. A casca verde e áspera esconde uma grande semente e polpa muito macia, de textura amanteigada, com sabor suave que não chega a ser doce, mas também não apresenta amargor. Em função dessa neutralidade, mostra-se muito versátil. No Brasil, costuma ser consumida como fruta, com açúcar, na forma de vitaminas batidas com leite ou cremes para a sobremesa. No restante da América do Sul e em países como o México e os Estados Unidos, porém, aparece em receitas salgadas: saladas, sopas e acompanhamentos. Embora presente na maior parte do ano em feiras e supermercados de todo o país, as melhores épocas para consumo vão de dezembro a abril.

ABACAXI HAVAÍ

Ananas comosus (L.) Merril.

TODOS CONHECEM O ABACAXI como fruta, e das mais deliciosas, sumarentas e refrescantes. Na verdade, porém, trata-se de uma infrutescência: um agrupamento de frutos. Cada um daqueles pequenos "gomos" ou "olhos" que compõem o alimento surge a partir de uma flor, ao redor do miolo. Originário da América do Sul e espalhado por todo o continente, teria sido ofertado a Cristóvão Colombo pelos nativos da ilha de Guadalupe. Levado para a Europa, fez tamanho sucesso que, como conta a escritora Jane Grigson em *O livro das frutas*, "portões e cantoneiras de telhados passaram a ser coroados com abacaxis de pedra, um símbolo de hospitalidade". Muitas das principais lavouras do país ficam em Minas Gerais, na Paraíba e no Pará – o Brasil é um dos principais produtores de abacaxi do mundo. De casca alaranjada, a variedade havaí, maior e mais resistente, é a preferida da indústria alimentícia: sua polpa ácida e amarelo-pálida entra na fabricação de sucos, geleias, sorvetes e doces cristalizados ou em calda.

ABACAXI PÉROLA

Ananas comosus (L.) Merril.

DIFERE DA VARIEDADE HAVAÍ por ser menos ácida e mais doce, perfumada e sumarenta – indicada, portanto, para o consumo *in natura*. O vastíssimo uso culinário inclui receitas caseiras doces e salgadas, como geleias, sorvetes, saladas e molhos, além de alguns clássicos brasileiros: o <u>suco de abacaxi com hortelã</u>, o <u>bolo</u> e o <u>pavê</u>. Também faz sucesso no cardápio de sobremesas de muitos restaurantes. Rico em bromelina, uma enzima digestiva, o suco costuma ser incluído em marinadas para "amaciar" a carne. No Norte e no Nordeste, existe uma preparação de legado indígena: o aluá, bebida feita a partir da casca da fruta mergulhada em água e curtida por alguns dias. Para saber se o abacaxi está maduro, basta um simples teste: uma das folhas, quando puxada da coroa, deve sair com facilidade. Embora encontrado o ano todo, a melhor época vai de setembro a dezembro.

ABIU

Pouteria caimito (Ruiz & Pav.) Radlk.

ORIGINÁRIO DA AMAZÔNIA BRASILEIRA, esse fruto de casca lisa e bem amarela já foi muito encontrado em áreas litorâneas de Mata Atlântica, mas hoje sua presença concentra-se na região Norte, onde feiras e mercados exibem grandes cestos repletos de abiu. Bem redondo ou ovalado e comprido, tem, em geral, o tamanho de um limão – ou de um ovo grande –, mas alguns exemplares chegam a pesar mais de 600 gramas. Para ser consumido *in natura*, precisa estar bem maduro, ou a polpa gelatinosa, esbranquiçada e doce torna-se viscosa e gruda na boca – daí uma expressão corrente na região Norte, segundo a qual quem "comeu abiu" fica calado ou guarda segredos. Também rende geleias e compotas.

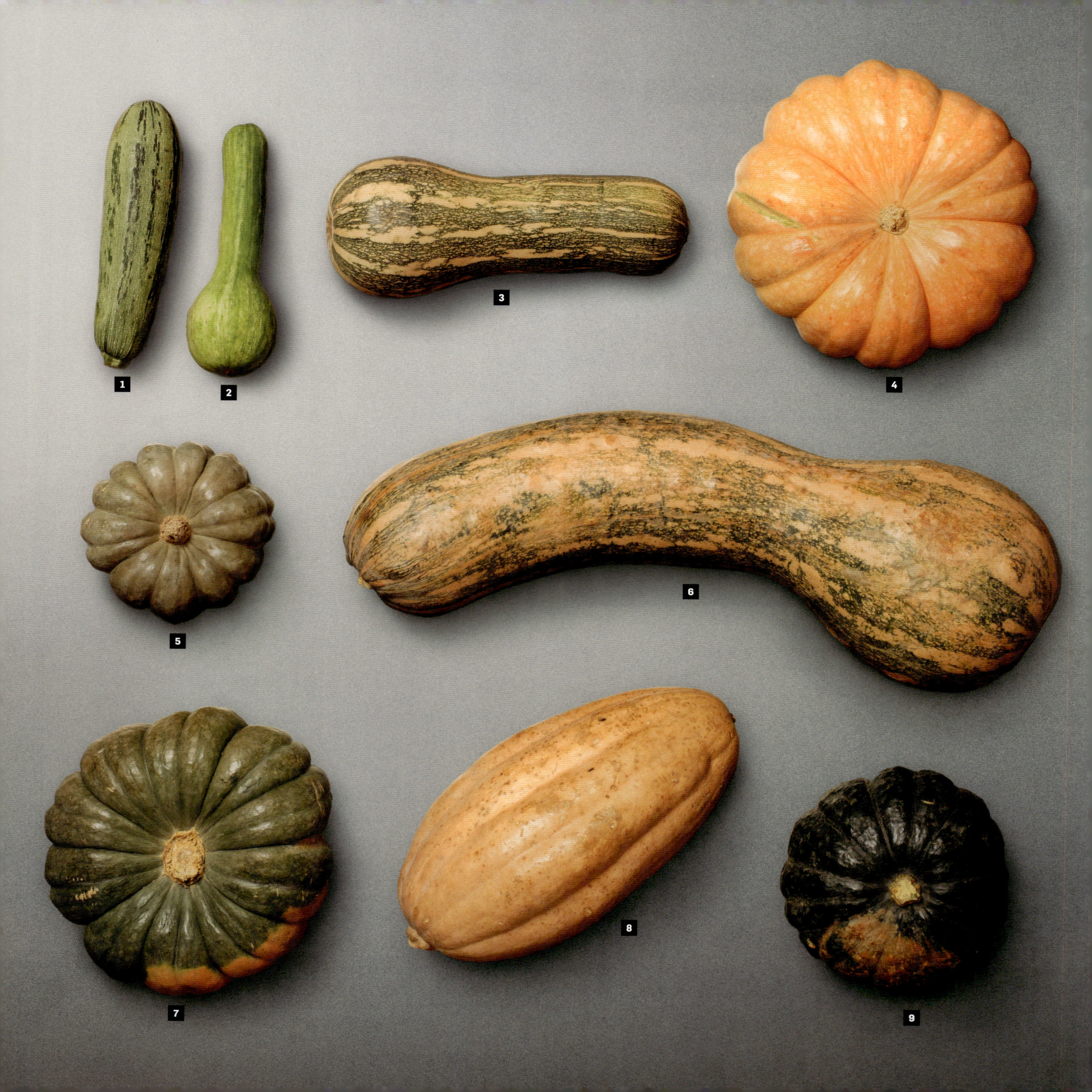
1
2
3
4
5
6
7
8
9

ABÓBORAS

Presente das Américas para o resto do mundo – há registros de sua presença no México em 5500 a.C. –, as hortaliças do gênero Cucurbita são versáteis alimentos dos quais se aproveita quase tudo. A polpa alaranjada aparece como ingrediente principal ou complemento de inúmeras receitas salgadas e doces: sopas, purês, feijão, saladas, compotas. Ramos, brotos e folhas novas da aboboreira, chamados de cambuquira, são excelentes em bolinhos, omeletes e refogados. Sementes tostadas e salgadas rendem um ótimo petisco e até a casca de algumas variedades, depois de cozida, pode ser consumida.

1. Abobrinha italiana *2.* Abobrinha brasileira *3.* Abóbora-paulista *4.* Abóbora-moranga *5.* Abóbora-caboclo *6.* Abóbora-de-pescoço *7.* Abóbora-cabocla *8.* Abóbora-de-leite *9.* Abóbora-japonesa

ABÓBORA DE LEITE

Cucurbita moschata Duch.

COMPARADA A OUTROS FRUTOS da mesma espécie, tem casca mais clara e polpa mais seca e espessa, de cor alaranjada. Apesar de também ser chamada de abóbora sergipana, seu cultivo e consumo não se restringem a esse estado: estão espalhados por todo o Nordeste e existem também no norte de Tocantins. De sabor adocicado, pode ser cozida e amassada com leite de vaca ou cabra, como se fosse um mingau, para o café da manhã, ou incorporada à panela do feijão.

ABÓBORA-DE-PESCOÇO

Cucurbita moschata Duch.

ESSE TIPO DE ABÓBORA TEM A CASCA alaranjada ou esverdeada e uma polpa fibrosa que solta bastante água quando cozida. Por isso, alcança bons resultados se usada para doces em compota ou cristalizados, muito comuns nas mesas da região Sudeste. No Nordeste, cozidos de carne costumam levar pedaços do legume, que também pode compor sopas, purês e saladas, mesmo em fatias cruas e marinadas. A abóbora-de-pescoço é uma das maiores entre os tipos existentes do alimento – alguns exemplares chegam a pesar mais de dez quilos. Bem gorducha na parte de baixo e afunilada na parte de cima (daí o nome), a abóbora-de-pescoço tem uma parente próxima no mercado. Trata-se da abóbora-paulista, muito parecida no visual, porém em tamanho menor. Encontrada em todo o país; a melhor época para o consumo vai de junho a setembro.

ABÓBORA-JAPONESA

Cucurbita moschata Duch. x *Cucurbita máxima* Duch.

DA ABÓBORA-JAPONESA, TUDO SE APROVEITA. Zinco, magnésio, ferro e fósforo são alguns dos nutrientes encontrados nas sementes, que só precisam de alguns minutos no forno para se transformar em um petisco saudável e de baixa caloria. A casca verde é bastante dura enquanto crua; cozida, porém, pode ser consumida junto com a polpa macia. As flores são usadas para refogados ou frituras, à milanesa. Resultado do cruzamento da abóbora-de-pescoço com a abóbora-moranga e consumida no país inteiro, a japonesa – conhecida também como tetsukabuto, kabochá, cabochá e cabotiá, entre outras variações na grafia – tem a polpa mais sequinha, perfeita para cremes, bolinhos, purês, pães e nhoques. A melhor época vai de março a outubro.

ABÓBORA-MORANGA

Cucurbita maxima Duch.

PRODUZIDO EM TODO O BRASIL, esse tipo de abóbora tem participação importante na dieta nordestina. Ela é ingrediente imprescindível para um clássico da cozinha regional, o <u>camarão na moranga</u>. De sabor suave, polpa macia e formato arredondado com gomos, torna-se o recipiente perfeito para servir os crustáceos cozidos em molho, depois de assada. A moranga também entra no preparo de refogados, sopas, purês e doces. Diferente da abóbora-japonesa, tem a casca de cor alaranjada e mais fina. No Nordeste, recebe o nome de jerimum. O período mais apropriado para o consumo vai de abril a agosto.

ABOBRINHA BRASILEIRA

Cucurbita moschata L.

É UM FRUTO COLHIDO VERDE – quando deixado no pé, até amadurecer, vira abóbora. Macia por dentro e por fora, pode ser consumida por inteiro, sem que haja necessidade de retirar a casca e as sementes. Novinha, dispensa o cozimento: basta ralar ou cortar em lâminas finas para compor saladas, vinagretes e patês. É muito usada em **refogados**, suflês e recheios para os mais variados tipos de salgados, como tortas, bolinhos, pizzas, empadas, pastéis e empanadas. Quanto ao modo de preparo, não há o que comprometa seu sabor e textura. Frita à milanesa, cozida, assada, grelhada, ao vapor, recheada e até na brasa a abobrinha fica boa. Também pode compor doces, sobretudo como ingrediente de receitas de bolos. Embora ambas pertençam à família das cucurbitáceas, a abobrinha brasileira e a italiana são espécies diferentes: *Cucurbita moschata*, a brasileira, e *Cucurbita pepo*, a italiana. Diferem, ainda, no formato. A brasileira, também conhecida como abobrinha-menina, tem uma das extremidades arredondadas e casca verde geralmente mais clara; a italiana, cilíndrica e delgada, apresenta coloração mais escura.

ABRICÓ-DO-PARÁ

Mammea americana

O NOME DIZ QUASE TUDO: trata-se de uma fruta originária do norte da América do Sul, presente em abundância no Pará, e o sabor lembra o de um abricó, ou damasco. Pode pesar até 2 quilos. Encerrada dentro da casca grossa, a polpa cor de laranja – às vezes fibrosa e não muito doce – costuma ser consumida *in natura* ou em forma de compotas, geleias, sucos e licores. As sementes e as cascas têm uso medicinal popular no tratamento de parasitas, dermatoses e picadas de insetos. Com até 20 metros de altura, a árvore frutifica de junho a dezembro.

ABRÓTEA

Urophycis brasiliensis

ENCONTRADO O ANO TODO no litoral das regiões Sul e Sudeste, esse pescado de água salgada tem carne de sabor leve, porém marcante, que se desprende em lascas. Por pertencer à ordem dos gadiformes, a abrótea é parente distante do bacalhau "verdadeiro", o *Gadus morhua*. Em função disso, alguns lugares vendem o peixe como se fosse "bacalhau fresco" e outros salgam as postas para usá-las em substituição ao primo mais famoso no preparo de receitas à Gomes de Sá ou simplesmente assadas com batatas e cebolas. Inteiro, em filés ou pedaços, também entra em assados, ensopados, frituras e bolinhos.

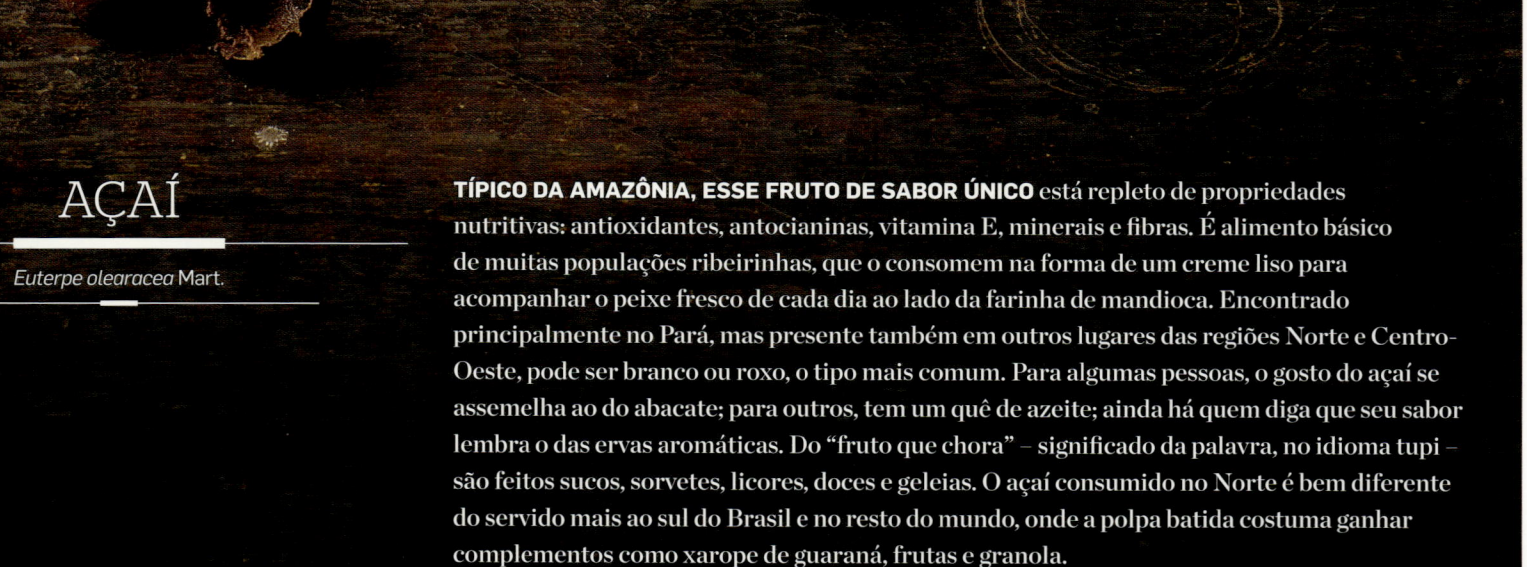

AÇAÍ

Euterpe olearacea Mart.

TÍPICO DA AMAZÔNIA, ESSE FRUTO DE SABOR ÚNICO está repleto de propriedades nutritivas: antioxidantes, antocianinas, vitamina E, minerais e fibras. É alimento básico de muitas populações ribeirinhas, que o consomem na forma de um creme liso para acompanhar o peixe fresco de cada dia ao lado da farinha de mandioca. Encontrado principalmente no Pará, mas presente também em outros lugares das regiões Norte e Centro-Oeste, pode ser branco ou roxo, o tipo mais comum. Para algumas pessoas, o gosto do açaí se assemelha ao do abacate; para outros, tem um quê de azeite; ainda há quem diga que seu sabor lembra o das ervas aromáticas. Do "fruto que chora" – significado da palavra, no idioma tupi – são feitos sucos, sorvetes, licores, doces e geleias. O açaí consumido no Norte é bem diferente do servido mais ao sul do Brasil e no resto do mundo, onde a polpa batida costuma ganhar complementos como xarope de guaraná, frutas e granola.

ACÉM

É O CORTE DE CARNE mais macio e relativamente magro do quarto dianteiro do boi, localizado entre o pescoço e a capa de filé, acima da paleta e abaixo do cupim. Para que não fique ressecado, o ideal é submeter o acém a um cozimento úmido – ou seja, no preparo de <u>carne de panela</u>, refogados ou ensopados. Dentre as receitas típicas que podem ser feitas com o corte está o picadinho.

ACEROLA

Malpighia glabra L.

NO LIVRO *FRUTAS BRASIL FRUTAS*, os autores Silvestre Silva e Helena Tassara afirmam que a pequena acerola tem data de nascimento registrada no Brasil: veio de Porto Rico, em 1956, na bagagem de uma professora de Pernambuco. A partir daí, o cultivo da planta originária da América Central se disseminou pelo Nordeste. Chamada também de cereja-das-antilhas, cereja-de-barbados e cereja-do-pará, a fruta ácida de casca vermelha e polpa alaranjada tem uma quantidade espantosa de vitamina C: pode chegar a 100 vezes o teor encontrado na laranja e no limão. Pelas propriedades nutricionais e possibilidades variadas de uso culinário, o mercado da polpa congelada floresceu nas últimas décadas do século XX. Dois clássicos: <u>suco</u> e <u>picolé</u> de acerola.

ACHACHAIRU

Garcinia intermedia (Pittier) Hammel

NATIVO DO MÉXICO E DA AMÉRICA CENTRAL, divide o mesmo gênero botânico com o bacupari. Os nomes populares – fruta-da-bolívia e fruta-de-macaco – dão pistas sobre duas características do achachairu: é muito comum no país vizinho e serve como alimento para os animais que vivem na mata, próximos das árvores. Com cerca de 2,5 centímetros de diâmetro, pouco maior que uma jabuticaba grande, tem casca bem amarela quando madura e polpa esbranquiçada, suculenta, agridoce e muito aromática. No Brasil, o cultivo e o consumo concentram-se nas regiões Norte e Nordeste.

BOI

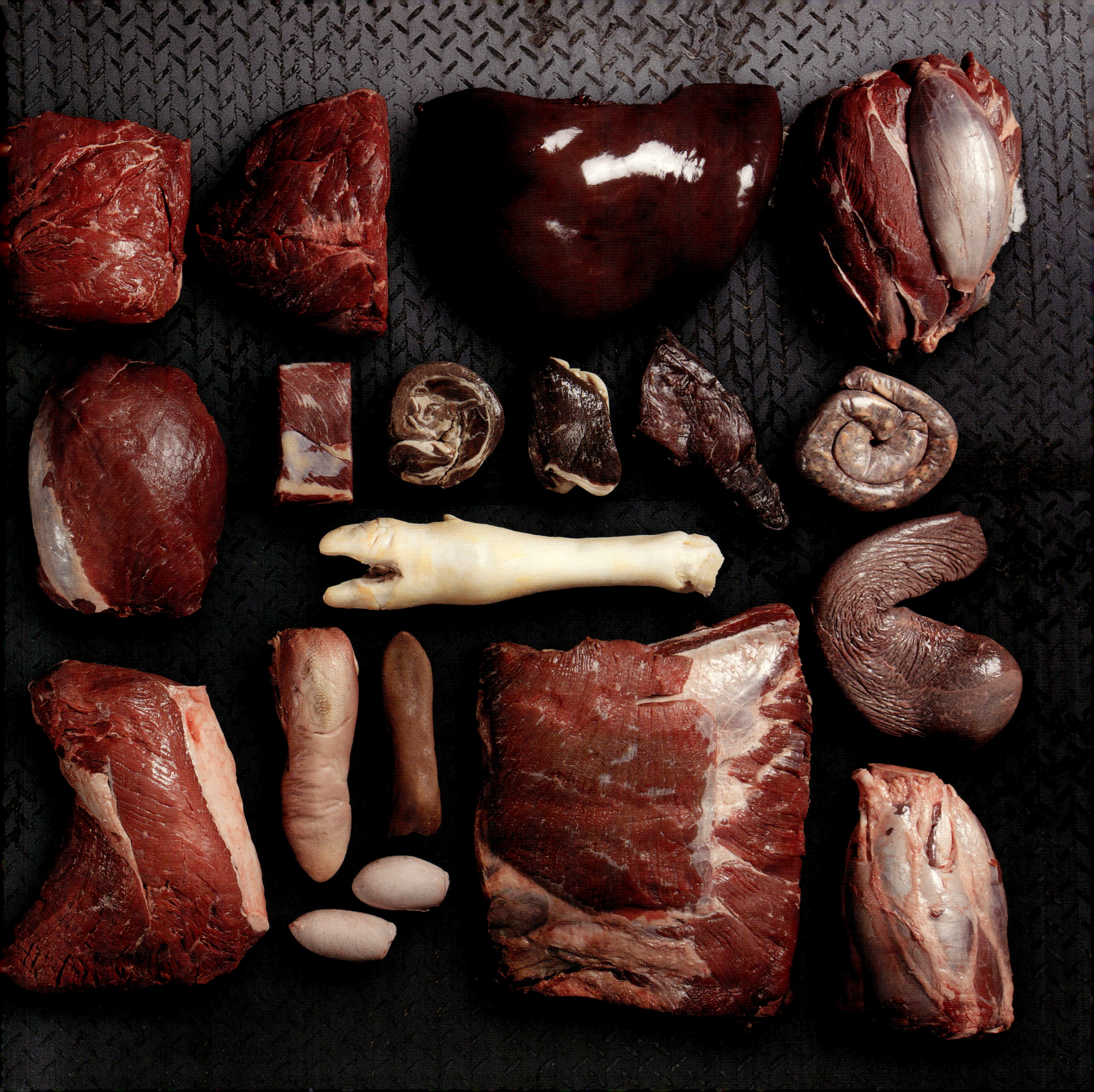

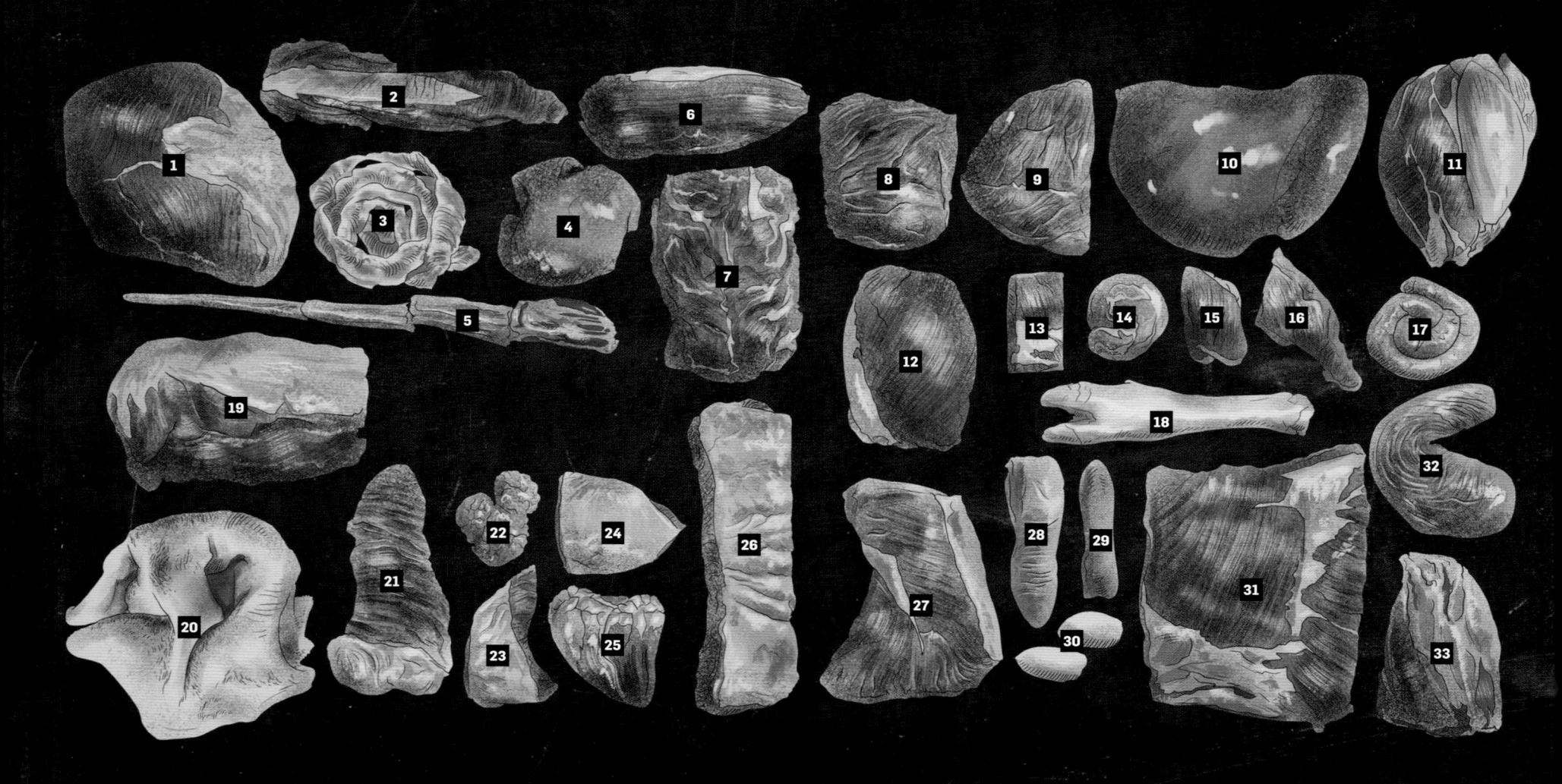

BOI

1. Coxão mole *2.* Filé-mignon *3.* Tripa *4.* Bofe *5.* Rabada *6.* Lagarto *7.* Acém *8.* Alcatra *9.* Cupim *10.* Fígado *11.* Músculo *12.* Patinho *13.* Carne-seca *14.* Charque *15.* Carne de sol *16.* Carne de sol *17.* Linguiça cuiabana *18.* Mocotó *19.* Ponta de peito *20.* Bucho *21.* Fraldinha *22.* Miolo *23.* Maminha *24.* Picanha *25.* Coração *26.* Contrafilé *27.* Coxão duro *28.* Língua *29.* Língua defumada *30.* Testículos *31.* Costela *32.* Passarinha *33.* Chambaril

AÇÚCAR

TAMANHA IMPORTÂNCIA TEVE O INGREDIENTE na colonização e no desenvolvimento do país que o sociólogo Gilberto Freyre dedicou um livro inteiro ao tema: *Açúcar*, publicado pela primeira vez em 1939. Na terceira edição, de 1986, ele escreve que o produto "adoçou tantos aspectos da vida brasileira que não se pode separar dele a civilização nacional". Iniciada com a introdução de engenhos de cana nas capitanias de São Vicente e Pernambuco, ainda no século XVI, a fabricação do açúcar favoreceu o surgimento de uma arte doceira riquíssima, capaz de aproveitar diversos frutos da terra na confecção de uma série infindável de compotas, geleias, balas, pudins e bolos, entre milhares de alquimias. Escolher os doces nacionais mais típicos é tarefa impossível. **Manjar de coco**? **Goiabada**? **Compota de figo**? **Pudim de leite**? Existem tantos quitutes clássicos quanto existem cadernos de receitas guardados em cada casa do país – como disse Luís da Câmara Cascudo em *História da Alimentação no Brasil*, "nunca um brasileiro dispensou o *adoçar a boca* depois de *salgar o estômago*". Na região Norte, especialmente no Acre, um tipo de açúcar mascavo chamado gramixó é produzido a partir do caldo de cana cozido.

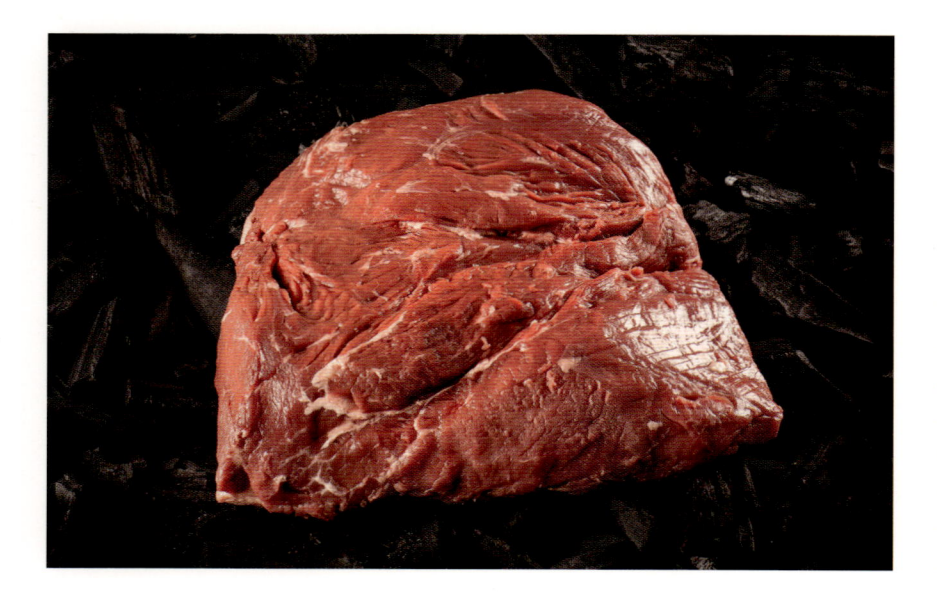

AGRIÃO

Nasturtium officinale sp.

BIRITIBA-MIRIM, PEQUENA CIDADE de 30 mil habitantes no interior de São Paulo, concentra a maior produção da hortaliça no país, atividade que rendeu ao município o título de capital brasileira do agrião. Cultivada à beira de rios de água corrente, essa planta aquática tem sabor levemente picante. É muito usada crua, em saladas e sucos, ou como integrante de receitas já clássicas da cozinha brasileira, como a <u>rabada com polenta e agrião</u>. Também pode ser refogada ou cozida, além de complementar sopas, purês, molhos, suflês e bolinhos. Como planta medicinal, serve como base para fitoterápicos populares, a exemplo de um chá com mel e agrião.

AGULHINHA

Hemiramphus brasiliensis

EMPANADO E FRITO: É DESSA MANEIRA que o peixinho costuma aparecer no cardápio de bares e barracas de praia em boa parte do Nordeste, do Ceará à Bahia. Com tamanho de até 30 centímetros de comprimento e corpo bem fino, de carne delicada, é fácil de comer sem o uso de talheres. Também pode ser cortado em filés e preparado à escabeche. Curiosidade: o que parece uma agulha bem fina – ou um bico – no peixe é, na verdade, a mandíbula do animal.

ALCATRA

LOCALIZADO NA PARTE TRASEIRA do boi, esse corte magro, saboroso e com fibras macias presta-se a inúmeros tipos de preparo, como bifes, ensopados, assados e <u>churrascos</u>. De uma peça inteira de alcatra podem ser retiradas outras cinco: picanha, maminha, baby beef (miolo), top sirloin (bombom) e tender steak (steak do açougueiro). Os dois últimos cortes foram criados pelo paulistano Marcos Guardabassi (1948-2013), dono de restaurante e especialista em carnes, que recomendava ao churrasqueiro guardar o tender steak para si próprio, de tão bom.

ALECRIM

Rosmarinus officinalis

NÃO IMPORTA SE SÃO batatas, ovos, pães, carnes brancas ou vermelhas – o alecrim consegue irradiar seu perfume inebriante para todos esses tipos de alimentos. Originária do Mediterrâneo, a erva ganhou um nome poético em latim: *rosmarinus*, que significa "orvalho marinho". Detentora de aroma herbáceo e sabor picante, pode ser cultivada até mesmo em vasinhos dentro de casa, desde que receba luz solar. A versão seca é mais forte que as folhinhas frescas retiradas do galho e, portanto, deve ser usada com parcimônia.

ALFACE CRESPA

Lactuca sativa

COM SABOR LEVE e refrescante, tornou-se a hortaliça folhosa mais consumida no país – o nome "crespa" vem da aparência, com folhas onduladas nas pontas. Embora disponível o ano inteiro, os melhores meses para consumo são janeiro, março e de maio a novembro. Em grande parte das mesas brasileiras, a forma tradicional de consumo da alface é crua, em saladas com tomate e cebola, ou, atualmente, como componente de sucos verdes nutritivos. Cozida ou refogada, ganha um sabor mais consistente, que lembra a acelga. Boa fonte de vitaminas A e K, ferro, fósforo, potássio e manganês.

ALFACE LISA

Lactuca sativa

A MAIOR DIFERENÇA para a alface crespa são as folhas, lisas e de tonalidade verde clara. De resto, as duas variedades dividem as principais características: consumo mais apropriado em janeiro, março e de maio a novembro, sabor suave e refrescante e boa fonte de nutrientes. O uso também é idêntico: em saladas, sucos ou como recheio de sanduíches. Curiosidade: originária da Ásia, a alface é considerada símbolo de boa sorte na China, onde é servida em aniversários e nas comemorações de ano novo.

ALFAVACA

Ocimum gratissimum

TEM SABOR SEMELHANTE ao do manjericão, porém um pouco mais adocicado – não por acaso, a erva também é conhecida como alfavaca-cheirosa, basílico-grande, manjericão-cheiroso, manjericão-das-cozinhas e manjericão-grande. As folhas são usadas em molhos, caldos, sopas e para temperar receitas de frutos do mar, no Sul, ou caldeiradas e tucupi, no Norte. No Nordeste, aparece, ainda, como ingrediente de chás medicinais – combinado a cravo-da-índia, por exemplo, acredita-se que melhore dor de cabeça, sinusite e congestão nasal – e seu uso como aromatizante estende-se às indústrias de bebidas, alimentos e perfumaria. Está presente em todo o país e a melhor época de consumo vai de outubro a dezembro.

ALHO

Allium sativum

NUM HÁBITO HERDADO dos colonizadores portugueses, é raro encontrar um refogado, na cozinha brasileira, que não tenha o alho entre os ingredientes de base. Assim como a cebola e o alho-poró, ele faz parte do gênero *Allium*, que inclui diversas plantas aromáticas – deve-se a ele boa parte daquelas lembranças gustativas da infância que nos remetem ao "temperinho de casa". Originário da Europa e da Ásia Ocidental, já era mencionado em registros babilônios que datam do ano 3000 a.C.. Hoje, é usado mundialmente como condimento e pode ser consumido cru, cozido, assado ou frito, no tempero e na composição de várias receitas. Devido à presença de alcina, princípio ativo antisséptico e benéfico ao coração e à circulação sanguínea, também é usado com fins medicinais.

ALMEIRÃO

Cichorium intybus

O NOME CIENTÍFICO já anuncia que esse é um tipo de chicória, conhecido ainda como chicória-amarga, chicória-brava, chicória-do-café e radicce. De folha verde e alongada, o almeirão também tem parentesco com a alface, mas seu sabor evidencia as notas mais fortes e amargas. Versátil na cozinha, pode entrar no preparo de pratos frios e quentes. As folhas cruas e picadas caem bem em forma de saladas. No Sul do país, com o nome de radicce, integra os tradicionais rodízios de galeto. Quando refogada, a hortaliça faz boa companhia para carnes ou pode entrar no recheio de tortas, pastéis, sanduíches e bolinhos. Embora não seja tão comum nas mesas brasileiras, as flores azuladas do almeirão também são comestíveis e rendem um belo enfeite para os pratos. As melhores épocas são março e de setembro a novembro.

AMEIXA

Prunus domestica L. e *Prunus salicina* Lindl

SURGIDA NA região centro-oeste da Ásia, há mais de 2 000 anos, a ameixeira espalhou-se pelo mundo e deu origem a diversas espécies. No Brasil, as regiões Sul, Sudeste e a Chapada Diamantina, na Bahia, destacam-se no plantio da árvore. Entre as variedades conhecidas no país estão a santa rosa, de pele bem vermelha, a stanley, ainda mais escura, e a amarelinha, com casca da mesma cor. Além do consumo *in natura*, a fruta é utilizada em geleias e bolos, entre outras receitas. A ameixa seca, ou ameixa-preta, entra em pelo menos dois clássicos da cozinha brasileira: na calda do <u>manjar de coco</u> e no <u>bolo de noiva</u> pernambucano.

AMÊNDOA

Prunus dulcis

COM OU SEM PELE, inteiras, em lascas ou moídas, torradas ou cruas, salgadas, glaçadas ou ao natural: a versatilidade dessas oleaginosas faz com que sejam aproveitadas em inúmeras receitas doces e salgadas – principalmente na região Sul, por influência imigrante –, como bolos, tortas, biscoitos, saladas, coberturas crocantes para peixes ou carnes e no <u>arroz com amêndoas</u>: o leite extraído da fruta costuma ser usado em substituição à bebida com lactose. Por conter ácido prússico, a variedade amarga é imprópria para o consumo, mas tem uso industrial na fabricação de extratos, óleos, licores e xaropes. As amêndoas aparecem em sua melhor forma nos meses de novembro e dezembro, o que faz com que muita gente associe o produto aos festejos de fim de ano.

AMENDOIM

Arachis hypogaea

DA FAMÍLIA das leguminosas, foi difundido pelos índios Tupi e Guarani por toda a América do Sul e Central como importante item de sua dieta em função dos altos teores proteico e energético – consta que os antigos peruanos enterravam potes de amendoim, ao lado das múmias, para alimentá-los na outra vida. Pode ser encontrado com ou sem casca, torrado ou cru, salgado ou doce. É o ingrediente principal de receitas queridas dos brasileiros, como a <u>paçoca</u> e o <u>pé de moleque</u>, quitutes típicos das festas juninas. Também é usado na fabricação de manteiga (ou pasta) de amendoim, óleo, farinha, bolos, sorvetes e outros pratos.

AMIDO DE MILHO

OBTIDO A PARTIR da moagem úmida do milho, o amido tem textura de pó muito fino e sabor neutro, o que permite o uso no preparo de doces e salgados. É muito recorrente como espessante para cremes, mingaus, caldos, molhos e manjares. Se agregado a receitas de biscoitos assados, garante uma consistência mais sequinha e crocante. O amido de milho, ou maisena, também pode substituir a farinha de trigo em bolos, tortas e massas; costuma fazer parte da lista de ingredientes permitidos para quem sofre de doença celíaca. Curiosidade: a palavra "maisena" passou a integrar o vocabulário brasileiro a partir de um produto industrializado com esse nome.

AMORA SILVESTRE

Rubus urticifolius

EMBORA A aparência seja semelhante, essa frutinha não tem relação com a amora, que, ao lado da framboesa e do morango, integra o grupo de "frutas vermelhas" conhecidas dos brasileiros e muitas vezes importadas. Ao contrário: trata-se de um ingrediente nativo do Brasil, com origem no Cerrado e na Mata Atlântica. Doce e ácida ao mesmo tempo, passa do vermelho ao roxo enquanto amadurece. O mais comum é comê-la na hora, recém-tirada dos arbustos espalhados até mesmo em beiras de estradas pelo Sudeste e pelo Centro-Oeste, mas também rende sucos, compotas e geleias. Outro nome: amora-do-mato.

ANCHOVA

Pomatomus saltatrix

MAIS COMUM no trecho do litoral brasileiro que vai do Rio Grande do Sul ao Rio de Janeiro, esse peixe muito consumido no país é típico de águas temperadas. Por aqui, seus cardumes costumam se aproximar mais da costa durante o inverno, quando as águas estão frias. Consumida como prato principal, é frequente aparecer assada, ensopada e, principalmente, <u>grelhada</u> – dessa maneira, integra o cardápio de restaurantes à beira-mar ou casas especializadas na cozinha japonesa. Nos três estados da região Sul, o período de defeso vai de dezembro a março.

ARAÇÁ

Psidium araca Raddi

COM SAFRA na primavera e no verão, é típico das regiões de Mata Atlântica, do Nordeste ao Sul do país. Com polpa suculenta e esbranquiçada, o fruto lembra uma goiaba, apesar do sabor mais ácido. Rico em vitamina C, pode ser consumido cru ou como base de sucos, sorvetes, compotas, doces, licores e geleias. Por ser uma árvore pequena e de fácil adaptação a diversos tipos de clima e solo, é indicada para cultivo em pomares domésticos e para programas de recuperação de áreas degradadas, já que a casca vermelha ou amarela do fruto atrai pássaros de diversas espécies, que se encarregam de espalhar as sementes.

ARAÇÁ-BOI

Eugenia stipitata

NATIVA DA Amazônia ocidental e cultivada principalmente no Peru. No Brasil, a fruta aromática de casca fina, polpa ácida e suculenta aparece com mais frequência no Acre, onde é transformada em sucos, vitaminas, geleias, doces em pasta, sorvetes e cremes feitos à semelhança das musses. O perfume e o formato lembram a goiaba. Tem grande quantidade de vitaminas A e C; a safra vai de março a junho.

ARAÇAÚNA

Psidium eugeniaefolia

PARENTE DO ARAÇÁ, do qual se difere pela coloração arroxeada, tem outra possibilidade de utilização além da alimentícia: o fruto é uma fonte ainda pouco explorada de pigmentos. Levemente ácida e de sabor intenso, pode ser consumida crua ou empregada na produção de sucos, sorvetes, compotas, doces, licores e geleias – no Espírito Santo, faz muito sucesso o picolé de araçaúna. Característica de regiões com Mata Atlântica, da Bahia ao Rio Grande do Sul, essa frutinha com cerca de 3 centímetros de diâmetro aparece na primavera e no verão. Ultimamente, tem recebido atenção também de pesquisadores dispostos a estudar suas propriedades antioxidantes.

ARATICUM DO CERRADO

Annona crassiflora Mart.

DA FAMÍLIA DA FRUTA-DO-CONDE e conhecida também como panã, marolo ou bruto, é típica de regiões de Cerrado e pode ser encontrada com mais frequência nos estados de Mato Grosso e Minas Gerais, além do interior de São Paulo. João Guimarães Rosa fala da fruta em *Grande Sertão: Veredas*, clássico da literatura brasileira: "Pois, várias viagens, ele veio ao Curralinho, vender bois e mais outros negócios – e trazia para mim caixetas de doce de buriti ou de araticum, requeijão e marmeladas". Sucos, sorvetes, licores, bolos e geleias que privilegiam a fruta são comuns. Na medicina popular, acredita-se que as sementes consumidas em forma de chá exerçam efeito no tratamento de reumatismo e problemas no intestino e no estômago.

ARATU

Aratus pisonii

DONA FLOR, A COZINHEIRA de mão-cheia criada por Jorge Amado, sabia que moqueca de aratu deve ser enrolada na folha de bananeira depois de pronta – é assim que, ainda hoje, o prato aparece em alguns tabuleiros de acarajé espalhados por Salvador e barraquinhas de praia em Mangue Seco. Encontrado em abundância em manguezais do litoral Nordeste e Sudeste, o crustáceo também rende fritadas, casquinhas e caldinhos. Na divisa entre a Bahia e o Sergipe, algumas comunidades dedicam-se à captura do aratu, que se esconde em ramos e troncos de árvores ou buracos na areia. Para obter 1 quilo de carne são necessários cerca de 100 animais.

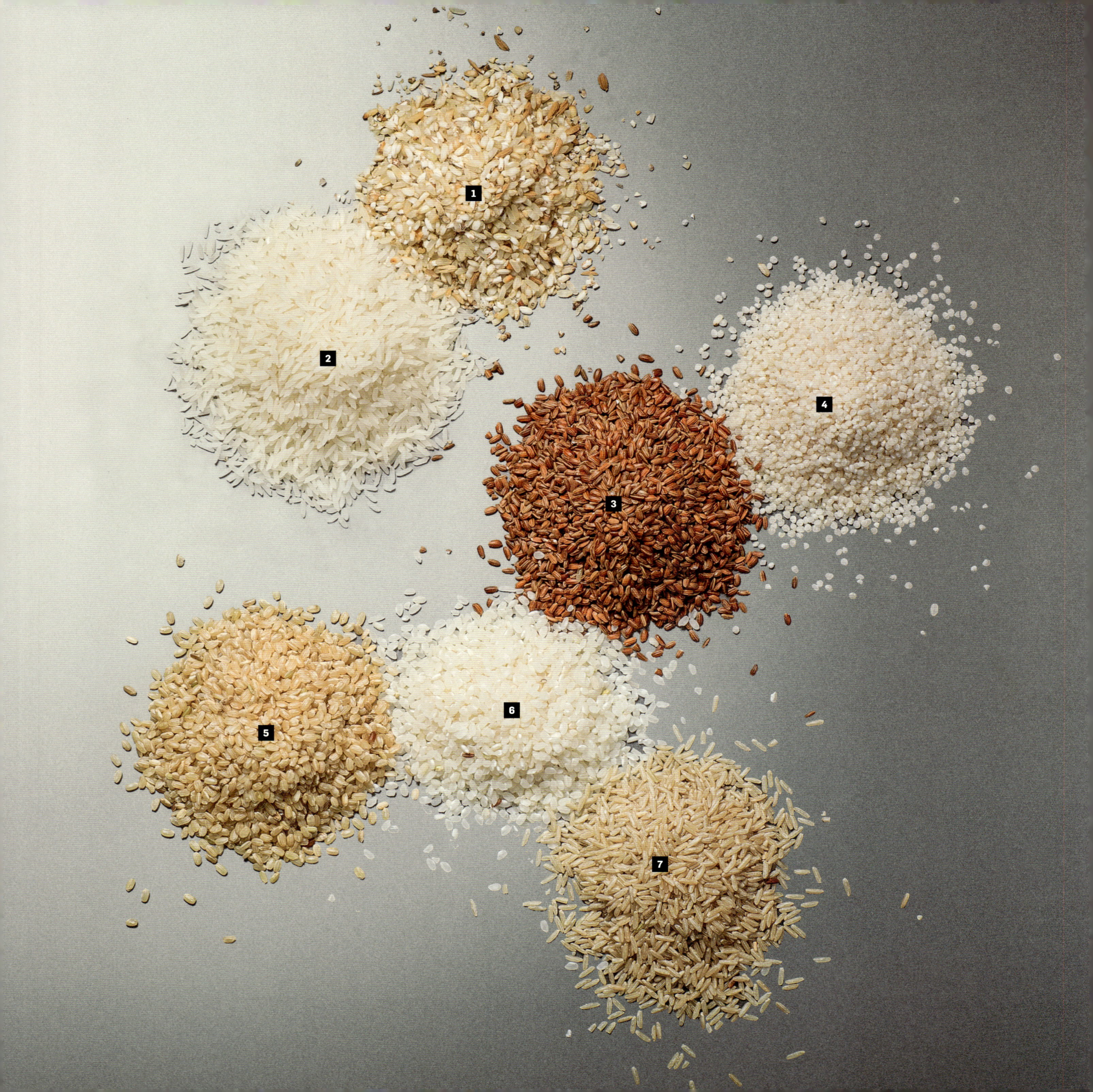
1
2
3
4
5
6
7

ARROZ

A feijoada pode até levar a fama, mas o arroz une o Brasil em termos de receitas: temos baião de dois, Maria Isabel, galinhada, arroz de pato com tucupi, arroz com pequi... A região Sul lidera a produção nacional da variedade agulhinha, a mais comum nas mesas do país, geralmente refogada no azeite com cebola e alho e servida soltinha. Com grãos menores, mais arredondados e translúcidos, o cateto dá um resultado cremoso, bom em receitas como o arroz de carreteiro. Assim como a versão míni e o agulhinha, é vendido em versões polida (branca) ou integral.

1. Arroz tostado *2.* Arroz agulhinha *3.* Arroz vermelho *4.* Arroz míni *5.* Arroz cateto integral *6.* Arroz cateto *7.* Arroz integral

ARROZ AGULHINHA

Oryza sativa L.

FORMA A DUPLA BÁSICA DA ALIMENTAÇÃO brasileira cotidiana: o arroz com feijão. Chegou ao Brasil com os colonizadores portugueses e seu cultivo se espalhou pelo país. Hoje, o maior produtor é o estado do Rio Grande do Sul, seguido por Santa Catarina e Mato Grosso. Com grãos brancos beneficiados – sem a casca e o farelo –, o agulhinha responde por cerca de 80% do mercado nacional do ingrediente. Existe também na versão integral, de cor amarronzada, que mantém a película do grão. Com camarão seco e vinagreira, dá origem ao arroz-de-cuxá, receita típica do Maranhão.

ARROZ CATETO

Oryza sativa L.

EM COMPARAÇÃO COM O ARROZ agulhinha, tem grãos menores e mais arredondados, um pouco translúcidos, além de uma grande quantidade de amido. Ao ser cozido, fica macio e cremoso, com sabor encorpado e textura macia. É indicado no preparo de pratos únicos, como o tradicional arroz de carreteiro gaúcho, mas também pode substituir os italianos arbóreo e carnaroli em receitas de risotos.

ARROZ MÍNI

Oryza sativa L.

EM VERSÕES POLIDA (BRANCA) ou integral, os grãos delicados têm cerca de um terço do tamanho do tipo agulhinha. Foi desenvolvido no Vale do Paraíba, em São Paulo, a partir de uma variação genética do cateto. O arroz pode ser cozido pelo método tradicional, a partir de um refogado, ou pelo sistema de fervura, como se fosse macarrão. O ideal é que fique al dente, com alguma resistência na mordida.

ARROZ VERMELHO

Oryza sativa L.

TRAZIDO AO BRASIL PELOS PORTUGUESES, no século XVI, também por eles acabou sendo expulso, duzentos anos mais tarde – em 1772, o cultivo dessa variedade de grãos vermelhos, aromáticos e saborosos foi proibido no país em favor do arroz branco. Houve plantações, porém, que resistiram em alguns lugares do Nordeste. Atualmente, a produção concentra-se no Vale do Rio Piancó, na Paraíba, e no Rio Grande do Norte. Pode ser cozido na panela de pressão e usado em saladas. O arroz vermelho integra a Arca do Gosto, iniciativa do movimento Slow Food para divulgar alimentos que correm o risco de desaparecer.

ASA DE FRANGO

TERCEIRO MAIOR PRODUTOR MUNDIAL de frango, o Brasil é líder na exportação desse alimento, uma das principais fontes de proteína animal encontradas na mesa cotidiana do país. Por conter carne branca envolta em pele, a asa é uma das partes mais saborosas da ave – fica suculenta em pratos ensopados ou refogados e macia quando assada ou frita. A técnica de cortar e virar a asa dá origem às chamadas "tulipas", sucesso de churrascos, que podem ser preparadas da mesma maneira. Nos Estados Unidos, fazem sucesso as *chicken wings*, empanadas e fritas, servidas com molho picante. Ensopada e acompanhada por polenta, é receita comum em diversos pontos do Brasil.

AVEIA

Avena sativa

EM FORMA DE FLOCOS, o cereal marca presença na mesa do café da manhã em várias partes do país, seja em receitas de granola, vitaminas, pães, mingaus ou para acompanhar a <u>banana amassada com mel</u>. No Brasil, maior produtor da América Latina, os estados do Rio Grande do Sul e do Paraná respondem pela maior parte do cultivo, com Mato Grosso do Sul em terceiro lugar. No ano 2000, a aveia entrou na lista de "alimentos funcionais" reconhecidos pela Anvisa (Agência Nacional de Vigilância Sanitária) – ou seja, "que, além das funções nutricionais básicas, quando consumido como parte da dieta habitual produz efeitos benéficos à saúde". Entre seus nutrientes está a beta-glucana (fibras solúveis), que contribui para a redução do colesterol.

AVIÚ

Acetes americanus

MINÚSCULO – O TAMANHO varia de 8 milímetros a 3 centímetros –, esse camarão de água doce surge em abril e maio nos rios do Pará, Tocantins e Amapá, especialmente na foz do Rio Tocantins e no Rio Tapajós, perto de Santarém. Nas feiras e mercados de cidades como Belém, é vendido na versão seca e salgada. Com sabor pronunciado, aparece em tortas, guisados, sopas, fritadas, farofas e na <u>mojica</u>, ou mujica, prato típico paraense que leva caldo de peixe temperado e engrossado com farinha até ganhar a consistência de um pirão.

AZEDINHA

Rumex acetosa

NEM É PRECISO PROVAR para adivinhar a principal característica dessa planta, pois seu nome já diz tudo: o sabor deliciosamente ácido. Tem folhas compridas, lisas e largas e se adapta principalmente às regiões de clima ameno entre Minas Gerais e o Rio Grande do Sul. Segundo um manual lançado em 2013 pelo Ministério da Agricultura, Pecuária e Abastecimento, trata-se de uma hortaliça não-convencional, com distribuição restrita, mas muito presente na alimentação das populações nos lugares de cultivo. As folhas dão um toque refrescante às receitas – seja crua e picada, em saladas e sucos, ou refogada, em sopas e molhos ou como acompanhamento para carnes, peixes e aves.

AZEITE DE DENDÊ

Elaeis guineensis (dendezeiro)

INGREDIENTE TÍPICO DAS PREPARAÇÕES baianas e afro-brasileiras em geral, o azeite de dendê é um óleo extraído do fruto do dendezeiro, palmeira bastante comum na Bahia e na África, mas presente também na região Norte do país. Chegou aqui com os portugueses, junto com os primeiros escravos, e encontrou no litoral nordestino clima e solo propícios para seu desenvolvimento, principalmente entre Ilhéus e Salvador, numa área específica hoje chamada de Costa do Dendê. Receitas como moqueca baiana, acarajé, vatapá, caruru e bobó de camarão levam o óleo como ingrediente fundamental em suas preparações. Em *História da alimentação no Brasil*, Luís da Câmara Cascudo afirma que "seu uso transmitia-se entre os escravos e as negras que serviam na residência dos brancos como um ato de fidelidade" e que "a palmeira do dendê, *dem-dem* em Angola, foi cultivada ao redor da cidade do Salvador para atender ao consumo local do maior centro demográfico de então". Na Bahia, até hoje, a palavra "azeite" refere-se ao dendê; o óleo de oliva, mais uma herança portuguesa, ganha o nome de "azeite doce". O óleo de palma, outro produto do dendezeiro, é usado na fabricação industrial de velas, sabão, sabonete, detergente e até combustível.

BACALHAU SECO

PRODUZIDO A PARTIR DE DUAS espécies de peixe – *Gadus macrocephalus*, o "bacalhau do Pacífico", e *Gadus morhua*, conhecido como "bacalhau legítimo" e pescado nas águas do Atlântico Norte –, é um produto salgado e desidratado, surgido pela necessidade de preservação do alimento. No Brasil, o preço alto do "verdadeiro" abre espaço para outras variedades vendidas como bacalhau. Prato típico da Páscoa ou das festas de fim de ano, a bacalhoada de herança portuguesa normalmente leva batatas, tomate, cebola, pimentões e ovos cozidos. Desfiada, a carne entra em recheios para tortas e no tradicional bolinho de bacalhau, presente em inúmeros bares e restaurantes do país e um clássico dos botequins no Rio de Janeiro.

BACON

COMO BASE DE REFOGADOS, para temperar o feijão, cobrir o peito de aves antes de serem levadas ao forno, acompanhar um hambúrguer suculento ou incrementar a farofa – é difícil não encontrar uma utilidade saborosa para o bacon. Embora geralmente seja retirado da barriga do porco, também pode ser produzido a partir de outras partes do animal, como o pescoço. Formada por carne e gordura, a peça é curada com sal e, depois, defumada. Encontra-se à venda em fatias, cubos ou pedaços inteiros.

BACUPARI

Rheedia gardneriana

NATIVA DA MATA ATLÂNTICA BRASILEIRA, tem polpa esbranquiçada e bem doce sob uma casca que varia entre o laranja e o amarelo quando a fruta está madura. Com sabor suave e refrescante, presta-se ao consumo *in natura* ou em forma de sucos e caipirinhas, doces e sorvetes. Com a devastação da mata nativa, a presença do bacupari foi se tornando mais escassa no país e, hoje, não tem cultivo comercial. Exemplares de sua árvore elegante, porém, ainda podem ser encontrados em quintais e pomares, principalmente no Rio Grande do Sul e em Santa Catarina.

BACURI

Platonia insignis

APESAR DE SER ENCONTRADA principalmente no estado do Pará, entre dezembro e abril, essa fruta nativa da Amazônia e do norte da América do Sul tornou-se, para muita gente, um símbolo da cidade de Teresina, capital do Piauí. De casca grossa e polpa branca, rica em fósforo e cálcio, tem sabor intenso e levemente ácido. Muito perfumada, pode ser consumida *in natura* ou na forma de sucos, geleias, licores e doces. Também complementa pratos salgados: o camarão ao molho de bacuri, por exemplo, é muito comum em Belém, a capital paraense. Duas receitas clássicas: a **compota** no Piauí e o **sorvete** no Pará. Extraído das sementes, um óleo com propriedades medicinais serve como anti-inflamatório e cicatrizante.

BADEJO

Mycteroperca spp.

EMBORA ESSE PEIXE de água salgada possa ser encontrado em todo o litoral brasileiro, escondido em costões rochosos e recifes de corais, é mais frequente entre os estados do Rio de Janeiro e Bahia – no Espírito Santo, aparece com frequência na receita de **moqueca**. De carne nobre, densa e muito saborosa, geralmente consumido em postas, presta-se a preparos variados: assado, grelhado, frito ou ensopado. Em mercados e restaurantes, é comum confundi-lo com o abadejo, que vem da Argentina, vendido em filés mais finos e sem tanto sabor ou delicadeza. Entre as espécies de badejo encontradas no país estão a *Mycteroperca bonaci* (quadrado) e a *Mycteroperca rubra* (mira).

BAGRE

Genidens genidens, G. barbus, G. planifrons

O TERMO "BAGRE" pode causar confusão, pois existem diversos tipos de peixe conhecidos por esse nome – a ordem Siluriforme, à qual pertencem, tem mais de 2 400 espécies conhecidas. Em comum, têm o corpo sem escamas e grandes "bigodes" (filamentos sensitivos) nas laterais da boca. A carne, branca, pode ser assada, ensopada, grelhada ou frita.

1
3
2
4
5

BANANAS

Nanica, maçã, ouro, prata e da terra, essa uma brasileira legítima. Surgidas há mais de 5 mil anos no Sudeste Asiático, as bananeiras adaptaram-se muito bem aos nossos trópicos – Bahia, São Paulo e Minas Gerais são os maiores produtores do país. Grandes, pequenas, mais doces, mais secas, mais perfumadas, as variedades encontradas em feiras e mercados são muito consumidas in natura e prestam-se a vários tipos de preparo, doces ou salgados. E ainda têm uma peculiaridade pouco vista em outras frutas: ficam melhores quando amadurecem fora do pé.

1. Banana-da-terra *2.* Banana-ouro *3.* Banana-maçã *4.* Banana-prata *5.* Banana-nanica

BANANA-DA-TERRA

Musa paradisiaca L.

DA-TERRA, COMPRIDA, pacova, pacovã. Vários são os nomes desse fruto nativo do Brasil, que pode passar dos 25 centímetros e pesar cerca de 500 gramas. De consistência mais densa e sabor mais adstringente e menos adocicado que outros tipos de banana, essa variedade é ideal para o cozimento – seja frita, assada ou cozida, transforma-se em acompanhamento para receitas salgadas em todo o país, especialmente no Norte e no Nordeste. Nas ruas de Santarém, por exemplo, é vendida como petisco, em uma versão **chips**, da mesma forma como a pipoca em outros lugares do Brasil.

BANANA-DE-SÃO-TOMÉ

Musa paradisiaca L.

ESSA VARIEDADE DE CASCA arroxeada adquire um belo tom coral quando fica madura. Tem polpa macia, perfume muito intenso e, assim como a banana-da-terra, é melhor quando cozida, frita ou assada. Também pode ser chamada de banana-do-paraíso ou banana-curta.

BANANA-MAÇÃ

Musa paradisiaca L.

EM RELAÇÃO À banana-nanica, é um pouco menos calórica e apresenta mais fibras, vitamina C e proteínas. Com 5 a 10 centímetros de comprimento, tem casca fina, amarela, e polpa clara, suave e doce – daí ser indicada para a alimentação infantil e para aliviar problemas digestivos. Consumida *in natura* ou em receitas variadas de bolos, tortas e vitaminas. Também chamada de banana-branca.

BANANA-NANICA

Musa paradisiaca L.

O NOME PODE ENGANAR os desavisados: pequeno é o tamanho da árvore, e não o da fruta, que tem, em média, 20 centímetros. Uma das variedades mais consumidas no Brasil e ingrediente tradicional da <u>bananada</u>, mostra grande aproveitamento *in natura* e infinitos usos culinários em forma de bolos, tortas, doces, vitaminas, amassada com aveia ou simplesmente cozida com açúcar e canela. Diversas receitas típicas brasileiras incluem a fruta. No litoral norte de São Paulo, a banana-nanica ainda verde é cozida em panela de ferro com postas de peixe; o prato ganha o nome de <u>azul-marinho</u>, em função da cor obtida na cocção. Em Minas Gerais há um tipo de <u>virado</u> feito com a fruta, queijo e farinha de milho e, na Chapada Diamantina, Bahia, o <u>godó</u> é um ensopado de banana-nanica verde com carne de sol.

BANANA-OURO

BEM PEQUENA, NÃO PASSA de 10 centímetros – em compensação, esbanja sabor e doçura. Por dentro da casca fina, de um amarelo forte, a polpa perfumada merece ser consumida *in natura*, mas pode ser aproveitada em recheios para tortas e massas, compotas, vitaminas e purês.

BANANA-PRATA

TAMBÉM TEM FRUTOS PEQUENOS e adocicados, mas com um toque de acidez. O aproveitamento é semelhante ao das bananas ouro e nanica: em bolos, compotas, doces em pasta ou de corte. Além disso, a consistência firme e a textura seca fazem com que seja ideal para frituras e grelhados – ou para servir, picadinha, ao lado do arroz com feijão.

BANHA DE PORCO

É O NOME POPULAR dado à gordura extraída do porco e que foi muito utilizada, até a década de 1950, para fritar, refogar ou grelhar, imprimindo sabor aos alimentos e ajudando a preservá-los: antes da invenção da geladeira, os cortes animais temperados e cozidos eram mantidos em latas com banha. Após a introdução da gordura vegetal e de uma campanha contra a banha de porco, porém, o ingrediente foi perdendo espaço nas casas brasileiras. Hoje, existe um debate a respeito dos tipos de óleos benéficos e prejudiciais à saúde – alguns nutrólogos não veem tanto problema na ingestão de gorduras saturadas, como a da banha. Além disso, ao contrário da margarina e do produto de origem vegetal, o derivado de porco não contém gordura hidrogenada.

BARRIGA DE PORCO

É UMA DAS PARTES mais saborosas do animal, caracterizada pelo equilíbrio entre gordura e carne. Na Itália, leva o nome de *pancetta* e, no Brasil, tem sido muito valorizada por chefs em função da suculência e da versatilidade. Pode ser frita, assada ou cozida – mas nunca servida crua ou malpassada. Em algumas cozinhas profissionais, o corte é preparado por longas horas em baixa temperatura. Em casa, a sugestão é marinar e então levar à panela de pressão até que fique macio e suculento. Também é desta parte que, segundo especialistas, pode ser retirado o melhor bacon do porco, ingrediente muito popular usado para incrementar e dar sabor a carnes, farofas, feijão e lentilha, entre outros pratos.

BARU

Dypterix alata Vogel.

É O FRUTO DE UMA ÁRVORE frondosa típica do Cerrado, encontrada principalmente no Mato Grosso, Mato Grosso do Sul, Goiás e Minas Gerais. Rica em proteínas, fibras e carboidratos, a polpa marrom adocicada não tem aproveitamento comercial, mas pode ser utilizada em pães ou cremes. Atualmente, a castanha desperta maior interesse culinário. Com sabor que remete ao amendoim, deve ser torrada antes do consumo como aperitivo ou na produção de paçoca, pé de moleque, farinha e óleo. A castanha de baru integra a Arca do Gosto, iniciativa do movimento Slow Food para divulgar alimentos que correm o risco de desaparecer.

BATATA

Solanum tuberosum L.

UMA DAS PRINCIPAIS fontes de carboidrato do mundo e base para a alimentação de diversos povos, a batata aparece em inúmeras receitas brasileiras. Frita, pode compor o "prato feito" de cada dia ao lado de arroz, feijão e bife. Cozida, dá origem a purês, entra em saladas e serve como acompanhamento para carnes, frangos e peixes. Embora seja originária dos Andes peruanos, na América do Sul, é comum ser chamada de "batata inglesa" – isso porque foram os ingleses, ao lado dos espanhóis, que difundiram o tubérculo em suas colônias depois das conquistas do século XVI.

BATATA-ARIÁ

Calathea allouia

NO ASPECTO e na utilização culinária, parece a batata comum. Mas essa raiz tuberosa originária da América tropical tem consumo restrito à região amazônica, onde alimenta indígenas e comunidades ribeirinhas. Ocasionalmente, aparece nos mercados de grandes cidades, como Belém, Manaus, Parintins e Santarém. De sabor adocicado – há quem diga que lembra o milho ou a castanha-do-brasil – e textura crocante, surge cozida em saladas, caldeiradas, sopas, purês e gratinados.

BATATA-DOCE

Ipomoea batatas L.

ASSADA – MUITO comum em churrascos –, frita, cozida ou na forma de purê, faz boa companhia para pratos de carne e também pode ser usada na doçaria. Uma das receitas mais populares é o doce de batata-doce, comum no interior paulista e presente entre os quitutes das festas juninas. Por ser fonte de carboidratos, fibras, minerais, vitaminas do complexo B e com poder antioxidante, recentemente a batata-doce entrou para o cardápio dos praticantes de exercícios físicos intensos. Curiosidade: essa raiz nativa da América Central e do Sul torna-se doce durante o cozimento (momento em que o amido se transforma em maltose por ação de uma enzima).

BATATA-DOCE ROXA

Ipomoea batatas L.

É UMA DAS VARIEDADES de batata-doce. A coloração arroxeada se dá pela presença do pigmento antocianina, que pode se concentrar tanto na casca quanto na polpa enquanto a raiz estiver crua. Geralmente, durante o cozimento, a batata-doce roxa tende a ganhar a cor cinza escuro – efeito que pode ser amenizado com algumas gotas de vinagre na água. Esse tipo de batata, além da óbvia doçura, tem aroma delicado, com notas acastanhadas. Alcança bons resultados na forma de purê, mas também pode ser preparada cozida, em ensopados, frita e assada. O uso na produção de um doce conhecido como "marrom-glacê brasileiro" é recorrente.

B

BAUNILHA DO CERRADO

Vanilla edwalli

GRANDE, VOLUMOSA E COM PERFUME muito agradável, é a fava de uma orquídea que nasce no Cerrado e ainda se encontra em estado selvagem – ou seja, não tem cultivo comercial representativo. Assim como a baunilha tradicional, originária da América Central, pode ser usada para aromatizar açúcar e doces variados, como caldas, sorvetes e bombons.

BEIJUPIRÁ

Rachycentron canadum

ESTÁ PRESENTE EM TODO O LITORAL brasileiro, mas foi no Nordeste que ganhou fama, principalmente em Pernambuco e no Ceará. Com carne branca, macia e delicada, tem poucas espinhas e pode atingir 2 metros de comprimento. Aparece em moquecas, recheado e assado ou em filés grelhados. Curiosidade: servido com purê, o beijupirá apareceu no cardápio do famoso Baile da Ilha Fiscal, no Rio de Janeiro, último evento em que Dom Pedro II compareceu como imperador do Brasil – a República seria proclamada dali a poucos dias.

BELDROEGA

Portulaca oleracea L.

DOIS TIPOS SÃO ENCONTRADOS no Brasil: a beldroega de folha pequena, originária da Europa Oriental e mais utilizada na culinária, e a de folha grande (*Talinum paniculatum*), nativa da América. É planta rasteira, que cresce em qualquer lugar e que, até pouco tempo, era desprezada na cozinha. A facilidade de cultivo, porém, não se traduz na sorte de encontrar o produto no mercado: a beldroega aparece com mais frequência nas feiras do Nordeste. As folhas carnudas têm leve sabor ácido e textura crocante, perfeitas para salada. Cozidas, lembram um pouco o espinafre e podem entrar no preparo de suflês, sopas, bolinhos e refogados. Curiosidade: a espécie de folhas miúdas e flores amarelas é considerada uma praga para as roças.

BERGAMOTA MONTENEGRINA

Citrus deliciosa Tenore

BERGAMOTA É O TERMO usado, na região Sul, para designar a fruta que, em outras partes do país, pode ser chamada de tangerina ou mexerica. Muito doce, suculenta e fácil de descascar, a variedade montenegrina surgiu por mutação espontânea, descoberta em 1940, na área que compõe o Vale do Caí, no Rio Grande do Sul. Além de consumida in natura, produz sucos e pode ser usada em molhos e outras preparações culinárias. Ao contrário de outros tipos, o fruto tem safra tardia, até setembro ou outubro. A bergamota montenegrina integra a Arca do Gosto, iniciativa do movimento Slow Food para divulgar alimentos que correm o risco de desaparecer.

BETERRABA

Beta vulgaris

COM PRODUÇÃO CONCENTRADA nas regiões Sul e Sudeste, aparece em sua melhor forma nos meses de janeiro a março e em outubro. Duas características marcantes são o sabor adocicado e a coloração, de um vermelho arroxeado intenso, derivada do pigmento betaína. Crua e ralada, é muito comum aparecer ao lado da cenoura em pratos de salada, muitas vezes combinadas a uvas-passas. Cozida ou assada, entra em recheios de massas, sopas e suflês. Também os talos e as folhas, ricos em ferro, podem ser aproveitados em <u>saladas</u>, refogados e na <u>vitamina mista</u>, batida com suco ou leite.

BIRIBÁ

Annona mucosa

MUITO COMUM NA AMAZÔNIA e apreciada também no Nordeste, essa fruta tem uma aparência que pode causar estranheza: a casca, dura, tem protuberâncias carnosas e fica mais escura à medida que amadurece. Por dentro, porém, a polpa branca é doce e macia, rica em vitamina C e potássio. Boa para comer ao natural ou para fazer sucos e sorvetes. Por ser muito frágil, não costuma ser comercializada fora das regiões de origem. O período da safra vai de março a junho.

BIRIBIRI

Averrhoa bilimbi

O NOME PODE CONFUNDIR, JÁ QUE EXISTE quem chame de bilimbi, carambola-amarela ou limão-de-caiena. Seja qual for o nome, porém, a pequena fruta verdinha agrada quem gosta de sabores ácidos. Pode substituir o limão em temperos ou vinagretes e vai bem em caipirinhas, picles e conservas com pimenta – na Bahia, aparece também para incrementar a moqueca. Na medicina popular da Amazônia, o chá de biribiri ajuda a combater resfriados; em regiões de Mata Atlântica, acredita-se que o suco aja contra febres e disenteria.

BISTECA SUÍNA

CORTE MUITO POPULAR, RETIRADO DO LOMBO do porco, com osso e uma camada de gordura que garante a suculência. Em geral, o peso de uma porção varia entre 150 e 250 gramas. Pode ser assada, grelhada ou empanada e frita. É um dos acompanhamentos tradicionais do <u>virado à paulista</u> e aparece muitas vezes servida ao lado da feijoada.

BOCAIUVA

Acrocomia aculeata

BOCAIUVA OU MACAÚBA? SEJA QUAL FOR o nome utilizado, essa palmeira encontrada no Norte, no Nordeste e no Centro-Oeste, com safra de outubro a janeiro, pode ser aproveitada por completo: a madeira é usada na construção de casas e as folhas dão origem a redes e linhas de pescaria. Consumida *in natura*, a polpa macia e fibrosa é conhecida como "chiclete pantaneiro". Também rende sucos, sorvetes e a farinha de bocaiuva, que entra na produção de bolos, pães e biscoitos, entre outros quitutes. A amêndoa da fruta fornece um óleo empregado nas indústrias alimentícia e cosmética para a fabricação de margarina, sabão e sabonete.

BODE

Capra hircus

A CIDADE DE PETROLINA, EM PERNAMBUCO, tem uma atração inusitada: o Bodódromo, área que reúne restaurantes especializados em receitas feitas com a carne do animal. Mais magros que os de frango, de boi e de porco, os cortes caprinos estão entre os mais consumidos do mundo; no Nordeste brasileiro, que responde por mais de 90% da produção nacional, a criação desse rebanho existe desde a época da colonização. Há quem pense que a utilização culinária do bode resume-se à <u>buchada</u>, prato intenso em que as vísceras são cozidas dentro de uma bolsa feita com o estômago do animal. Mas a carne, escura e marcante, também pode ser assada, frita, guisada, preparada na brasa e "atolada" (refogada, servida com mandioca). Em cantinas italianas de São Paulo, um prato clássico é o <u>cabrito com brócolis e batata</u> – trata-se do bode jovem, com sabor um pouco mais suave.

BOFE

TRATA-SE DO PULMÃO bovino, utilizado principalmente em receitas da culinária nordestina. Na Bahia, o xinxim de bofe combina essa peça de carne a ingredientes como camarões, azeite de dendê, leite de coco e farinhas de amendoim e de castanha. Curiosamente, o chamado angu à baiana – com fígado, rins, coração e bofe, entre outros miúdos, e citado como iguaria pelo pintor francês Jean-Baptiste Debret em *Viagem Pitoresca e Histórica ao Brasil*, livro escrito na década de 1830 – parece ter tido origem no Rio de Janeiro. Rico em ferro, o pulmão bovino foi usado na elaboração de uma farinha nutritiva desenvolvida pelo Departamento de Nutrição da Universidade de São Paulo (USP) para ajudar no combate à anemia.

BOLDO

Peumus boldus

O OUTRO NOME POPULAR – boldo-do-chile – dá uma pista sobre a origem da planta: a região andina do país sul-americano. As propriedades medicinais do <u>chá de boldo</u>, feito a partir das folhas da erva, são conhecidas por muita gente que faz uso da bebida contra problemas estomacais e hepáticos. Acredita-se que, tomado antes das refeições, o chá facilite o processo digestivo.

BONITO

Katsuwonus pelamis (listrado) e *Euthynnus alletteratus* (pintado)

PEIXE DE ÁGUA SALGADA, encontrado principalmente no litoral das regiões Sul e Sudeste, com sabor e aparência muitas vezes relacionados aos do atum. Na cozinha, é mais frequente aparecer assado, ao forno, mas pode ser ensopado, frito ou cortado em cubos e marinado em receitas de ceviche. De coloração azul-metálica, também é usado como isca para a pesca de espécies maiores.

BRÓCOLIS RAMOSO

Brassica oleracea var. itálica

COMO O NOME INDICA, ESSA VARIEDADE da hortaliça comercializada com talos, flores e folhas caracteriza-se pela presença de ramas. Originária do oeste da Europa e conhecida desde a época do Império Romano, chegou ao Brasil no início do século XX, depois de ter sido levada para a América do Norte por imigrantes italianos. O cultivo está concentrado nas regiões Sul e Sudeste e a melhor época para o consumo vai de julho a dezembro. Para aproveitar todos os nutrientes dos brócolis – ferro, cálcio e vitaminas A, B, C e K – recomenda-se cozinhá-los no vapor ou brevemente, em pouca água, para então aproveitá-los em saladas, massas e recheios variados.

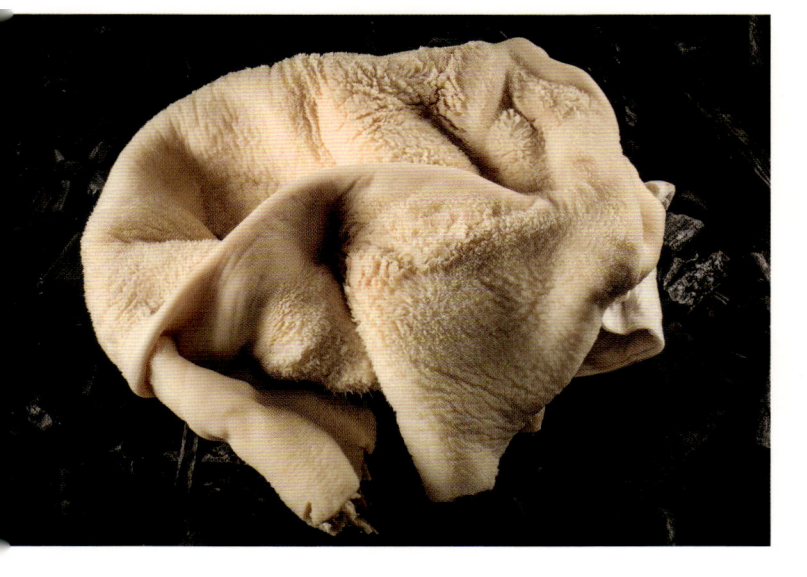

BUCHO

O ESTÔMAGO DO BOI, TAMBÉM chamado de tripa, é o principal ingrediente da <u>dobradinha</u>, prato de origem portuguesa feito com feijões brancos, temperos e acompanhamentos como costelinha suína e linguiça, ao gosto de cada um. Muita gente, aliás, só se refere ao bucho usando o nome dessa receita. Também pode ser consumido à milanesa, à parmegiana, em bolinhos, ao forno ou em outros pratos tradicionais, como tripa à lombeira e algumas versões de mocotó.

BURITI

Mauritia flexuosa L.

ORIGINÁRIA DA AMAZÔNIA, A PALMEIRA do buriti pode ser encontrada nas regiões Norte, Nordeste e Centro-Oeste, principalmente no bioma do Cerrado, com safra principal entre dezembro e fevereiro. Fonte de vitaminas A, B e C, ferro, cálcio e proteínas, o fruto de casca marrom e polpa alaranjada costuma ser consumido *in natura* ou em forma de <u>doce em barra</u>, sucos, sorvetes e licores. Dele também é extraído o óleo de buriti, aproveitado na culinária doméstica para frituras, refogados e molhos, e que tem uso industrial na fabricação de cosméticos.

CAÇÃO

Sphyrna spp.

NEM TODO MUNDO SABE QUE O CAÇÃO, peixe encontrado em todo o litoral brasileiro, é um tipo de tubarão. Vendido geralmente em postas, ainda com a pele e com a cartilagem, aparece em receitas ao forno e, principalmente, ensopado com leite de coco ou molho de tomate. Também é muito apreciado para compor <u>moquecas</u>, pois a carne firme não se desmancha durante o cozimento.

CACAU

Theobroma cacao L.

EMBORA O SURGIMENTO DO CHOCOLATE – obtido a partir das amêndoas do cacau – esteja relacionado às civilizações pré-colombianas maia e asteca, que habitavam o México e parte da América Central, o fruto é nativo da Amazônia. No Brasil, sua história tem ligação íntima com o sul da Bahia: a partir do século XVIII, extensas plantações surgiram na região de Ilhéus e de Itabuna e dominaram o panorama local por cerca de 150 anos, até começarem a ser dizimadas por uma praga chamada vassoura-de-bruxa. Além do <u>chocolate</u>, seu derivado mais óbvio, o cacau rende um delicioso <u>suco</u> feito com a polpa. Com as amêndoas também é produzido o <u>cacau em pó</u>, utilizado em confeitaria e mais intenso do que os achocolatados comuns nos mercados de todo o país.

CACHAÇA

PINGA, CANA, CANINHA, AGUARDENTE, água-que-passarinho-não-bebe. Não importa o nome que receba, essa bebida fermentada e destilada a partir da cana-de-açúcar é fundamental na receita do drinque típico do Brasil, a <u>caipirinha</u>, feita com cachaça, limão, açúcar e gelo. E se antes era considerada inferior, hoje exibe condição muito mais nobre: entusiastas do país inteiro estão sempre em busca do alambique mais artesanal ou exclusivo. A tarefa não é fácil, já que o Ministério da Agricultura, Pecuária e Abastecimento registrou, em 2013, mais de 1400 produtores de cachaça. Na culinária, pode substituir o vinho branco em molhos, marinadas e flambados e figura como ingrediente de balas, gelatinas, bolos, caldas ou massas de tortas e pastéis.

CAFÉ

Coffea arabica L. (arábica) e *C. canephora* (robusta)

EM BOA PARTE DAS CASAS BRASILEIRAS, as manhãs começam com o aroma de um <u>cafezinho</u> coado na hora, servido puro ou misturado ao leite. Originário da África, mas tão associado à imagem do Brasil quanto o futebol, a caipirinha ou a feijoada, o café chegou ao Pará em 1727, trazido da Guiana Francesa, e migrou para a região Sudeste, onde se adaptou muito bem. Hoje, os principais produtores são Minas Gerais, São Paulo, Espírito Santo e Paraná, no Sul. A variedade arábica (*C. arabica*) responde por 75% da safra e a robusta (*C. canephora*) fica com o restante – segundo maior consumidor da bebida, o Brasil é também o principal fornecedor mundial dos grãos. Na culinária, o café ainda aparece como ingrediente de bolos, sorvetes e diversas sobremesas.

CAGAITA

Eugenia dysenterica

TANTO O NOME POPULAR quanto o científico remetem a uma importante característica dessa fruta arredondada, de casca amarela e polpa muito suculenta: se consumida *in natura*, aquecida pelo sol ou em quantidade excessiva, tem efeito laxante – portanto, apresenta enorme potencial medicinal como matéria-prima reguladora do intestino. Típica do Cerrado, a cagaiteira está presente nos estados de Goiás, Mato Grosso do Sul, Tocantins, Bahia, São Paulo e Minas Gerais, com safra em setembro e outubro. A polpa ácida e macia, fonte de vitamina C, é mais consumida na forma de sorvetes, compotas, geleias, licores e sucos.

CAJÁ

Spondias lutea L.

A FRUTINHA DE CASCA fina e lisa, bem amarela quando madura, recebe nomes diferentes de acordo com a região: taperebá, no Norte; cajá, no Nordeste; cajá-mirim, no Sul. Não se sabe ao certo se sua origem é africana ou americana – de acordo com o historiador e antropólogo Luís da Câmara Cascudo no livro *História da alimentação no Brasil*, porém, o cajá é conhecido em Luanda, Angola, como gajajá. A polpa macia, de sabor agridoce, entra no preparo de sorvetes, refrescos, licores, geleias, compotas, musses e caipirinhas, entre outras receitas. Diversos períodos de safra, de fevereiro a dezembro, garantem que a fruta esteja disponível *in natura* o ano todo no Nordeste – ou em forma de polpa, no restante do país.

CAJÁ-MANGA

Spondias dulcis Parkinson

ENTRE DEZEMBRO E JULHO, as pontas de cada galho dessa árvore nativa de ilhas do Oceano Pacífico, como Fiji, ficam repletas de cachos com frutos ovalados de casca amarela. Também conhecida como cajarana ou taperebá-do-sertão, tem polpa suculenta, aromática e refrescante, de sabor agridoce e cor amarelo-alaranjada. Sucos, sorvetes, geleias, caipirinhas, compotas e molhos para pratos salgados são os usos mais comuns. Presente no Norte e no Nordeste, a cajazeira é parte integrante da paisagem na região semiárida nordestina.

CAJU

Anacardium occidentale L.

PARNAMIRIM, NO RIO GRANDE DO NORTE, exibe o que é considerado o maior cajueiro do mundo: a cada ano, a copa centenária produz cerca de 70 mil frutos. Da Amazônia, onde acredita-se que tenha surgido, o cajueiro espalhou-se pelo mundo. No Brasil, viceja em regiões litorâneas do Norte e do Nordeste, como o Ceará e o Piauí, onde é comum encontrar a castanha – o legítimo fruto – e o pedúnculo de polpa carnosa e suculenta, alaranjada, amarela ou vermelha, e que é, na verdade, o "cabinho" da fruta. Com propriedades refrescantes, pode ir do azedo ao mais doce, aproveitado em sucos, sorvetes, compotas, passas de caju e molhos. O sumo dá origem, também, a duas bebidas emblemáticas da cultura nordestina: a cajuína e o vinho de caju.

CAJUÍNA

TÍPICA DO PIAUÍ, MAS MUITO POPULAR também no Ceará e no Maranhão, a bebida sem álcool obtida a partir do suco de caju já começa a encantar pela cor, quase dourada. No método de produção artesanal, o líquido é separado do tanino com o auxílio de gelatina em pó, coado diversas vezes e cozido em banho-maria, dentro de garrafas de vidro, para que o açúcar caramelize. Servida gelada, ajuda a combater o calor. Em maio de 2014, a produção da cajuína no Piauí foi acrescentada à lista do Patrimônio Cultural Brasileiro estabelecida pelo Iphan (Instituto do Patrimônio Histórico e Artístico Nacional).

CAMAPU

Physalis angulata L.

A FRUTA AMARELA DE CASCA FINA, protegida por um casulo de folhas delicadas, tem beleza suficiente para enfeitar doces exibidos nas vitrines do Brasil afora. Mas as pequenas bagas de polpa azedinha também são boas para comer *in natura* e ainda combinam com sucos, compotas, licores, sorvetes e molhos. Na medicina popular, os frutos, folhas e raízes também são empregados no combate ao diabetes, reumatismo crônico, doenças de pele, bexiga e fígado. A produção nacional concentra-se no Sul e no Sudeste do país, com colheita entre julho e setembro. Por desconhecimento, porém, a maior parte do consumo interno tem sido suprida pela Colômbia.

CAMARÃO-BRANCO
Litopenaeus schmitti

É ENCONTRADO PRINCIPALMENTE no litoral do Nordeste e do Sudeste – no Rio de Janeiro, o município de Paraty destaca-se na pesca desse crustáceo, que pode atingir mais de 15 centímetros de comprimento. A ampla utilização culinária engloba receitas de camarão empanado e frito, ao alho e óleo, em saladas ou em espetinhos grelhados, entre outras.

CAMARÃO-CINZA
Litopenaeus vannamei

EM MEADOS DA DÉCADA DE 1990, começou a ser criado em viveiros de água salgada – as chamadas "fazendas" – no Nordeste brasileiro; hoje, é a principal espécie do crustáceo produzida no país. Com cerca de 6 centímetros, aparece frito ao alho e óleo no cardápio de diversos bares e restaurantes praianos. Entra, ainda, em bobós, saladas, recheios para empadas ou pastéis e no tradicional camarão ensopado com chuchu, um clássico do Rio de Janeiro que teria surgido no cardápio da Confeitaria Colombo no final do século XIX.

CAMARÃO DEFUMADO

ASSIM COMO A DESIDRATAÇÃO, a defumação é um método utilizado para preservar os alimentos por mais tempo – e que geralmente deixa a comida com sabor mais intenso. Tratado dessa maneira, o camarão pode ser utilizado para dar mais gosto a receitas variadas, como moquecas, saladas, caldos e vatapá, prato tradicional da cozinha baiana.

CAMARÃO PITU

Macrobrachium spp.

O MAIOR CAMARÃO de água doce do país pode ser utilizado na cozinha da mesma maneira que os crustáceos vindos do mar: ao alho e óleo, grelhado, no bafo ou em moquecas. A carne acinzentada adquire uma tonalidade alaranjada depois de cozida.

CAMARÃO-ROSA

Farfantepenaeus brasiliensis e F. paulensis

GRANDE E CARNUDO, com sabor evidente, predomina nas regiões Sul e Sudeste. Em função do belo visual e do tamanho, que chega a 18 centímetros, esse tipo de crustáceo muitas vezes aparece também na decoração dos pratos. Pode ser a estrela de **bobós**, **moquecas** e do **camarão na moranga** – ou simplesmente frito, em um preparo muito apreciado.

CAMARÃO SECO

A CULINÁRIA baiana dificilmente seria a mesma sem a presença desses crustáceos miúdos salgados e desidratados, fundamentais para uma série de receitas típicas: **acarajé**, **vatapá**, **caruru**, **xinxim de galinha**, **arroz de hauçá**. Seu sabor forte pode ser aproveitado também em pratos do dia a dia, para temperar o feijão, incrementar **fritadas** ou deixar a farofa mais crocante.

CAMARÃO-SETE-BARBAS

Xiphopenaeus kroyeri

PRESENTE EM todo o litoral brasileiro, esse crustáceo tem cerca de 8 centímetros de comprimento. Com sabor marcante, costuma ser aproveitado em receitas de molhos, massas e estrogonofes.

C

CAMBUCÁ

Plinia edulis

"MUITO DOCE e de honesto sabor". Foi dessa maneira que o colonizador português Gabriel Soares de Sousa descreveu o cambucá em seu livro *Tratado descritivo do Brasil* em 1587. Nativa da Mata Atlântica, essa fruta de polpa suculenta, com casca entre o amarelo e o laranja, já foi muito encontrada em regiões da Mata Atlântica, principalmente nos litorais de São Paulo, Rio de Janeiro e Espírito Santo. Mas o desmatamento e a falta de interesse em seu cultivo comercial – uma árvore pode levar de quinze a dezoito anos para frutificar, geralmente em dezembro e janeiro – fizeram com que as plantas ficassem cada vez mais raras e praticamente desaparecessem de quintais e pomares caseiros. Quem tem a sorte de encontrar a fruta pode consumi-la *in natura* ou em sucos, geleias e compotas.

CAMBUCI

Campomanesia phaea (O. Berg.) Landrum

O BAIRRO DO CAMBUCI, na região central de São Paulo, não ganhou esse nome por acaso: deriva da grande quantidade de cambucizeiros que existia no local. Oriunda da Mata Atlântica e ainda presente em alguns pontos dos estados de São Paulo e Minas Gerais, a árvore produz frutos de formato peculiar, parecidos com um pião, e de casca finíssima. A polpa, muito ácida e adstringente, não deve ser consumida *in natura*, mas empregada na confecção de sorvetes, bolos, caldas ou geleias. Os usos mais famosos do produto, porém, envolvem uma boa cachaça: a fruta pode entrar como ingrediente da caipirinha ou ser armazenada com a bebida em potes de boca larga, em uma infusão conhecida como pinga com cambuci.

CAMBUQUIRA

BOLINHOS, OMELETES e refogados são apenas alguns exemplos de pratos que podem ser feitos com a cambuquira, ingrediente composto pelos ramos, brotos e folhas novas da aboboreira, e que por desconhecimento muitas vezes acaba indo para o lixo. Para algumas pessoas, o sabor lembra o do espinafre. Ao lado do milho-verde, ela compõe uma receita muito tradicional do interior de São Paulo e de Minas Gerais: a sopa com cambuquira, ou buré, de preferência cozida em fogão a lenha e às vezes servida com pedacinhos de linguiça frita. Em algumas versões, é feita com fubá; em outras, vai ao fogo até ficar mais grossa e acompanha pedaços de frango ou costelinha de porco.

CANA-DE-AÇÚCAR

Saccharum officinarum

MARTIM AFONSO DE SOUSA, MILITAR PORTUGUÊS que chegou ao Brasil no comando de uma expedição colonizadora, deixou um legado muito maior ao país além da fundação da primeira vila oficialmente estabelecida por aqui – São Vicente, em 1532, no atual estado de São Paulo. Foi ele, também, quem trouxe a cana-de-açúcar para cá. Desde então, a planta desempenhou um papel crucial no desenvolvimento econômico da nação. Segundo o Ministério da Agricultura, o Brasil é, hoje, o maior produtor mundial de cana, cultivada principalmente em São Paulo, no Paraná, no Triângulo Mineiro e na Zona da Mata nordestina, e ainda responde por metade do açúcar comercializado no mundo. A atividade em torno dos canaviais e do processamento do caldo da planta foi muito intensa até o advento das usinas de açúcar e álcool, já no século XX. Em muitos lugares do Nordeste – alguns poucos em funcionamento até hoje –, a sociedade girava em torno dos engenhos, responsáveis pela produção tanto da cana quanto de seus derivados: açúcar, cachaça, rapadura e melado. Em estados como Ceará e Pernambuco, ainda é possível encontrar uma pequena quantidade de engenhos ativos e acompanhar a fabricação de cachaça e rapadura.

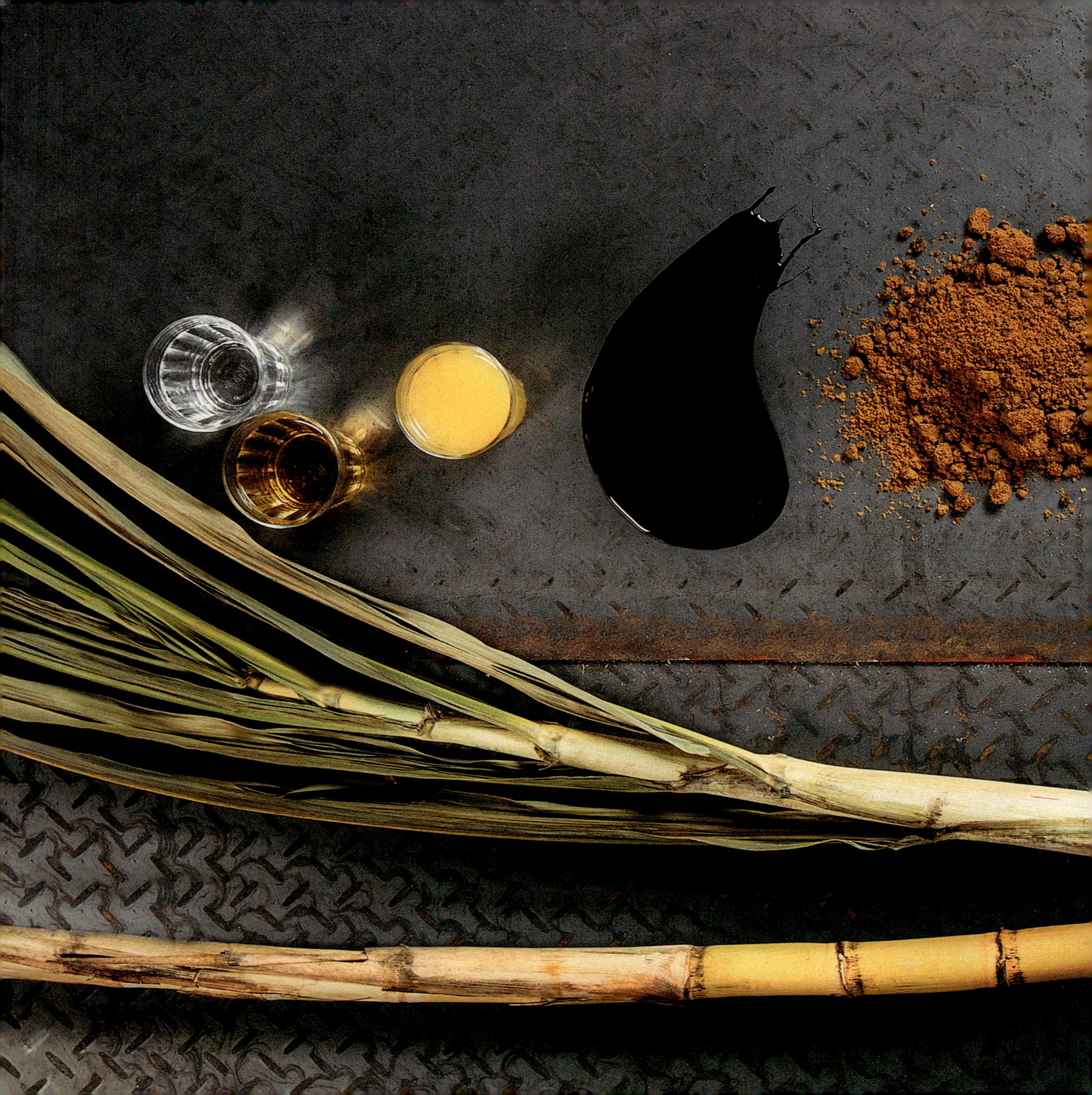

CANA-DE-AÇÚCAR

CANA-DE-AÇÚCAR

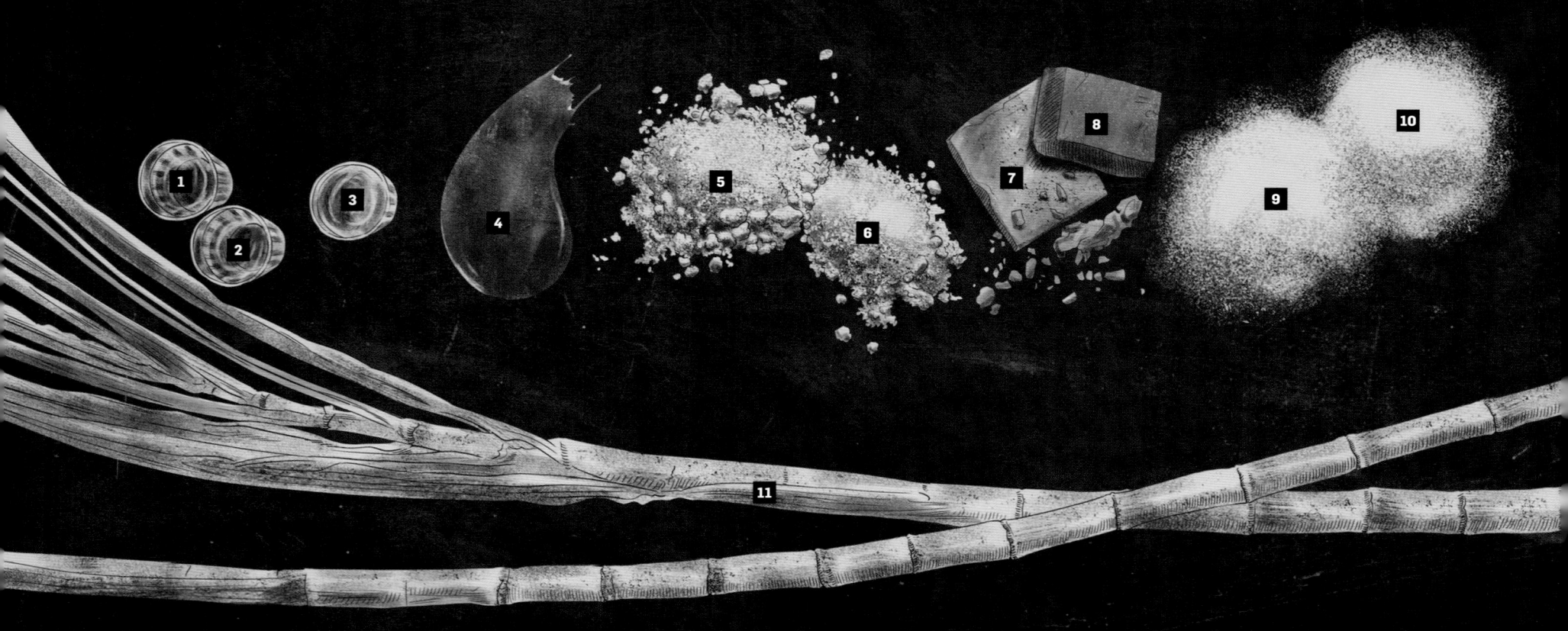

---

1. Cachaça *2.* Cachaça envelhecida *3.* Garapa *4.* Melaço *5.* Açúcar mascavo *6.* Gramixó
7. Rapadura *8.* Rapadura *9.* Açúcar cristal *10.* Açúcar refinado *11.* Cana-de-açúcar

CANELA

Cinnamomum verum

ESPECIARIA RETIRADA DOS RAMOS FINOS da caneleira, planta nativa do Sri Lanka, no sul da Ásia – ao secar, eles se enrolam, ganham formato tubular e são vendidos como canela "em pau" ou "em rama". Usada há milhares de anos em países como Índia e China, popularizou-se no mundo todo como aromatizante natural e tempero de pratos doces e salgados. No Brasil, a combinação com o cravo-da-índia em receitas de compotas, biscoitos e bolos foi imortalizada pelo escritor Jorge Amado por meio da personagem Gabriela, que tinha "cheiro de cravo e cor de canela", e tornou-se base da confeitaria nacional. Outra variedade, a cássia (*Cinnamomum cassia*), é mais forte e menos adocicada.

CANJICA DE MILHO

SEGUNDO O MINISTÉRIO DA AGRICULTURA, Pecuária e Abastecimento, entende-se por canjica os grãos ou pedaços de grãos de milho com ausência do gérmen. Mas a palavra pode causar confusão, pois também designa doces típicos brasileiros que variam de acordo com a região do país. No Sudeste, a receita de <u>canjica</u> leva grãos de milho deixados de molho e cozidos com leite, leite condensado ou leite de coco, às vezes incrementados por amendoim picado; no Nordeste, esse preparo é chamado de <u>mungunzá</u>. Existe também um creme de milho-verde batido, cozido com leite e temperado com canela, chamado de <u>canjica</u> no Nordeste e de <u>curau</u> pelos paulistas e mineiros.

CAPIM-LIMÃO

Cymbopogon citratus

TAMBÉM CONHECIDA COMO CAPIM-CIDREIRA, erva-cidreira ou capim-santo, essa planta nativa da Índia tem aparência de capim, aroma e gostinho de limão. Com as folhas, é possível preparar infusões e sucos ou enriquecer pratos salgados e doces – ao lado da hortelã e do boldo, é um dos chás mais consumidos no país. Da erva ainda se extrai um óleo essencial usado em aromatizantes e na produção de cosméticos e medicamentos. Embora o Paraná se destaque como o maior estado produtor de plantas medicinais aromáticas, o cultivo do capim-limão é bastante representativo em todo o Sul e Sudeste – a melhor época para o consumo vai de outubro a abril.

CAPIVARA

Hydrochoerus hydrochaeris

DE ACORDO COM a Embrapa (Empresa Brasileira de Agropecuária), esse mamífero roedor típico da América do Sul é um dos animais silvestres mais criados no país, com a maior parte dos produtores localizados no estado de São Paulo. Embora nunca tenha sido um item frequente na mesa brasileira, sua carne já era citada em livros de receitas do século XIX – o *Cozinheiro Nacional*, publicado no Rio de Janeiro pela Livraria Garnier, em torno de 1860, indica sete variações para assados, ensopados e guisados de capivara. Macia, pouco calórica e rica em vitamina B, é servida principalmente em forma de paleta, lombo e pernil.

CAPOTE

Numida meleagris

VINDA DA ÁFRICA, a ave logo foi batizada com um nome que denota sua procedência: galinha d'angola. Em diversos estados do Nordeste, porém, é capote – principalmente no Piauí, onde a carne de consistência firme e saborosa entra como principal ingrediente do frito de capote e do arroz de capote. No Ceará, lugar de referência na criação de capote no Brasil, existe uma receita feita "na lata", com cebola, bacon e farinha de mandioca, surgida pela necessidade de conservar os alimentos nas longas viagens empreendidas por antigos vaqueiros.

CAPUCHINHA

Tropaeolum majus

DE ACORDO COM o *Manual de Hortaliças Não Convencionais* preparado pelo Ministério da Agricultura, Pecuária e Abastecimento, essa planta pode ser aproveitada por inteiro: caule, folhas, botões florais e frutos verdes são comestíveis. O sabor picante, que lembra o do agrião, vai bem em saladas e molhos; as sementes, conservadas em vinagre, têm uso semelhante ao das alcaparras.

CAQUI

Diospyros kaki L.

COMEÇOU A SE POPULARIZAR no Brasil a partir da década de 1920, com a chegada de imigrantes japoneses – a fruta, de origem asiática, tem mais de 800 variedades só no Japão. Com casca fina e polpa gelatinosa, é boa para ser consumida *in natura* ou em forma de musses, doces cremosos e compotas, além de caipirinhas. A produção concentra-se nas regiões Sul e Sudeste e mais da metade da safra nacional é colhida no estado de São Paulo.

CARÁ (INHAME)

Dioscorea spp.

COM CASCA AMARRONZADA E POLPA BRANCA, viscosa e delicada, é chamado de inhame no Nordeste do país. Em *História da Alimentação no Brasil*, o antropólogo Luís da Câmara Cascudo conta que a bagunça de nomes em torno de mandioca, cará e inhame (taro) começou com a carta escrita por Pero Vaz de Caminha ao rei de Portugal – mas informa, também, que inhames (*Colocasia esculenta*) têm provável origem asiática e carás são nativos do Brasil. Rico em amido, o tubérculo funciona muito bem em forma de purê ou de sopas, pães e bolinhos. No café da manhã, é servido cozido, com manteiga.

CARAMBOLA

Averrhoa carambola L.

MAIS DOCE OU MUITO ÁCIDA, tem um belo formato de estrela quando cortada em fatias – por isso, além de conferir sabor, também é usada na decoração de pratos. Com polpa aquosa, aparece em receitas de caipirinhas, geleias, sucos e compotas. Entre os salgados, combina com carnes de peixe e de porco, molhos e saladas.

CARÁ-MOELA

Dioscorea bulbifera

COMO O NOME INDICA, ESSE TIPO de cará tem o formato de uma moela de frango. Cresce pendurado em planta trepadeira, mas é raridade nas feiras e mercados do país, já que a produção no Brasil – concentrada nas regiões Sul, Sudeste e Norte – não alcança níveis comerciais. Quem o cultiva para consumo próprio, porém, consegue aproveitar a textura macia do legume quando é cozido e amassado, na forma de um purê. Pode substituir o pão no café da manhã e combina em pratos de galinha ensopada, carne de porco, sopas, assados e pães. Por conter princípios tóxicos, responsável pelo sabor amargo, não é indicado comer cará-moela cru.

CARAPAU

Caranx crysus ou *Carangoides crysus*

PEIXE DE ESCAMAS COMUM em toda a costa do país, do Amapá ao Rio Grande do Sul, e facilmente encontrado nas mesas brasileiras por ser uma espécie popular, de carne saborosa e mais escura, como as do atum e da sardinha. Por ter, em média, cerca de 1,5 quilo e 35 centímetros, é fácil de ser preparado inteiro – há quem recomende embrulhar em folhas de bananeira antes de levar à churrasqueira para proteger a carne e o tempero. Versátil, pode ser assado, grelhado, cozido, frito ou usado na elaboração de sushis. Também é conhecido como xarelete ou xerelete.

CARÁ-ROXO

Dioscorea heptaneura

A PRINCIPAL DIFERENÇA EM RELAÇÃO ao cará branco são as cores: a casca tem um arroxeado intenso e a polpa apresenta tons de púrpura. Essas características derivam da presença de antocianinas, importantes antioxidantes relacionados à prevenção do desgaste celular. Na culinária, o uso é semelhante ao de outros tubérculos, principalmente cozido e aproveitado em saladas ou purês. Curiosidade: na semana do feriado da Independência, o município de Caapiranga, no Amazonas, promove um Festival do Cará para comemorar a safra do alimento. Na oitava edição da festa, em 2015, a disputa entre as duas agremiações que exibem enredos folclóricos foi vencida pelo grupo Cará Roxo, que já acumula cinco vitórias sobre o Cará Branco.

CARIMÃ

QUEM PROCURA pela definição de carimã no dicionário pode ficar confuso: aparece como "farinha fina e seca", "bolo" ou "espécie de mingau". Trata-se, na verdade, da massa fermentada da mandioca, como esclarece Câmara Cascudo em *História da Alimentação no Brasil*: "farinha de mandioca puba, também dita 'mandioca mole'". No Norte e no Nordeste, a massa também dá origem a uma farinha que, essa sim, entra no preparo de mingaus e bolos clássicos da confeitaria nordestina, como o pé de moleque e o Souza Leão.

CARNE DE FUMEIRO

FEITA EM GERAL com o coxão mole do porco, essa especialidade do Nordeste – principalmente do Recôncavo Baiano – é produzida com a carne aberta em mantas, salgada e então defumada sobre o braseiro a lenha. Fica rosada e basta um tempinho na grelha ou na frigideira para que esteja pronta. O processo de fabricação, centenário e artesanal, não conta com o aval da Agência Nacional de Vigilância Sanitária (Anvisa), mas isso não impede que diversos bares e restaurantes de Salvador utilizem o ingrediente em suas receitas, principalmente no arrumadinho e no escondidinho.

CARNE DE SOL

CLÁSSICO DA COZINHA do Nordeste, região que tem o clima adequado para o preparo do alimento, é feita com carne de boi ou de bode, aberta e cortada em mantas.. Levemente salgada, descansa em lugares cobertos e ventilados, até secar por fora. O interior fica macio, com a umidade e a textura preservadas. Tradicional no preparo da paçoca de carne de sol, também pode ser frita ou assada e servida inteira ou desfiada com acompanhamentos como mandioca, abóbora, queijo de coalho e pirão de leite.

CARNEIRO

Ovis aries

PALETA, PERNIL E CARRÉ são os cortes mais conhecidos do gado ovino, abatido com idades diferentes: cordeiro (até 6 meses), ovelha (acima de 18 meses) e carneiro (macho adulto). A carne rosada costuma ser assada no forno ou na churrasqueira; as costeletas também ficam boas grelhadas. Em Campo Mourão, no Paraná, o segundo domingo do mês de julho é dedicado ao preparo do <u>carneiro no buraco</u>, cozido com diversos legumes em grandes tachos dispostos em cavidades abertas na terra e forradas com lenha de eucalipto. A tradição já dura mais de vinte anos.

CARNE-SECA

O PROCESSO DE FABRICAÇÃO é semelhante ao da carne de sol. Cortadas em mantas, as peças bovinas são mergulhadas em água salobra e, em seguida, empilhadas e estendidas em varais, até desidratar. O consumo, tradicional no Norte e no Nordeste, alcançou também as outras regiões do país. Desfiada, a carne-seca – chamada, ainda, de jabá – entra no preparo de bolinhos, pastéis, tapiocas, <u>escondidinhos</u> e <u>paçoca</u>. É um dos ingredientes da feijoada.

CARURU

Amaranthus sp.

LEVA O MESMO NOME de uma receita nordestina à base de quiabo – e que, curiosamente, não inclui o caruru na relação de ingredientes. Trata-se de uma planta de folhas verdes, algumas com pintas roxas, parecidas com as do manjericão. Pode ser refogada, frita, usada em sopas, recheios, farofas, fritadas e chás. As sementes do caruru são ricas em proteínas e, quando torradas, ficam boas para fazer pão. De fácil cultivo em todo o país, essa erva de vários nomes – como bredo, bredo-de-chifre, bredo-de-espinho, bredo-vermelho, caruru-de-cuia, caruru-roxo, caruru-de-mancha, caruru-de-porco e caruru-de-espinho – marca mais presença nas mesas do Nordeste, sobretudo nas baianas. Quando usada como erva medicinal, combate infecções e problemas hepáticos.

CASTANHA-DE-CAJU

Anacardium occidentale L. (caju)

UM DOS PRINCIPAIS SÍMBOLOS gastronômicos do Nordeste, a castanha é o real fruto do cajueiro, árvore espalhada por estados como Piauí, Ceará, Rio Grande do Norte, Maranhão e Bahia – o caju de polpa carnuda e suculenta representa, na verdade, o "cabinho" do alimento. Depois de beneficiada, a castanha pode ser consumida de várias formas: torrada, pura, com sal, inteira ou moída, em receitas de petiscos, pratos salgados, doces, bolos e biscoitos, entre outras. Rica em gorduras insaturadas benéficas para o organismo, magnésio, fósforo e zinco, é a oleaginosa que tem menor valor calórico. Em algumas cidades turísticas, como Fortaleza, barraquinhas em feiras e mercados vendem castanha-de-caju em sabores como cappuccino, gergelim e caramelo.

CASTANHA-DO-BRASIL

Bertholletia excelsa

FRUTO DE UMA ÁRVORE IMPONENTE, nativa da Amazônia, a castanha-do-brasil – antes chamada de castanha-do-pará – pode ser consumida ao natural ou torrada. Além de alto valor proteico e calórico, tem grandes doses de selênio, mineral antioxidante que combate o envelhecimento celular e pode prevenir contra doenças degenerativas. Na cozinha, seu aproveitamento é extenso: entra na massa de pães, bolos e biscoitos ou em crostas, molhos e farofas salgadas, para citar apenas alguns usos. Dela também são produzidos farinha, óleo extravirgem e leite e um creme que pode substituir a manteiga.

CASTANHA PORTUGUESA

Castanea sativa (castanheira)

FRUTO DA CASTANHEIRA, COM PRODUÇÃO concentrada na Europa – apenas 10% dos ingredientes comercializados no país são nacionais, cultivados no Sudeste e com safra em dezembro. Trata-se de uma oleaginosa de textura um tanto farinhenta, que deve ser cozida e descascada. No Brasil, o consumo *in natura* está muito associado aos festejos natalinos, mas doces feitos com o ingrediente podem ser encontrados durante o ano inteiro. O mais famoso e refinado deles é o marrom glacê, inventado no século XVII a partir de castanhas cozidas e posteriormente finalizadas em calda de açúcar e baunilha. Em se tratando de receita produzida em território brasileiro, porém, vale ficar atento: há uma versão industrial nacional feita à base de batata-doce.

CATETO

Tayassu tajacu

"PORCO BRAVIO, CARNE COM SABOR de selva e liberdade": assim o escritor Jorge Amado define o cateto no romance *Dona Flor e seus Dois Maridos*. Conhecido como caititu no Nordeste e no Centro-Oeste – ou como caitatu, porco-do-mato brasileiro e pecari –, esse animal silvestre tem a carne rosada, levemente adocicada e com baixo teor de gordura (30% a menos do que a carne suína), por isso tende a ser mais seca. Melhor assar em baixa temperatura e bem lentamente. Há criadores em todas as regiões do país, sobretudo no Sul, Sudeste e Centro-Oeste. O cateto é diferente da queixada, outro tipo de porco selvagem de porte maior, que exibe uma faixa de pelos brancos ao redor do pescoço e possui a carne mais vermelha e de gosto mais forte.

CATUPIRY

É UM CASO CLÁSSICO DE MARCA que virou sinônimo do ingrediente que produz. Fundada por um imigrante italiano em Minas Gerais, em 1911, a Laticínios Catupiry surgiu com a fabricação de um tipo de requeijão cremoso cuja receita permanece em segredo até hoje. Com o tempo – e o sucesso – da mercadoria, outros fornecedores passaram a vender suas próprias "versões" de catupiry e o nome pegou. Pode ser usado como qualquer requeijão e parece combinar particularmente com frango ou carne-seca em pastéis, pizzas, bolinhos e em um recheio especial para a coxinha, petisco tradicional de bares e lanchonetes.

CAVAQUINHA

Scyllarides brasiliensis

TAMBÉM CONHECIDO COMO LAGOSTA-SAPATEIRA, esse crustáceo encontrado em praticamente todo o litoral brasileiro, do Maranhão a Santa Catarina, tem sabor semelhante ao da "prima" famosa. A carne branca, macia e suave pode ser apreciada na grelha, ao forno ou frita e combina com ingredientes como noz-moscada, leite de coco e manteiga, entre outros. O segredo é não cozinhar demais – assim como a lagosta, a cavaquinha endurece se ficar no fogo por mais tempo do que o necessário. Chega fresca à mesa entre os meses de agosto e dezembro, época em que a pesca é liberada.

CEBOLA

Allium cepa L.

REFOGADA EM AZEITE, ÓLEO OU MANTEIGA, com ou sem alho, é o tempero essencial utilizado nos refogados brasileiros – prática herdada dos colonizadores portugueses. Com enorme potencial de transferir sabor a outros alimentos, também é base de diversos ensopados ou cozidos. Carnes, peixes, hortaliças, ovos... a cebola vai bem com quase tudo, não importa se cozida, assada ou crua, em saladas e vinagretes. Branca, amarela ou roxa (da terra), exibe formatos variados, do arredondado ao ovalado, das maiores às menorzinhas, muito utilizadas em picles e conservas. Ardida, pode tornar-se mais adocicada e suave depois de cozida. É produzida em todo o país, principalmente no Sul, Sudeste e Nordeste, mas também importada da Argentina.

CEBOLINHA

Allium fistulosum L.

ERVA DE FOLHA CILÍNDRICA E LONGA, tem sabor parecido com o da cebola crua, porém mais delicado. Fresca e picadinha, dá o toque final a receitas que vão de vinagretes, sopas, saladas e farofas a cozidos e assados em geral. Além de versátil no uso, pode ser congelada. Nos mercados e nas feiras de todo o país, é possível encontrar a cebolinha em maços exclusivos ou combinada a salsinha e coentro – neste caso, recebe o nome de cheiro-verde no Sudeste ou no Nordeste. Existe ainda a possibilidade de comprar a planta na versão seca. Embora seja produzida o ano inteiro, fica mais viçosa em dezembro.

CENOURA

Daucus carota

EM FUNÇÃO DA VERSATILIDADE, é uma hortaliça que dificilmente escapa do carrinho de compras dos brasileiros. Ralada, em rodelas ou palitos, rende saladas e petiscos. Fundamental para caldos e alguns refogados, também aparece em sopas, suflês e, na hora do lanche ou da sobremesa, em um <u>bolo</u> com cobertura de chocolate. As folhas comestíveis e muito aromáticas geralmente são desprezadas, mas podem dar sabor a sopas, cozidos e feijão. É possível encontrar cenoura em feiras e mercados durante o ano todo, embora a época mais abundante vá de outubro a dezembro. No Brasil, os maiores produtores estão nos estados de Minas Gerais, São Paulo e Bahia.

CERVEJA

OBTIDA PELA FERMENTAÇÃO de cereais e considerada uma das bebidas alcoólicas mais antigas do mundo, a cerveja é assunto sério no Brasil: em 2014, foram produzidos e vendidos 14,1 bilhão de litros no país, 5% a mais do que no ano anterior. Na cozinha, aparece principalmente como ingrediente de molhos e marinadas para carnes bovinas ou de aves. Prato do cotidiano, o <u>frango na cerveja</u> é um clássico do repertório caseiro, geralmente feito com as coxas e sobrecoxas do animal. Atualmente, além das marcas industrializadas tradicionais, o mercado é cada vez mais abastecido com produtos artesanais, feitos em pequenas cervejarias.

CHAMBARIL

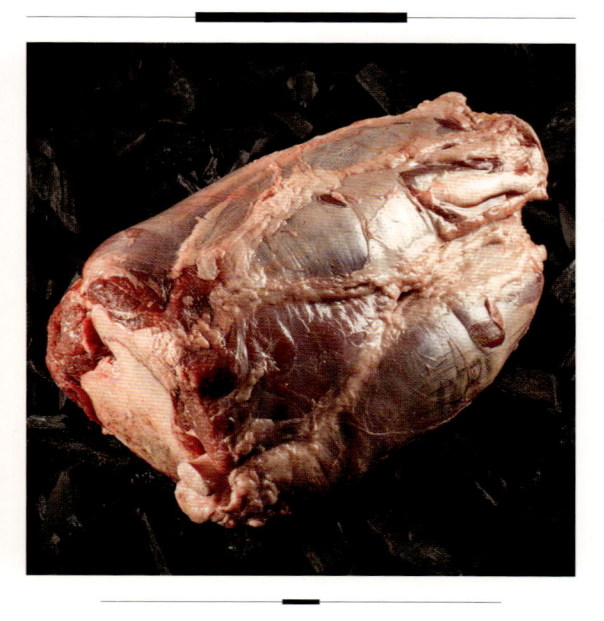

NOS ESTADOS DO SUDESTE e do Sul, leva o nome italiano: ossobuco, que na tradução literal significa "osso furado". No Nordeste, no Norte e no Centro-Oeste, é o chambaril, ou chambari, um corte horizontal da perna do boi que inclui o músculo e o osso, com tutano no centro. A receita tradicional de Pernambuco leva a carne à panela com temperos e o caldo resultante do cozimento rende um saboroso pirão – mas também é comum encontrar chambaril acompanhado por polenta, arroz branco ou mandioca (macaxeira). No Tocantins e no Maranhão, cidades como Araguaína e Barra do Corda promovem festivais anuais dedicados à carne. Normalmente, o chambaril é vendido já fatiado.

CHARQUE

ESSE MÉTODO DE PRESERVAÇÃO de cortes bovinos típico da região Sul é semelhante ao da carne de sol. Antes de ser pendurado em locais arejados, o charque recebe camadas de sal dos dois lados. Depois, em alguns casos, pode terminar de secar em varais colocados sobre o forno a lenha, para adquirir um toque defumado. É ingrediente fundamental para o <u>arroz de carreteiro</u> gaúcho.

CHICÓRIA

Cichorium endivia

COM FOLHAS MAIS CRESPAS e menos compridas do que as da escarola, ingrediente com o qual é frequentemente confundida, a chicória pode revelar um amargor que cai bem em saladas, sopas, refogados, bolinhos e molhos. Embora São Paulo e Rio de Janeiro sejam os maiores produtores da hortaliça, o consumo está difundido em todo o país.

CHICÓRIA-DO-PARÁ

Eryngium foetidum L.

COMO SUGEREM VÁRIOS DE SEUS NOMES populares – chicória-do-norte, coentrão, coentro-de-caboclo, coentro-do-maranhão e salsa-do-pará –, a planta pertence à mesma família do coentro. Tem sabor e aroma parecidos com os do parente próximo, embora o cheiro traga notas mais florais. Típica do Norte, onde integra o cheiro-verde ao lado da cebolinha e do coentro, entra em receitas de caldo de tucupi, mojica de aviú paraense e outros pratos típicos da região, sobretudo em receitas com peixes. Na culinária asiática, tempera sopas, ensopados, curries, arroz, massas e carnes. Pode ser guardada congelada.

CHUCHU

Sechium edule

A MAIOR QUALIDADE dessa hortaliça é, também, o que algumas pessoas apontam como defeito: a neutralidade. Macio e suave, composto por mais de 90% de água, o chuchu consegue absorver bem o sabor dos temperos. Vai bem cozido ou preparado no vapor, em saladas, ou empanado e frito, como acompanhamento. No Rio de Janeiro – um dos principais produtores e consumidores do ingrediente, ao lado de São Paulo, faz sucesso o **camarão ensopado com chuchu**, prato que teria surgido na tradicional Confeitaria Colombo e que consta do cardápio do restaurante desde que foi inaugurado, em 1894. Na indústria alimentícia, pode ser incorporado à massa de marmeladas e goiabadas para "fazer render" o doce.

CIDRA

Citrus medica L.

COM CASCA grossa e enrugada, essa fruta nativa do Sudeste Asiático não apresenta formato definido: pode ser mais arredondada ou mais ovalada. Segundo Luís da Câmara Cascudo em *História da Alimentação no Brasil*, seu cultivo foi introduzido no país pelos colonizadores portugueses, ainda no século XVI. Da polpa esverdeada e amarga é feito um clássico da tradição interiorana brasileira: o **doce de cidra**, com a polpa raladinha e cozida em calda de açúcar dentro de grandes tachos de cobre sobre o fogão a lenha. Atenção: sidra, com "s", é a bebida fermentada obtida da maçã.

CIOBA

Lutjanus sp.

TAMBÉM CONHECIDO como vermelho-cioba – quanto mais profundas forem as águas em que vive, mais intensa é a tonalidade das escamas –, esse peixe de carne branca, firme e saborosa nada em costões entre a região Norte e o Espírito Santo. Embora possa ser grelhado ou frito, assar é uma forma de preparo muito comum. Por ter consistência mais resistente, também é recomendado para o preparo de ceviches, prato de origem peruana em que o pescado é servido cru ou marinado em sucos cítricos, temperado com pimentas e ervas.

COALHADA

PRODUZIDA A PARTIR do leite coalhado – ou seja, fermentado e coagulado –, tem consistência mais firme e sabor mais ácido do que o iogurte. Nas versões fresca ou seca, é servida como acompanhamento de diversos pratos das culinárias árabe, síria e libanesa que se difundiram pelo país com a chegada de imigrantes vindos do Oriente Médio.

COCO

Cocos nucifera L.

A PAISAGEM E A CULINÁRIA DO NORDESTE não seriam as mesmas sem a presença dos vastos coqueirais que tomam conta de seu litoral – a Bahia, por exemplo, não teria **cocadas** ou **quindins**; em Pernambuco, não haveria **bolo Souza Leão**. A polpa branca extraída da casca marrom, dura e grossa do coco seco é aproveitada em pedaços, ralada, em tiras finas chamadas de "fitas" ou por meio do leite obtido com o processamento do coco ralado com água quente. Nas outras partes do país, a presença da fruta é constante em balas, sorvetes, bolos e pelo menos dois quitutes muito populares: o **manjar de coco**, clássico entre as sobremesas caseiras, e o **coquinho caramelado**, vendido em carrinhos ambulantes. Muito utilizado no Sudeste Asiático, o **açúcar de coco** começou a se popularizar no Brasil com a fama de ser um ótimo substituto para o produto refinado, por ter menor índice glicêmico; os grãos são mais grossos, de cor castanha, e o sabor lembra o mascavo.

COCO

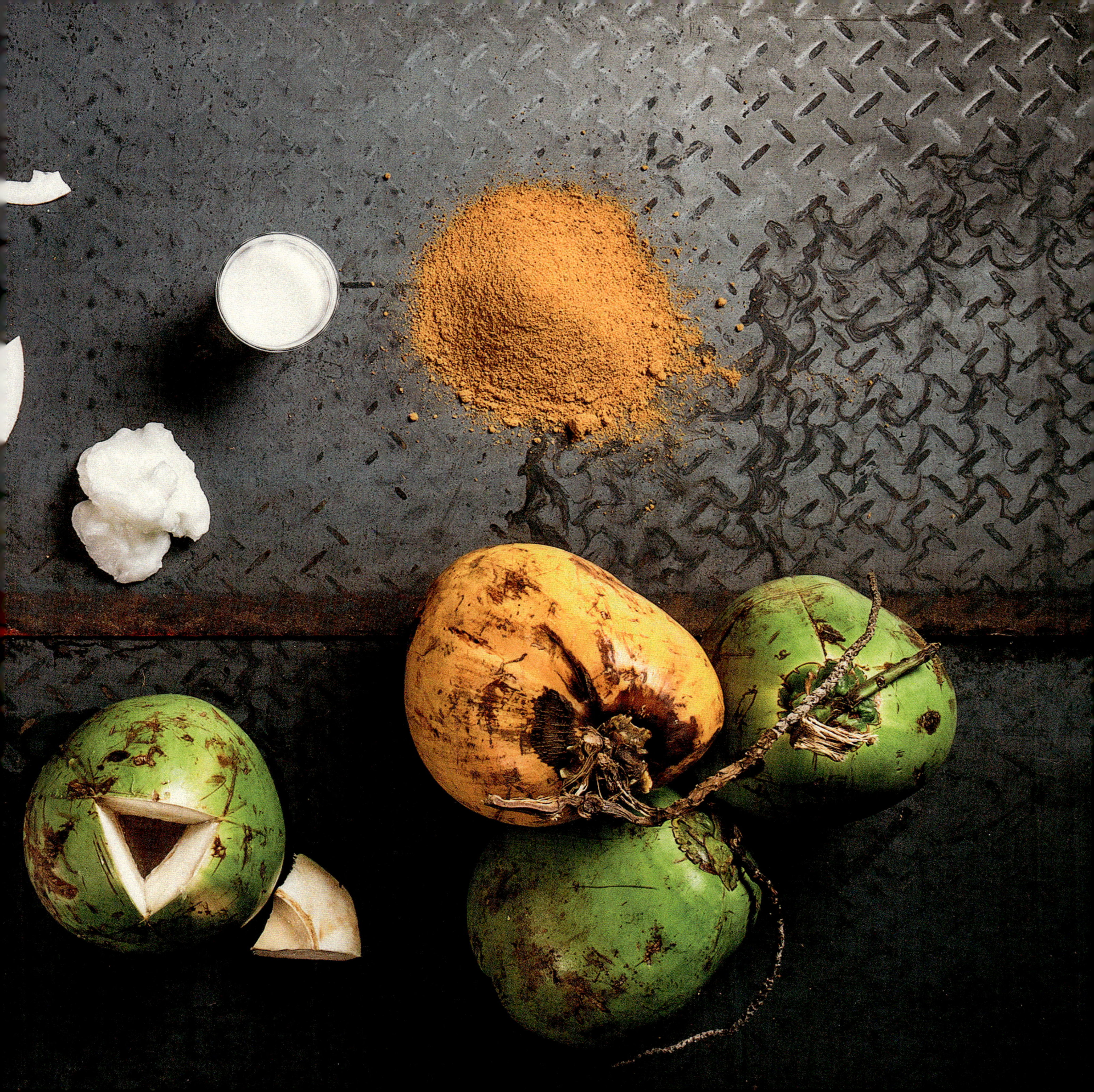

COCO

---

1. Coco seco *2.* Coco ralado *3.* Coco em fita *4.* Óleo de coco
5. Leite de coco *6.* Açúcar de coco *7.* Água de coco *8.* Coco verde

COCO VERDE

Cocos nucifera L.

BASTA RETIRAR UMA "TAMPA" do coco verde para aproveitar uma das maiores delícias ofertadas pela fruta: a água clara e refrescante. Repleto de substâncias benéficas ao organismo, esse excelente líquido hidratante fornece potássio, magnésio, cálcio, fósforo e vitaminas. Além de consumido *in natura*, pode entrar em receitas de sucos e drinques, além de substituir a água comum no cozimento de peixes e frutos do mar.

CODEGUIM

ESSE TIPO DE LINGUIÇA tem origem na Itália, na região da Emilia-Romagna, onde recebe o nome de *cotechino*. É feito com couro, miolo e miúdos de porco, tem o formato cilíndrico de um embutido grande (em tamanho similar ao de um salame) e faz parte do cardápio dos festejos de fim de ano, quando é servido com lentilhas. No Brasil, é possível encontrar o produto – também chamado de escodeguim, escudiguinho ou cudiguim – em alguns supermercados e açougues, principalmente no Sul e Sudeste, em lugares onde a influência da imigração italiana é mais representativa, como São Paulo, Paraná e Rio Grande do Sul. Por se tratar de um embutido com grande untuosidade, o modo de preparo mais recorrente é cozido e servido na companhia de hortaliças, à moda italiana.

CODORNA

Coturnix japonica

AVE PEQUENA E DE CARNE MAGRA, que raramente chega a pesar 1 quilo – por esse motivo, costuma ser preparada e servida inteira. Desossada, pode ir ao forno com recheios de farofas, arroz com especiarias e cuscuz, entre outros. No Sul do país, existe o costume de servir a codorna assada, grelhada ou ensopada sobre uma porção de polenta mole, à maneira dos imigrantes que vieram do Vêneto. Em 2013, segundo o IBGE (Instituto Brasileiro de Geografia e Estatística), a criação da ave aumentou 10,6% em relação ao ano anterior, principalmente por causa da comercialização dos ovos. O estado de São Paulo detém 54,1% da produção.

COENTRO

Coriandrum sativum

TEMPERO DE PERSONALIDADE forte e sabor acentuado, o coentro forma o trio que compõe o "cheiro-verde" brasileiro ao lado da salsinha e da cebolinha. Nas outras regiões, não tem a mesma popularidade do Norte e do Nordeste, onde é sabor-chave de receitas emblemáticas, como as moquecas, e mesmo do feijão-verde de cada dia. Da família do cominho e da erva-doce, aparece ainda em sopas, cozidos e pratos frios de origem latina, como o guacamole e o ceviche. As sementes moídas dão sabor a pães. Curiosidade: o chá de coentro é uma bebida medicinal no Japão, que o considera rica fonte de nutrientes.

COLORAU

COLORAU OU COLORÍFICO, o produto é um só: sementinhas de urucum aquecidas com um pouco de óleo e moídas com fubá ou farinha de mandioca, depois peneiradas para dar origem a um pó fino e de cor vermelha bem intensa. Embora tenha um sabor que lembra um pouco a noz-moscada, o uso culinário se dá, sobretudo, com a função de colorir os pratos. É ingrediente fundamental da moqueca capixaba e aparece com frequência em cozidos de galinha, entre outras receitas regionais. Em espanhol, o termo colorau designa um pó também vermelho, como a páprica, feito de pimentões moídos – e que, portanto, acrescenta gosto mais forte aos alimentos quando comparado ao nosso produto, originário do urucum.

CONTRAFILÉ

COM UMA CAMADA de gordura que torna a carne macia e suculenta, é uma das maiores peças bovinas, que chega a pesar 8 quilos e pode ser aproveitada em rosbifes, churrascos, assados e medalhões. Dois cortes de origem argentina foram criados a partir do contrafilé: o bife ancho, com boa quantidade de gordura marmorizada, e o bife de chorizo (chamado de *strip loin* nos Estados Unidos), com fibras mais firmes. Na cozinha caseira, é ingrediente também de picadinhos, estrogonofe e do bife acebolado, entre outras receitas.

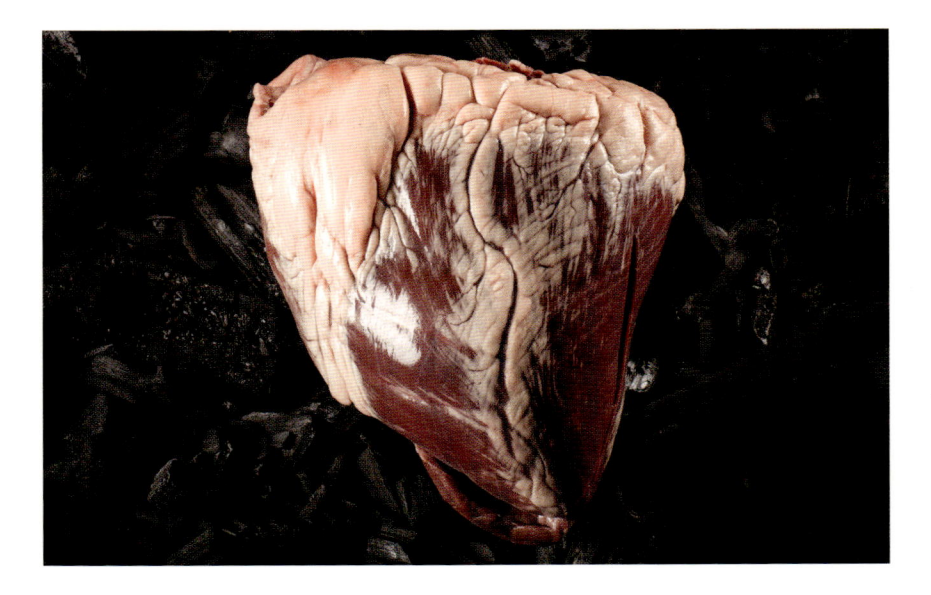

COPA

EMBUTIDO DE ORIGEM ITALIANA apreciado em fatias fininhas, como aperitivo ou para incrementar saladas e sanduíches. É feito a partir da copa lombo, a sobrepaleta suína, coberta de sal e temperos, envolta em um pedaço de tripa e curada por cerca de dois meses, de acordo com o produtor. Depois desse período, a carne adquire um tom vermelho vivo, entremeada de gordura aparente, e um sabor que lembra o defumado.

COPA LOMBO

NOME DADO AO CORTE DA SOBREPALETA do porco, a nuca do animal. Pelo alto grau de marmorização – a gordura entremeada nas fibras da carne –, é considerada uma das carnes suínas mais saborosas. Vendida com ou sem osso, pode ser preparada em bifes e mantém a suculência quando é grelhada, assada, defumada ou frita.

CORAÇÃO BOVINO

CORTADO EM PEDAÇOS, PODE SER FEITO na panela de pressão com temperos como cebola, alho, tomate e pimentões. Em bifes, vai à frigideira. Inteiro, por fim, a maneira de preparo mais comum é ao forno, muitas vezes recheado. Antes de cozida, toda a película que envolve a carne deve ser retirada.

CORAÇÃO DE BANANEIRA

EMBORA TENHA ORIGEM ASIÁTICA, a bananeira fornece uma das mais conhecidas e consumidas frutas do Brasil. Ainda assim, seu "coração" é frequentemente descartado no manejo das árvores. Trata-se de um pendão comestível que fica na ponta do cacho de banana – o miolo, de coloração clara, tem sabor semelhante ao do palmito, com um leve amargor no final. No interior de Minas Gerais, onde é muito empregado na culinária, o ingrediente cozido (também chamado de umbigo ou flor de bananeira) pode servir como recheio de empadas, pastéis, tortas ou quiches, além de ser acrescentado a refogados de carne e conservas. O xarope obtido do coração ainda tem fama de ser um bom remédio para tosse, asma e bronquite.

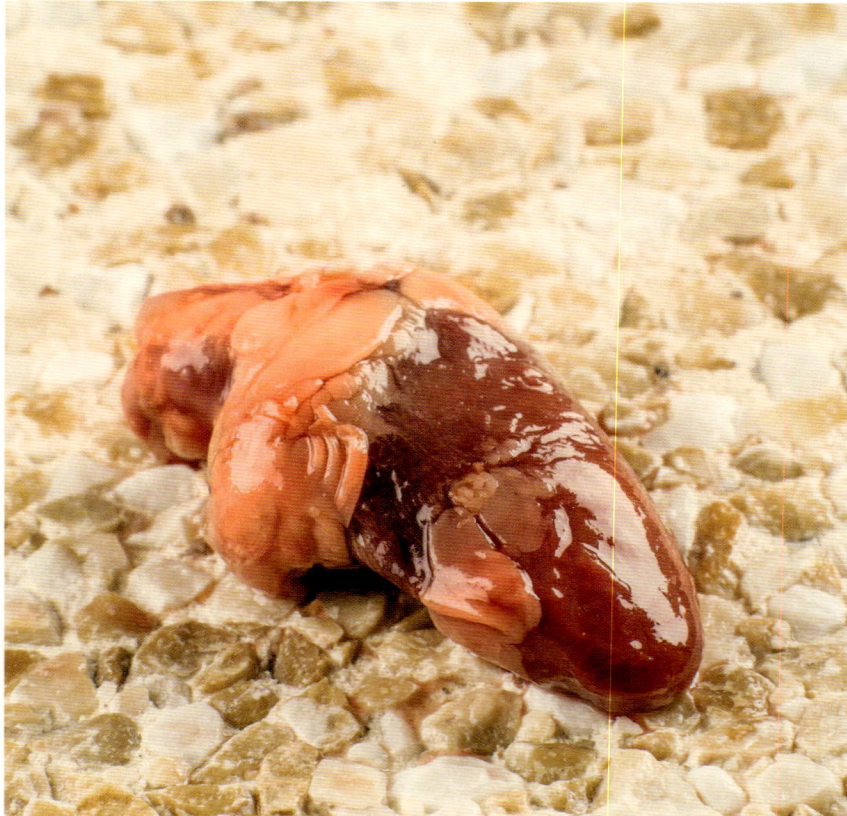

CORAÇÃO DE FRANGO

MAIS CONHECIDO COMO "coraçãozinho" e servido no espeto, tem presença garantida nos churrascos brasileiros. Como assa rápido e fica prático para servir, é uma das primeiras carnes a sair da brasa, ao lado da linguiça. No dia a dia, entra em receitas caseiras, simples ou mais sofisticadas, com preparos variados: assado, grelhado, na panela de pressão ou mesmo em forma de farofas. Mais rico em ferro até mesmo do que o fígado bovino, apresenta menor teor de gordura saturada do que a coxa de frango com pele ou a ave inteira.

CORVINA

Micropogonias furnieri

MUITO APRECIADO NO SUL e no Sudeste, embora seja encontrado em todo o litoral do país, é um peixe costeiro que vive em fundos arenosos ou barrentos e pode entrar em manguezais e estuários. Tem carne branca e firme, porém macia, sem muita gordura. Entre outras maneiras de preparo, fica bom frito no azeite, em moquecas, em filés na brasa, assado com recheio de farofa ou em pedaços, no ceviche. Outra espécie chamada de corvina, pescada ou pescada do Piauí, a *Plagioscion squamosissimus*, nada nos rios das bacias Amazônica e Tocantins-Araguaia, açudes do Nordeste e reservatórios do Paraná.

COSTELA BOVINA

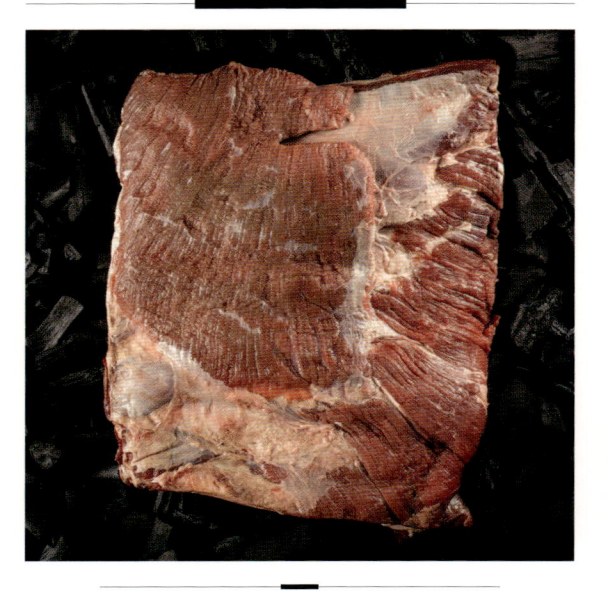

DIVIDE-SE EM DUAS PARTES: a chamada costela do dianteiro, ou ripa, com ossos maiores e carne mais fibrosa, e a minga, também conhecida como janela ou ponta de agulha, suculenta e macia. Muito comum feita no forno ou na churrasqueira. Outro método de cozimento típico é o fogo de chão, com a carne enfiada em grandes espetos fincados na terra, ao redor das brasas. Algumas cidades da região Sul – como União da Vitória, no Paraná – dedicam festivais anuais a esse corte bovino, que depois de assado entra em coberturas de pizzas, recheios de pasteis e até numa versão de cachorro-quente. A costela pode, ainda, ser incluída em cozidos com legumes, em sopas e na <u>vaca atolada</u>, em lugares como Minas Gerais e Pernambuco.

COSTELA SUÍNA

FEITA NA BRASA, a costelinha de porco é uma das estrelas do <u>churrasco</u> brasileiro. Em outros preparos comuns, pode ser cozida na panela de pressão ou levada ao forno depois de descansar em uma marinada. Muitas vezes acompanha molho barbecue ou agridoce. Também é vendida na versão defumada.

COUVE

Brassica oleracea L.

TEM GENTE QUE CHAMA de couve-manteiga, outros de couve-galega. De qualquer forma, é acompanhamento indispensável para um dos pratos brasileiros mais emblemáticos, a feijoada, e faz parte das receitas do dia a dia em diversas casas país afora. Minas Gerais, por exemplo, não dispensa a combinação de arroz, feijão e couve para acompanhar as carnes – consta, também, que foi na região de Ouro Preto que surgiu o bambá, espécie de mingau de fubá incrementado por linguiça, costelinha de porco e uma boa porção da hortaliça rasgada. Sopas, caldos e sucos verdes também se beneficiam do acréscimo da couve.

COUVE-FLOR

Brassica oleracea L. var. *botrytis*

UMA DAS PRINCIPAIS características dessa hortaliça originária da região mediterrânea – e que pertence à família dos brócolis e das couves – é a versatilidade. Cozida, faz um bom par com molhos, suflês e <u>gratinados</u> à base de queijos; ao forno, fica crocante; cozida, dá sabor a diversas saladas. Saudável e nutritiva, fornece vitaminas C, B5, B6 e K, manganês e antioxidantes. São Paulo, Minas Gerais, Rio de Janeiro e Paraná são os maiores produtores nacionais e a melhor época para o consumo vai de julho a outubro.

COXA DE FRANGO

NA HORA EM QUE O FRANGO chega inteiro à mesa, a coxa é sempre uma das partes mais disputadas. Hoje, porém, já existem à venda embalagens exclusivas desse corte suculento. Com ou sem pele, é bom para fazer no forno, levar à grelha, rechear, empanar, ensopar ou fritar. As possibilidades de temperos, molhos e acompanhamentos não têm fim: vão do cozimento <u>na cerveja</u> às batatas douradas. Para saber se a coxa de frango está no ponto, basta espetar a carne e ver se o líquido sai transparente.

COXÃO-DURO

TAMBÉM CONHECIDO COMO CHÃ de fora e localizado na parte traseira do boi, é um corte em forma de trapézio, rodeado de gordura, com fibras mais duras. Pedaços ou bifes devem ser preparados de maneira lenta em cozidos, sopas ou carne de panela. Moído, entra como ingrediente de molhos e receitas como almôndegas. Curiosidade: muitas vezes, um pedaço do coxão duro é vendido junto com a picanha, sua "vizinha".

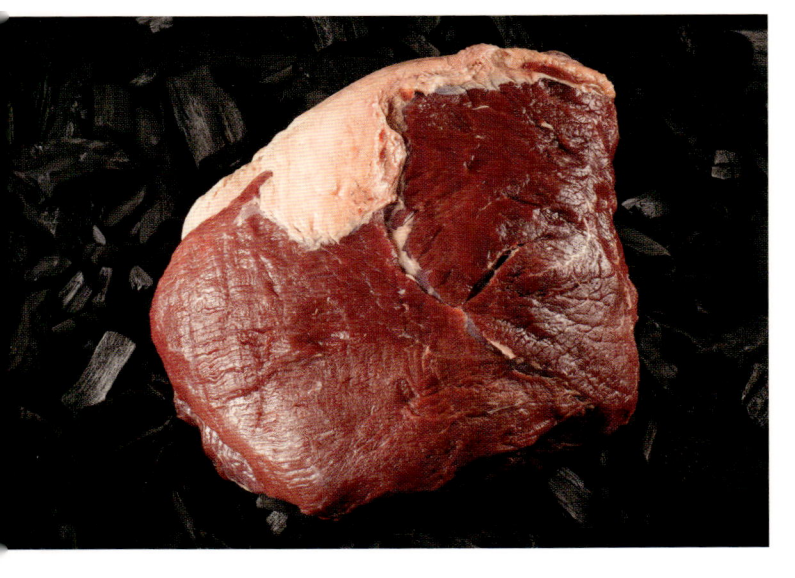

COXÃO-MOLE

OUTRO CORTE DA PARTE TRASEIRA do boi, extraído da área interna da coxa, também chamado de chã de dentro. Ao contrário do coxão duro, tem fibras curtas e macias que o tornam ideal para bifes preparados na grelha, à milanesa ou rolê, assados e picadinhos. Hambúrgueres, almôndegas e molho à bolonhesa podem utilizar a carne moída.

CRAVO-DA-ÍNDIA

Syzygium aromaticum

AO LADO DA CANELA, ESSE CONDIMENTO – o botão seco da flor do craveiro – marca presença em boa parte das receitas da doçaria brasileira como aromatizante de caldas, compotas, geleias, bolos e chás. E não é preciso caprichar na dosagem para saber se um prato tem cravo: cheio de presença, ele se faz notar imediatamente, mesmo em pouca quantidade. Originária da Indonésia, foi uma das especiarias que levou navegadores europeus a saírem pelos mares procurando o caminho das Índias, nos séculos XV e XVI. No Brasil, o cultivo concentra-se na Bahia, em municípios como Valença, Camamu e na zona rural de Taperoá.

CRUÁ

Sicana odorifera Naud.

COMO SUGERE O NOME CIENTÍFICO, esse fruto da família das abóboras, natural da América do Sul, tem um aroma muito agradável. A casca, que vai do laranja-avermelhado ao roxo escuro, precisa ser serrada, de tão dura – tal característica, porém, garante a integridade do cruá por até dois meses, desde que seja mantido com o cabinho e não apresente partes trincadas. Com a polpa madura, amarela, é possível fazer sucos, geleias e compotas ou usar em sopas, pães e purês, já que não tem sabor muito doce. O fruto tem cerca de 12 centímetros de diâmetro e pode atingir 60 centímetros de comprimento.

CUBIU

Solanum sessiliflorum Dunal.

ESSA FRUTA ORIGINÁRIA da Amazônia ocidental costuma ser encontrada com mais facilidade nas feiras e mercados do Amazonas e do Pará – mas já vem sendo cultivada em outros estados, como São Paulo e Paraná. Muito ácida, surge muitas vezes em sucos, geleias e compotas, embora possa ser usada também como acompanhamento de carnes com maior teor de gordura.

CUMARU

Dipteryx odorata

PROVENIENTES DE UMA ÁRVORE amazônica, essas sementes têm um sabor adocicado que lembra a baunilha e, da mesma forma que a especiaria, aparecem em receitas salgadas e doces, como biscoitos e pudins. Na região Norte, a medicina popular recomenda que espasmos e problemas cardíacos ou menstruais sejam tratados com o cumaru macerado em água e acredita-se que o cheiro das sementes conservadas em álcool ajude a aliviar a dor de cabeça.

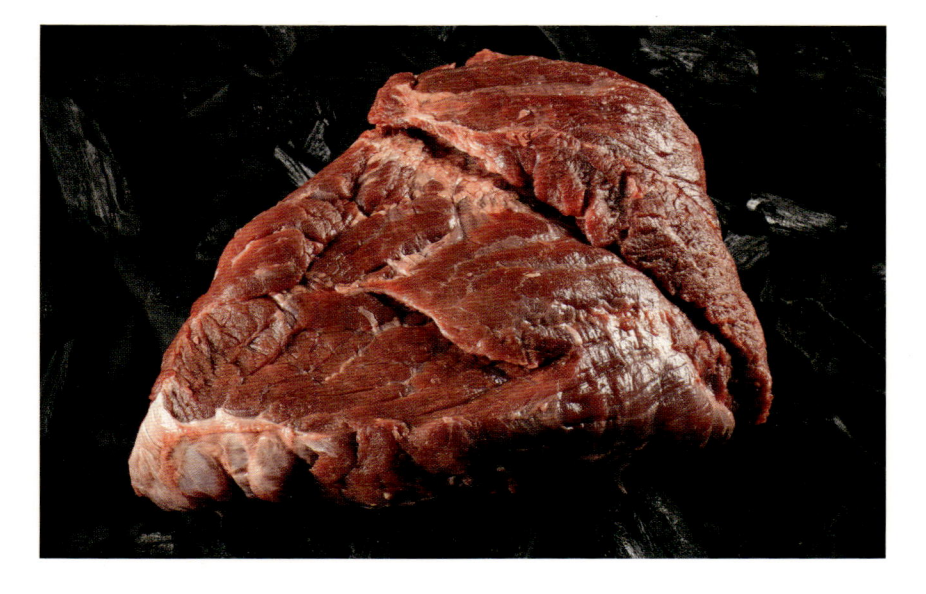

CUPIM

ORIGINÁRIO DA ÍNDIA, O GADO ZEBUÍNO começou a ser trazido para o Brasil e desenvolvido com fins comerciais na segunda metade do século XIX. Dele é retirado o cupim, uma protuberância existente atrás da cabeça do animal e composta por fibras musculares e gordura – trata-se de um corte desconhecido na Europa, nos Estados Unidos e mesmo na Argentina e no Uruguai, que costumam criar outro tipo de gado, mas um clássico nas churrascarias brasileiras. Nos preparos mais usuais, o cupim é assado, cozido na panela de pressão ou levado à churrasqueira; nos dois primeiros casos, o ideal é que seja um corte mais magro.

CUPUAÇU

Theobroma grandiflorum

NATIVO DA AMAZÔNIA E CULTIVADO também no sudoeste da Bahia, esse fruto de sabor forte e um tanto ácido confere personalidade a sucos, licores, sorvetes, musses, pudins, compotas e outros doces. A polpa esbranquiçada, farta e cremosa, ainda rende um ótimo creme usado para rechear tortas e bombons. Das sementes, é possível obter um produto similar ao chocolate, conhecido como "cupulate" – cupuaçu e cacau, além da aparência semelhante, pertencem ao gênero botânico *Theobroma*, palavra de origem grega que significa "alimento dos deuses". Na indústria cosmética, a manteiga de cupuaçu é utilizada como componente de hidratantes para a pele e o cabelo.

CÚRCUMA

Curcuma longa L.

EMBORA A APARÊNCIA DA PLANTA guarde certa semelhança com o gengibre, o pó amarelo extraído do rizoma seco e moído, usado como condimento, está mais associado ao açafrão – tanto que a cúrcuma também é conhecida por açafrão-da-índia, açafrão-da-terra ou açafroa, embora não haja nenhuma ligação botânica entre as duas espécies. Indispensável para algumas misturas de curry características da culinária indiana, pode ser usada sozinha para temperar e aromatizar ovos, mexidos, arroz, carnes, galinhadas, peixes ou caldos, entre outros preparos, além de acrescentar cor a pães e bolos. O município de Maria Rosa, em Goiás, responde por cerca de 90% da produção de cúrcuma no estado. A colheita é realizada entre junho e setembro.

ERVA-DOCE

Foeniculum vulgare

DE SABOR MARCANTE, porém delicado, as sementes da planta – que algumas vezes pode ser chamada de funcho ou confundida com o anis (*Pimpinella anisum* L.) – têm vasto uso culinário: no preparo de chás, para temperar peixes, aves, sopas e molhos, como aromatizante de embutidos, para perfumar quitutes como os clássicos **bolo de fubá** e **broa de milho**. Em São Paulo e na região Sul, o bulbo aparece em saladas. Trazida ao Brasil por imigrantes italianos, a erva-doce é cultivada principalmente no Paraná, Paraíba, Pernambuco, Sergipe e Bahia. Curiosidade: o que chamamos de "sementes" são, na verdade, os frutos da planta.

ERVA-MATE

Ilex paraguariensis

NA REGIÃO SUL, a erva-mate é consumida quase como um ritual, seguido até pelas gerações mais jovens: as folhas secas são colocadas em uma cuia e cobertas por água quente; após alguns minutos, o chimarrão está pronto para ser sorvido pela bomba em pequenos goles, puro e sem açúcar. Esse processo repete-se nos estados do Rio Grande do Sul, Santa Catarina e Paraná. No Mato Grosso do Sul, por causa do calor, adiciona-se água fria à bebida que, neste caso, recebe o nome de tereré. Três tipos de erva-mate estão disponíveis no mercado: barbacuá (folhas moídas com o talo), pura folha e o específico para tereré, com folhas despedaçadas e pouco moídas.

ERVILHA

Pisum sativum L.

DE JULHO a setembro, é possível encontrar a leguminosa fresca, vendida em feiras, hortifrútis e mercados. No resto do ano, prevalecem as versões enlatadas ou desidratadas. Crocantes por fora e macios por dentro, os grãos combinam com ovos, massas, **maioneses**, saladas, receitas com carne moída, aves e peixes, além de serem protagonistas de sopas. Uma das variedades, a ervilha-torta, pode ser cozida no vapor ou na água e consumida com a vagem. Rio Grande do Sul, Minas Gerais e Goiás são os maiores produtores brasileiros.

ESCAROLA

Cichorium endivia L.

DE FOLHAS LISAS ou crespas, a escarola – ou chicória, dependendo do lugar – tem folhas mais duras, escuras e amargas que a alface. No Brasil, começou a ser cultivada com a vinda da família real portuguesa, no século XIX, e foi disseminada com a chegada dos imigrantes italianos. É muito popular em refogados usados como cobertura de pizzas ou recheio para esfihas e quiches. Crua e picada, entra no preparo de saladas e sucos verdes. Rica em vitaminas B, C e E, cálcio, ferro, fósforo e potássio. As melhores épocas para o consumo são os meses de fevereiro, março, abril e agosto.

ESPADA

Trichiurus lepturus

COM CORPO FINO, LONGO E PRATEADO, nada em toda a costa brasileira, do Norte ao Sul. Os filés são baixos e a carne tem um sabor delicado, com baixo teor de gordura. Versátil na cozinha, pode ser preparado empanado e frito, grelhado, ensopado, ao forno ou à escabeche.

ESTRAGÃO

Artemisia dracunculus L.

NATURAL DO OESTE E DO NORTE DA ÁSIA, a erva faz parte da família da alface – mas tem aroma e sabor bem mais intensos, com um toque picante e refrescante. Também chamado de estragão francês, o ingrediente é fundamental para a receita de **barreado** e para a mistura batizada de "ervas finas" (*fines herbes*, com salsa, cerefólio e cebolinha), aparece como tempero principal do molho béarnaise (emulsão de manteiga, ovos, vinagre e vinho branco) e frequentemente é usado para aromatizar manteigas, vinagres, azeites e mostardas. Também combina com preparos de cogumelos, ovos, queijos, peixes e frango. Na área medicinal, tem fama de curar prisão de ventre e insônia.

FARINHA BIJU

DE ACORDO COM UMA INSTRUÇÃO normativa do Ministério da Agricultura, Pecuária e Abastecimento, trata-se de um "produto de baixa densidade, obtido das raízes de mandioca sadias, limpas, descascadas, trituradas, raladas, moídas, prensadas, desmembradas, peneiradas e laminadas à temperatura adequada, na forma predominante de flocos irregulares". O processo resulta em uma farinha com grânulos aparentes – pequenos "bijus", daí também ser chamada de farinha bijusada – e crocantes.

FARINHA DE ARROZ

FEITA A PARTIR DA MOAGEM de grãos de arroz refinados ou integrais, é alternativa para celíacos ou para quem segue uma dieta sem glúten. Com um liquidificador ou processador possante, pode até mesmo ser preparada em casa. Indicada para o preparo de pães, bolos, tortas, massas, panquecas, nhoque e empanados, entre outras receitas.

FARINHA DE COPIOBA

MAIS FINA E TORRADA do que a farinha de mandioca comum e tida como símbolo de excelência e qualidade, essa variedade é produzida na região do Vale do Copioba, no Recôncavo Baiano, que engloba os municípios de Nazaré, Maragojipe e São Felipe. Quando feita de maneira tradicional, a farinha passa por três ciclos do processo de torra e secagem, sobre fornos a lenha, cada um seguido por uma etapa de peneiragem. Se o ingrediente apresentar coloração amarela, foi tingido com cúrcuma ou corante artificial.

FARINHA DE MANDIOCA

A VARIEDADE DE FARINHAS de mandioca produzidas no Brasil é tão grande que o Ministério da Agricultura, Pecuária e Abastecimento publicou uma instrução normativa, em 2011, para definir os padrões oficiais de classificação do ingrediente. De maneira geral, existem três grupos: farinha seca, d'água e bijusada – seca e d'água podem, ainda, ser categorizadas como finas, grossas ou médias. Crua ou torrada, tem uso extenso na culinária do país desde antes da chegada dos portugueses. Em *História da Alimentação no Brasil*, Câmara Cascudo registra que a farinha de mandioca, para os indígenas, era "o conduto essencial e principal, acompanhando todas as coisas comíveis, da carne à fruta", e completa afirmando que "é a camada primitiva, o basalto fundamental na alimentação brasileira". Com ela prepara-se tutu de feijão, paçoca de carne-seca, farofa e pirão, entre outras receitas emblemáticas.

FARINHA DE MANDIOCA D'ÁGUA

HERDADO DOS ÍNDIOS, O CONSUMO de farinha d'água na região Norte ainda se mostra muito presente – é comum colocar uma tigelinha à mesa, durante as refeições. De textura grossa, com grãos resistentes, o produto é obtido a partir da mandioca descascada, deixada de molho na água para fermentar e amolecer (pubar), então tostada e peneirada. Seca, crocante e ácida, entra em bolos, bolinhos, cuscuz e pirão. Também pode acompanhar carnes, peixes, cozidos, moquecas e açaí. Criada em 2007 para valorizar a agricultura familiar sustentável, a ONG Instituto Maniva incentiva a fabricação e a comercialização da farinha de mandioca d'água no município de Bragança, no Pará. Outra tradição indígena aparece na embalagem do produto: cestos trançados de cipó e palha, criados para transportar e conservar o alimento.

FARINHA DE MANDIOCA DE CRUZEIRO

SEGUNDA CIDADE MAIS POPULOSA do Acre – atrás apenas da capital, Rio Branco –, Cruzeiro do Sul tem a fama de produzir uma farinha bijusada de excelente qualidade, bem torrada, com sabor levemente adocicado e textura granulada. Para garantir a qualidade, agricultores do Território da Cidadania do Vale do Juruá, que engloba os municípios de Cruzeiro, Mâncio Lima, Rodrigues Alves, Marechal Thaumaturgo e Porto Valter, garantem que o produto deve ser feito da mandioca colhida um ano depois do plantio e tirada da terra no próprio dia da "farinhada". Trata-se de um perfeito exemplo da combinação entre o fazer nordestino e o terroir amazônico.

FARINHA DE MANDIOCA UARINI

HÁ QUEM DIGA QUE É "o caviar das farinhas" – e, não por acaso, em função do elaborado processo de fabricação, é um produto mais caro em relação a outros tipos de farinha d'água vindos da região Norte. Depois de fermentada, a massa de mandioca é enrolada de maneira artesanal em bolinhas de tamanhos variados, semelhantes aos grãos de sêmola. Finalmente, passa pela torra e pela peneira. Produzida no município de Uarini, na área central do Amazonas, também pode ser chamada de "ovinha", pois o formato lembra pequenas ovas de peixe. Hidratada no tucupi, fica parecendo um cuscuz, com floquinhos fofos e delicados.

FARINHA DE MILHO FLOCADA

DA MANEIRA ARTESANAL, é feita com os grãos de milho sem o gérmen, deixados de molho até fermentar, então triturados e peneirados sobre uma chapa quente, para "encrespar" e formar os flocos. Essa farinha grossa pode ser aproveitada de inúmeras maneiras em receitas doces (bolos, pães, broas) e salgadas (cuscuz, virados, polentas) – a <u>farofa com couve</u> é um clássico brasileiro. É uma alternativa para celíacos ou para quem segue uma dieta sem glúten.

FARINHA DE MILHO FLOCADA BRANCA

SEMELHANTE À FARINHA FLOCADA feita com os grãos amarelos, mas produzida a partir de milho branco. O ingrediente também pode ser comercializado como "farinha para acaçá", pois é utilizado no preparo do bolinho de mesmo nome, embrulhado em folha de bananeira e servido como oferenda em rituais de religiões de origem africana.

FARINHA DE PINHÃO

PINHÕES SÃO SEMENTES DA ARAUCÁRIA (*Araucaria angustifolia*), árvore típica de climas frios muito presente no Sul e em regiões serranas de São Paulo, Rio de Janeiro e Minas Gerais. A farinha pode ser obtida dos frutos crus triturados e então colocados no forno, em temperatura baixa, para secar bem – dá até para fazer em casa. Em seguida, pode ser utilizada em receitas como pães, bolos, tortas, polentas e suflês. Contém proteínas, cálcio, ferro, fósforo e vitaminas A, B1, B2, B5 e C.

FARINHA DE PIRACUÍ

A PRODUÇÃO de piracuí segue etapas que não diferem muito do processo de fabricação das farinhas de milho e mandioca. A diferença é a matéria-prima: peixes como o acari e o tamuatá, que vivem nos rios da Bacia Amazônica. A carne, depois de cozida ou assada, separada das espinhas e desfiada, segue para um tacho em fogo a lenha, até torrar, e então é peneirada. A atividade, artesanal, concentra-se na região de Manaus, no Amazonas, e de Santarém, no Pará. Rica em proteínas, a farinha pode ser consumida pura ou como ingrediente de sopas, **bolinhos** e farofa. O piracuí integra a Arca do Gosto, iniciativa do movimento Slow Food para divulgar alimentos que correm o risco de desaparecer.

FARINHA DE TAPIOCA FLOCADA

QUANDO HIDRATADA, transforma-se no espessante brasileiro natural – mais neutra e sem o retrogosto do amido de milho, confere texturas perfeitas a vinagretes e caldos. Na Bahia, onde o uso é muito comum, os flocos aparecem em pelo menos duas receitas tradicionais: o bolinho de estudante, quitute indispensável nos tabuleiros das baianas de acarajé, com massa que leva coco ralado, e um bolo que não vai ao forno, feito com leite de coco, às vezes chamado de cuscuz. Na região Norte, é um acompanhamento comum para o açaí batido. Não tem a mesma utilidade que a farinha industrializada vendida como "tapioca" e que se trata, na verdade, da goma de mandioca.

FARINHA DE TAPIOCA GRANULADA

ASSIM COMO a farinha flocada, não deve ser confundida com o produto industrializado vendido em supermercados como "tapioca", na verdade a goma da mandioca já hidratada. O tipo granulado adquire o formato de pequenas bolinhas ao ser coagulado sobre uma chapa quente antes de passar pela peneira. Nas regiões Norte e Nordeste, entra em receitas de **pudins** (cuscuz), sorvetes, bolos e mingaus.

FARINHA DE TRIGO

CEREAL MAIS cultivado em todo o mundo, o trigo dá origem a uma farinha branca e fina que, no Brasil Colônia, era conhecida como "farinha do reino", já que vinha de Portugal. Hoje, a produção nacional concentra-se no Paraná e no Rio Grande do Sul, mas boa parte desse produto onipresente nas cozinhas brasileiras ainda é importada. Sua utilização vai dos empanados aos mais variados tipos de pães. Receita clássica da confeitaria brasileira – e outra herança portuguesa – é o **pão de ló**, bolo simples que, da maneira tradicional, é feito apenas com farinha de trigo, açúcar e ovos.

F

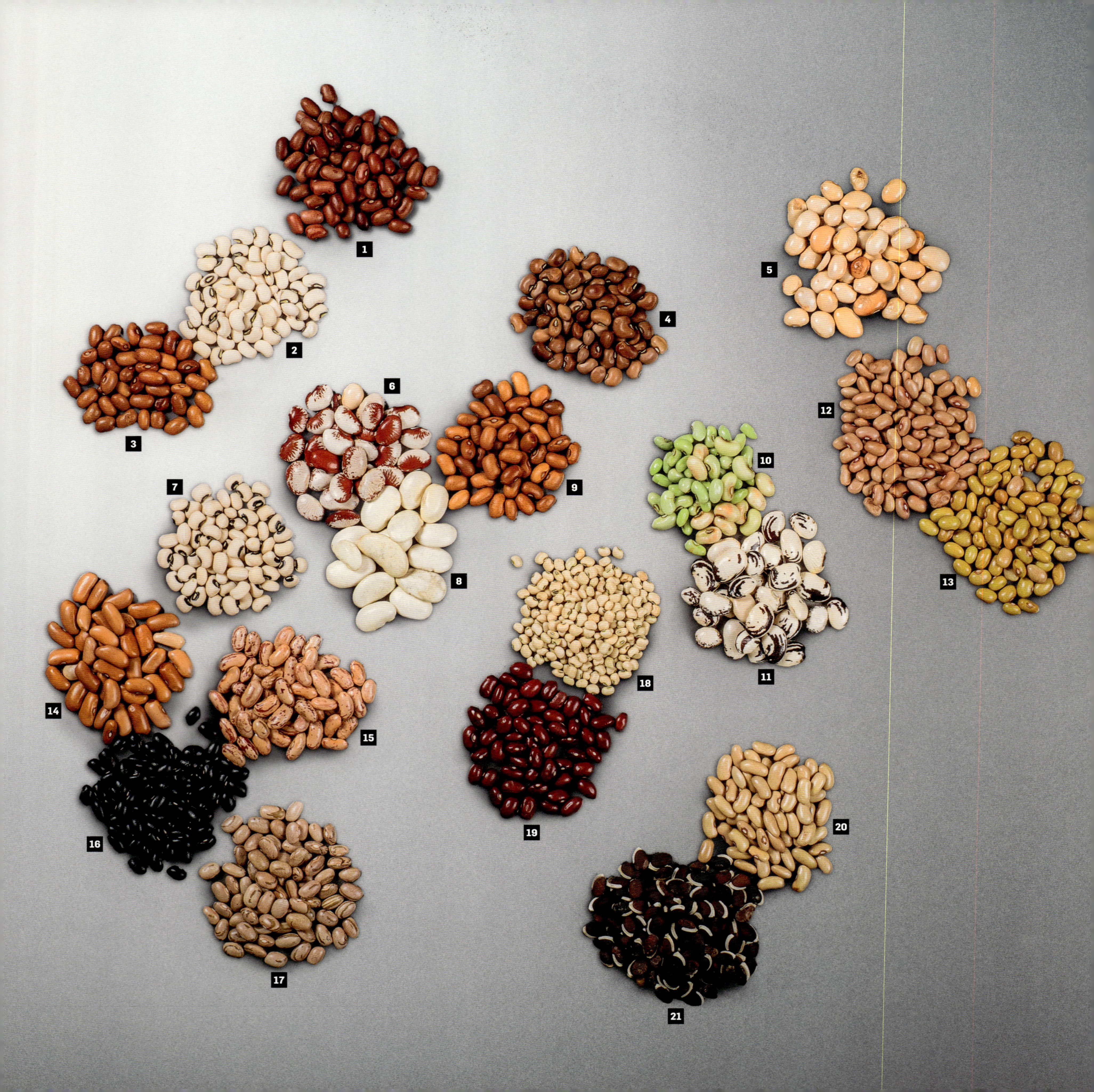
1
2
3
4
5
6
7
8
9
10
11
12
13
14
15
16
17
18
19
20
21

FAVAS E FEIJÕES

Excelente fonte de proteínas, o feijão é um dos alimentos básicos da população brasileira. Dentro da enorme variedade existente, o Ministério da Agricultura, Pecuária e Abastecimento considera duas espécies principais. A *Phaseolus vulgaris* inclui os grãos que formam caldo, como o carioca e o preto; a *Vigna unguiculata*, generalizada com o nome de "feijão-caupi" ou "de corda", não forma caldo, tem produção concentrada no Norte e no Nordeste e reúne tipos como o fradinho e o manteiguinha. Com 52% da área cultivada e o mais consumido no país, o carioca é quase unanimidade – porque é o feijão-preto que domina o Rio de Janeiro e o Sul, além de encorpar e dar vida à brasileiríssima feijoada.

1. Feijão-peruano-vermelho *2.* Feijão-quarentão *3.* Feijão-peruano *4.* Feijão-mudubim-de-rama *5.* Fava-manteiga *6.* Fava-vermelha *7.* Feijão-fradinho *8.* Fava-branca *9.* Feijão-mudubim-de-vara *10.* Feijão-verde *11.* Fava-rajada-preta *12.* Feijão-rosinha *13.* Feijão-bolinha *14.* Feijão-gurguntuba *15.* Feijão-gorgotuba *16.* Feijão-preto *17.* Feijão-carioca *18.* Feijão-manteiguinha *19.* Feijão-roxinho *20.* Feijão-manteiga *21.* Feijão-mangalô

FAVA-BRANCA

Phaseolus lunatus

TEM A APARÊNCIA de um feijão, mas em formato maior, e pode ser preparada da mesma maneira – de preferência, os grãos devem ser hidratados antes de ir para a panela. Também combina com saladas, purês e cozidos, ao lado de carnes salgadas ou defumadas. Apesar da versatilidade, ainda é uma leguminosa negligenciada, que poderia ser mais utilizada na cozinha brasileira.

FAVA-MANTEIGA

Phaseolus lunatus

QUANDO PREPARADA da mesma maneira que o feijão, fica cremosa e fornece um caldo saboroso. Muito comum no Ceará, é ótima fonte de proteínas. De preferência, os grãos devem ser hidratados antes de ir para a panela.

FAVA-RAJADA-PRETA

Phaseolus lunatus

PODE SER PREPARADA da mesma maneira que o feijão – de preferência, os grãos devem ser hidratados antes de ir para a panela. Também combina com saladas, purês e cozidos.

FAVA-RAJADA-ROSA

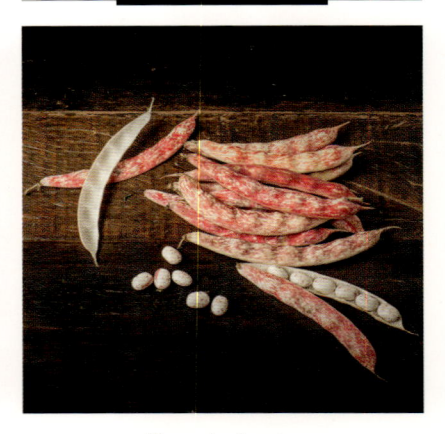

Phaseolus lunatus

PODE SER PREPARADA da mesma maneira que o feijão – de preferência, os grãos devem ser hidratados antes de ir para a panela. Também combina com saladas, purês e cozidos.

FAVA-VERDE

Phaseolus lunatus

PODE SER PREPARADA da mesma maneira que o feijão – mas os grãos não precisam ser hidratados antes de ir para a panela. Também combina com saladas, purês e cozidos.

FAVA VERMELHA

Ilex paraguariensis

PODE SER PREPARADA da mesma maneira que o feijão – de preferência, os grãos devem ser hidratados antes de ir para a panela. Também combina com saladas, purês e cozidos.

FÉCULA DE ARARUTA

MINGAUS, BREVIDADES, bolos, biscoitos, cremes e sopas podem ser preparados com o ingrediente. Embora a fécula de araruta apresente grânulos menores que os da batata e os da mandioca, ela pode substituir os dois produtos e ainda tem vantagens sobre eles: é menos pegajosa e, durante a cocção prolongada, não se torna tão rala. Também pode ser consumida por celíacos. O pó fininho, com cheiro e gosto neutros, deriva do rizoma da araruta, hortaliça parecida com a mandioquinha e natural das regiões tropicais da América do Sul. Em vias de extinção, a planta vem sendo produzida em pequenas quantidades no Recôncavo Baiano e no interior de Minas Gerais.

FÉCULA DE BATATA

TIPO DE AMIDO muito usado como substituto sobretudo para criar receitas livres de glúten. Bolos, biscoitos, sopas, molhos e até bebidas podem ser preparadas com a fécula de batata. O poder espessante desse ingrediente é maior do que o de qualquer outro amido e, quando utilizado em molhos, resulta em uma textura acetinada. A fécula de batata comercializada no Brasil é importada.

FEIJÃO-BOLINHA

Phaseolus vulgaris

COM GRÃOS MAIS ARREDONDADOS, amarelo-esverdeados, tem textura macia. Mais consumido na região Sudeste, vai bem em saladas e sopas. Em alguns lugares é chamado de feijão-canário ou feijão-manteiga.

FEIJÃO-CARIOCA

Phaseolus vulgaris

BEGE, COM LISTRAS MARRONS, é a variedade mais consumida em todo o país. Cozidos, os grãos ficam cremosos. São servidos no dia a dia – é o famoso <u>arroz com feijão</u> – e fazem parte de algumas receitas emblemáticas, como o virado à paulista.

FEIJÃO-DE-METRO

Vigna unguiculata sesquipedalis

SEU CULTIVO E CONSUMO estão mais presentes nas regiões Norte e Nordeste. Produz vagens com até 90 centímetros de comprimento. É usado em saladas, refogados, sopas e como acompanhamento.

FEIJÃO-FRADINHO

Vigna unguiculata

BEGE, COM UM "UMBIGO" PRETO característico, chegou à Bahia por meio dos colonizadores portugueses, no século XVI. Cultivado principalmente no Norte e no Nordeste, é servido como acompanhamento, em saladas, farofas e no baião de dois. Ingrediente fundamental no preparo do acarajé e do abará, quitutes tradicionais da cozinha baiana.

FEIJÃO-GORGOTUBA

Phaseolus vulgaris

VARIEDADE COMUM NAS FEIRAS e mercados do Acre, estado conhecido pela abundância de tipos de feijão. De cor mais escura ou bege-amarelado, os grãos podem ser servidos como acompanhamento para carnes. No Ceará, aparece em uma variedade de tonalidade roxa.

FEIJÃO-GUANDU

Cajanus cajan

É FEIJÃO DE PERSONALIDADE FORTE que, para não ficar amargo, precisa ferver duas vezes – a água do primeiro cozimento deve ser descartada. Combina com saladas, farofas ou ensopados com linguiça e carne-seca. No interior de São Paulo e no sertão da Bahia, recebe o nome de andu; no Rio de Janeiro e no Espírito Santo, é chamado de guando.

FEIJÃO-MANGALÔ

Lablab purpureus

DE ACORDO COM O GRAU de maturação, esse feijão bicolor vai da cor creme ao marrom escuro. Depois de demolhados e cozidos, os grãos cremosos entram em preparos variados, como saladas, ensopados e refogados.

FEIJÃO-MANTEIGA

Phaseolus lunatus

MAIS ALONGADO, de cor bege clara, fica aveludado, cremoso e suave quando cozido. É utilizado em sopas, saladas e purês. Por causa das diferenças regionais, outros tipos de feijão podem ser conhecidos como manteiga – é o caso, por exemplo, do feijão-bolinha.

FEIJÃO-MANTEIGUINHA

Vigna unguiculata

COM GRÃOS CLAROS, firmes e muito pequenos – apenas 0,5 centímetro –, é produzido na região de Santarém, no Pará. O cultivo da espécie, que havia desaparecido das mesas locais, foi retomado em 2013 por meio de um acordo com a Embrapa (Empresa Brasileira de Agropecuária). O manteiguinha entra no preparo de purês, saladas, baião de dois e tutus.

FEIJÃO-MUDUBIM-DE-RAMA

Vigna unguiculata

ESPECIALIDADE DO ACRE, estado famoso por cultivar diferentes tipos de feijão. Assim como o mudubim-de-vara, é usado no preparo de saladas, tutu, purês e baião de dois, entre outras receitas.

FEIJÃO-MUDUBIM-DE-VARA

Vigna unguiculata

HÁ QUEM DIGA QUE ESSA VARIEDADE cultivada em Marechal Thaumaturgo, no Acre, lembra o feijão-fradinho. Os grãos aparecem em receitas de saladas, tutu, purês e baião de dois.

FEIJÃO-PERUANO

Phaseolus vulgaris

MAIS UMA VARIEDADE TÍPICA DO ACRE, encontrada em mercados locais e produzida no município de Marechal Thaumaturgo, cortado pelos rios Amônia, Tejo e Juruá. Cozido, o feijão-peruano aparece como acompanhamento de carnes de sabor mais intenso ou em forma de purê.

FEIJÃO-PRETO

Phaseolus vulgaris

É PRATICAMENTE UM SÍMBOLO do Rio de Janeiro, onde aparece ao lado do arroz, nos pratos do dia a dia, e na receita da tradicional feijoada carioca. Pequenos e muito cremosos, os grãos também entram no preparo de sopas, caldinhos e saladas. Outros estados consumidores são Espírito Santo, Paraná, Rio Grande do Sul e Santa Catarina.

FEIJÃO-QUARENTÃO

Vigna unguiculata

ESSE TIPO DE GRÃO CLARO PRODUZIDO no Acre também é conhecido como feijão-de-praia, pois nasce nas várzeas do rio Juruá e de seus afluentes, próximo de Cruzeiro do Sul. Faz bons purês.

FEIJÃO-ROSINHA

Phaseolus vulgaris

OS GRÃOS PEQUENOS, DE SABOR SUAVE e uma sutil tonalidade avermelhada, produzem um caldo claro e retêm mais o gosto de temperos, como o alecrim. Mais comum em Goiás, Mato Grosso, Pará e São Paulo.

FEIJÃO-ROXINHO

Phaseolus vulgaris

TEM GRÃOS PEQUENOS e macios, vermelho-arroxeados, que dão origem a um caldo saboroso. Surge com maior frequência nas feiras e mercados de São Paulo e Minas Gerais, onde é comum ser utilizado na tradicional receita de feijão tropeiro.

FEIJÃO-VERDE

Vigna unguiculata

PRODUZIDO NO NORDESTE, é o feijão-de-corda antes de ficar maduro – algumas vezes aparece em feiras e mercados ainda nas vagens coloridas, meio verde e meio cor-de-rosa, sem estar debulhado. Servido como acompanhamento, em refogados, saladas, farofas e no baião de dois, tradicional receita nordestina.

FÍGADO BOVINO

SERVIDO EM "ISCAS" e acebolado, o fígado bovino é um petisco clássico de botequins em todo o país e prato habitual em muitas casas – crianças frequentemente veem-se obrigadas a comer o <u>bife</u>, que previne a anemia. Com textura muito macia, que chega a lembrar uma pasta, faz bom par com tomate, batata e cremes, como o de milho. Também dá origem a um patê presente no couvert de diversos restaurantes ao lado de pão e torradas. Nutricionistas consideram o fígado do boi um superalimento: é rico em vitaminas, ferro e outras substâncias benéficas.

FÍGADO DE AVES

O FÍGADO DE GALINHA tem usos semelhantes ao bovino: faz par perfeito com cebolas, pode ser transformado em patês, terrines ou tortas e ainda combina com polenta e arroz. De ganso ou pato, é batizado de *foie gras*, iguaria tradicional da cozinha francesa – que teve a produção e a comercialização proibidas na cidade de São Paulo, em 2015, até uma decisão da Justiça em caráter liminar liberar a venda. Em comparação ao de ganso, o fígado de pato tem a textura um pouco mais rústica e sabor mais pronunciado. No Brasil, a produção de fígados de aves concentra-se na região Sul.

FIGO

Ficus carica L.

ORIGINÁRIO DO MEDITERRÂNEO, o figo aparece em registros culinários que remontam ao tempo dos antigos gregos e romanos – no Brasil, chegou com os colonizadores portugueses, no século XVI. Com casca que vai do verde ao roxo, polpa macia e delicada, a fruta pode ser apreciada em receitas doces ou salgadas: saladas, como cobertura de bruschetas ao lado de presunto cru e queijo de cabra, em molhos e tortas. Duas receitas tradicionais são os figos cristalizados com açúcar e a __compota__ feita com a fruta ainda verde, preparada em grandes tachos em diversas cidades do interior do país. Os principais estados produtores são Rio Grande do Sul, Santa Catarina, Minas Gerais e São Paulo; a safra vai de dezembro a abril.

FILÉ-MIGNON BOVINO

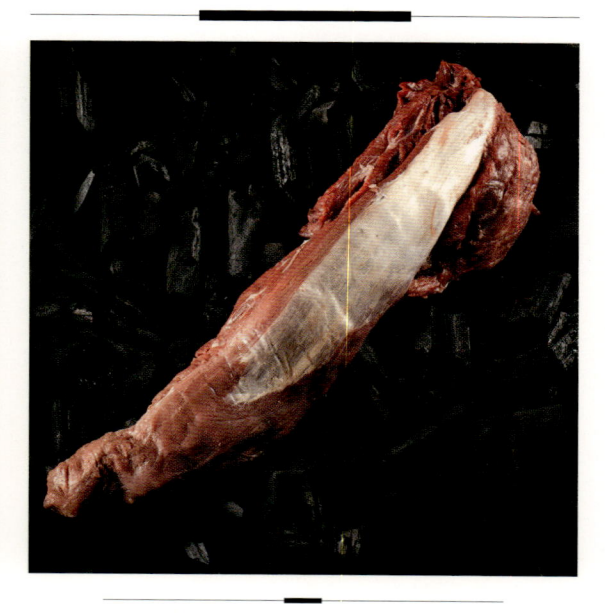

É UMA DAS PEÇAS de carne mais valorizadas na mesa brasileira – seu nome até deu origem a uma expressão corrente no idioma que significa "o que é da melhor qualidade". Por ser magra e macia, deve ser levada à churrasqueira com cuidado, sempre em temperatura muito alta, até ficar apenas rosada. Na cozinha, varia-se mais o preparo: além de bifes suculentos, o filé-mignon dá origem a __picadinhos__, rosbifes, __estrogonofes__, carpaccios, paillards (cortes fininhos) e filés à parmegiana. No cardápio de bares por todo o país, é comum aparecer, entre os petiscos, um prato com iscas de filé, cortado em tirinhas e grelhado.

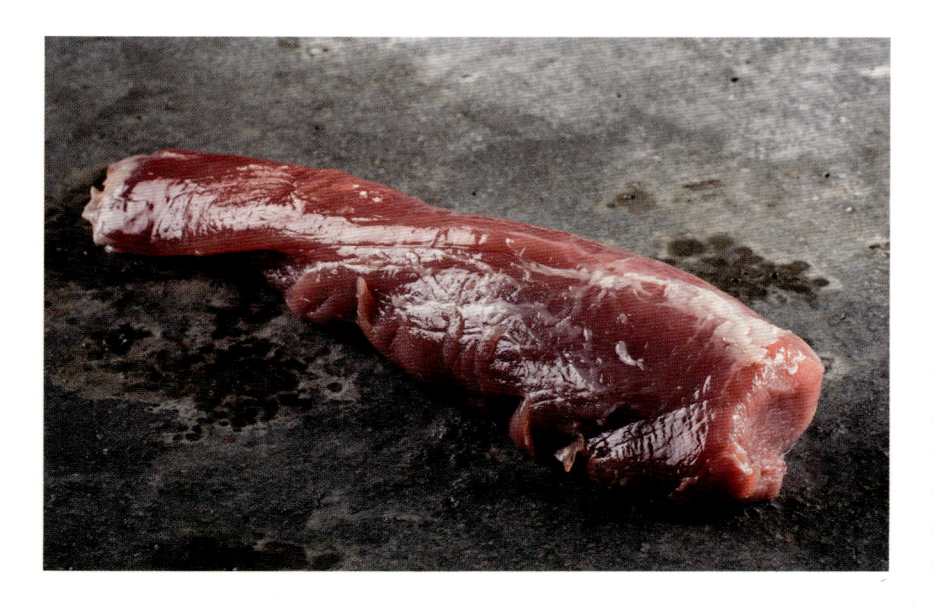

FILÉ-MIGNON SUÍNO

CORRESPONDE, NO PORCO, ao filé-mignon bovino – os dois cortes são retirados do mesmo lugar e têm o mesmo formato. Sem muita gordura superficial e, por isso, mais magro, ainda assim é macio e suculento. Inteiro ou cortado em medalhões, costuma ser assado, cozido, selado na frigideira ou grelhado na churrasqueira. Em cubos, pode variar o estrogonofe.

FILHOTE

Brachyplathystoma filamentosum

PEIXE DE ÁGUA DOCE, O FILHOTE NADA na Bacia Amazônica e só pode ser chamado dessa maneira quando não pesa mais de cinquenta quilos. Acima disso, o exemplar torna-se adulto e recebe o nome de piraíba. Integrante da família dos bagres, pode alcançar 3 metros de comprimento e pesar 150 quilos. A carne firme e o sabor delicado do filhote permitem o preparo de diversas receitas: assado, frito, grelhado ou em caldeiradas e moquecas. Experimentá-lo nas mais variadas formas é um privilégio de quem vive no Norte do país, uma vez que nos mercados de outras regiões ele não aparece com muita frequência. Por causa da piracema, a pesca é proibida de novembro a março.

FLOCÃO DE ARROZ

TIPO DE FARINHA GROSSA E FLOCADA usada para fazer cuscuz, parte do café da manhã básico em estados como Maranhão e Piauí. Hidratado e cozido, o cuscuz de flocão é servido com acompanhamentos tão variados como leite de coco, ovo frito, carne de bode ou galinha.

FLOCÃO DE MILHO

ASSIM COMO O FLOCÃO de arroz, essa farinha em flocos entra no preparo do cuscuz servido no café da manhã em diversas partes do Nordeste, como o Maranhão. É geralmente cozido em uma panela especial, a cuscuzeira, que deixa o bolinho com um formato característico. Hidratado e refogado, transforma-se em boa farofa.

FORMIGA MANIUARA

Atta spp.

PODE PARECER INUSITADO, mas comer formigas não é um hábito desprezado pelos brasileiros: em *Cozinha do arco-da-velha*, o jornalista Odylo Costa, filho, compila relatos de historiadores e viajantes que, desde o século XVI, encontraram o petisco servido em São Paulo, Minas Gerais, Bahia, Pernambuco, Maranhão, Amazonas e Espírito Santo. Para o professor e ensaísta Eduardo Frieiro, autor de *Feijão, angu e couve*, essa "é, provavelmente, uma invenção indígena", e até hoje a comunidade Baniwa de São Gabriel da Cachoeira, na Amazônia, consome a formiga maniuara socada no pilão, com farinha de mandioca e pimenta, ou misturada ao tucupi negro. Caldos de peixe ou <u>farofas</u> com o ingrediente também são comuns em restaurantes locais.

FRALDINHA

LOCALIZADO ENTRE a ponta da costela e a perna traseira do boi, é um dos mais saborosos cortes bovinos. Pesa até 1 quilo e tem um pedaço de gordura aparente na extremidade. Versátil, a fraldinha pode ser preparada na grelha, na <u>panela</u> ou em bifes, embora a churrasqueira geralmente seja o método de preferência dos brasileiros. Deve sempre ser cortada no sentido transversal ao das fibras, ou corre o risco de ficar dura. Na região Sul, assim como nos vizinhos Argentina e Uruguai, a peça é conhecida como vazio ou *vacío*.

FRANGO

Gallus gallus domesticus

FRANGO COM QUIABO, FRANGO AO MOLHO PARDO, frango assado, empadão, coxinha... A lista de receitas brasileiras clássicas que fazem dessa ave seu ingrediente principal pode ser interminável. Trazido nas caravelas dos portugueses, o frango – fácil de cuidar e de abater, barato em relação a outras carnes – tornou-se um dos animais de criação mais difundidos no país e, assim como o porco, é uma carne que une os brasileiros. Dele, se aproveita quase tudo: cabeça, pescoço e pés são usados em caldos e sopas; coxas, sobrecoxas e asas, muito saborosas, vão igualmente ao forno e à panela; o peito é referência de alimento saudável e aparece em inúmeros grelhados, recheios e saladas; os miúdos, por fim, como o coração, o fígado e a moela, dão ótimos petiscos e entradas.

GALINHA

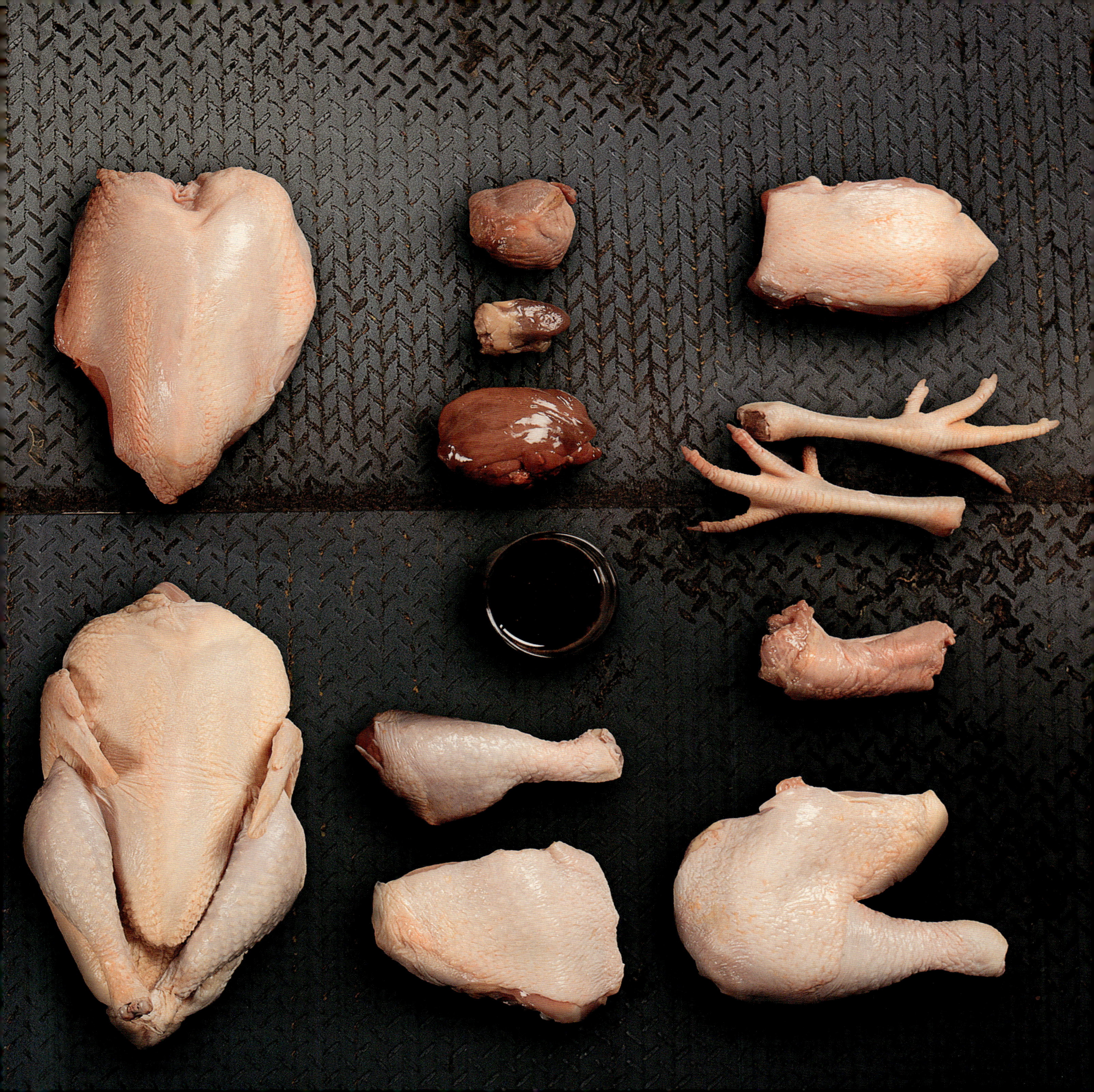

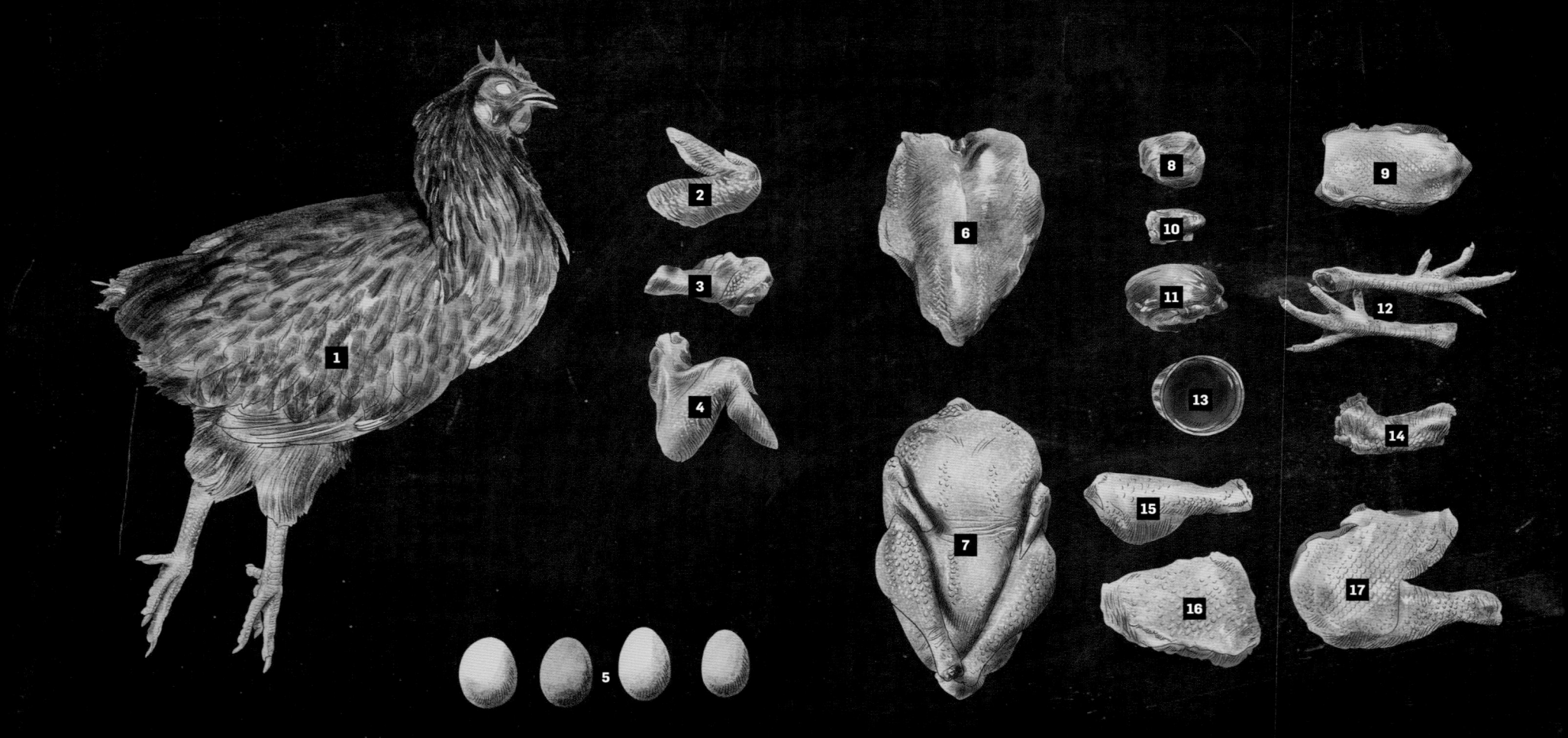

GALINHA

1. Galinha caipira *2.* Ponta da asa *3.* Coxa da asa *4.* Asa *5.* Ovo *6.* Peito *7.* Frango *8.* Moela *9.* Coranchim *10.* Coração *11.* Fígado *12.* Pé *13.* Sangue *14.* Pescoço *15.* Coxa *16.* Sobrecoxa *17.* Coxa e sobrecoxa

FRUTA-DO-CONDE

Annona squamosa L.

POR DENTRO DA CASCA VERDE, que se abre sem o menor esforço quando a fruta está madura, esconde-se a polpa macia e cremosa, doce e perfumada. O principal consumo é *in natura*, embora sorvetes, sucos e musses façam sucesso. Os nomes variam de acordo com a região: araticum, no Rio Grande do Sul; ata, no Norte e no Nordeste; pinha, na Bahia, onde a fruta originária da América tropical começou a ser cultivada, em 1626, por iniciativa do Conde de Miranda.

FRUTA-PÃO

Artocarpus incisa L.

EM PEDAÇOS, COZIDA E AINDA QUENTINHA, é servida com manteiga, mel ou melaço no café da manhã em vários lugares do Norte e do Nordeste – como o nome indica, a fruta pode mesmo substituir o pão. Quando madura, a polpa clara e farinhenta, rica em amido, fica mais adocicada. Para o consumo caseiro, porém, a sabedoria popular recomenda que o fruto esteja "de vez", um pouco antes de amadurecer, e que seja cozido, frito ou assado. Também entra em sopas, doces e mingaus com leite de coco.

FUBÁ

INGREDIENTE INDISPENSÁVEL para o preparo do angu, comida típica de Minas Gerais e do interior paulista, que seria uma versão nacional da polenta italiana – essa farinha, aliás, é às vezes chamada de polenta. Com ela também se faz broas e pães, entre outras receitas salgadas e doces presentes nas mesas do Brasil inteiro. Derivado dos grãos de milho moídos, o fubá tem partículas com cerca de 0,2 milímetros de diâmetro. Com granulação ainda mais fina, recebe o nome de fubá mimoso. Qualquer um deles pode ser usado para empanar e deixar a fritura bem sequinha e bronzeada. Quando acrescentado a caldos e sopas, dá corpo, sustância e sabor. Entre os quitutes açucarados está o bolo de fubá com erva-doce, delícia para tomar com cafezinho no fim de tarde.

FUBÁ BRANCO

PRODUZIDO A PARTIR DE UMA VARIEDADE de milho branco, esse tipo de fubá tem sabor mais delicado que o amarelo. Além da polenta, receita onde seu uso é mais recorrente, ele se adapta bem a bolos, pães, mingaus e sopas. É preciso ficar atento ao rótulo do produto industrializado, pois em alguns casos o termo fubá também é usado para designar a farinha de arroz.

GALINHA CAIPIRA

Gallus gallus domesticus

UM DOS INGREDIENTES QUE UNEM o Brasil. "Caipira" é o nome dado à galinha criada livremente num pedaço de terra e que não se alimenta de rações industrializadas, mas de grãos e verduras – tampouco recebe doses de hormônio para ganhar peso. Acredita-se que o modo como os animais são criados e a forma como se alimentam influenciam na qualidade da carne, mais saudável e saborosa. Pelos mesmos motivos, os ovos também são mais valorizados no mercado. Na receita clássica da galinhada, prato tradicional do interior, a ave vai para a panela e cozinha lentamente com tomate, cebola, arroz e cheiro-verde.

GARIROBA

Syagrus oleracea

SEM ESSE PALMITO AMARGO e de textura firme, nativo do Brasil e típico das regiões de Cerrado, não existe recheio possível para o empadão goiano, torta que leva também frango, ervilha, queijo e linguiça. Refogada, a gariroba – ou guariroba – acompanha receitas do trivial diário, principalmente em Goiás e em Minas Gerais, dá sabor a saladas e tempera um arroz característico do Mato Grosso do Sul. Explorar a palmeira, porém, não é tão fácil: o Ibama (Instituto Brasileiro do Meio Ambiente e dos Recursos Naturais Renováveis) considera a espécie vulnerável e, por isso, determina uma série de normas para o plantio e a extração do palmito.

GAROUPA

Epinephelus marginatus e Epinephelus morio

COM QUALIDADES SEMELHANTES às de peixes como o linguado e o robalo – carne branca, farta, macia e saborosa –, a garoupa vai muito bem em diversos preparos. Pode ser levada ao forno com camarão e batatas, dá uma ótima <u>moqueca capixaba</u> e faz caldos ou sopas consistentes. Desde dezembro de 2014, duas espécies de garoupa (*Epinephelus marginatus* e *Epinephelus morio*) fazem parte de uma lista elaborada pelo Ministério do Meio Ambiente com animais ameaçados de extinção. Por se enquadrarem na categoria "Vulnerável", devem ser pescados de acordo com normas sustentáveis.

GENGIBRE

Zingiber officinale

É POSSÍVEL QUE O GENGIBRE tenha chegado ao Brasil pela mão dos colonizadores portugueses. Originária da Ásia, a raiz tem um sabor forte e picante que nunca passa despercebido. Ao natural e ralado, entra em sopas e caldos, serve como tempero de saladas, aparece em bolos e biscoitos e integra a taiada, doce artesanal feito com caldo de cana, gengibre e farinha de mandioca, muito popular na região de Caçapava, no interior de São Paulo. Também é ingrediente fundamental do quentão, bebida típica das festas juninas, combinado a cachaça, açúcar, cravo e canela. A maior produção no país está no Espírito Santo.

GILA

Cucurbita ficifolia Bouché

PARENTE DA ABÓBORA E DA MELANCIA, com a qual guarda certa semelhança na aparência, tem a polpa branca com sementes pretas. Antes do consumo, deve ser descascada, cozida e, então, desfiada. Trazida ao Brasil por imigrantes portugueses, adaptou-se bem ao clima frio e montanhoso da região Sul, onde é usada para fazer doces e salgados, como saladas e recheio para peixes, empadas e pastéis. No município de Bom Jesus, Rio Grande do Sul, uma festa anual celebra a colheita com uma feira de produtos caseiros e artesanais – geralmente em julho –, incluindo bombons, rocamboles, rapaduras, bolos e docinhos cristalizados. Curiosidade: a gila não precisa de muito esforço para ser cultivada. Em Bom Jesus, basta jogar as sementes na terra e esperar os frutos surgirem.

GOIABA

Psidium guajava L.

"HÁ OS DOCES COM GRANDE NÚMERO de admiradores não só numa região como num país inteiro", afirma o sociólogo Gilberto Freyre no livro *Açúcar*. "O doce de coco é um deles, no Brasil. O de goiaba, outro." Originária da América tropical e espalhada por todo o nosso território, as goiabeiras fornecem frutos de perfume intenso, casca rugosa e polpa vermelha ou branca que não se limitam ao preparo de compotas, <u>goiabada cascão</u> ou doces pastosos – recheio de biscoitinhos, rocamboles e tortas –, mas também rendem sucos, geleias e molhos. Por fim, o casamento perfeito: goiabada com queijo, o <u>**"romeu e julieta"**</u>, combinação que, no dizer de Freyre, revela-se "saborosamente brasileira".

GOMA

EM DIVERSOS LUGARES do país, esse subproduto da mandioca é conhecido por tapioca, nome de uma das preparações mais famosas a que dá origem. Existem também outros nomes: polvilho doce, fécula ou amido de mandioca. Depois de ralada e lavada, a raiz é espremida e o líquido resultante precisa ficar em repouso para que o amido se deposite no fundo da tigela – essa é a goma, que então seca para ser peneirada e usada em receitas de bolos, sequilhos, pãezinhos e, claro, na <u>tapioca</u>, iguaria sempre presente na mesa do país. Quem atesta é Luís da Câmara Cascudo, em sua *História da alimentação no Brasil*: "Tapioca de goma, chata, meio-grossa, com manteiga e café, primeiro almoço, ceia velha do Brasil antigo e pacato, à luz dos candeeiros de querosene sentimentais".

GRAVIOLA

Annona muricata L.

TODO CUIDADO É POUCO na colheita da graviola: se estiver muito verde, o sabor fica alterado; madura demais, o peso (de 1 a 4 quilos) faz com que ela se esborrache no chão. No ponto certo, porém, esse fruto de casca verde e aparência espinhosa – as pontas curtas, na verdade, são moles – fornece uma polpa branca, repleta de sementes pretas, de utilização culinária variada: sucos, pudins, geleias, musses, licores, sorvetes ou recheio para tortas doces; no Norte e no Nordeste, quando ainda verde, pode ser frita, cozida ou assada à maneira dos legumes. Anona de espinho, araticum grande, araticum manso, condessa, coração de rainha, jaca-de-pobre e jaca-do-pará são outros nomes pelos quais a graviola é conhecida. No Brasil, o Nordeste lidera a produção.

GRUMIXAMA

Eugenia brasiliensis

NA APARÊNCIA, LEMBRA uma cereja com folhas minúsculas; no sabor, está mais para a pitanga e a uvaia, ambas também pertencentes ao gênero *Eugenia*. Nativa da Mata Atlântica, com polpa clara, suculenta e doce, com um leve toque ácido, é boa para ser consumida *in natura*. Presente na região que vai de Santa Catarina à Bahia, frutifica entre novembro e fevereiro. Na medicina popular, a infusão das folhas ou da casca da grumixameira é usada contra o reumatismo.

GUAIAMUM

Cardisoma guanhumi

HABITANTE DE MANGUEZAIS dos litorais Nordeste e Sudeste, esse caranguejo de carapaça azulada com cerca de 10 centímetros constitui um prato típico de estados como Alagoas, Bahia, Paraíba, Pernambuco e Sergipe, onde é servido com pirão ou ao molho de coco. Seu consumo, porém, tem data marcada para terminar: uma portaria publicada pelo Ministério do Meio Ambiente em junho de 2015 proibiu a captura e a comercialização do crustáceo, a partir de dezembro do mesmo ano, por se tratar de uma espécie que corre sério risco de extinção. Restaurantes, criadouros e peixarias que ainda tiverem o animal em estoque poderão vendê-los até o final de 2016.

GUARANÁ

Paullinia cupana Kunth

OS GRÃOS DESSA PLANTA ORIGINÁRIA da Amazônia brasileira – utilizados principalmente na fabricação de refrigerantes e bebidas energéticas – podem ser comercializados em forma de bastão ou xarope. O cultivo ganhou tradição com os índios Sateré-Mawé, do Amazonas, que contam uma lenda segundo a qual seu povo é "filho do guaraná". Embora intimamente ligado à região amazônica, porém, o fruto é mais plantado na Bahia, que responde por metade da produção nacional. Forte estimulante, o guaraná pode apresentar mais cafeína do que o café ou o chá, dependendo da maneira como é processado.

IÇÁ

Atta ssp.

EM DIVERSOS LUGARES DO PAÍS – como a região do Vale do Paraíba, no interior de São Paulo –, o gosto pela formiga içá, ou saúva, vem de longe. Em uma carta de 1903 ao amigo Godofredo Rangel, o escritor paulista Monteiro Lobato contava: "Está diante de mim uma latinha de içás torrados que me mandam de Taubaté. Nós, taubateanos, somos comedores de içás. Como é bom, Rangel!". Antes do preparo, as mandíbulas, asas e patas do inseto são desprezadas. Apenas o abdome é levado à panela, para tostar na banha de porco ou no óleo bem quente, antes de ser transformado em farofa ou paçoca. As içás só saem dos formigueiros durante alguns dias, entre outubro e novembro, e são recolhidas a mão.

IMBIRIBA

Xylopia xylopioides

NO SABOR E NA UTILIZAÇÃO CULINÁRIA, guarda semelhança com a pimenta-de-macaco, outra espécie do gênero *Xylopia* – palavra que significa "lenho amargo". Levemente picante, com um quê de canela, é boa para perfumar receitas doces, geleias ou chocolates. Também chamada de embiriba e iquiriba, pode aromatizar a cachaça engarrafada.

INGÁ

Inga edulis Mart.

EXISTEM MAIS DE 200 ESPÉCIES conhecidas de leguminosas do gênero *Inga*, nativas do Brasil. Embora mais comuns na região amazônica, os ingazeiros estão espalhados também pelas regiões Nordeste, Centro-Oeste e Sudeste. As variedades comestíveis, consumidas *in natura*, têm vagens de 15 centímetros até 1 metro de comprimento que envolvem sementes pretas e uma polpa branca, macia e adocicada. Na medicina popular, as folhas em infusão ajudam a tratar diabetes.

INHAME (TARO)

Colocasia esculenta

O QUE É CHAMADO DE INHAME ao sul do país não tem relação com o tubérculo de mesmo nome no Nordeste e no Norte – a confusão existe na cozinha e na literatura brasileiras em relação aos produtos dos gêneros *Dioscorea* e à espécie *Colocasia esculenta*. Para resolver o impasse, o Primeiro Simpósio Nacional sobre as Culturas do Inhame e do Cará, em 2001, padronizou a nomenclatura: o inhame, de origem asiática, agora é taro. E os inhames e carás do gênero *Dioscorea* viraram inhames. Cozido, torna-se um ingrediente versátil, capaz de substituir a batata ou ser aproveitado em sopas, purês, ensopados, pães e bolos; em vários lugares, chega a substituir o pão do café da manhã.

JABUTICABA

Myrciaria cauliflora (Mart.) O. Berg.

NATIVA DA MATA ATLÂNTICA e, portanto, brasileiríssima por excelência, a jabuticaba é o tipo de ingrediente capaz de despertar paixões arrebatadoras – no século XVI, o jesuíta português Fernão Cardim já registrava, em seu *Tratados da terra e gente do Brasil*, o espanto de ver as frutas ocuparem "desde a raiz da árvore por todo o tronco até o derradeiro raminho". De casca resistente e suculenta polpa branca adocicada, a jabuticaba exige que se tenha paciência. As árvores só começam a frutificar depois de pelo menos dez anos e a safra é muito curta, entre agosto e novembro. Quando colhida, deve ser utilizada de imediato, ou começa a fermentar. As frutas que não têm consumo imediato *in natura* são aproveitadas em geleias ou licores. Espírito Santo, Goiás, Minas Gerais, Paraná, Rio de Janeiro e São Paulo concentram as plantações. A cidade de Sabará, em Minas Gerais, promove um festival anual dedicado à jabuticaba, com barraquinhas que vendem tortas, balas, sorvetes e outros quitutes. Na mesma época, algumas casas locais aderem a uma prática curiosa: alugam por um dia as jabuticabeiras de seus quintais para os visitantes que quiserem se fartar.

JACA

Artocarpus integrifolia L.

É UM CASO CLÁSSICO de "ame ou odeie": há quem se delicie com a polpa doce e viscosa, encerrada em um grande fruto de casca grossa e áspera, e quem não possa nem sentir seu intenso perfume. Boa para o consumo *in natura*, a jaca "mole" madura também dá origem a saborosos doces e compotas, além de um tipo improvisado de "<u>sorvete</u>", com os gomos mantidos no freezer – basta retirar do congelador e aproveitar. A variedade "dura", mais firme, pode ser cozida e desfiada para formar a chamada "carne de jaca", apreciada por vegetarianos e usada no preparo de refogados que aparecem até mesmo em recheios para coxinha. Embora o hábito não esteja difundido no país, as sementes ainda podem ser comidas quando assadas ou cozidas.

JACARÉ

Caiman crocodilus yacare

ANIMAL COMUM NO PANTANAL, com carne branca de sabor leve muito consumida na região e aproveitada de diversas maneiras. Entre outros cortes, coxas, sobrecoxas, filé-mignon e filés de cauda (o mais saboroso), lombo e dorso podem ser cozidos, fritos, assados ou preparados em forma de bolinhos, caldos ou moquecas, além de serem utilizados como recheio de linguiças. O jacaré empregado em culinária deve ser criado em cativeiros com acompanhamento e legalização do Instituto Brasileiro do Meio Ambiente e dos Recursos Naturais Renováveis (Ibama).

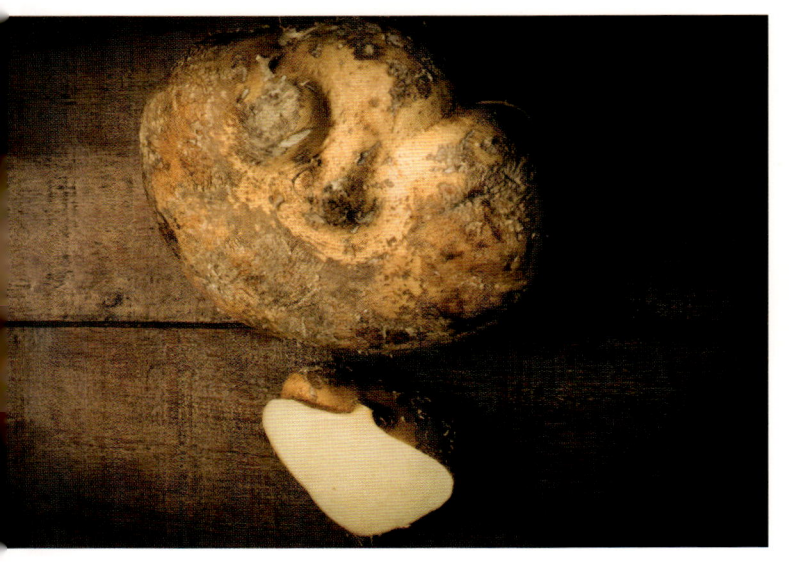

JACATUPÉ

Pachirhyzus tuberosus

ORIGINÁRIA DAS CABECEIRAS de rios amazônicos, essa raiz tuberosa rica em proteínas também é chamada de feijão-macuco ou feijão-batata. Crua, ralada ou em pedaços, a polpa branca, crocante e adocicada costuma ser acrescentada a saladas. Quase não tem presença fora do Acre ou de Roraima – segundo o Manual de Hortaliças Não-Convencionais editado em 2013 pelo Ministério da Agricultura, Pecuária e Abastecimento, é mais consumida por populações indígenas e desconhecida mesmo em cidades grandes da região Norte, como Manaus e Belém.

JAMBO VERMELHO

Syzygium malaccense

NO FORMATO E NA TEXTURA, essa fruta originária da Índia e adaptada ao Norte, Nordeste e Sudeste brasileiros guarda semelhança com a pera, com casca fina que vai do rosado ao vermelho. Doce e perfumada – há quem se lembre da água de rosas ao sentir seu aroma –, a polpa pode ser consumida *in natura* ou em geleias e compotas com calda de açúcar. A colheita vai de janeiro a maio. Curiosidade: em *História da Alimentação no Brasil*, Luís da Câmara Cascudo afirma que os jambos "não aparecem em mesa de gente fina nem são saboreados por criatura eminente. Pertencem às predileções populares".

JAMBU

Spilanthes oleracea

A PRINCIPAL CARACTERÍSTICA dessa erva típica da região Norte, onde cresce durante o ano inteiro, é a curiosa sensação de amortecimento e tremor que provoca na língua. Rica em nutrientes como cálcio e ferro, tem folhas e flores ricas em espilantina, substância capaz de dar a impressão de que a boca está "dormente" – quando cozida por muito tempo, porém, o efeito se perde. É ingrediente fundamental para o tacacá, espécie de sopa regional servida na cuia, que combina tucupi (caldo amarelado extraído da mandioca), goma, camarões e folhas de jambu. Sua presença também é indispensável em outras receitas da culinária amazônica, como o tambaqui ao tucupi do Amazonas e o pato ao tucupi do Pará. Outros nomes: agrião-do-brasil, agrião-do-norte, agrião-do-pará, jambuassu e abecedária.

JATOBÁ

Hymenaea courbaril L.

DO PIAUÍ AO NORTE do Paraná, imponentes árvores frondosas de até 20 metros de altura produzem vagens de casca dura e marrom, com cerca de 15 centímetros de comprimento, que encerram uma polpa adocicada de tom amarelado. De consistência farinácea, a polpa pode ser cozida com leite ou passada pela peneira, para dar origem a uma versátil farinha. É dessa forma que entra no preparo de biscoitos, suspiros, bolos, pães e mingaus. Na medicina popular, as folhas e o caule do jatobá são usados em infusões para combater bronquites. Ao lado de outros 27 produtos brasileiros, a fruta faz parte da Arca do Gosto, iniciativa mundial do movimento Slow Food que identifica e divulga alimentos que correm o risco de desaparecer.

JENIPAPO

Genipa americana L.

NATIVA DA AMAZÔNIA, a árvore do jenipapo espalhou-se pelo Centro-Oeste e pelo Nordeste do Brasil, onde a polpa ácida e suculenta é consumida *in natura* ou aproveitada em sucos, compotas, geleias e doces cristalizados; apenas amassada com açúcar e levada à geladeira, ganha o nome de jenipapada. Cozida e misturada a mel e cachaça, transforma-se em um licor onipresente nos festejos de São João, na Bahia. Também no Nordeste, o xarope conhecido como "lambedor" e feito com mel e limão é usado contra a tosse. Vinda do tupi, a palavra jenipapo significa "fruto que serve para pintar", devido à oxidação do ingrediente quando ainda não está maduro – segundo Luís da Câmara Cascudo em *História da alimentação no Brasil*, "pintavam-se os indígenas com sua polpa negro-azulada, resistente aos banhos durante dias".

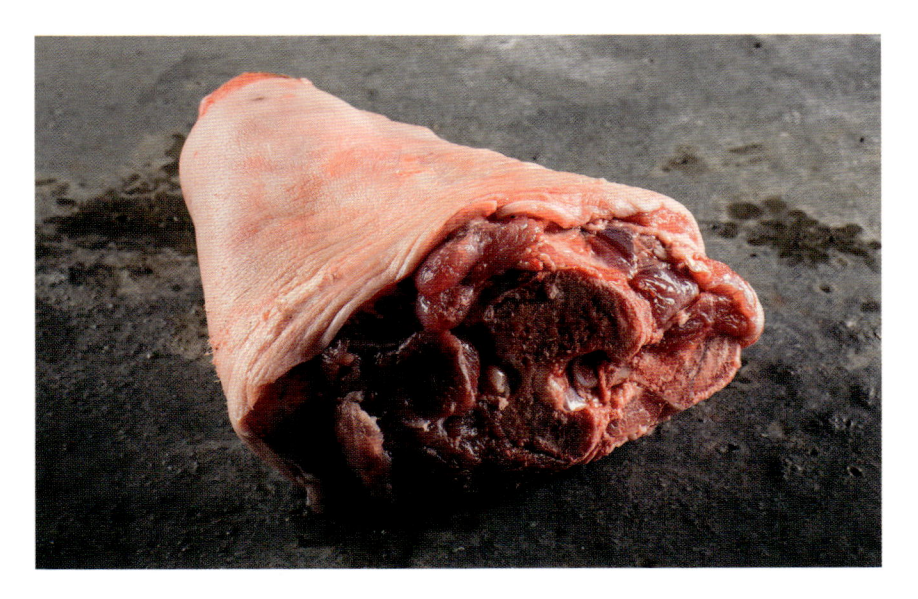

JILÓ

Solanum gilo

MUITO COMUM NO SUDESTE, o jiló é, na verdade, uma fruta, embora seja preparado como legume. Algumas pessoas reclamam do sabor amargo, sua principal característica, mas existem alguns truques para combatê-lo: consumir ainda verde, para ajudar a suavizar o travo, deixar de molho em água bem salgada antes do preparo ou servir com algo mais adocicado, que equilibre o gosto. Mesmo com a pele e com as sementes, fica bom refogado, ao alho e óleo, à milanesa ou grelhado, em acompanhamentos ou saladas. Com frequência, aparece servido ao lado do feijão tropeiro.

JIQUITAIA

O DICIONÁRIO HOUAISS ensina que a palavra jiquitaia vem do idioma tupi e significa "pimenta-malagueta em pó". Na Amazônia, porém, o ingrediente produzido pelos índios Baniwa reúne uma combinação de pimentas nativas que são deixadas para secar ao sol, defumadas e, então, moídas em pilão. Muito picante, a jiquitaia é geralmente aromática e não segue uma "receita" única: cada mulher tem seu próprio modo de harmonizar as pimentas do gênero *Capsicum* disponíveis na mata.

JOELHO SUÍNO

EMBORA ALGUMAS PESSOAS não considerem esse corte tão nobre quanto outras partes do porco, é ingrediente de praxe da chamada feijoada "completa" e um ícone da culinária de raízes alemãs praticada em diversos lugares da região Sul: o eisbein, tradicionalmente servido com chucrute e salada de batata. Com boa quantidade de gordura, pele e cartilagem, a carne pode ser preparada ao forno, cozida, frita, à pururuca ou defumada.

JURUBEBA

Solanum paniculatum L.

UMA MISTURA DE VINHO TINTO com o sumo da jurubeba e extrato de ervas – dessa forma, a planta alcança sua maior fama, engarrafada em bares e mercados populares Brasil afora. Mas esse fruto parecido com uma ervilha verdinha, classificado como hortaliça não convencional pelo Ministério da Agricultura, Pecuária e Abastecimento, tem uso mais amplo na cozinha. Antes, porém, é preciso fazer uma conserva para amenizar o amargor das bolinhas. Aí, sim, entram em receitas de arroz, refogados e como tempero. A jurubeba também faz parte da lista oficial da Farmacopeia Brasileira, publicação da Anvisa, como produto indicado para anemia e proteção do fígado. A planta pode ser encontrada por todo o país, sobretudo no Norte e Nordeste, principalmente em maio.

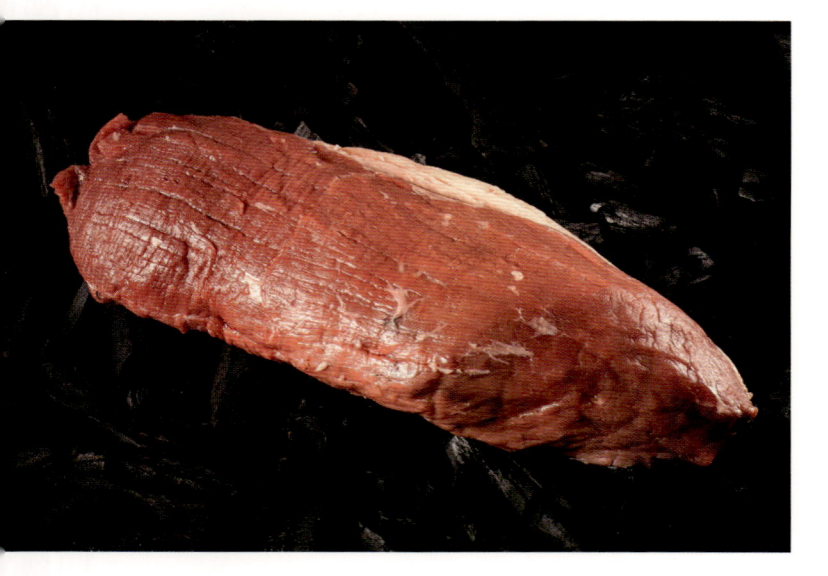

LAGARTO

CORTE BOVINO RETIRADO da parte traseira do animal, com fibras longas e formato alongado. Além de recheado e assado ou preparado como rosbife, o lagarto dá origem a dois pratos clássicos brasileiros: a <u>carne de panela</u>, feita na pressão, e a <u>carne louca</u>, desfiada ou cortada em fatias fininhas combinadas a tomate, pimentão e temperos, servida fria como salada ou recheio para sanduíches. Na região Sul, também é conhecido como tatu.

LAGOSTA

Panulirus argus (vermelha) e *P. laevicauda* (verde)

CONSIDERADO UM DOS MAIS NOBRES alimentos fornecidos pelo mar, esse crustáceo de carapaça avermelhada e saborosa carne clara faz sucesso tanto em barracas de praia quanto em restaurantes no litoral do Nordeste, principalmente no Ceará e no Rio Grande do Norte, servido de maneira muito simples: apenas <u>grelhado</u>, com molho de manteiga. Outras preparações incluem ensopados, saladas e massas. É preciso prestar atenção no período de defeso, que vai do início de dezembro ao fim de maio, quando o comércio de lagosta sem procedência garantida pelo Ibama fica proibido.

LAGOSTIM

Metanephrops rubellus

ENTRE OS APRECIADORES de frutos do mar, há quem diga que o lagostim é mais saboroso que o camarão. Grelhar valoriza a carne suave, mas também há preparos ao forno e na frigideira, onde os crustáceos podem ser feitos com pouca gordura – só é preciso prestar atenção no cozimento, pois o lagostim é muito sutil. Encontrado no litoral das regiões Nordeste, Sudeste e Sul, tem carapaça rosada, carne branca e pode atingir 18 centímetros de comprimento.

LAMBARI

Astyanax spp.

EMPANADO NO FUBÁ e bem fritinho: eis a maneira clássica de preparar esse pequeno peixe de água doce – para acompanhar o petisco crocante, basta uma cerveja gelada. Habitante de rios, lagoas e represas por todo o país, o lambari tem, em média, de 10 a 15 centímetros de comprimento. É conhecido como piaba ou piabinha no Nordeste e como matupiri ou matupira na região Norte. Mesmo com equipamento simples, a pescaria do lambari pode se transformar em uma grande diversão, até para crianças.

LAMBRETA

Lucina pectinata e Phacoides pectinatus

TRÊS ESTADOS BRASILEIROS dividem o privilégio de servir esse pequeno molusco: Alagoas, Bahia e Sergipe. Nos bares de Salvador, é muito comum o <u>caldinho de lambreta</u> – que resulta do cozimento das conchas, junto com temperos –, considerado revigorante e afrodisíaco. Colhida da água salobra dos mangues, pode ser cozida ao bafo, gratinada, frita à milanesa e servida com massas. Em alguns lugares, recebe o nome originário de Portugal: amêijoa.

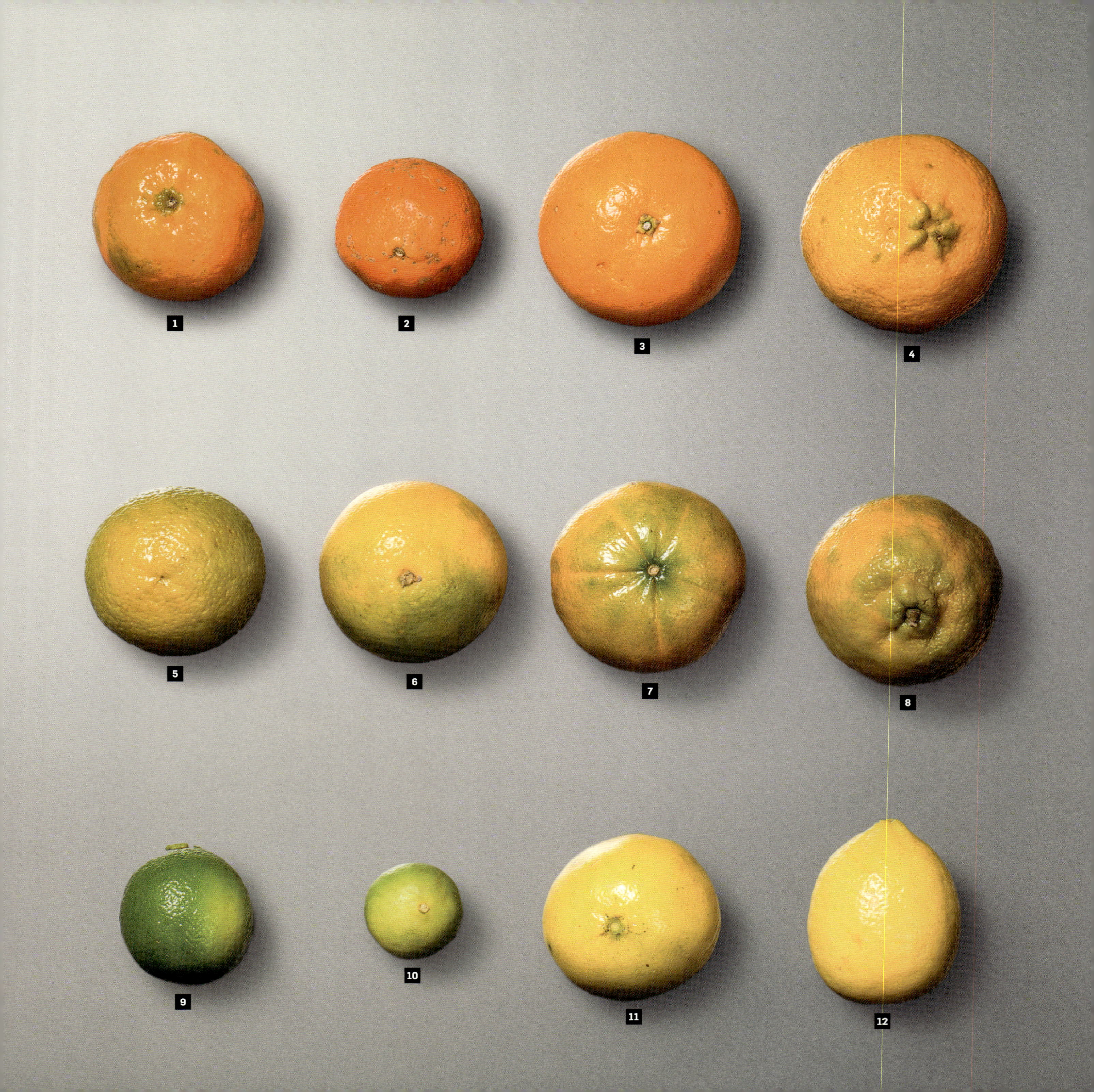
1
2
3
4
5
6
7
8
9
10
11
12

FRUTAS CÍTRICAS

Pouco depois de chegarem ao Brasil com os colonizadores portugueses, no século XVI, as laranjeiras se expandiram pelo país e começaram a produzir seus frutos suculentos de maneira até melhor do que na China de origem. Pera, baía, lima, valência, seleta e natal estão entre as mais cultivadas e, assim como os limões de vários tipos, têm amplo uso culinário além do consumo *in natura* – aparecem em sucos, caldas, molhos, doces, bolos. Embora o limão-taiti seja o mais utilizado no país, o rosa (cravo) merece destaque: é campeão no preparo da caipirinha, drinque brasileiro por excelência.

1. Bergamota montenegrina *2.* Limão-rosa *3.* Laranja-baía *4.* Mexerica poncã *5.* Laranja-lima *6.* Laranja-pera *7.* Mexerica murcote *8.* Mexerica poncã *9.* Limão-taiti *10.* Limão-galego *11.* Lima-da-pérsia *12.* Limão-siciliano

LARANJA-BAÍA

Citrus sinensis L. Osbeck

ESSE TIPO DE FRUTA "de umbigo" – com uma extremidade mais protuberante – teria surgido de uma mutação genética espontânea, no início do século XIX, nas cercanias de Salvador. Grande e firme, tem a casca mais grossa e de uma cor laranja bem vívida. A polpa adocicada é considerada boa para o consumo *in natura*, pois não apresenta sementes. Também pode ser aproveitada em saladas e no preparo de geleias e bolos. A <u>casca cristalizada</u> é um acompanhamento charmoso para o cafezinho.

LARANJA-LIMA

Citrus sinensis L. Osbeck

MUITO DOCE, com pouquíssima acidez, rende um <u>suco</u> saboroso e suave que costuma ser oferecido a bebês e a pessoas mais velhas ou que têm problemas digestivos. Com casca ora mais esverdeada, ora mais amarelada, a polpa suculenta também é excelente para o consumo *in natura*.

LARANJA-PERA

Citrus sinensis L. Osbeck

UMA DAS variedades mais cultivadas no Brasil, pode ser encontrada o ano todo em feiras e supermercados. De formato alongado, tem casca lisa e fina – as de coloração mais verde rendem um suco mais doce. Além do consumo *in natura*, a polpa adocicada tem variado uso culinário: em bolos, compotas, geleias e, descascada, cortada em gomos ou fatias, como <u>acompanhamento da feijoada</u>.

LEITE DE CABRA

NAS FAZENDAS antigas, servia como alternativa ao leite de vaca para crianças que se mostravam intolerantes à lactose, já que a bebida produzida pela cabra apresenta menor quantidade da substância. Rico em cálcio, aminoácidos e proteínas, o leite é muito utilizado na indústria de queijos – os produtos derivados da cabra têm sabor forte e marcante, bons em recheios de tortas e massas, e ainda combinam com saladas de folhas e castanhas ou nozes. Incentivadas pela Embrapa, algumas empresas que trabalham com laticínios de origem caprina têm desenvolvido linhas de produtos funcionais, como iogurtes e bebidas fermentadas, com o acréscimo de bactérias que auxiliam no funcionamento intestinal.

LEITE DE COCO

PARA COMPOR o caldo da <u>moqueca baiana</u>, para molhar o cuscuz, fazer <u>manjar</u> e encher de sabor uma infinidade de receitas. É ingrediente versátil, que se adapta a cozidos, arroz, canjicas, peixadas, mingaus, sorvetes, bolos e balas. O uso do ingrediente no Nordeste – sobretudo na Bahia –, porém, supera seu emprego na culinária de outras partes do Brasil. Obtido a partir da polpa do coco fresco batida com um pouco de água e posteriormente espremida e coada, o leite de coco também pode ser feito com a polpa seca e moída. Os mercados nacionais vendem o produto industrializado, armazenado em garrafas de vidro.

LEITE DE OVELHA

BEM BRANQUINHO e quase cremoso, com sabor suave e adocicado, o leite de ovelha apresenta uma quantidade maior de proteínas em relação aos produtos originários da vaca e da cabra – o teor de gorduras e calorias, entretanto, também é mais alto. A produção no Brasil, ainda recente, concentra-se em estados das regiões Sul e Sudeste. Em Minas Gerais e no Rio Grande do Sul, principalmente, também já existem laticínios produzindo queijos, iogurtes e outros derivados do leite de ovelha.

LEITE DE VACA

ESTÁ PRESENTE no cotidiano de boa parte dos brasileiros desde o café com leite que inaugura as refeições do dia. Manteiga, iogurtes, queijos, cremes e outros derivados do leite de vaca também abastecem as cozinhas em todo o país. Na gastronomia, entra no preparo de sopas, pães e doces; na confeitaria, é base para o chantili e para o creme de confeiteiro. Rico em cálcio e fonte de proteínas, ajuda na formação dos músculos e na manutenção dos ossos. O gado leiteiro foi introduzido no Brasil pelos portugueses, no século XVI, e hoje concentra-se na região Sudeste, mas também há criações no Sul e no Centro-Oeste.

LEITOA

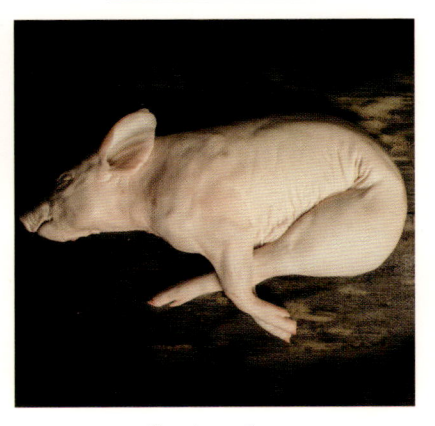

Sus domesticus

SINÔNIMO DE MESA farta e de família reunida, a <u>leitoa pururuca</u> é um prato clássico de celebração e afeto principalmente no interior de estados como Minas Gerais e São Paulo – até a "disputa" pelos pedaços de pele deliciosamente crocante faz parte do ritual de servi-la. Abatida depois do desmame, com dois a três meses de idade, a fêmea do leitão costuma ser assada e muitas vezes recheada ou servida com farofa. Para o pururuca, a pele recebe um banho de gordura quente para ficar dourada e estaladiça.

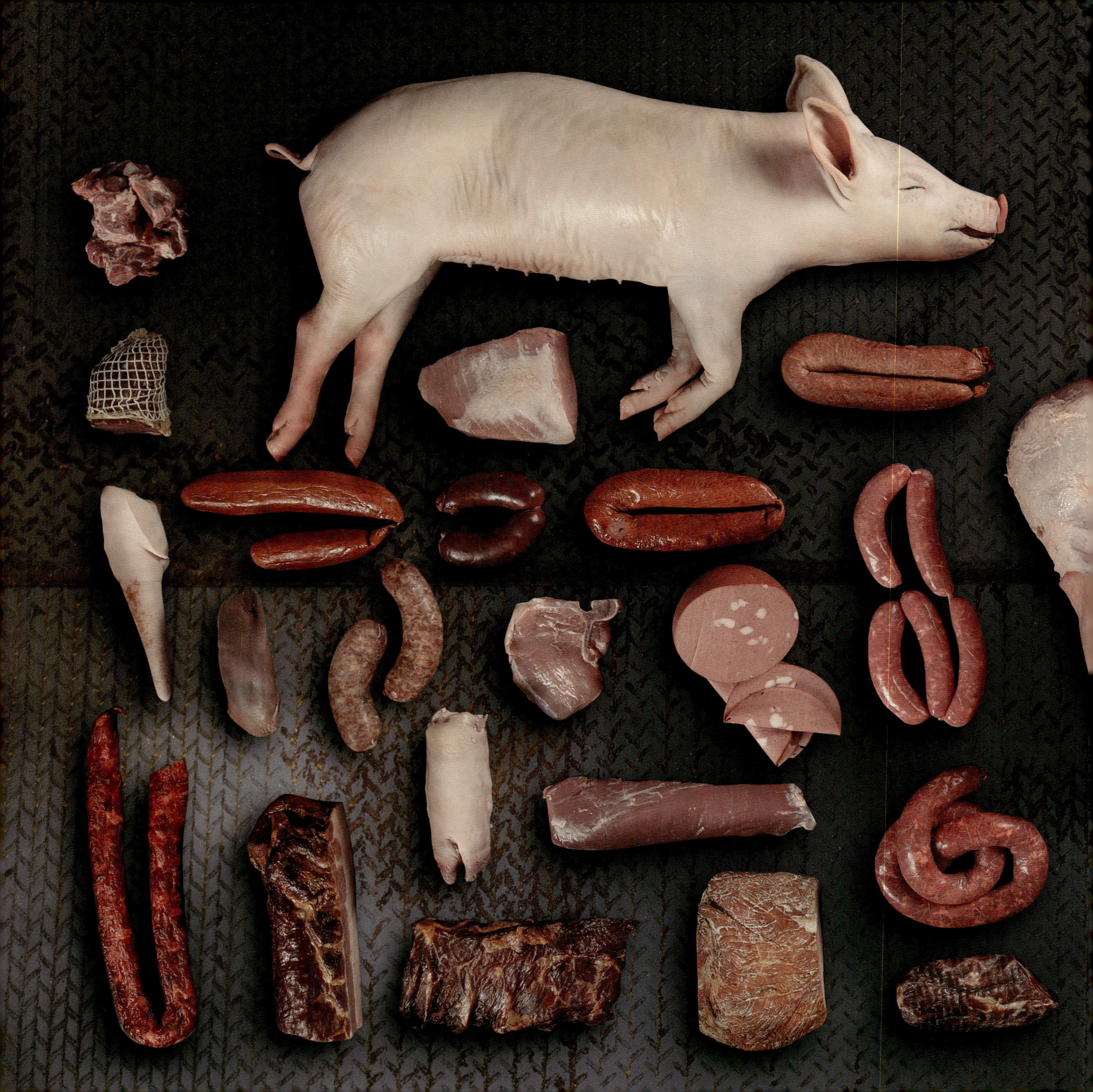

PORCO

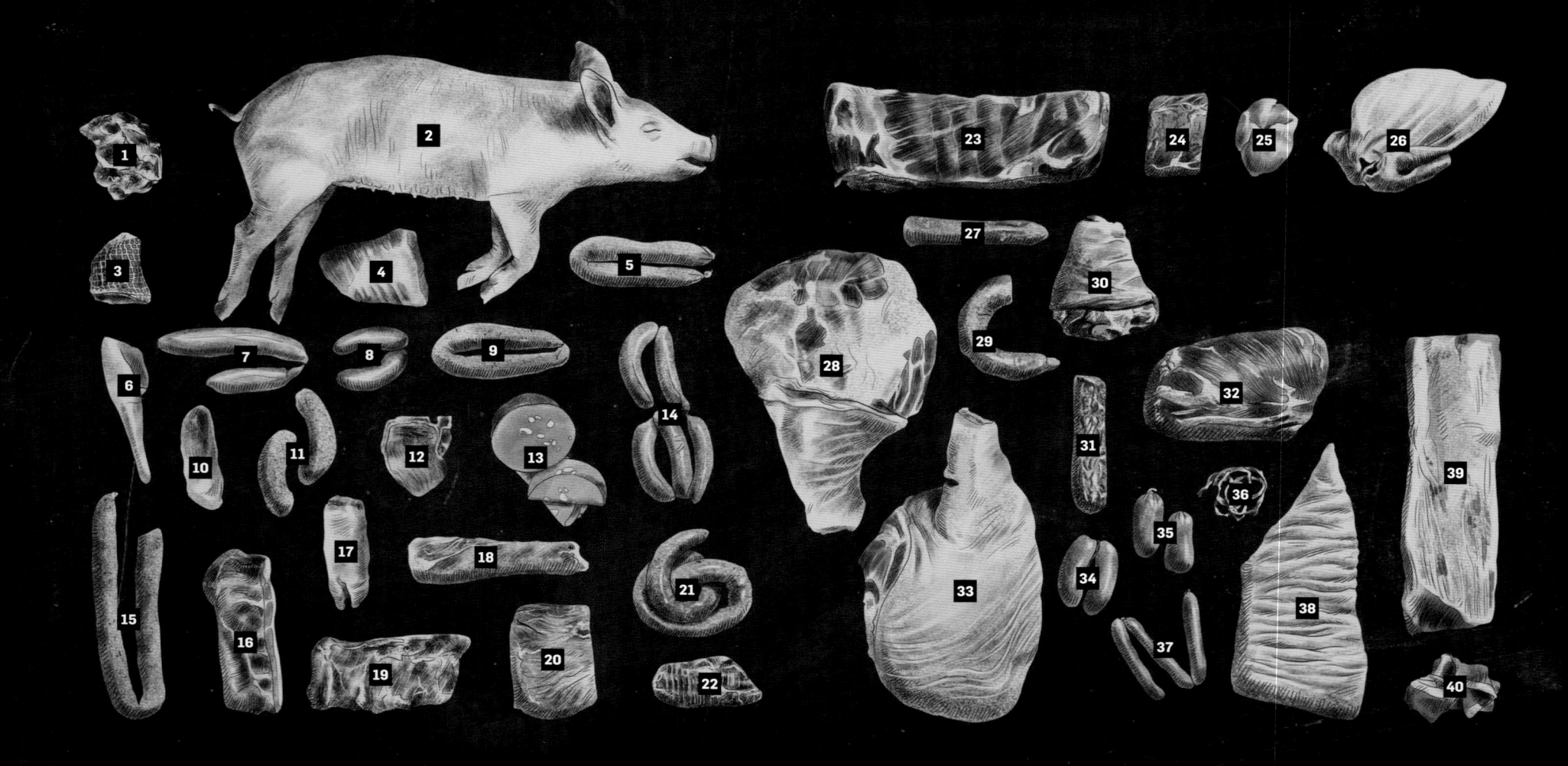

PORCO

1. Suã 2. Leitoa 3. Socol 4. Picanha 5. Linguiça Blumenau 6. Rabo 7. Linguiça calabresa defumada 8. Morcela 9. Linguiça portuguesa 10. Língua 11. Codeguim 12. Bisteca 13. Mortadela 14. Linguiça fresca 15. Linguiça calabresa curada 16. Bacon 17. Pé 18. Filé-mignon 19. Costelinha defumada 20. Carne de fumeiro 21. Linguiça calabresa fresca 22. Copa 23. Costela 24. Lombo 25. Banha 26. Orelha 27. Salame milanês 28. Pernil 29. Linguiça de fumeiro 30. Joelho 31. Salame italiano 32. Copa lombo 33. Paleta 34. Salsichão 35. Paio 36. Tripa 37. Salsicha 38. Barriga 39. Lombo 40. Presunto

LENTILHA

Lens culinaris / Lens esculenta

PARA OS MAIS SUPERSTICIOSOS, comer lentilha na ceia de réveillon garante um ano próspero, de fartura. Cozida com carne de porco, em forma de salada, sopa ou misturada <u>com arroz e cebola</u>, não importa o modo de preparo, o que interessa é comer um prato do alimento entre o dia 31 de dezembro e 1º de janeiro. Crendices à parte, a lentilha está presente nas mesas do Brasil inteiro e pode substituir o feijão em qualquer época do ano. É fonte de ferro, proteínas e vitamina B2. Acredita-se que, de todas as leguminosas, talvez seja a de cultivo mais antigo, com origem nas regiões áridas do Sudoeste Asiático. Hoje, os maiores produtores são Índia e Turquia. Como a colheita no Brasil ainda é baixa, 90% do que consumimos vêm do Canadá.

LICURI

Syagrus coronata

É UMA PALMEIRA TÍPICA DAS REGIÕES secas e semiáridas, que alcança até 12 metros de altura e produz, por safra, cerca de oito cachos, de onde pendem aproximadamente 1400 coquinhos cada. Triturados, eles entram na fabricação de licores, cocadas e do leite de licuri, especialidade da cozinha baiana. Da amêndoa, escondida no interior dos frutos, é extraído um óleo similar ao de coco, utilizado na culinária, e os resíduos da planta ainda são empregados na alimentação animal – ou seja: do licuri, nada se perde. Até as folhas são transformadas em sacolas, chapéus, vassouras, espanadores e peças de artesanato. A palmeira pode ser encontrada em Minas Gerais, Bahia, Pernambuco, Sergipe e Alagoas e a safra vai de março a julho.

LIMA-DA-PÉRSIA

Citrus limettioides Tanaka

O FORMATO É PARECIDO COM O DAS LARANJAS, mas a casca fina e a polpa suculenta geralmente têm coloração mais clara. Mais ácida ou mais adocicada, foi adotada como ingrediente de uma apreciada versão de <u>caipirinha</u> feita com cachaça, vodca ou saquê. Assim como outras frutas cítricas, é rica em vitamina C e, na medicina popular, atua como auxiliar da digestão.

LIMÃO-GALEGO

Citrus aurantiifolia

EMBORA SEJA chamado popularmente de limão, trata-se, na verdade, de uma lima ácida. Menor e mais suculento que o taiti, tem casca amarelada e fina. É considerado o melhor limão para fazer <u>caipirinha</u> e também entra em temperos, vinagretes, musses e bolos, entre outras receitas. Em alguns lugares do país, o termo limão-galego refere-se ao limão-cravo.

LIMÃO-ROSA

Citrus bigaradia Loisel.

A APARÊNCIA nem sempre é das melhores: a fruta meio achatada às vezes fica disforme e a casca pode apresentar manchas. Mas nada disso impede o limão-rosa de ser muito resistente e sumarento. Originário da Ásia, adaptou-se bem ao Brasil, onde nasce em pomares interioranos e áreas à beira-rio ou beira-mar. Além de sucos, vai bem em bolos, compotas, geleias, molhos e <u>caipirinhas</u>. Por todo o país, adquire nomes diversos: cravo, francês, vinagre, cavalo, cravinho, bode, china, capeta e galego – em lugares como São Paulo, porém, uma outra fruta recebe o nome de limão-galego: a *Citrus aurantiifolia*, na verdade uma lima ácida.

LIMÃO-SICILIANO

Citrus limon

A CASCA GROSSA, bem amarela e muito perfumada, fornece raspas que aromatizam pratos doces e salgados, como peixes, massas, brigadeiros ou licores. A polpa é menos ácida e suculenta que a do limão-taiti. Muito consumido na Europa e nos Estados Unidos, tem aparecido com maior frequência nas feiras e mercados do Sudeste.

LIMÃO-TAITI

Citrus latifolia

OUTRA VARIEDADE de lima ácida, cultivada e disponível em todo o país. Maior do que o galego e mais suculento do que o siciliano, o limão-taiti tem a casca verde e lisa; em geral, não apresenta sementes. Tem uso culinário variadíssimo: ótimo para fazer <u>sucos</u>, musses, sorvetes, tortas, <u>caipirinhas</u> e para temperar carnes ou saladas.

LÍNGUA BOVINA

VENDIDA INTEIRA, em peças com cerca de 1 quilo, precisa passar por cozimento antes de, geralmente, ser fatiada e grelhada na frigideira. Também existem versões defumadas, depois de cozidas e salgadas. De sabor forte, é rica em nutrientes como ferro, cálcio, fósforo e vitaminas do complexo B. Ao molho madeira, com purê de batata, aparece no cardápio e diversos botecos brasileiros.

LINGUADO

Paralichthys orbignianus

ASSADO OU GRELHADO na frigideira com um pouco de manteiga, esse pescado de carne branca e macia pode chegar à mesa de inúmeras maneiras e com uma série de acompanhamentos e molhos: de camarão, ao vinho, com cogumelos ou alcaparras, com batatas... Com o corpo oval e achatado, o peixe de escamas está presente em todo o litoral brasileiro.

LÍNGUA SUÍNA

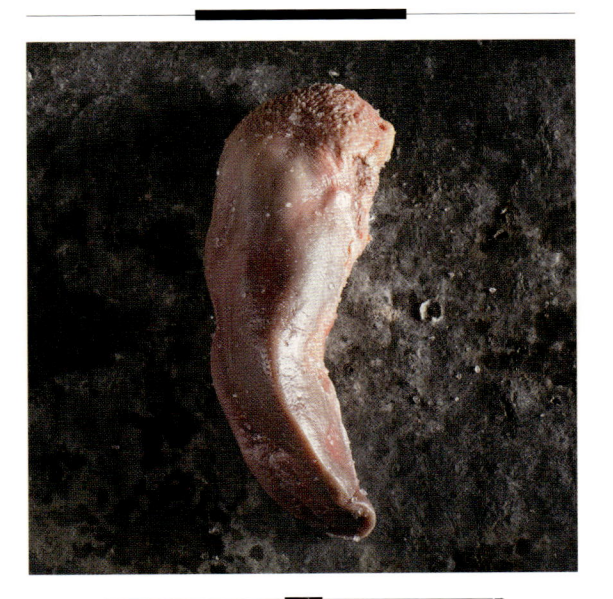

A FEIJOADA COMPLETA e o robusto sarapatel nordestino são dois pratos típicos que se beneficiam do acréscimo da língua de porco salgada. Em fatias ou pedaços, pode ser cozida em molho de tomate ou levada ao forno e servida com molho madeira.

L

137

LINGUIÇA BLUMENAU

HERANÇA DOS IMIGRANTES alemães que fixaram moradia em Santa Catarina, é uma linguiça defumada própria para passar no pão. Não se corta em fatias: o interior guarda uma mistura pastosa de dois cortes suínos (pernil e paleta) temperados com alho. No Sul do Brasil, integra as mesas de café colonial e recheia sanduíches incrementados com queijo e mostarda de Dijon. A linguiça blumenau também pode compor canapés, molhos de macarrão, recheio de tortas e pastéis e receitas como escondidinho e hambúrguer.

LINGUIÇA CALABRESA DEFUMADA

PRECISA SER PICANTE, para honrar a pimenta-calabresa que tempera as carnes suínas do recheio da linguiça. Defumado ou não, curado ou não, esse embutido inspira-se na receita que os imigrantes calabreses trouxeram para o país – e que caiu no gosto do brasileiro. Não há pizzaria, de Norte a Sul, que viva sem uma boa cobertura de pizza calabresa. A linguiça também dá corpo e sabor a molhos de macarrão, recheios de tortas, pães, sanduíches e salgados, além de ser consumida como aperitivo em restaurantes, bares e botecos.

LINGUIÇA CUIABANA

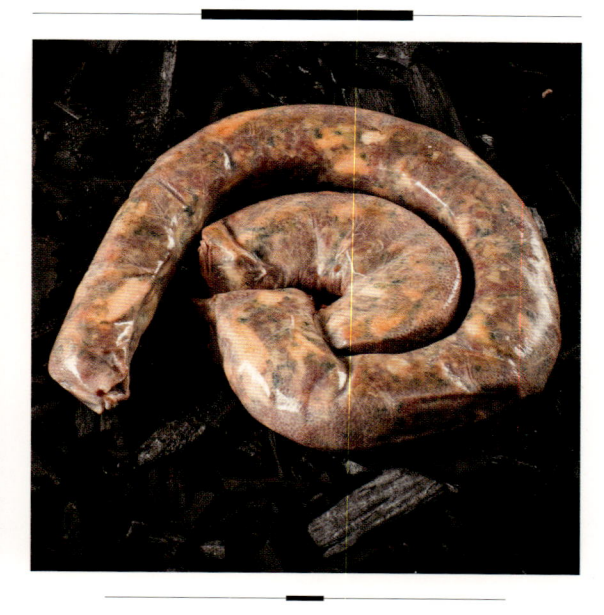

CARNE BOVINA, leite e queijo são os principais ingredientes dessa linguiça fresca que, curiosamente, não foi criada na capital do Mato Grosso, mas no noroeste paulista, por um fazendeiro que vivia próximo a São José do Rio Preto. Na receita original, apenas alcatra ou contrafilé, leite e temperos eram utilizados. Mais tarde, foi incorporado queijo mineiro e surgiram versões também com legumes, carne suína ou de frango. Item fundamental dos churrascos nessa região do interior paulista, costuma ser preparada na grelha.

LINGUIÇA DE FUMEIRO

TÍPICA DA BAHIA, É LINGUIÇA DEFUMADA durante horas sob uma cortina de fumaça. Os produtores se concentram em Maragogipe, no Recôncavo, onde nasceu a técnica de conservação da carne, que consiste em salga e defumação. O processo está em fase de adaptação às normas da Anvisa (Agência Nacional de Vigilância Sanitária) e uma associação defende o reconhecimento da forma de preparo mais tradicional. De qualquer forma, a linguiça de fumeiro mantém-se firme no receituário baiano. De sabor intenso, pode temperar o feijão ou ser cortada em rodelas, então fritas e servidas com salada vinagrete, farofa e molho de pimenta.

LINGUIÇA FRESCA

ELA TEM PRESENÇA GARANTIDA nos churrascos. Macia e bem temperada, a linguiça fresca também pode ser frita, cozida com legumes, assada ao forno com batatas e cai bem na composição de um molho bem encorpado para macarrão, assim como em recheio de pães, tortas e na cobertura de pizzas. As versões mais comuns são a suína e a de frango. Pelo Brasil afora, porém, é possível encontrar linguiça bovina de Maracaju, no Mato Grosso do Sul; de bode, em Petrolina, no estado de Pernambuco; e até de camarão, em Acari, no Rio Grande do Norte.

LINGUIÇA PORTUGUESA

DE ACORDO COM AS NORMAS do Ministério da Agricultura, a linguiça portuguesa tem que ser feita exclusivamente de carne suína temperada com alho, curada e defumada. Na hora da compra, é fácil de identificar: ela tem o formato de uma ferradura. Com o gostinho defumado, esse tipo de embutido dá um toque especial ao feijão e pode ser adicionado a ensopados, molho de macarrão, refogados de legumes, farofas e sopas. Como aperitivo, precisa apenas da companhia de fatias de pão.

LOMBO SUÍNO

É BEM POSSÍVEL que cada família brasileira tenha sua receita particular de lombo de porco. Os temperos e acompanhamentos podem variar muito, mas a maneira tradicional de preparo envolve levar a carne ao forno em um pedaço inteiro, com alho e cebola, para que cozinhe em seu próprio suco – talvez coberta com um pouco de bacon, para não ressecar. Assado na cerveja, com mel e mostarda, com molho de laranja, recheado, com abacaxi ou farofa são escolhas comuns.

LOURO

Laurus nobilis

A FOLHA PODE ser usada seca ou fresca – basta uma delas para aromatizar os pratos. Quando adicionado aos preparos, o louro libera notas de madeira, eucalipto, cravo e toques florais que deixam o feijão apetitoso e os cozidos, perfumados. Combina com carnes, peixes, aves e legumes, além de ser um dos condimentos do clássico *bouquet garni* (combinação francesa de ervas). Na cozinha brasileira, tem presença quase cativa em preparados salgados e pouco aparece nos doces e chás, embora isso seja recorrente em outras partes do mundo. O óleo extraído das folhas do arbusto de origem mediterrânea também é usado na indústria de perfumes e aromatizantes. Não raro, os vistosos ramos entram em ornamentações.

LULA

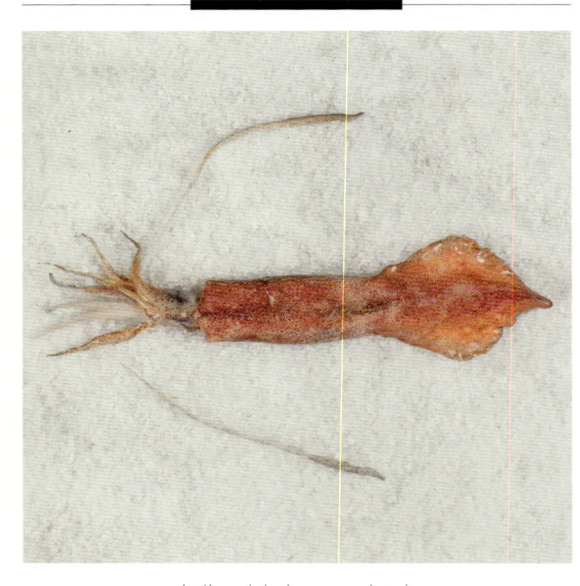

Loligo plei e L. sanpaulensis

É UM MOLUSCO PECULIAR, pois não apresenta casca externa – apenas uma estrutura rígida, parecida com uma pena, por dentro da carne. Cortada em rodelinhas, empanada e frita, transforma-se em um petisco frito característico do litoral brasileiro: a lula à dorée, ótima para ser apreciada à beira-mar, regada com gotas de limão. Aberta, fica boa grelhada ou cozida e aproveitada em saladas. Pelo formato tubular, também pode ser recheada e levada ao forno.

MAÇÃ DO COCO

DENTRE OS PRODUTOS naturalmente derivados do coco – leite, água, açúcar e óleo –, esse é o menos conhecido. Trata-se de uma massa esponjosa e adocicada, de sabor concentrado, que se forma dentro da fruta germinada e pode ser comida crua ou tostada. Também é chamada de pão do coco.

MAÇÃ FUJI

Malus domestica Borkh.

COM FORMATO arredondado, tem polpa suculenta e crocante, adocicada e com um toque de acidez. Muito apreciada para o consumo *in natura*, também apresenta ampla utilização culinária em receitas salgadas ou doces. Originária do Japão, essa variedade adaptou-se bem ao clima de Santa Catarina e do Rio Grande do Sul. Embora presente durante o ano todo em feiras e mercados, está em sua melhor forma nos meses de agosto a dezembro.

MAÇÃ GALA

Malus domestica Borkh.

ASSIM COMO a maçã fuji, tem polpa firme e suculenta, de sabor adocicado com toque ácido. Além do consumo *in natura*, entra em diversas receitas – de saladas e sucos a tortas e bolos. O cultivo começou na Nova Zelândia, na década de 1970; no Brasil, os principais pomares ficam na região Sul. Gala e fuji representam cerca de 90% da produção nacional de maçãs. Melhor época: de fevereiro a maio.

MAMÃO FORMOSA

Carica papaya L.

COSTUMA APARECER nas mesas de café da manhã cortado em fatias, ao natural, em saladas de frutas ou em vitaminas batidas com leite. Muito macia e suculenta, a polpa doce e suave, cor de laranja, tem baixa acidez e fácil digestão. Antes de amadurecer, ralado ou em fitas, dá origem a um clássico da doçaria mineira: a compota de mamão verde. No Brasil, um dos grandes produtores mundiais da fruta, o cultivo concentra-se no Nordeste, principalmente na Bahia.

MAMÃO PAPAIA

Carica papaya L.

MENOR E UM POUCO mais firme do que a variedade formosa, costuma ser consumido *in natura*, cortado ao meio e servido com ou sem as sementes, e no tradicional <u>creme de papaia</u>, sobremesa muito pedida em restaurantes. Quando madura, a polpa cor de laranja fica macia e doce. Também é bom em <u>saladas de frutas</u> e <u>vitaminas</u>. O Nordeste, em especial a Bahia, destaca-se como uma das maiores regiões produtoras de mamão no país.

MAMINHA

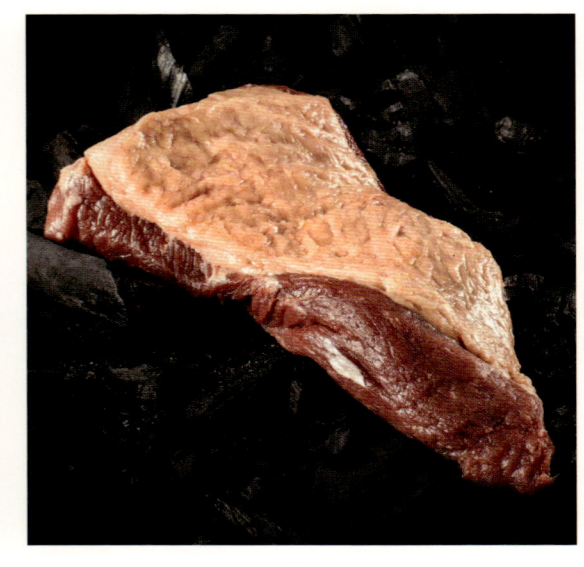

LOCALIZADO NA REGIÃO da virilha do animal, esse corte bovino de formato quase triangular é a parte mais macia da alcatra – e também pode ser conhecido como ponta de alcatra. Coberta por uma camada de gordura, tem fibras que correm em vários sentidos e pesa cerca de 1,8 quilo. Assim como outras peças de carne, como o contrafilé, a fraldinha e a picanha, deve ser cortada no sentido transversal às fibras. Além da churrasqueira, pode ser preparada em assados, na panela ou como bifes.

MANDI

Pimelodus spp.

HABITANTE DE RIOS das regiões Nordeste, Sul e Sudeste, como as bacias do São Francisco e do Prata, esse peixe de couro é facilmente reconhecido pela espécie de "barba" que tem perto da boca. A carne suave costuma ser ensopada com temperos e tomate, servida com pirão de farinha de mandioca, ou empanada e frita.

MANDIOCA

Manihot esculenta Crantz.

"A RAINHA DO BRASIL". FOI COM ESSE TÍTULO que o antropólogo e historiador Luís da Câmara Cascudo dedicou um capítulo inteiro à mandioca na obra-prima *História da Alimentação no Brasil*. Nativa da América do Sul, essa raiz tem a capacidade de unir a culinária nacional: é consumida sem distinção de norte a sul, de leste a oeste. *In natura*, costuma ser frita ou cozida. Sua riqueza, porém, não se limita ao modo como aparece à mesa. Versátil, é ingrediente que dá origem a diversos produtos de igual importância para a cultura gastronômica do país, como farinhas das mais variadas texturas, goma e tucupi, o que faz com que possa ser aproveitada em todas as partes da refeição, dos petiscos e entradas aos pratos principais e sobremesas. Também é conhecida como aipim, macaxeira e mandioca-mansa – esse termo a diferencia da mandioca-brava, que não pode ser consumida sem ter sido processada por apresentar alto teor de ácido cianídrico. As folhas, depois de um cuidadoso cozimento que elimina essa substância tóxica, são chamadas de maniva.

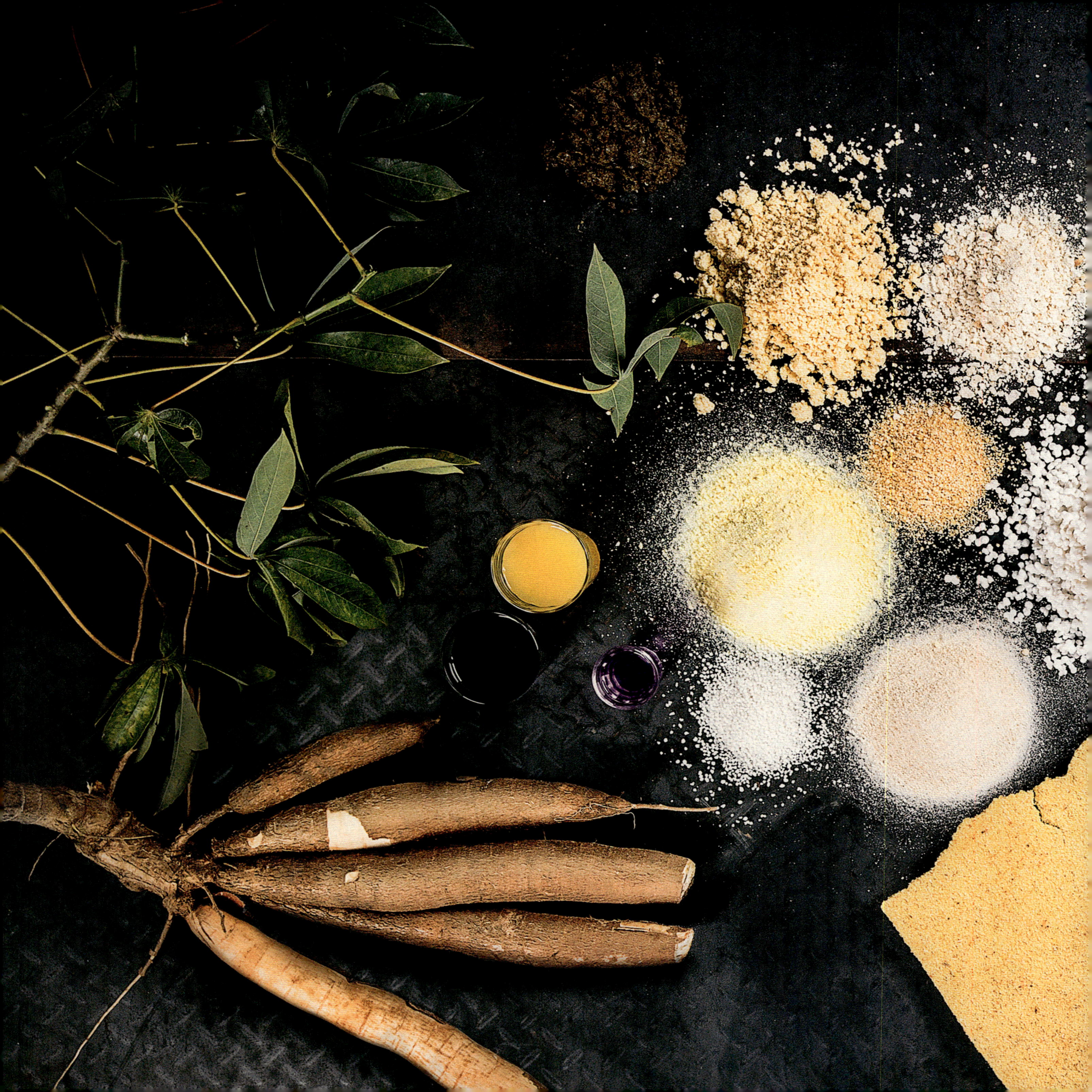

MANDIOCA

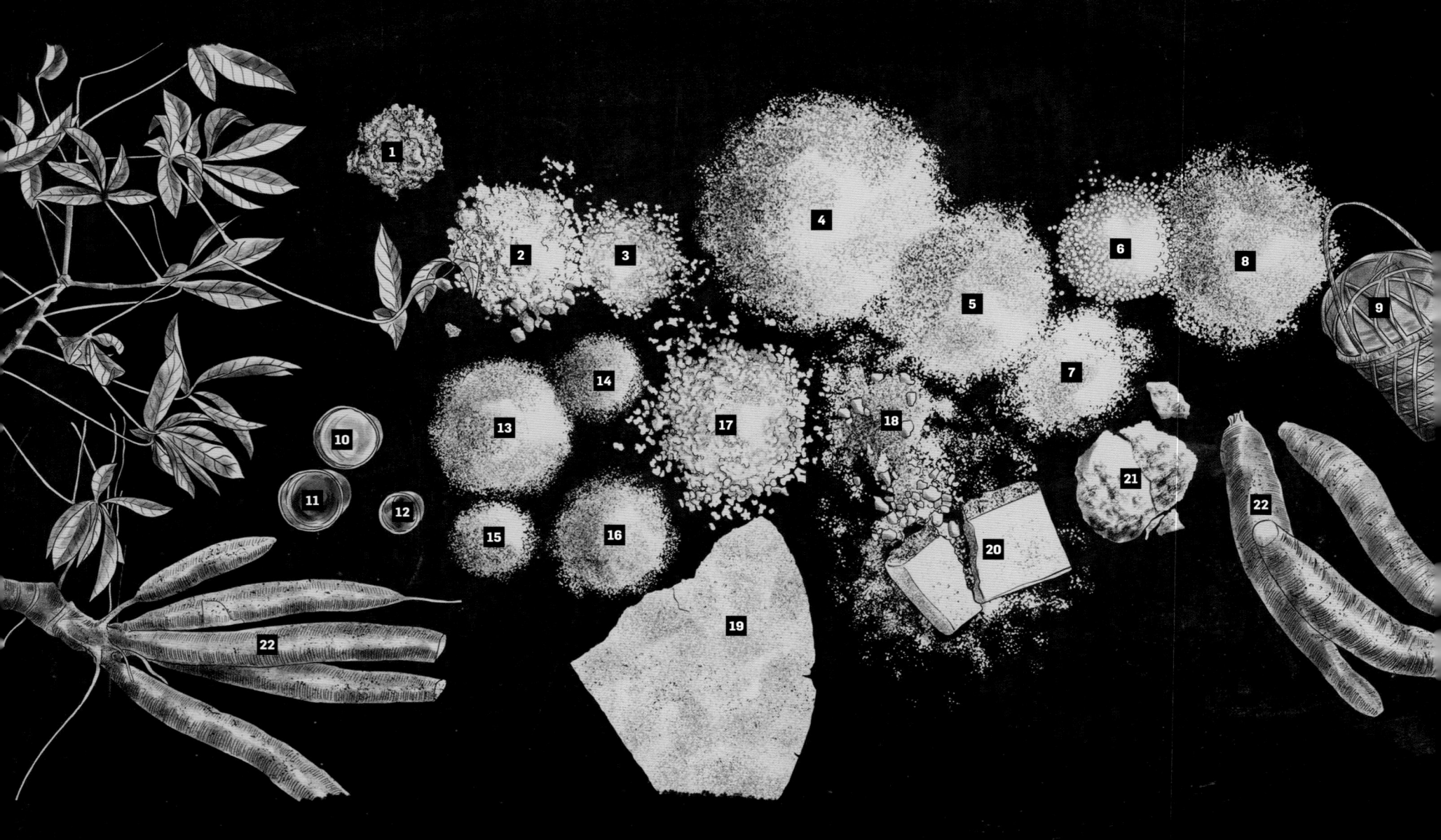

MANDIOCA

1. Maniva *2.* Carimã *3.* Farinha biju *4.* Farinha de copioba *5.* Farinha de mandioca torrada *6.* Sagu *7.* Polvilho azedo *8.* Farinha de mandioca d'água *9.* Paneiro *10.* Tucupi *11.* Tucupi negro *12.* Tiquira *13.* Farinha de mandioca de Cruzeiro *14.* Farinha de mandioca Uarini *15.* Farinha de tapioca granulada *16.* Farinha de mandioca *17.* Farinha de tapioca flocada *18.* Polvilho doce *19.* Beiju *20.* Goma *21.* Beiju Cica *22.* Mandioca

MANDIOQUINHA

Arracacia xanthorrhiza

EM SÃO PAULO E NO SUL DE MINAS GERAIS, ela recebe o nome de mandioquinha. No Rio de Janeiro, na Zona da Mata mineira, Espírito Santo e Distrito Federal, é baroa ou batata-baroa. Quem for originário do Paraná e de Santa Catarina conhece como batata-salsa. O nome pode mudar de um lugar para outro, mas o ingrediente se repete: trata-se de uma raiz amarela, rica em vitamina A e carboidratos, que alcança uma consistência macia e cremosa após o cozimento. É perfeita para <u>sopas com legumes e músculo</u>, cremes, nhoques, tortas, pães, bolinhos e purês. Também pode ser frita, assada e servida como acompanhamento de carnes. Come-se em todo o país, mas sua produção está concentrada em Minas Gerais, Paraná, Santa Catarina, Espírito Santo e São Paulo.

MANGA HADEN

Mangifera indica L.

NATIVA DO SUDESTE ASIÁTICO e presente no Brasil desde a segunda metade do século XVIII, segundo Câmara Cascudo, a manga deu-se muito bem por aqui. É cultivada em maior quantidade no Nordeste e no Sudeste, mas consumida em todo o país – com árvores imponentes e de copas frondosas que fornecem sombra a diversas ruas e avenidas, Belém, no Pará, é conhecida como "a cidade das mangueiras". Com casca fina e lisa que vai do amarelo ao vermelho, a variedade haden surgiu na Flórida, Estados Unidos, há pouco mais de um século. Os frutos de polpa amarela chegam a pesar 600 gramas e apresentam poucas fibras. São ideais para o consumo *in natura* ou em receitas de sorvetes, sucos e doces variados, principalmente os gelados, como as musses.

MANGA PALMER

Mangifera indica L.

OUTRA VARIEDADE ORIGINÁRIA da Flórida, Estados Unidos, onde começou a ser cultivada por mostrar-se adequada a propósitos comerciais. Presente o ano todo em mercados e feiras do Brasil, tem casca que vai do arroxeado ao vermelho à medida que amadurece. A polpa, amarelo-dourada, não apresenta quase nenhuma fibra – por isso, é uma das preferidas para o consumo *in natura*, na sobremesa ou como ingrediente de saladas. Muito doce, também costuma ser aproveitada em sucos, vitaminas, sorvetes e musses. Assim como outros cultivares de manga, aparece também em receitas de caipirinhas e molhinhos agridoces.

MANGARITO

Xanthosoma mafaffa Schott.

É UM TUBÉRCULO com produção comercial quase irrelevante, safra de maio a agosto e cultivo mais concentrado em São Paulo e Santa Catarina. Seu complicado manejo não desperta muito interesse entre boa parte dos agricultores. Do lado de alguns importantes chefs de cozinha, porém, a ideia é mudar esse cenário de quase extinção e trazer de volta a relevância que o mangarito já teve na cultura alimentar do interior do país. Seu sabor suave transita entre o cará, o inhame e a batata. De rápido cozimento, pode ser usado em nhoque e outros tipos de massas, pães e sopas, além do hábito ancestral de servi-lo com melado.

MANIVA

Manihot esculenta

FOLHA DA mandioca, um dos poucos ingredientes venenosos quando frescos: só pode ser consumida após um cuidadoso cozimento, para a extração do ácido cianídrico. Após esse procedimento, a maniva torna-se item fundamental da **maniçoba**, prato típico do Pará – também encontrado no Recôncavo Baiano –, um vigoroso ensopado de carnes e miúdos de porco servido com farinha de mandioca e arroz. A maniva também pode rechear massas, bolinhos e enriquecer sopas. É fonte de cálcio, ferro, aminoácidos e vitaminas A, C e B2.

MANJERICÃO

Ocimum basilico L.

FORAM AS RECEITAS italianas que popularizaram o manjericão no Brasil. As delicadas folhas liberam um aroma peculiar e um gosto mentolado, levemente picante, que combinam com sopas, carnes, massas e molhos e dão mais frescor às saladas. Entre elas está a caprese (muçarela de búfala, tomate e folhas da erva), clássico italiano incorporado às mesas brasileiras. No arremate da pizza margherita (muçarela e tomate), também é imprescindível. Quando seco, o manjericão perde a intensidade de aroma e sabor. Além de condimento, a planta entra na fabricação de aromatizantes na indústria de bebidas e perfumaria.

MANJUBA

Anchoviella lepidentostole

O PEQUENO tamanho desse peixe de água salgada, que não passa de 12 centímetros, é compensado pelo grande aproveitamento na cozinha. Em sua forma mais difundida, é empanado inteiro, com cabeça e rabo preservados, e frito em óleo fervente, servido com molho tártaro – um copo de chope bem gelado é par perfeito para as mordidas crocantes. As ovas, que podem surgir na limpeza do peixe, combinam com manteiga e pão, no forno, ou viram ótimo tempero numa moqueca de manjuba. Presente no litoral do Nordeste ao Sul, em fevereiro e de outubro a dezembro.

MANTEIGA

NÃO SERIA EXAGERO DIZER QUE UMA COZINHA perderia muito de sua graça e seu sabor sem ela. O dia pode começar com a manteiga derretendo no pão fresco e quente, no típico café da manhã simples do brasileiro. No almoço, legumes ou, quem sabe, batatas douradas com a ajuda do ingrediente. Um lanche da tarde perfeito é aquele que inclui bolo macio, fofinho e úmido, assado em forma untada com ela, a manteiga. Produto derivado da gordura do leite, o alimento faz parte do dia a dia da maioria das cozinhas – desde as preparações em que é coadjuvante (purês, refogados e doces) até as receitas em que seu sabor e untuosidade figuram como ingrediente principal (glacês e molhos).

MANTEIGA DE GARRAFA

TÍPICA DO NORDESTE, RECEBE ESSE NOME por ser armazenada dentro de garrafas de vidro, em temperatura ambiente. Líquido, como se fosse um óleo, esse tipo de manteiga é fundamental para dar untuosidade a carne-seca, carne de sol, mandioca cozida e farofa. Feita a partir da nata do leite, tem um processo de produção parecido com o da manteiga comum, mas avança ainda para uma etapa de clarificação. Ou seja: a gordura do leite vai para a panela, em fogo brando, por algumas horas, até que as partículas sólidas se separem. A borra depositada no fundo do recipiente é tostada e libera o sabor amendoado característico do ingrediente. Antes de ir para a mesa, o produto passa por um coador.

MARACUJÁ AZEDO

Passiflora edulis Sims

O SUCO DESSA FRUTA AZEDINHA é consumido no país inteiro, tanto em forma de refresco quanto em bases para doces. Musses, sorvetes, bolos, pavês, tortas e licores estão entre os usos mais comuns. Nas receitas salgadas, ele empresta o sabor ácido para caldas e molhos, que incrementam saladas, peixes e carnes. Por ser muito azedo, dificilmente come-se maracujá puro. Dele, porém, tudo se aproveita. Da casca, com alta concentração de ferro e outros nutrientes, é feita uma farinha para ser agregada aos pratos. Além da importância culinária, o maracujá tem uso intenso na indústria de cosméticos. O Brasil é o primeiro produtor mundial, sendo que Bahia, São Paulo, Ceará e Pará têm as maiores e mais significativas áreas de cultivo.

MARACUJÁ DA CAATINGA

Passiflora cincinnata

DE CASCA VERDE, mesmo quando madura, e polpa branca cheia de sementes, doce e ácida ao mesmo tempo, essa variedade de maracujá frutifica na região do Semiárido nordestino e não tem cultivo comercial em larga escala – na Bahia, existem cooperativas de produtores nos municípios de Canudos, Caruçá e Uauá. Do fruto, são feitos sucos, geleias e doces. O maracujá da caatinga integra a Arca do Gosto, iniciativa do movimento Slow Food para divulgar alimentos que correm o risco de desaparecer.

MARACUJÁ DOCE

Passiflora alata

NA APARÊNCIA, o maracujá doce lembra um mamão papaia pequeno. A casca lisa, amarelo-esverdeada, é mais vistosa que a do maracujá azedo – que fica toda enrugada, quando madura – e esconde uma polpa de sabor mais suave. Embora não seja muito agradável para o consumo em forma de suco, costuma aparecer na sobremesa, *in natura*, e comida em colheradas. A presença da passiflora, um calmante natural, faz com que o fruto também seja cultivado com fins medicinais. Melhores épocas: janeiro, abril, julho, agosto e dezembro.

MARMELO

Cydonia oblonga Mill.

NA FORMA, HÁ QUEM veja semelhanças com a pera ou a maçã, mas a polpa tem textura granulosa, adstringente e firme, mesmo quando madura, e não se presta ao consumo *in natura*. Por isso, o melhor jeito é fazer marmelada – a tradicional receita da região de Luziania, no estado de Goiás, integra os produtos da Arca do Gosto, movimento que identifica e divulga alimentos que correm o risco de desaparecer. Além do doce, geralmente preparado em ponto de corte, o marmelo rende geleias e licores. Durante o cozimento com água e açúcar, a fruta fica macia e adquire uma bela tonalidade avermelhada. No Brasil, o cultivo dessa planta originária da Ásia é maior nos estados de Goiás, Rio Grande do Sul e Minas Gerais, considerado a capital nacional do marmelo, com safra em dezembro e janeiro.

MARRECO

Anas platyrhynchos domesticus

MUITAS VEZES CONFUNDIDO COM O PATO, o marreco é uma ave menor, com carne mais macia, menos pronunciada e sem tanta gordura. No Brasil, seu consumo confunde-se com a região Sul, que herdou o hábito de imigrantes alemães. Em cidades catarinenses como Brusque e Blumenau, aparece em diversos cardápios recheado com miúdos, assado e servido com <u>repolho roxo e purê de maçã</u>. Também pode ser frito ou ensopado.

MASTRUZ

Dysphania ambrosioides L.

ORIGINÁRIO DAS AMÉRICAS, guarda certo parentesco com a quinoa e tem um ancestral uso terapêutico. No Brasil, é basicamente manipulado para fins medicinais – na região Nordeste, a mistura de mastruz com leite, segundo a sabedoria popular, combate os sintomas da bronquite. As folhas e sementes podem dar origem a infusões ou emplastros. Entre seus benefícios mais propagados constam expulsar parasitas intestinais, aliviar cólicas, estimular o apetite, melhorar a digestão, curar picada de insetos e tratar males respiratórios. No México, o perfume potente e o sabor fresco e picante justificam o uso culinário como erva aromática em preparos de feijão, porco, pescados e da tortilla com recheio de queijo.

MATRINXÃ

Brycon amazonicus

NATURAL DAS BACIAS AMAZÔNICA e Araguaia-Tocantins, esse peixe de até 3 quilos tem carne firme, alaranjada e de sabor suave, muito apreciada nas regiões Norte e Centro-Oeste. Depois de retirada a espinha, geralmente o matrinxã é recheado, envolto em folha de bananeira e assado na brasa ou levado ao forno. Em muitos lugares, recebe o nome de jatuarana.

M

MATURI

A CASTANHA-DE-CAJU AINDA VERDE dá origem a um prato muito famoso e apreciado no Recôncavo Baiano, a <u>frigideira de maturi</u>. Como ensina Jorge Amado em *Tieta do Agreste*, o preparo é simples: um refogado de maturi, camarão seco, leite de coco e temperos coberto por ovos batidos e levado ao forno até dourar. Macia, de sabor amendoado, a castanha pode ser congelada.

MAXIXE

Cucumis anguria L.

LISO OU ESPINHENTO – TEM MAXIXE dos dois jeitos. O sabor, porém, não muda: lembra o pepino, com um toque de acidez e digestão mais fácil. Embora os "espinhos" fiquem molinhos depois de cozidos, muita gente prefere raspar o legume antes de levar à panela. Pode ser preparado inteiro ou picado, em <u>maxixadas</u>, refogado em caldo para comer com arroz e feijão, ou feito com carnes. Quando cortado em cubinhos ou em lâminas, rende boas saladas e sequer precisa de fogão. De origem africana, o maxixe caiu no gosto do nordestino, que o prepara com camarão seco, azeite de dendê e leite de coco. Também faz sucesso no Rio de Janeiro, norte de Minas Gerais, sul de Goiás, Mato Grosso e Mato Grosso do Sul.

MEL

SUBSTÂNCIA ADOÇANTE MAIS ANTIGA do mundo, faz parte da alimentação humana desde a pré-história. Substituto natural do açúcar, combina com frutas – a banana amassada com aveia e mel é um clássico brasileiro –, iogurte, biscoitos, cereais. Pode ser usado para levedar pães de fermentação rápida e, na receita de bolos, garante mais umidade à massa. Na confeitaria, porém, a substituição não é tão simples. Viscoso e com notas que variam entre o floral e o herbáceo (de acordo com as floradas e regiões de produção), é capaz de interferir no sabor, ponto e textura dos doces. Em salgados, compõe molhos de saladas ou carnes e confere contraste a uma fatia de queijo. Os maiores produtores brasileiros estão na região Sul.

MELAÇO DE CANA

É UM DOS SUBPRODUTOS do processamento da cana-de-açúcar nos engenhos. Difere-se do melado pela consistência mais líquida, ideal para caramelizar ingredientes doces ou salgados, acompanhar espetinhos de queijo coalho e besuntar costelinhas de porco. O caldo decantado, filtrado e cozido da cana também pode ser conhecido como mel de engenho.

MELANCIA

Citrullus lanatus

FRUTO DE UMA PLANTA rastejante africana, a melancia é parente distante do melão. Na mordida, a polpa vermelha de aroma delicado tem consistência crocante e sabor doce. Refrescante e com alta concentração de água, fica ótima na forma de suco. Sorvetes, geleias, musses e saladas também estão entre os preparos possíveis com a fruta. Além da polpa, a casca ainda pode ser usada para doces. Cultivada no Centro-Oeste, Nordeste, Sudeste e Sul, melancia é fonte de potássio, fibras, licopeno e vitaminas A, B6 e C. Tem baixa caloria e auxilia nos tratamentos vasculares e de hipertensão. A safra vai de setembro a abril.

MELÃO

Cucumis melo

DE ORIGEM ASIÁTICA, o melão adora clima quente e se desenvolve muito bem no Nordeste do Brasil. Entre os tipos mais encontrados estão o amarelo (casca amarela pouco rugosa e polpa branca esverdeada ou creme), o pingo de mel (casca amarela lisa e polpa branca), o orange (casca amarelada lisa e polpa alaranjada) e o cantalupo (ou cantaloupe, de casca reticulada verde clara acinzentada e polpa salmão). Todos podem ser consumidos ao natural e rendem sucos, refrescos, musses e sorvetes. A textura e o aroma delicados da fruta também permitem finalizar pratos e dar certa doçura a canapés e saladas. Durante um tempo, a combinação italiana de presunto com melão fez parte das refeições sofisticadas brasileiras, mas, hoje, tornou-se um pouco mais rara.

MEXERICA MURCOTE

Citrus reticulata Blanco x Citrus sinensis Osbeck

CHAMADA DE mexerica, tangerina ou bergamota, de acordo com a região do país, a murcote é uma fruta híbrida entre a laranja e uma tangerina da espécie Citrus reticulata Blanco. Aromática, tem casca fina bem grudada aos gomos e maior teor de vitamina C que a variedade poncã. Boa para o consumo *in natura* e para fazer sucos, caipirinhas, marinadas e bolos. No Brasil, as regiões Sul e Sudeste lideram o cultivo e o consumo da fruta. Melhores épocas: julho a outubro.

MEXERICA PONCÃ

Citrus reticulata Blanco

ESSA VARIEDADE extremamente suculenta – quase metade do peso dos frutos corresponde ao sumo – responde por metade das vendas de mexerica no país. Com casca grossa, é simples para descascar e tem gomos de cor intensa que se separam com facilidade. Da mesma maneira que a murcote, produção e consumo concentram-se nas regiões Sul e Sudeste; o uso culinário também é semelhante: em sucos, caipirinhas, molhos, marinadas, doces, geleias e bolos, entre outras receitas. A safra vai de março a julho.

MEXILHÃO

Perna perna

APARECE EM cardápios do Brasil inteiro, mas é abundante nos litorais do Rio de Janeiro, São Paulo e Santa Catarina, onde há grandes criações. Molusco protegido por duas conchas, tem carne magra, rica em proteínas e em vitamina B12. Nos mercados, pode ser encontrado com e sem concha, fresco ou congelado (os machos têm cor creme e as fêmeas, alaranjada). São fáceis de preparar: desprendem-se facilmente das conchas e toleram bem o cozimento. O preparo com molho vinagrete é o mais comum, mas a carne pode integrar sopas, ensopados com frutos do mar e receitas de massa. Melhores meses para o consumo: março, junho, outubro e dezembro.

MILHARINA

MUITO USADA para doces, sobretudo bolos com aquele sabor mais caseiro, de textura úmida, bons para acompanhar o café. O ingrediente também se dá ao preparo de polenta, cuscuz, angu e mingau. Obtida a partir de flocos de milho pré-cozidos, a milharina se torna diferente dos flocos de cereais servidos no café da manhã, por exemplo. Confeccionada e vendida em pacotes, ela não contém adição de açúcares, mas apresenta mais umidade e leva acréscimo de ferro e ácido fólico. Produtos feitos a partir dela são populares nas regiões Sudeste e Nordeste.

MILHO-VERDE

Zea mays L.

DA MESMA MANEIRA QUE A ABÓBORA, as pimentas e a mandioca, foi outro presente da América para o restante do mundo. Muito versátil, é o milho das **espigas com manteiga** comidas na beira da praia, dos carrinhos de **pipoca** na entrada do cinema, das **broas** quentinhas, das farinhas e canjicas, das **sopas com cambuquira**, das **pamonhas** e **curaus**. Debulhado ou ainda inteiro, com ou sem a palha, com grãos secos ou frescos, cremosos e levemente adocicados, aparece em mercados durante o ano todo, enfeitando as barracas com sua brasileiríssima combinação verde-amarela. Durante os festejos juninos, ganha status de dono da casa: "Junho, mês de São João, é *mês do milho*, festivo, sonoro, inesquecível, da humilde pipoca ao bolo artístico", diz Câmara Cascudo em *História da Alimentação no Brasil*. No país, a produção concentra-se nos estados do Mato Grosso, Minas Gerais, Paraná e Rio Grande do Sul.

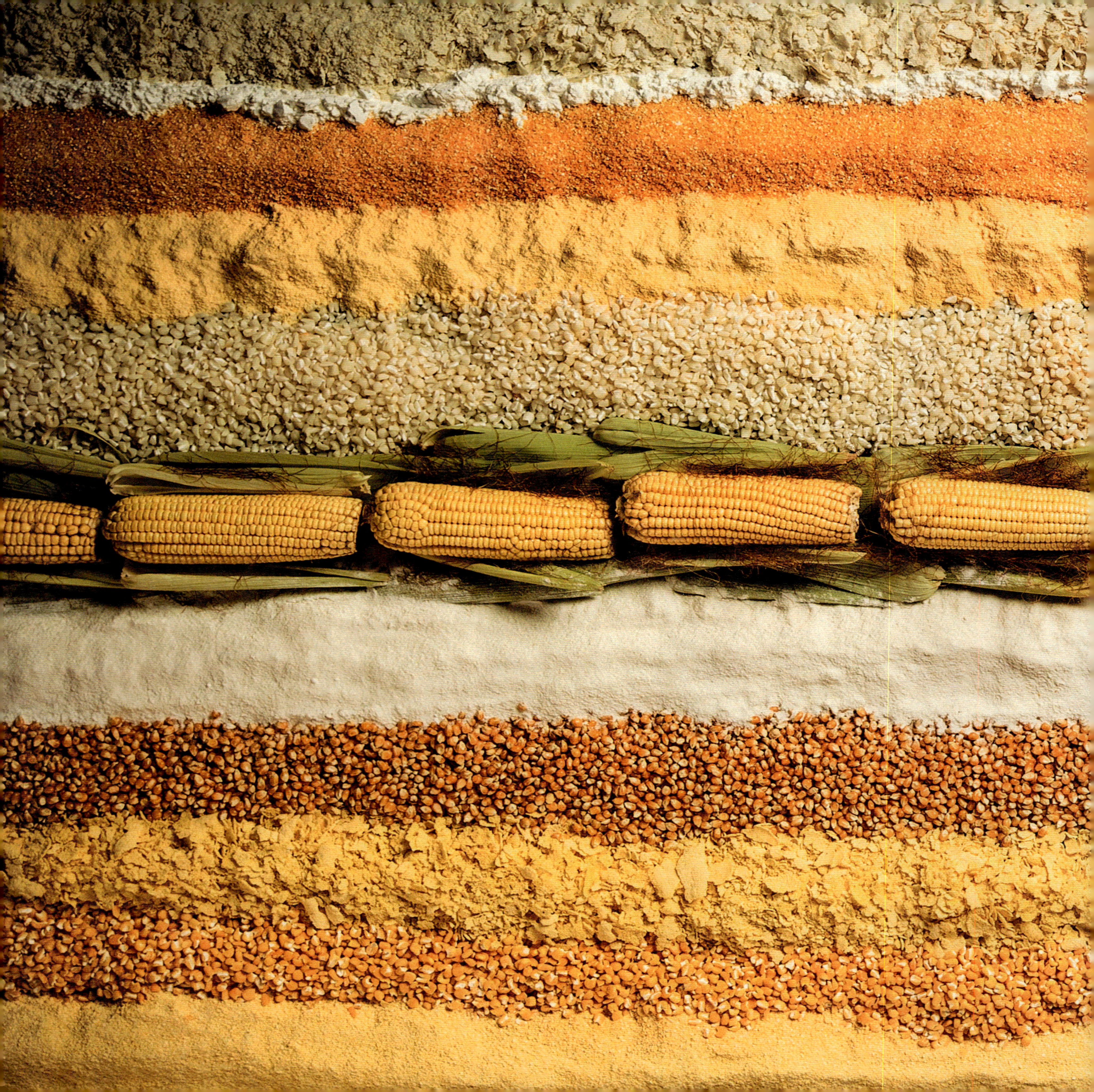

MILHO

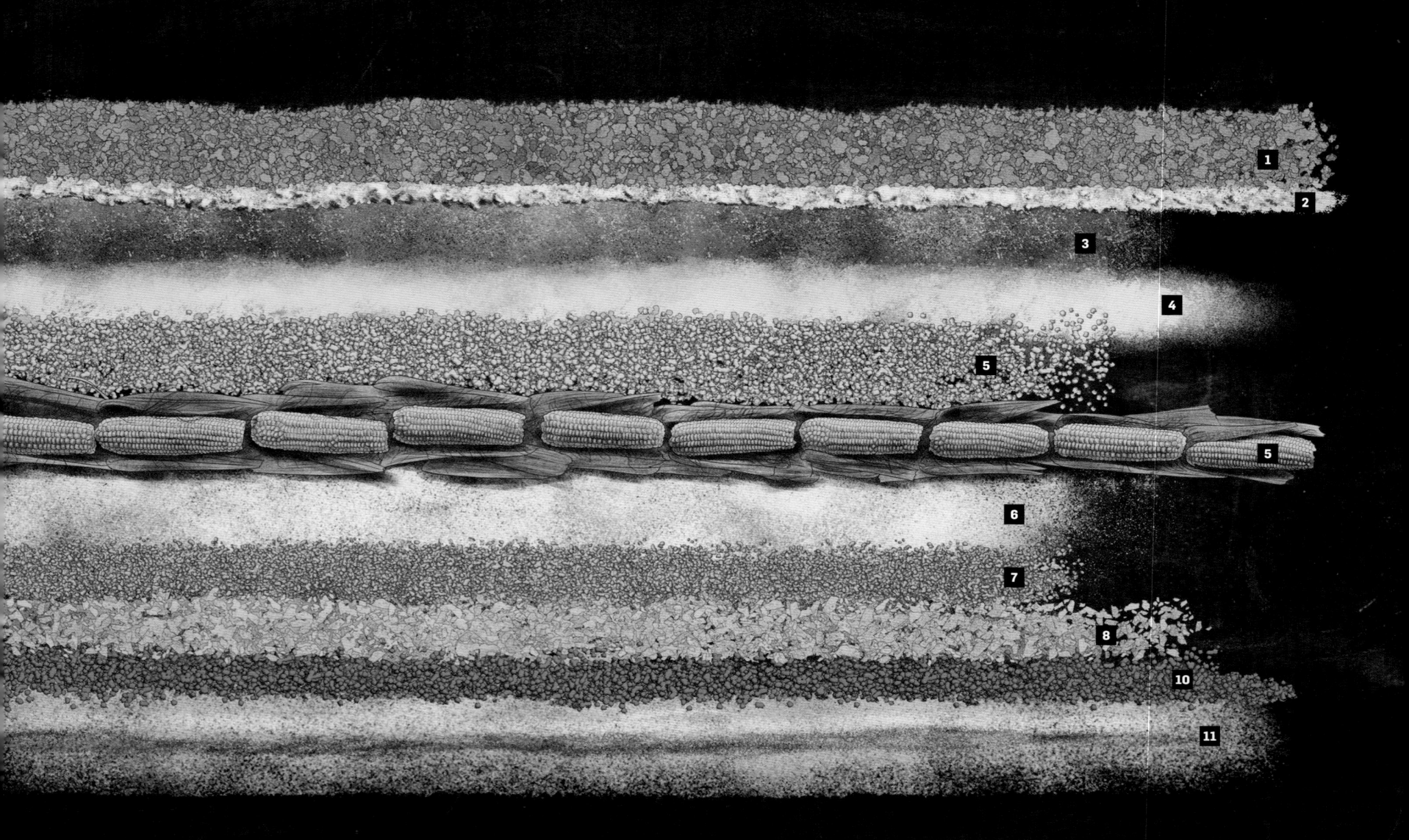

MILHO

***

1. Farinha de milho flocada branca *2.* Amido de milho *3.* Quirela
4. Fubá amarelo *5.* Canjica branca *6.* Milho-verde *7.* Fubá branco *8.* Milho de pipoca
9. Farinha de milho flocada amarela *10.* Canjica amarela *11.* Milharina

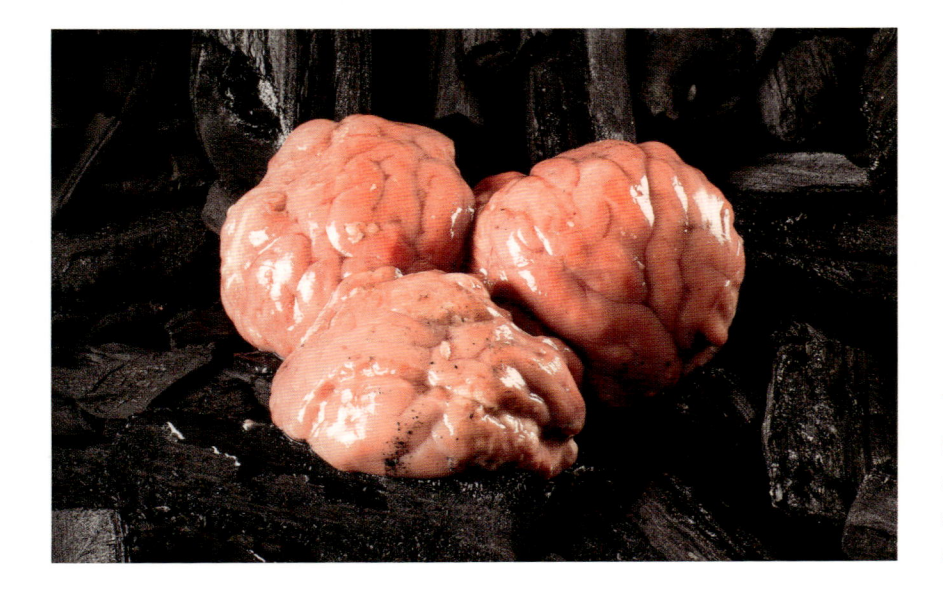

MIOLO BOVINO

É O CÉREBRO DO BOI, E NÃO MUITO FÁCIL de ser encontrado em açougues comuns – para garantir o fornecimento, melhor ligar e encomendar com antecedência. O modo de preparo mais comum indica aferventar o miolo, cortar em pedaços, empanar e fritar. Cozido, também entra em massa de bolinhos.

MOCOTÓ BOVINO

SABOROSA, A PATA DO BOI É RICA em colágeno, uma proteína que sai da pele e dos tendões dos animais. Nos açougues, aparece já sem o couro e as unhas, branqueada e pronta para ir à panela e dar origem ao revigorante caldo de mocotó, comum no Rio de Janeiro e em diversos lugares do Nordeste, ou para incrementar dobradinhas e paneladas. O colágeno também contribui para a receita caseira de geleia de mocotó. No Nordeste, o corte ganha o nome de mão de vaca.

MOELA DE FRANGO

PARTE DO SISTEMA DIGESTIVO DAS AVES, a moela é processada em todas as regiões do Brasil, com mais intensidade no Paraná e no Rio Grande do Sul (onde frango, peru e pato são as fontes tradicionais). Como a maioria dos miúdos, tem alto valor nutricional, textura firme, sabor intenso e certa resistência de consumo do grande público. Mesmo assim, marca forte presença na lista de petiscos em bares do país. Sem a pele externa, é apreciada como ingrediente de molhos e em misturas e recheios.

MORANGO

Fragaria x ananassa Duch.

SORVETES, SUCOS, BOLOS, TORTAS, bombons, geleias, musses e iogurtes. Com essa frutinha vermelha em formato de coração, não há limites na confeitaria. Ela pode enfeitar os doces ou ser a atração principal de sobremesas como morango com chantili e merengue. A fruta também figura no preparo de saladas e molhos. Além do sabor levemente ácido se adaptar bem aos quentes e frios, doces e salgados, compõe drinques, caipirinhas e licores. Fonte de vitaminas, potássio, cálcio, magnésio, fibras e antioxidantes, fortalece o sistema imunológico, tem ação anti-inflamatória e auxilia no processo de cicatrização. Cultivada no Sudeste e no Sul, está presente em mercados e feiras durante boa parte do ano, mas julho e agosto são melhores meses para consumo.

MORTADELA

CORTADA EM FATIAS FINAS, A MORTADELA se transforma num popular recheio, como o do celebrado sanduíche servido no Mercado Municipal de São Paulo. Ainda pode preencher bolinhos, pastéis e tortas. De origem italiana, o embutido tem seu nome constantemente associado ao mais famoso centro de produção, a cidade de Bolonha, no norte do país. Lá, a receita oficial leva apenas carne suína cozida, acrescida de pedaços regulares de gordura pura. A fórmula rende um sabor levemente adocicado. No Brasil, o produto geralmente é elaborado com mais de um tipo de carne (cortes de porco, boi e frango podem integrar a receita) e maior percentual calórico.

MURICI

Byrsonima crassifolia

SABOROSA, LEVEMENTE ÁCIDA e com perfume agradável, essa fruta – menor que uma cereja – é originária das regiões Norte e Nordeste do Brasil, mas existe também em áreas de Mata Atlântica, sertões e cerrados. A polpa rende um suco refrescante que ainda pode ser usado na confecção de doces e sorvetes. Segundo Câmara Cascudo, os frutos macerados com farinha e açúcar formam a cambica de murici, fortificante e sadia.

MÚSCULO BOVINO

RICO EM FIBRAS e pobre em gordura, esse corte saboroso retirado da perna do animal pede cozimento longo em ambiente úmido – é ideal, portanto, para a carne de panela ou para molhos, caldos e sopas com legumes ou batatas. Desfiado, o músculo costuma ser aproveitado em saladas ou na receita de carne louca.

NAMORADO

Pseudopercis numida

EM TERMOS COMERCIAIS, está na lista de peixes marinhos nobres. Sua carne, de coloração branca, tem sabor suave e poucas espinhas. Pode ser preparado de diversas formas: fervido em um caldo de hortaliças, condimentos e vinho, ensopado, assado e recheado. Além disso, é um dos peixes mais procurados para o preparo de moquecas. Predomina no Sudeste e no Sul, onde as melhores épocas para consumo vão de março a maio e de setembro a novembro. Pode ser facilmente confundido com o peixe-batata (*Lopholatilus villarii*), que tem características similares, mas valor comercial inferior.

NATA

CREMOSA, DENSA e untuosa, a nata é um derivado do leite que faz toda a diferença na culinária do Sul do país. Na Serra Gaúcha, acompanha o cafezinho ou o apfelstrudel e faz parte das fartas mesas de chás coloniais. Também entra em bolos, recheios e tortas. No Sudeste, é ingrediente de tradicionais biscoitinhos e no Nordeste, por fim, aparece no preparo de diversas receitas. A nata lembra um chantili. Há quem defina como um sinônimo de creme de leite, mas não é. Enquanto o creme de leite de caixinha tem, em média, 20% de gordura, a nata apresenta um teor acima dos 40%.

NÉCTAR DE ABELHAS NATIVAS

ELE TEM MAIOR concentração de água, possui acidez mais acentuada e menor quantidade de açúcar – e, por causa desses três diferenciais, não pode ser classificado como mel. No Brasil, há cerca de 300 espécies de abelhas nativas, como a jataí (fácil de criar em São Paulo) e a mandaçaia (muito significativa no Nordeste), responsáveis pela produção do néctar. O produto carrega características que mudam de acordo com a espécie, a época e a região. Por isso, a complexidade de aromas e sabores não tem limites – podem remeter a flores, capim, madeira, azeitonas e defumados. Algumas gotinhas fazem toda a diferença no arremate de um molho ou de um doce. Curiosidade: por causa da baixa produção das abelhas nativas, o néctar chega a custar dez vezes mais do que o preço do mel.

NECTARINA

Prunus persica var. nucipersica

COM CASCA LISA avermelhada e polpa amarela, a nectarina é resultado de uma mutação natural do pessegueiro. Geralmente, começa a frutificar no fim de outubro e, por isso, costuma estar associada à época dos festejos de fim de ano. No Brasil, o consumo limita-se principalmente às regiões Sul e Sudeste, onde se concentra o cultivo – o Rio Grande do Sul responde por quase metade da produção nacional. Além de servida *in natura*, aparece em conservas, sucos, salada de frutas e geleias.

NÊSPERA

Eriobotrya japonica

ALARANJADA E PEQUENA, tem formato alongado e a pele aveludada feito o pêssego. A polpa delicada, doce e suculenta estimula o consumo ao natural. Mas a fruta também rende gelatinas, geleias, compotas e licores. A árvore tem origem chinesa, mas foram os japoneses que aperfeiçoaram a espécie e levaram as mudas para outras regiões. No Brasil, não raro, é possível encontrar nespereiras em alguns quintais. Quando se fala em cultivo comercial, o município de Mogi das Cruzes, no estado de São Paulo, destaca-se como produtor nacional. A melhor época vai de março a setembro.

NOZ

Juglans regia L.

O QUE CONHECEMOS COMO NOZ, no Brasil, é o fruto da nogueira, espécie de árvore comum no Sudeste Asiático, no extremo Oriente e nas Américas. A casca dura guarda uma oleaginosa rica em ácido graxo ômega-3 poli-insaturado, o que lhe confere alto teor nutricional – mas também facilita o aparecimento daquele gosto rançoso. Conservada em ambiente frio e escuro, mantém o sabor e rende boas receitas salgadas e doces. Pode ser usada em farofas, saladas, molhos, pães, bolos, sorvetes, cremes, pudins e na tradicional <u>torta paulista</u>, um tipo de pavê. Se caramelada, confere um toque crocante a saladas e doces. Também pode ser consumida pura. A noz é vendida tanto com a casca quanto já descascada.

NOZ-MOSCADA

Myristica fragrans

RECEITAS À BASE DE LEITE E OVOS combinam muito bem com a noz-moscada, especiaria indispensável no bechamel, clássico molho branco da cozinha francesa. Também pode temperar sopas (de abóbora e de queijo, em especial), aves, chás, café com leite, bolos, biscoitos e cremes. As notas frescas de pinho com toque amadeirado e cítrico podem se perder quando submetidas a altas temperaturas. Por isso, o ingrediente alcança a plenitude de sabor e aroma quando ralado na hora e adicionado à receita só na finalização. Fruto de uma árvore asiática, a noz-moscada é uma semente pequena, oval, que pode ser comprada inteira ou em pó.

NOZ-PECÃ

Carya illinoensis K.

TORRADA OU SALGADA, É UM BOM tira-gosto e pode dar um toque crocante a saladas de folhas – mas o sabor doce e amanteigado também combina com a produção de pães, tortas e outros quitutes de confeitaria, como as tortas de pecã ou os bolos de maçã com nozes do Sul do país. Em relação às nozes "comuns", tem formato mais comprido e achatado. No Brasil, as pecãs começaram a ser cultivadas na década de 1940 com mudas vindas dos Estados Unidos e do Canadá. Hoje, a produção concentra-se no Rio Grande do Sul e em alguns municípios do oeste do Paraná, mas a safra atende a apenas 30% do mercado. O restante é importado.

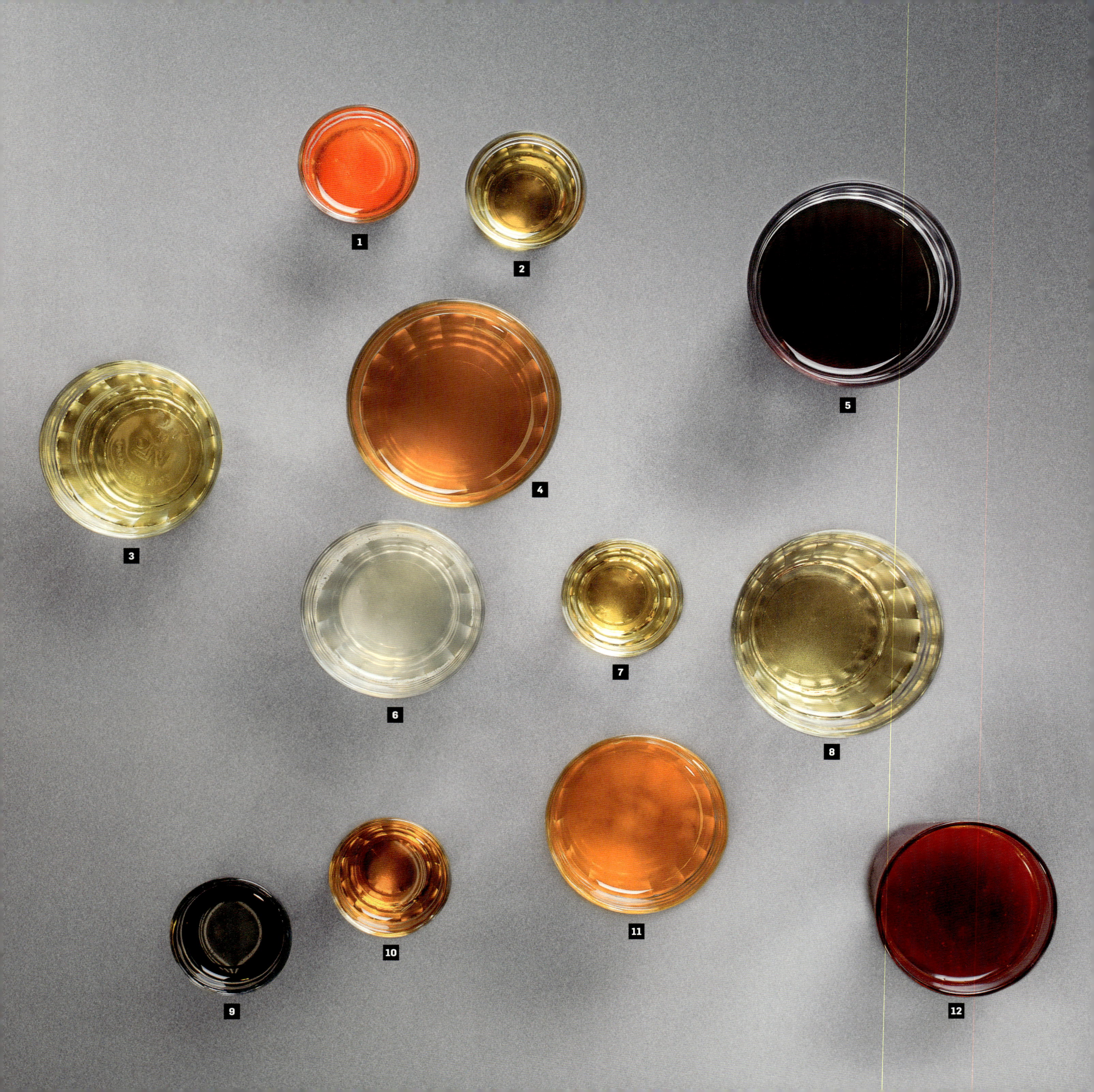
1
2
5
4
3
7
6
8
11
10
9
12

ÓLEOS

Soja, canola, milho e girassol são comuns em qualquer cozinha. O que pouca gente sabe, porém, é que o Brasil produz diversos outros tipos de óleo que acabam ficando restritos ao uso regional. No interior do Piauí, por exemplo, a variedade obtida do babaçu, com sabor meio defumado, é escolha frequente para frituras e refogados. Extraído de uma palmeira amazônica, o óleo de açaí pode substituir o azeite de oliva para temperar saladas ou finalizar receitas. E o óleo de coco, que passou a ser mais difundido em função das propriedades antioxidantes, entra tranquilamente em pratos doces ou salgados.

1. Óleo de pequi *2.* Óleo de patauá *3.* Óleo de milho *4.* Óleo de tucumã
5. Óleo de babaçu torrado *6.* Óleo de castanha-do-brasil *7.* Óleo de macaúba *8.* Óleo de coco
9. Óleo de açaí *10.* Óleo de buriti *11.* Óleo de babaçu artesanal *12.* Azeite de dendê

ÓLEO DE AÇAÍ

EXTRAÍDO DOS FRUTOS DA PALMEIRA *Euterpe oleraceae*, tem a mesma cor escura e arroxeada do açaí. Rico em ácidos graxos monoinsaturados e poli-insaturados, indicados para a prevenção de doenças cardíacas, pode ser utilizado para temperar saladas ou na finalização das receitas em substituição ao azeite de oliva. Em função das propriedades hidratantes e antioxidantes, também é empregado pela indústria cosmética.

ÓLEO DE BABAÇU

FEITO DO COCO BABAÇU E COM SABOR meio defumado, é o óleo de preferência nas cozinhas do Piauí e do Cariri cearense, usado para frituras e refogados. De coloração amarelada, pode se tornar leitoso, de acordo com a temperatura ambiente. Na indústria alimentícia, aparece na fabricação de sorvetes e margarinas.

ÓLEO DE BURITI

OBTIDO A PARTIR DA POLPA do buriti, é um produto de cor amarelada com perfume e sabor agradáveis, rico em ácido oleico e em betacaroteno. Na cozinha, pode ser usado para frituras, refogados e molhos. Em função das propriedades antioxidantes, também tem muito valor para a indústria cosmética na fabricação de produtos para o rejuvenescimento da pele. No Cerrado e na Amazônia, é costume da população cabocla passar óleo de buriti sobre picadas de cobra e queimaduras de sol.

ÓLEO DE CASTANHA

EXTRAÍDO A FRIO, o óleo da castanha é tão saudável quanto o de oliva. Por isso, pode ser um bom substituto para o azeite e para a finalização dos pratos. De textura fina, amarelo claro e com o sabor característico da castanha, entra em receitas como saladas e legumes ou no preparo de doces, em lugar da manteiga. É possível extrair o ingrediente de qualquer variedade de castanha. No caso da castanha-do-brasil, típica do país, vale ficar atento à quantidade: ele contém alto teor de selênio, elemento químico que pode auxiliar na prevenção do câncer. Em dosagem exagerada, porém, é uma substância tóxica. A Organização Mundial de Saúde recomenda a ingestão máxima de 14 gramas de castanha-do-brasil por dia.

ÓLEO DE COCO

HÁ POUCO TEMPO, o óleo de coco entrou na lista de compras de muita gente por causa dos benefícios à saúde somados às promessas de emagrecimento. Mas seu uso na cozinha vai além das dietas. Com um gostinho suave da fruta, ele pode substituir o óleo de cozinha no preparo de receitas doces e salgadas, como refogados, sopa ou bolos, e temperar saladas em lugar do azeite de oliva. Derivado do coco maduro, o óleo não precisa ser submetido a processos químicos ou a altas temperaturas durante a extração, o que resulta em um produto rico em antioxidantes, indicado na prevenção e no tratamento de doenças cardiovasculares, para retardar o envelhecimento e melhorar a circulação sanguínea.

ÓLEO DE MILHO

AMARELO PÁLIDO, com sabor suave, é obtido a partir do gérmen dos grãos de milho. Embora apresente gordura saturada, também é rico em ômega-6 e gordura monoinsaturada, que apresentam efeitos benéficos ao organismo. Pode ser usado quente ou frio. Depois do óleo de soja, é um dos mais utilizados na cozinha brasileira.

ÓLEO DE PATAUÁ

TÍPICO DA AMAZÔNIA, O PATAUAZEIRO (*Oenocarpus bataua* Mart.) está presente nas florestas da Bolívia, Colômbia, Equador, Peru e Venezuela; no Brasil, sua ocorrência é mais frequente nos estados do Acre, Amazonas, Pará e Rondônia. A partir de um elaborado método de processamento caseiro, os frutos fornecem um óleo bom para frituras e para molhos que temperam saladas. Rico em aminoácidos e ácidos graxos insaturados, pode ser utilizado em substituição ao azeite de oliva – durante a Segunda Guerra Mundial, o Brasil chegou a exportar o produto feito de patauá como alternativa ao azeite. Os frutos da palmeira também são utilizados na fabricação de um "vinho", como é chamado o suco extraído das sementes e vendido nas barracas do Mercado Ver-o-Peso, em Belém. Na indústria cosmética, o óleo aparece como ingrediente de hidratantes para o corpo e o cabelo e, na medicina popular, toma-se óleo de patauá como laxante e para combater a asma.

ÓLEO DE PEQUI

A POLPA DO PEQUI TEM UTILIDADE DUPLA: além de ser consumida como fruta, dá origem a um óleo de cor alaranjada, aromático e de sabor intenso, mais comum no Centro-Oeste, Nordeste e Sudeste. É usado como tempero, no processo de curtir pimentas ou também para substituir o azeite de oliva e a polpa de pequi em alguns preparos culinários, como purês e molhos. No Tocantins, faz parte do desjejum dos trabalhadores rurais uma paçoca de farinha de mandioca com óleo de pequi e sal, acompanhada de rapadura. Rico em vitamina A, sais, cálcio, ferro e cobre, tem uso medicinal e fitoterápico (indicado contra bronquites e gripes) e na indústria cosmética. Nos métodos mais artesanais de extração, o óleo é obtido da polpa e da amêndoa, juntas.

ORA-PRO-NÓBIS

Pereskia aculeata

ESSE ARBUSTO DA FAMÍLIA das cactáceas pode ser encontrado em todas as regiões do Brasil, mas é em Minas Gerais que ele ganha seu maior destaque na culinária nacional. Nas cidades históricas do estado, aparece com frequência nos cardápios – o frango com ora-pro-nóbis, por exemplo, figura como um dos clássicos do receituário mineiro. Ricas em ferro e com sabor que lembra o espinafre, as folhas podem ser usadas cruas, refogadas ou amolecidas num caldo quente. Além de acompanhar frango e cortes de porco, integram saladas, sopas, pães, bolos salgados, quiches, suflês, massas e pizzas.

ORÉGANO

Origanum vulgare L.

O LARGO USO NA CULINÁRIA italiana talvez explique o fato da maior parte da produção desta erva de origem mediterrânea estar concentrada no Sul e no Sudeste, regiões marcadas pela chegada de levas de imigrantes do país europeu – embora os colonizadores portugueses já tivessem trazido o ingrediente em suas bagagens. Na forma, guarda semelhanças com o tomilho; no gosto, porém, pronunciado e picante, tem parentesco próximo com a manjerona, sua substituta natural. É muito usado em molhos à base de tomate e coberturas de pizzas, além de integrar queijos, pães e receitas com berinjela, abobrinha, peixe, mariscos e carne, à moda mediterrânea. Pode ser comprado fresco, em ramos, ou seco, por quilo.

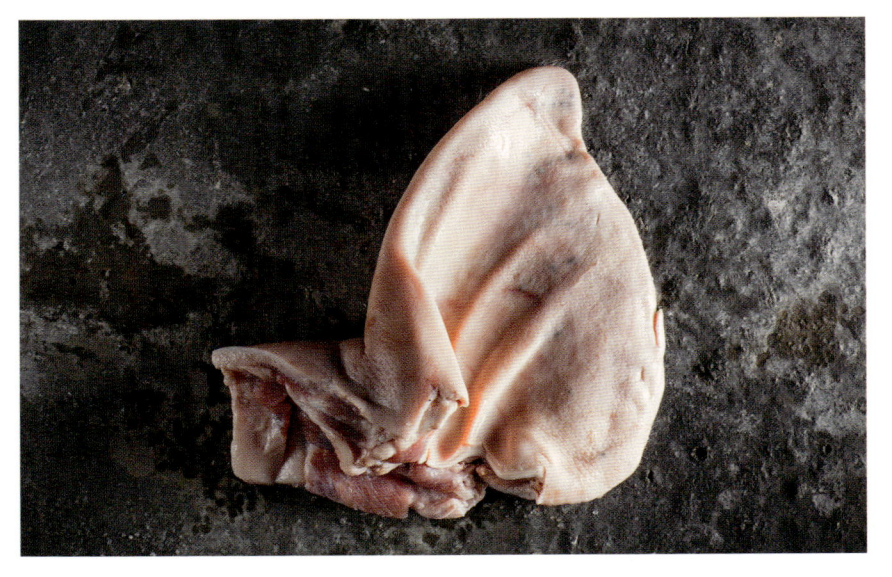

ORELHA DE PORCO

NA VERSÃO DESSALGADA, faz parte de um dos maiores símbolos da cozinha brasileira: a feijoada completa. Por se tratar de um ingrediente composto por grande quantidade de cartilagem, um longo cozimento é essencial para qualquer tipo de receita. Cortada em pedacinhos, a orelha de porco pode compor saladas, petiscos e refogados. Quando submetida à fritura, ganha textura crocante. Nos mercados do país, o produto é vendido fresco, salgado ou defumado.

OSTRA

Crassostrea brasiliana e *Crassostrea rhizophorae* (Cananeia); *Crassostrea giga* (Santa Catarina)

OS CENTROS DE criação mais famosos do país estão em Cananeia (SP) e Florianópolis (SC) – graças a este e outros pontos do litoral catarinense, o estado responde por 80% da produção brasileira. Na cidade paulista, as espécies são nativas, menores e de sabor mais suave, extraídas da água salobra de mangues. Nas duas regiões, a melhor época é o inverno, quando as ostras estão bem carnudas. As referências de frescor valem para ambas: carne com brilho, hidratada, grudada à concha e com cheiro de mar. Pode ser consumida *in natura*, crua e com gotas de limão, ao bafo ou gratinada.

OVO DE CAPOTE

O OVO DE CAPOTE – ave conhecida, ainda, por galinha-d'angola ou guiné – tem a gema bem avermelhada. No Piauí, acredita-se que comer um ovo quente todos os dias, durante um mês, é suficiente para acabar com a sinusite. Por causa da aparência, a expressão nordestina "ovo de capote" indica alguém cheio de sardas.

OVO DE CODORNA

COZIDO OU em conserva, temperado, esse ovo de casca amarronzada salpicada de manchas mais escuras é petisco frequente nos bares e botequins de todo o país. Com cerca de 10 gramas, pesa cinco vezes menos que o ovo de galinha – proporcionalmente, porém, tem mais fósforo, ferro, cálcio, proteínas e gordura saturada. Apesar de pequeno, também pode ser frito ou pochê, principalmente para acompanhar canapés e outras entradinhas. Muitas vezes aparece à venda nos supermercados já cozido e descascado, conservado em salmoura.

OVO DE GALINHA

TRATA-SE DE um alimento completo – e não apenas porque é rico em proteínas, vitaminas e minerais, mas porque representa um recurso importantíssimo na elaboração de receitas. Apenas cozido ou frito, de maneira simples, já se transforma em uma refeição. Mas também está presente em diversos pratos brasileiros, como o "zoião", clássico PF com arroz e feijão, a ambrosia, doce cremoso de ovos e leite, e os quindins com coco ralado. Importante: o ovo foi absolvido do papel de "vilão do coração" quando estudos recentes revelaram que, na verdade, é o consumo exagerado de gorduras saturadas ou trans, presentes em outros alimentos, que representa maior perigo para a saúde cardíaca.

PACA

Cuniculus paca

TRATA-SE DE UM MAMÍFERO roedor encontrado em todo o território nacional. A carne da paca, que atinge até 10 quilos de peso, é considerada uma das mais saborosas entre os animais silvestres – já era consumida pelos indígenas antes da chegada dos portugueses e foi incluída também no cardápio dos colonizadores. Tem tom rosado, gosto similar ao do leitão e uma pele repleta de colágeno. Pernil, bisteca e costela são os cortes mais usados na cozinha, em diversos tipos de preparo. O produto deve ser adquirido somente de criadores certificados pelo Ibama.

PACU

Piaractus brachypomus

PEIXE DE ÁGUA DOCE típico do Pantanal sul-mato-grossense, com ocorrências também nas bacias Amazônica, Araguaia-Tocantins e Prata. Sua carne com elevado teor de gordura casa bem com todos os tipos de preparo, embora a receita mais frequente seja a do peixe assado, recheado com farofa. No Centro-Oeste, sua ventrecha (<u>costela</u>), cortada em tiras grandes, é servida empanada e frita ou cozida em brasa, forno ou chapa de ferro. A época de defeso vai de novembro a fevereiro – deve ser consumido, portanto, apenas de março a outubro. Curiosidade: assim como a piranha, de quem é parente próximo, o pacu também tem dentes proeminentes que permitem quebrar as sementes, castanhas e frutas das quais se alimenta.

PAIO

PRODUZIDO COM LOMBO de porco, uma pequena quantidade de carne bovina (opcional) e condimentos, esse embutido defumado típico de Portugal virou ingrediente imprescindível em nossa feijoada. Embora o maior consumo nas mesas brasileiras seja mesmo na companhia do feijão-preto, o paio pode compor receitas de lentilha, feijão-branco e sopas. Entre as preparações mais famosas feitas com o ingrediente está o caldo verde português, uma sopa de couve, que também aparece nas mesas brasileiras. Em fatias e frito, o paio é servido como petisco.

PALMITO EM CONSERVA

É O MIOLO MACIO DO TRONCO DA PALMEIRA, proveniente de três variedades: açaí (*Euterpe oleraceae*), pupunha (*Bactris gasipaes* Kunth) e juçara (*Euterpe edulis*) – por causa de extrações predatórias ou clandestinas, porém, essa espécie nativa da Mata Atlântica encontra-se ameaçada e o consumo deve se restringir aos produtos de fabricantes legalizados. Vendido em conserva e acondicionado em um líquido salobro, o palmito pode ser consumido imediatamente, sem passar por qualquer preparo. Duas utilizações comuns: em saladas e, refogado com tomate, cebola e temperos, como recheio de tortas e empadinhas. Atualmente, o tipo mais consumido no Brasil é o palmito açaí, proveniente da Amazônia. O país cultiva, ainda, uma variedade vinda da Austrália: o palmito real (*Archontophoenix* spp.)

PALMITO PUPUNHA

Bactris gasipaes Kunth

NATIVA DA AMAZÔNIA, A PUPUNHEIRA produz um palmito mais adocicado e amarelado em relação às variedades açaí e juçara. Seu cultivo é considerado sustentável, já que a árvore brota novamente depois de cortada para a extração do caule. No mercado, aparece em fatias finas ou em toletes inteiros, que devem ser cozidos, assados ou grelhados antes do consumo – é um acompanhamento perfeito para o churrasco. A utilização é semelhante à dos palmitos em conserva.

PARGO

Pagrus pagrus

ENCONTRADO DO NORTE AO SUL do litoral brasileiro, esse peixe de água salgada tem escamas avermelhadas e um sabor delicado e refinado. Embora costume ser assado, também pode passar por fritura ou cozimento na panela. Aparece com destaque na culinária do Rio de Janeiro, onde vai à mesa inteiro depois de ser assado envolto numa camada de sal grosso, e nas barracas da Praia do Futuro, em Fortaleza, que servem o pargo inteiro e frito. Como o período de defeso vai de dezembro a março, o peixe está apropriado para o consumo entre abril e novembro.

PASSARINHA

ERRA QUEM ASSOCIA O TERMO a uma ave: esse é, na verdade, o nome popular para o baço bovino. Como outras vísceras, a passarinha é um alimento nutricionalmente rico. Contém proteínas de alto valor biológico, ferro e vitaminas. Frita com azeite de dendê, tem status de iguaria na Bahia, onde aparece ao lado dos acarajés nos tabuleiros espalhados pelas ruas. Também pode ser assada ou protagonizar uma receita de moqueca que leva, ainda, camarão seco.

PATINHO BOVINO

PEÇA DE FORMA ARREDONDADA retirada da parte traseira do boi, próximo à maminha e ao coxão duro. Magro e macio, é um dos cortes de preferência para o preparo de <u>bife à milanesa</u> e <u>carne moída</u>, mas ainda vai bem em assados, ensopados e picadinhos. Pode ser conhecido como bochecha ou bola.

PATO

Cairina moschata momelanotus

PELO MENOS UMA GRANDE receita típica brasileira é feita com essa ave: o pato no tucupi, especialidade da região Norte – a carne em pedaços é assada e depois fervida no tucupi, líquido extraído da mandioca-brava, e incorporada ao jambu, uma erva que deixa a boca levemente amortecida. Mais escuro e gorduroso que o de frango, o peito costuma ser grelhado ou assado, apenas até ficar mal passado, e outras partes como coxas e sobrecoxas são preparadas ao forno ou em cozidos e ensopados. Com legumes e temperos, os miúdos e os ossos podem ser aproveitados para fazer saborosos caldos.

PÉ DE GALINHA

TEM PELE, TENDÕES – que fornecem colágeno, um tipo de proteína – e um pouquinho de carne. O uso mais comum é no preparo de caldos com legumes e temperos, mas também pode dar sabor à canja e a ensopados.

PÉ DE PORCO

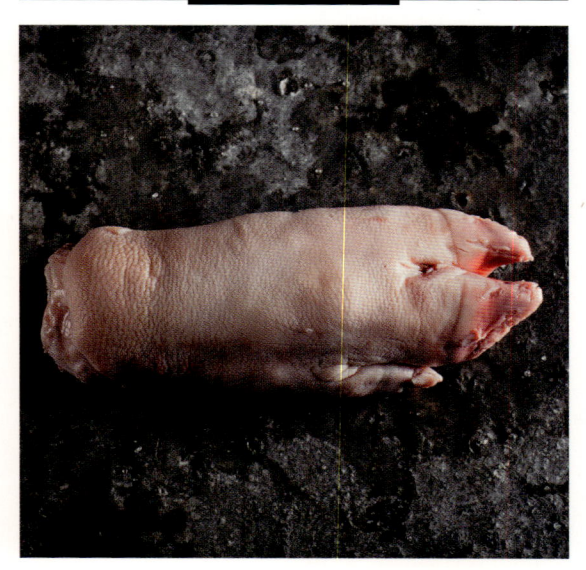

NÃO EXISTE NENHUM embutido nacional feito com o pé de porco, como o zampone italiano. Mas o produto *in natura* ganha preparos em todas as regiões do país. Constituído de um pouco de carne, muito colágeno, nervos e osso, precisa ser escaldado e demanda um longo tempo de cozimento. Seu uso mais frequente está associado à versão completa do maior símbolo da culinária brasileira, a feijoada. Mas também pode ser preparado ao forno.

PEITO DE FRANGO

DIVERSOS CLÁSSICOS DA MESA nacional utilizam esse corte da ave, comumente vendido com ou sem osso, ou ainda fatiado em filés. Cozido e desfiado, recheia salgados como as tradicionais coxinha e empadinha, além de ser protagonista do salpicão e parte integrante da canja de galinha. No Brasil, o peito de frango conquistou espaço até mesmo em pratos internacionais avessos a grandes mudanças. Dois exemplos são a pizza de frango com catupiry, e o estrogonofe, que ganhou uma versão mais suave com o corte. Com baixo teor de gordura, o filé grelhado ainda segue como um dos preparos mais recorrentes de menus saudáveis e de programas de dieta para emagrecimento.

PEPINO CAIPIRA

Cucumis sativus

COM CASCA VERDE CLARA ESTRIADA e pequenas protuberâncias que a deixam um pouco rugosa, essa variedade facilmente encontrada em feiras e mercados tem, em média, 15 centímetros de comprimento. Sem amargor, o pepino caipira costuma ser utilizado em saladas, sozinho ou combinado a outras hortaliças. Ao lado de frutas e verduras, também é ingrediente de sucos verdes e, embora seja menos comum, pode ser cozido e recheado ou aparecer em sopas quentes e frias.

PEQUI

Caryocar brasiliense

MUITO UTILIZADO NA CULINÁRIA do cerrado, sobretudo no Centro-Oeste e no oeste de Minas Gerais, embora apareça também no Nordeste. A polpa amarela, untuosa e perfumada dá cor, aroma e sabor a receitas tradicionais, como <u>arroz com pequi</u> e <u>galinhada</u>, e ainda compõe farofas, molhos, purês, cozidos, sorvetes e compotas. Comer o pequi *in natura* é tarefa para experientes: o miolo guarda uma amêndoa revestida de espinhos finíssimos que podem ferir quem mordê-la com força; o segredo consiste em roer a polpa com os dentes. Como a colheita só vai de novembro a janeiro, a fruta é mais encontrada em conserva. Oleosa e branca, a amêndoa, ou noz de pequi, pode ser consumida crua ou assada em farofas, doces, paçocas ou como petisco quando torrada e salgada.

PEQUIÁ

Caryocar villosum

É PARENTE DO PEQUI, com quem divide o gênero botânico – só que tem tamanho maior e cresce na Amazônia, não no Cerrado. Também apresenta pequenos "espinhos" entre a polpa amarela e a amêndoa comestível. Depois de cozido, o pequiá (ou piquiá) é servido com farinha de mandioca, para acompanhar o cafezinho, ou ao lado de feijão, arroz e carnes.

PERA

Pyrus communis

TÍPICA DE REGIÕES TEMPERADAS – os maiores produtores brasileiros são Rio Grande do Sul, Paraná e Santa Catarina –, é muito consumida *in natura* ou <u>compota</u> em calda de açúcar ou de vinho. A polpa firme, assim como a da maçã, faz com que aguente o cozimento na panela ou no forno. Crua, em fatias ou gomos, combina com saladas de folhas, queijos mais salgados e nozes. A melhor época para o consumo vai de janeiro a abril.

PERNIL SUÍNO

ESSE DELICIOSO CORTE da perna do porco costuma ser utilizado fartamente no recheio de um clássico dos botequins brasileiros: o <u>sanduíche de pernil</u>, feito com a carne temperada, assada e fatiada, servida no pão francês com molhos vinagrete ou acebolado. Simples de um jeito, festivo de outro, pois também vai à mesa da ceia de Natal assado e ladeado por rodelas de abacaxi. Embora existam versões desossadas, o pernil que mantém o osso é considerado mais saboroso.

PERU

Meleagris gallopavo

"É CERTAMENTE um dos mais belos presentes que o Novo Mundo ofereceu ao antigo", atestou o gastrônomo francês Jean-Anthelme Brillat-Savarin (1755-1826) na obra-prima *A Fisiologia do Gosto*. No Brasil, está fortemente relacionado à ceia de Natal: em muitas casas, é o <u>peru assado</u> que reina sobre a mesa, muitas vezes recheado de farofa. Em diversos lugares interioranos, costumava ser criado e abatido nos quintais depois de embebedado com goles de pinga, para amaciar a carne. Durante o ano inteiro, a carne pode ser utilizada em receitas de <u>salpicão</u> e o peito de peru defumado é item comum em sanduíches e saladas.

PESCADA-AMARELA

Cynoscion acoupa

GANHA ESSE NOME em função do ventre, amarelado. Encontrada nas águas litorâneas das regiões Norte, Nordeste e Sudeste, é muito valorizada por causa da carne branca, com poucas espinhas. Embora possa atingir mais de 1 metro, costuma ter, em média, 45 centímetros. Dois preparos comuns: <u>ao forno</u> e em <u>moquecas</u>, que frequentemente incluem banana-da-terra.

PESCADA-BRANCA

Cynoscion leiarchus

EMBORA SEJA CHAMADA DE "BRANCA", suas escamas são prateadas. Peixe comum no litoral brasileiro, desde o Norte até o Sudeste, geralmente aparece em feiras e mercados inteiro, com cerca de 35 centímetros, ou em filés. Branca e magra, com poucas espinhas, a carne pode ir ao forno, mas é mais frequente que seja grelhada em pouca gordura ou empanada e frita.

PESCADA-CAMBUCU

Cynoscion virescens

ASSIM COMO OUTROS TIPOS DE PEIXE do gênero *Cynoscion* que nadam do litoral Norte ao Sudeste brasileiro, tem carne branca, macia e delicada – há quem afirme tratar-se da mais saborosa entre as pescadas. É vendida com ou sem pele, inteira ou em grandes filés. As postas costumam ir ao forno ou preparadas na frigideira com pouco óleo.

PÊSSEGO

Prunus persica

SUCULENTA, EXTREMAMENTE PERFUMADA e muito macia quando madura, é fruta de verão, de preferência para saborear *in natura*. Na cozinha, pode ser aproveitada em saladas ou dar origem a geleias, sucos e **pessegadas**, doces firmes para cortar com a faca. Servida com creme de leite, a versão **em calda** constitui sobremesa rápida e comum. Embora tenha chegado ao país ainda no século XVI, o cultivo comercial do pessegueiro só foi estabelecido na década de 1970. Concentrada nas regiões Sul e Sudeste, a safra nacional, porém, não dá conta da demanda; por isso, muitas frutas precisam ser importadas da Argentina e do Chile.

PICANHA BOVINA

CHURRASCO BRASILEIRO QUE SE PREZE tem que ter picanha, um dos cortes mais apreciados e populares do país. Retirado de uma das extremidades da alcatra, precisa pesar, no máximo, 1,1 quilo – mais do que isso, já inclui um pedaço do coxão-duro. Coberta por uma camada uniforme de gordura, a carne deve ser alta e ter coloração homogênea. Saborosa e macia, vai também ao forno e pode receber molhos, marinadas e recheios variados.

PICANHA SUÍNA

RETIRADA DE UM PEDAÇO DA ALCATRA do porco, a peça tem formato semelhante ao da picanha bovina, embora seja um pouco menor – pesa, em média, 700 gramas, mas pode chegar a 1 quilo. Coberta por uma fina camada de gordura, a carne rosada, suculenta e macia mantém a cor mesmo depois do cozimento. Boa para ser levada à panela, ao forno ou à churrasqueira, em espetos.

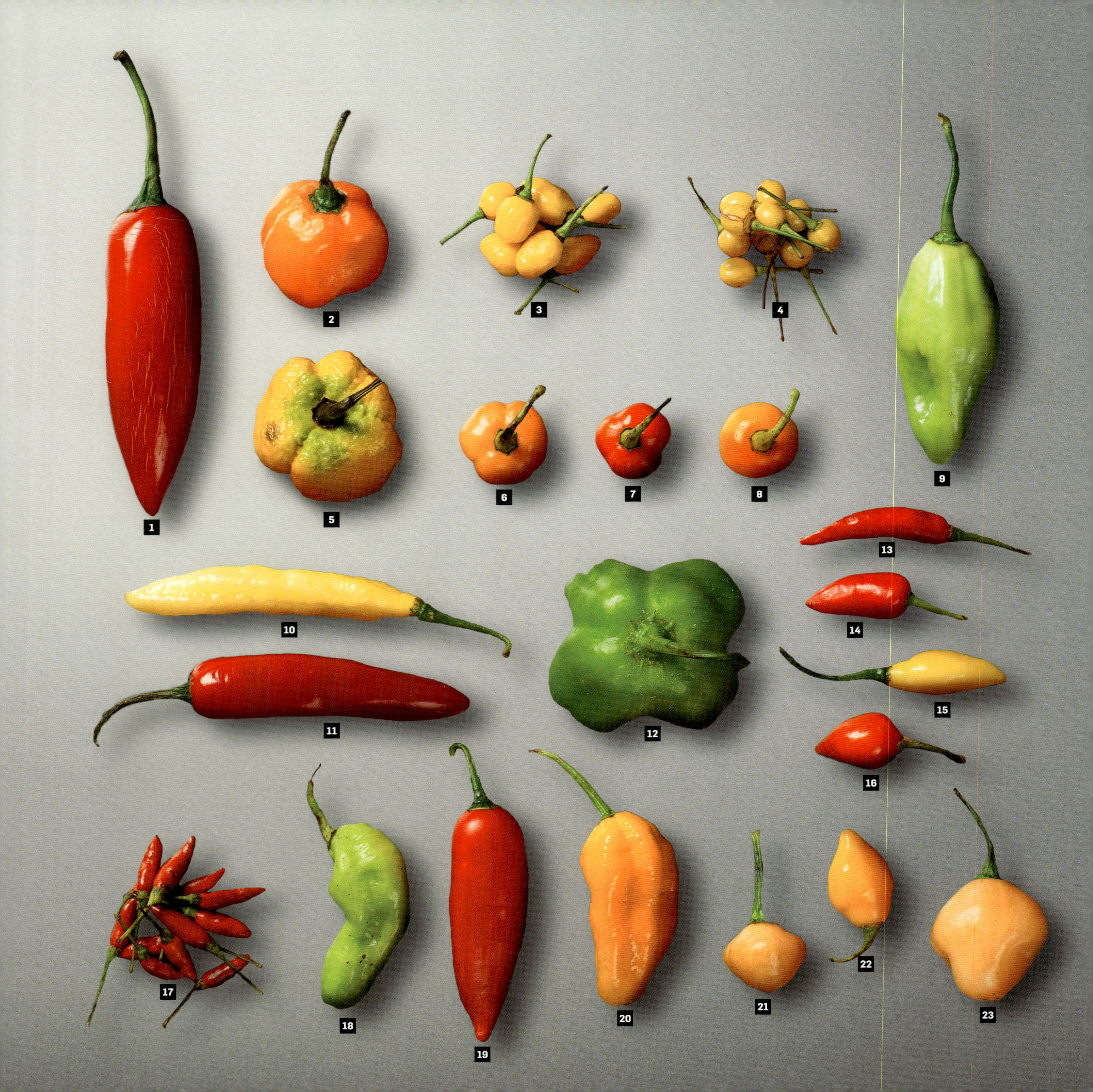
1
2
3
4
5
6
7
8
9
10
11
12
13
14
15
16
17
18
19
20
21
22
23

PIMENTAS

Você sabe identificar a pimenta-de-cheiro? Pense bem antes de responder, pois a confusão de nomes é enorme. O que uns conhecem de um jeito, outros juram que é diferente. E nem dá para dizer que, em comum, todas são picantes: algumas variedades do gênero botânico Capsicum, que abriga a maior parte das pimentas, podem até ser consumidas inteiras, como se fossem hortaliças. Em geral, elas se classificam em "picantes" ou "aromáticas". É difícil encontrar uma casa brasileira sem um vidrinho de pimenta em conserva, um molhinho pronto na geladeira ou mesmo um vaso com a planta – de acordo com a sabedoria popular, elas protegem contra o mau-olhado.

1. Doce *2.* Bahia *3.* Cumari-do-pará *4.* Cajá *5.* Bahia *6.* De-bode laranja *7.* De-bode vermelha *8.* De-bode amarela *9.* De-cheiro *10.* Murupi *11.* De-cheiro doce *12.* Cambuci *13.* Malaguetão *14.* Bico *15.* Fidalga *16.* Biquinho *17.* Malagueta *18.* Bahia *19.* Dedo-de-moça *20.* De-cheiro-do-acre *21.* De-cheiro-da-bahia *22.* Bico-ardido amarela *23.* De-cheiro creme

PIMENTA-BIQUINHO

Capsicum chinense

ESSA VARIEDADE AROMÁTICA de pimenta doce – ou seja, pouco picante – saiu dos canteiros ornamentais para temperar as mesas do Centro-Oeste e do Sudeste, principalmente Minas Gerais e o interior de São Paulo. Embora o mais comum seja encontrá-la em conserva, já tem aparecido na forma fresca em feiras e mercados. Com cerca de 3 centímetros de comprimento, os frutos entram no preparo de carnes, peixes e molhos, entre outras receitas.

PIMENTA-CAMBUCI

Capsicum baccatum

SUAVE E SEM PICÂNCIA, ESSA PIMENTA de formato peculiar – também conhecida como chapéu-de-bispo ou chapéu-de-frade – pode ser consumida *in natura*, em saladas, conservas ou refogados servidos como acompanhamento, em substituição ao pimentão. Em muitas receitas, aparece como ingrediente principal, sem sementes, recheada de carne ou queijo e assada com um pouco de azeite. A cor é um bom indicador da doçura: à medida que amadurece, a cambuci vai avermelhando e o sabor se concentra, tornando-se mais adocicado.

PIMENTA-CANAIMÉ

Capsicum spp.

PRATO ANCESTRAL DAS COMUNIDADES indígenas de Roraima, a damorida é uma espécie de caldo feito com carne de caça ou peixe moqueado, tucupi preto e muitas pimentas, como a canaimé. De tão ardido, o pequeno e enrugado ingrediente leva o mesmo nome de um assustador personagem folclórico que, segundo as lendas locais, persegue quem ataca a natureza, tem os olhos na barriga e mora em uma montanha com espíritos do mal.

PIMENTA-CEREJA

Capsicum annuum

A APARÊNCIA às vezes engana: pequena e bem vermelha, guarda certa semelhança com a cereja e pode parecer inofensiva. O ardor, porém, é variado. Com algumas, mais suaves, é possível rechear e servir puras. Outras apresentam picância média.

PIMENTA-CUMARI

Capsicum spp.

COM AROMA e pungência equilibrados, é boa para molhos e conserva – no interior de estados como São Paulo e Minas Gerais, não falta cumari nas receitas caseiras, que muitas vezes incluem cachaça. Pequena e não muito ardida.

PIMENTA-CUMARI-DO-PARÁ

Capsicum chinense

AMARELA, OVALADA, aromática e muito picante, característica da região amazônica, empresta o ardor a pratos típicos do Norte, como peixes e tucupi. Também incrementa vinagretes e pode acompanhar carnes ou um simples arroz com feijão.

PIMENTA-DE-BODE

Capsicum chinense

COMUM NO Sudeste e no Centro-Oeste, mas principalmente no Nordeste. Amarela ou vermelha e muito picante, com perfume característico, combina com carnes de gosto mais forte, embora também seja usada para temperar molhos e feijão.

PIMENTA-DE-CHEIRO

Capsicum chinense

É MAIS UM NOME que pode causar confusão, já que muitas pimentas são chamadas "de cheiro". Em estados como Piauí e Maranhão, essa variedade é tempero de refogados básicos, mas aparece também nas regiões Sudeste, Centro-Oeste, Norte e em outros estados do Nordeste. Aromática e picante.

PIMENTA-DE-CHEIRO DA BAHIA

Capsicum chinense

COM FORMATO mais arredondado e bela coloração arroxeada. Ardida e perfumada, aparece em receitas de peixes, pirão, bobó e xinxim de galinha.

PIMENTA-DE-CHEIRO DO ACRE

Capsicum chinense

BAIÃO DE DOIS, rabada no tucupi e tacacá são algumas receitas típicas da culinária acreana que se beneficiam do uso dessa variedade de pimenta-de-cheiro.

PIMENTA-DEDO-DE-MOÇA

Capsicum baccatum

EM CONSERVA ou fresca, é a "mandioca das pimentas": tem a capacidade de unir o país inteiro em torno de seu uso. Ardida, com frequência engana quem acha que sua aparência é inofensiva. Também conhecida como pimenta vermelha ou chifre-de-veado e muito empregada na decoração de pratos.

PIMENTA-DE-MACACO

Xylopia aromatica

APESAR DO NOME, NÃO FAZ PARTE do grupo de ingredientes ardidos do gênero Capsicum: trata-se, na verdade, de uma semente utilizada da mesma maneira que a pimenta-do-reino e a noz-moscada. Como não tem ardência, pode ser empregada para aromatizar receitas doces.

PIMENTA-DOCE

Capsicum spp.

O USO DESSE INGREDIENTE NA COZINHA do Acre deve-se à proximidade com o Peru e a certa influência culinária do país vizinho na região. Entra em preparações frias, como saladas e ceviches, receita feita de peixe cru marinado em sucos cítricos e temperada com pimenta.

PIMENTA-FIDALGA

Capsicum chinense

NATIVA DO BRASIL E TAMBÉM CONHECIDA como cabacinha ou cabaça. Bem picante, aparece em molhos e saladas no Norte do país e em alguns pontos de São Paulo e Minas Gerais. Madura, tem cor alaranjada.

PIMENTA-MALAGUETA

Capsicum frutescens

É A PIMENTA-SÍMBOLO DA BAHIA, presente em molhos para feijoada, no vatapá de Dona Flor e nas barracas de acarajé. Nativa da América tropical, concentra muito ardor em seu tamanho diminuto (cerca de 2,5 centímetros). Fresco ou em conserva, o fruto alongado pode ser utilizado tanto verde, ainda imaturo, quanto bem vermelhinho. Encontrada também na culinária do Sudeste e do Centro-Oeste.

PIMENTA-MURICI

Capsicum spp.

MAIS UTILIZADA NAS REGIÕES Norte e Nordeste do país. No Maranhão, é ingrediente fundamental de uma receita clássica: o <u>arroz-de-cuxá</u>, que também inclui vinagreira, quiabo, camarão seco e gergelim.

PIMENTA-MURUPI

Capsicum chinense

CULTIVADA E CONSUMIDA no dia a dia da região Norte, vai do verde ao vermelho à medida que amadurece. Muito picante, surge fresca, em conserva ou em molhos que temperam tucupi, tacacá e peixes.

PIMENTÃO

Capsicum annuum

TEM GRAU DE ardência zero na escala Scoville, que mede o índice de pungência das pimentas Capsicum – por isso, é tratado como hortaliça. Na culinária brasileira, vai dos antepastos e saladas a molhos e acompanhamentos variados: recheado e assado, cozido, picadinho para incrementar a carne moída, em patês e conservas. Cortado em tirinhas, tem textura crocante.

PIMENTA-OLHO-DE-PEIXE

Capsicum chinense

EM FORMA DE bolinhas e muito picante, marca presença na região Norte, em estados como Acre e Roraima, onde é uma das variedades mais consumidas por indígenas Wapixana, Macuxi e Patamona, entre outros. Tempera peixes e entra em receitas de molhos e conservas.

PIMENTA ROSA

Schinus terebinthifolius

SEM ARDÊNCIA nenhuma, é o fruto de uma árvore nativa da América do Sul. Vendidas secas ou conservadas em salmoura, as bolinhas rosadas entram principalmente no preparo de molhos que acompanham carnes e peixes ou na decoração de pratos. Caipirinhas, massas e até o arroz simples ganham outro toque com o ingrediente. Na região do Baixo São Francisco, entre Alagoas e Sergipe, o Projeto Aroeira incentiva a produção sustentável da pimenta rosa.

PINHÃO

Araucaria angustifolia

SEMENTE DE UMA árvore típica da Mata Atlântica e do Sul do país – a araucária, ou pinheiro-do-paraná –, o nutritivo pinhão é figura importante nos festejos juninos. Apenas cozido em água com um pouquinho de sal ou assado na chapa do fogão a lenha, já vira um petisco saboroso para acompanhar o quentão. Na região da Serra Catarinense, faz parte do <u>entrevero</u>, um refogado com linguiça, tomate e carnes suína e bovina, e da **paçoca de pinhão**, também com carnes e linguiça, mas com a semente cozida e moída. É usado, ainda, em sopas, saladas e doces, como uma espécie de paçoca doce, e produz uma nutritiva farinha.

PINTADO

Pseudoplatystoma corruscans

O NOME NÃO PODERIA SER MAIS ADEQUADO, já que o couro desse peixe – que habita principalmente as bacias dos rios São Francisco e Paraná-Paraguai – é coberto de pintas escuras. Chamado de surubim em alguns lugares, tem carne branca e firme, sem espinhas, ideal para o clássico preparo do **espeto de pintado na brasa**, comum em muitos restaurantes à beira-rio do país. No Mato Grosso, um dos pratos típicos é a **mojica de pintado**, ensopado que leva peixe, temperos e mandioca; no Mato Grosso do Sul, uma das estrelas da culinária regional é o **pintado ao urucum**, com molho de leite de coco e muçarela gratinada, servido com arroz e pirão.

PIRANHA

Pygocentrus nattereri (piranha-vermelha) e *Serrasalmus rhombeus* (piranha-preta)

COM FORTE PRESENÇA NO NORTE e no Centro-Oeste, onde seu uso culinário é intenso, esse peixe de água doce aparece timidamente nos mercados do restante do país. Das mais de trinta espécies existentes, apenas duas alcançam relevância na pesca comercial: a preta, encontrada nas bacias Amazônica e Araguaia-Tocantins, e a vermelha (também chamada de piranha-caju), cujo habitat se estende ainda para as bacias do Prata e do São Francisco, além de açudes do Nordeste. Na cozinha, a piranha pode ser assada, frita ou ensopada. Como tem muitas espinhas, no entanto, o preparo mais usual é como um vigoroso **caldo**, popularmente identificado como afrodisíaco. Consumo apropriado de março a julho, em setembro e em outubro.

PIRARUCU

Arapaima gigas

EMBLEMÁTICO NA FAUNA AMAZÔNICA, está presente também no Centro-Oeste, nos rios da bacia Araguaia-Tocantins. É um dos maiores peixes de água doce do mundo: pode atingir 2 metros de comprimento e pesa, em média, 100 quilos. Como precisa obter parte de seu oxigênio na superfície da água, tornou-se alvo fácil para a pesca predatória, que deixou a espécie em risco de extinção até começar a ser criada em cativeiro. Fresco, pode ser assado, grelhado ou ensopado. O período de defeso se estende entre dezembro e maio.

PIRARUCU SECO

CONHECIDA COMO "BACALHAU AMAZÔNICO", a versão salgada e seca do pirarucu pode ser preparada da mesma forma que o peixe marinho, desfiada ou em postas. No Amazonas, uma das receitas mais tradicionais é o <u>pirarucu de casaca</u>, feito entre camadas de farinha de mandioca, banana-da-terra (pacova) e molho de leite de coco, e que leva esse nome porque à mesa chega todo enfeitado.

PITANGA

Eugenia uniflora L.

NÃO É DIFÍCIL ENCONTRAR PITANGUEIRAS frondosas em quintais e pomares espalhados do Nordeste ao Rio Grande do Sul. Na primavera e no verão, quando a árvore começa a frutificar, os galhos se enchem de pequenas bagas vermelhas em tons que vão escurecendo, de acordo com a maturação, até ficarem arroxeadas ou quase pretas. Consumida *in natura* ou transformada em polpa, dá origem a refrescos, geleia, molhos e caldas. Nativa do Brasil, a pitanga encanta visitantes estrangeiros desde a época da colonização. No livro *Açúcar*, o sociólogo Gilberto Freyre conta que, em meados do século XIX, o vice-cônsul britânico na Bahia e na Paraíba elogiava em cartas o sabor da fruta, "ácida e levemente amarga, muito agradável ao paladar", e diz que dela eram produzidos pudins, geleias, tortas e compotas. O próprio autor, na mesma obra, dá sua receita de uma "cachaça" preparada em sua casa, no Recife. Trata-se de uma "pitangada" que combina as bagas a aguardente, licor de violeta ou de rosa e canela em pó.

PITOMBA

Talisia esculenta

EMBORA EXISTA TAMBÉM no Centro-Oeste, Norte e Sudeste, a pitomba é mais comum no Nordeste, onde aparece em barraquinhas nas ruas ou vendida pelo comércio ambulante nas praias – e, mesmo sem cultivo comercial, faz sucesso com quem tem a sorte de experimentá-la *in natura*, a maneira de consumo mais comum. Fruto de uma árvore que pode alcançar 12 metros de altura, tem casca firme, marrom quando madura, e caroço envolvido por uma polpa agridoce, fina e esbranquiçada, de textura gelatinosa. Aberta, mostra forte semelhança com a lichia, de origem asiática. Pertinho de Recife, em Pernambuco, o município de Jaboatão dos Guararapes realiza, desde o século XVII, uma festa em homenagem a Nossa Senhora dos Prazeres. Por coincidir com o final da temporada da fruta, que vai de janeiro a abril, a celebração tornou-se conhecida como Festa da Pitomba.

POLVILHO

SEM ELE, PELO MENOS DOIS CLÁSSICOS das mesas brasileiras de café da manhã ou lanche da tarde não existiriam: o tentador e crocante <u>biscoito de polvilho</u> e o <u>pão de queijo</u>, quitute típico que saiu de Minas Gerais para conquistar o país. Extraído por decantação da massa de mandioca ralada e hidratada, o polvilho pode ser doce (seco logo após a separação do líquido e do amido) ou azedo (fermentado por até vinte dias antes de secar). Ainda úmido, o polvilho doce é chamado de "goma" e dá origem à <u>tapioca (beiju)</u>: basta peneirar sobre uma frigideira quente. De sabor mais ácido, o polvilho azedo é utilizado nos biscoitos e no pão de queijo – que costuma incluir, ainda, a variedade doce. No Mato Grosso do Sul, o polvilho doce também é ingrediente da <u>chipa</u>, misto de biscoito e pãozinho, em forma de ferradura, conhecido como "pão de queijo paraguaio", já que a receita veio do país vizinho.

POLVO

Octopus vulgaris e Octopus insularis

PODE FIGURAR COMO ENTRADA (na forma de carpaccio, em saladas, ao vinagrete) ou como prato principal (sozinho e integrando receitas de <u>arroz</u>, massas ou ensopados). No cardápio brasileiro, porém, seu uso mais conhecido está ligado às moquecas. Trata-se de um molusco marinho presente em toda a costa brasileira e mais apropriado para o consumo de fevereiro a abril e de agosto a dezembro. É um animal rico em proteínas, vitaminas (A e E) e minerais (como potássio, cálcio, zinco e fósforo). Seu corpo mole, sem esqueleto interno ou externo, pode ser aproveitado integralmente na cozinha, embora os tentáculos sejam considerados a parte mais nobre e saborosa. Geralmente, vai à mesa com as ventosas. Para preparar o polvo, recomenda-se cozimento longo, que resulta numa carne mais macia e suculenta.

PONTA DE PEITO BOVINO

NÃO É UM CORTE MUITO MACIO, mas a camada de gordura que envolve a peça ajuda a amolecer a carne – principalmente se for cozida por mais tempo ou na panela de pressão. Em churrascos, geralmente é preparada "ao bafo", envolta em papel-alumínio. No interior de estados como São Paulo, Mato Grosso do Sul, Paraná e Rio Grande do Sul, recebe o nome de granito.

PREGUARI

Strombus pugilis

ENCONTRADA NA BAÍA DE TODOS OS SANTOS, essa bela concha cor de laranja esconde um molusco saboroso que dá vida a saladas, cozidos e moquecas. Antes de cozinhar, é preciso retirar o intestino e a "unha" do animal – essa parte mais dura pode ser aproveitada em um caldo tido como afrodisíaco. Na Ilha de Maré, distrito de Salvador, uma festa anual é dedicada ao preguari, ali chamado de peguari.

PRESUNTO

FEITO A PARTIR DO PERNIL DE PORCO desossado, cozido e curado. Faz parte do dia a dia de boa parte dos brasileiros em lanches e salgadinhos, muitas vezes combinado com queijos prato ou muçarela. Dois clássicos: o enroladinho de presunto e queijo (chamado de "joelho" no Rio de Janeiro) e o sanduíche misto quente.

PRIPRIOCA

Cyperus articulatus L.

ESSA ESPÉCIE DE CAPIM alto da região amazônica constitui o principal ingrediente dos banhos de cheiro usados pelos paraenses nas festas de São João e nas comemorações de fim de ano. O marcante perfume do óleo extraído do tubérculo da planta, com aroma floral e amadeirado, ainda é muito cobiçado pela indústria nacional de fragrâncias. Da raiz, pode-se obter uma essência com a versatilidade da baunilha, de sabor levemente terroso, reforçado por notas de madeira e carvão. No Pará, ela entra no preparo de alguns pratos salgados, como ensopados e caldeiradas, e recentemente passou a ser incluída em algumas receitas de confeitaria.

PUPUNHA

Bactris gasipaes Kunth

COZIDO E SERVIDO com melado, o fruto da pupunheira – árvore de origem amazônica que também fornece palmito – pode substituir o pão no café da manhã em várias casas da região Norte. Há quem relacione seu sabor com o das batatas e das mandiocas ou com o das castanhas portuguesas. Amassada, a polpa também entra em receitas de bolos com leite de coco ou mandioca, biscoitos e musses. Inteiro e sem a semente, pode ser recheado com doce de cupuaçu ou feito em calda.

PUXURI

Ocotea benthamiana

COM FORMATO QUE LEMBRA a castanha-do-brasil, essa semente de uma árvore amazônica da família do louro tem sabor comparável ao da noz-moscada – mas é ainda mais aromática – e pode substituir a especiaria em diversas receitas. Ralada, tempera carnes e doces; na medicina popular, trata insônia, cólica e problemas intestinais.

LEITE

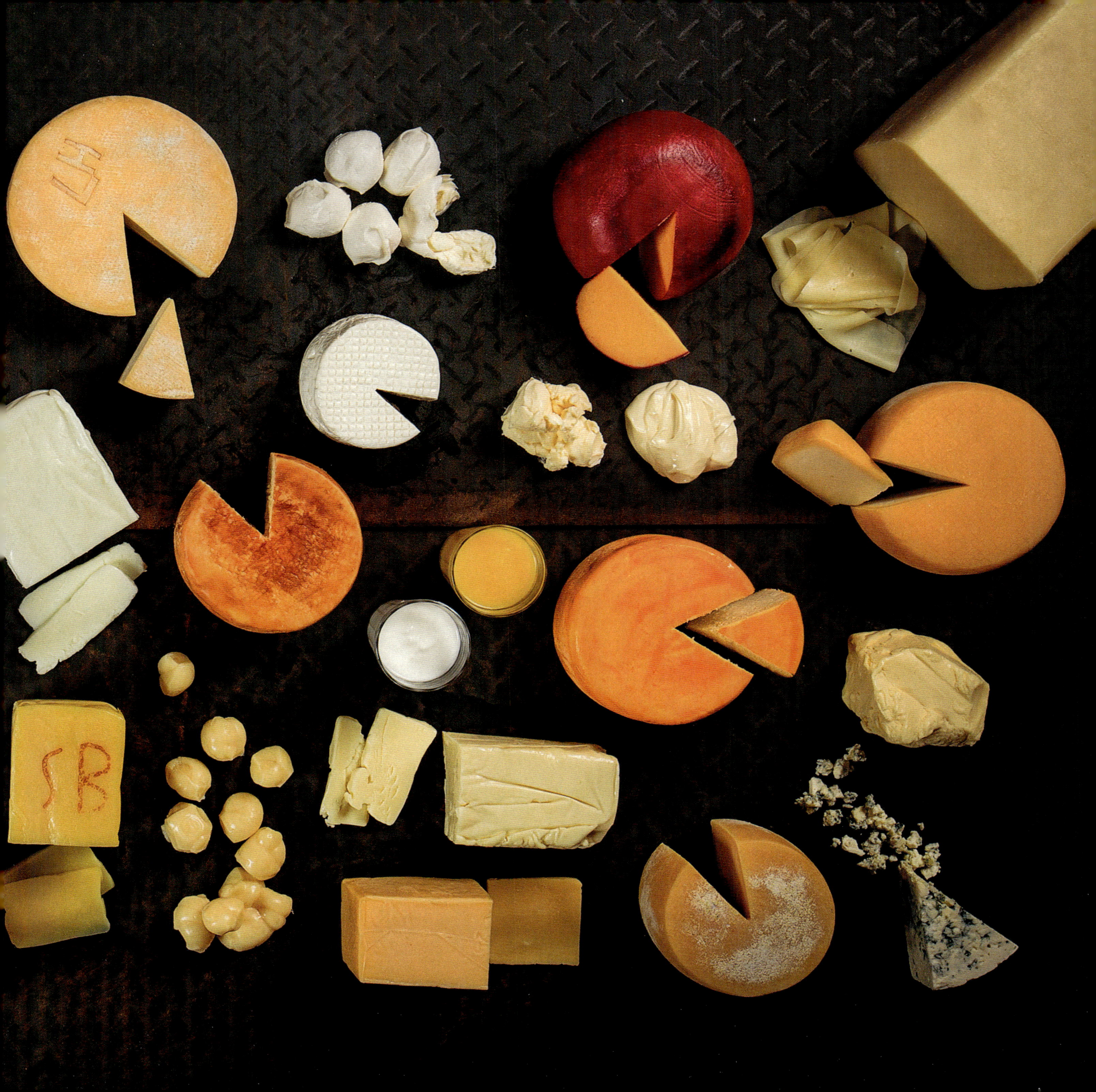

LEITE

1. Queijo serrano *2.* Queijo coalho *3.* Queijo colonial *4.* Queijo alagoa *5.* Queijo provolone
6. Leite de vaca *7.* Leite de cabra *8.* Leite de ovelha *9.* Ricota defumada *10.* Queijo morbier
11. Queijo resteia *12.* Coalhada seca *13.* Creme de leite *14.* Nata *15.* Ricota frescal
16. Queijo catauá *17.* Queijo gouda *18.* Queijo parmesão *19.* Queijo cabacinha *20.* Queijo prato
21. Queijo da Serra da Canastra *22.* Queijo muçarela de búfala *23.* Queijo do reino
24. Queijo muçarela *25.* Queijo minas frescal *26.* Catupiry *27.* Requeijão *28.* Queijo do Marajó
29. Queijo do Serro *30.* Iogurte *31.* Manteiga de garrafa *32.* Queijo da Serra do Salitre
33. Queijo de Araxá *34.* Manteiga *35.* Requeijão de corte *36.* Nozinho de muçarela
37. Catupiry *38.* Queijo manteiga *39.* Queijo campo redondo *40.* Queijo gorgonzola

QUEIJO ALAGOA

PRODUZIDO DE MANEIRA ARTESANAL, com leite de vaca cru (que não foi pasteurizado), no município de Alagoa, Minas Gerais. Há quem chame de "parmesão da Mantiqueira", já que esse queijo aromático de sabor forte e picante pode ser curado por mais tempo, até adquirir consistência para ser ralado. Cerca de dez litros da bebida são necessários para produzir um quilo de queijo.

QUEIJO CABACINHA

DURANTE O PROCESSO DE FABRICAÇÃO, com leite de vaca, as peças – com peso entre 400 e 500 gramas – são amarradas e penduradas para adquirir a aparência característica. Feito de maneira artesanal no norte de Minas Gerais, em municípios do Vale do Jequitinhonha, ganhou esse nome por causa do formato, parecido com o fruto da cabaça. Com sabor que pode lembrar o queijo muçarela, costuma ser vendido de maneira informal em barraquinhas à beira das estradas da região.

QUEIJO CAMPO REDONDO

FEITO A PARTIR DO LEITE DE VACA, apresenta sabor delicado e consistência pastosa. Nos últimos anos, tem sido descoberto por cozinheiros profissionais e empregado na confecção de sanduíches, pão de queijo, purês e pastéis. O berço desse queijo de casca fina e amarelada é a região de Itamonte, em Minas Gerais, a mais de 900 metros de altitude e próxima da divisa com o Rio de Janeiro.

QUEIJO CATAUÁ

É PRODUZIDO COM LEITE CRU – ou seja, sem pasteurização – obtido de gado jersey na região da Serra da Mantiqueira, que engloba os estados de São Paulo, Minas Gerais e Rio de Janeiro. Por isso, também pode ser conhecido como "queijo da Mantiqueira". Sob a casca bem amarela, que pode ficar mais escura à medida que cura, a massa firme, mas ainda macia, tem sabor suave e se apresenta com diversos furinhos.

QUEIJO COALHO

ANTES RESTRITO À região Nordeste, hoje está mais disseminado pelo país – nas praias do Rio de Janeiro e do litoral de São Paulo, por exemplo, é comum encontrar ambulantes que vendem espetinhos de queijo coalho assados na hora, muitas vezes em fogõezinhos improvisados. É obtido a partir do leite de vaca pasteurizado, salgado e prensado em forma de blocos, depois cortado em tiras. Por ser resistente ao calor, pode ser tostado na grelha ou na frigideira sem que derreta completamente. Combinação clássica: cubinhos de queijo coalho, quentinhos, com melaço de cana.

QUEIJO COLONIAL

TÍPICO DAS ÁREAS de colonização italiana em Santa Catarina e no Rio Grande do Sul – a primeira cooperativa gaúcha de queijo colonial completou 100 anos em 2012. Feito de maneira artesanal com leite de vaca, sal e fermentos lácteos, tem interior macio e elástico envolvido por uma casca amarela e sólida. Quanto mais curado, mais picante; o ideal é que passe por 30 dias de maturação. Bom para ser consumido *in natura* ou em receitas de massas, molhos e gratinados.

QUEIJO DA SERRA DA CANASTRA

DESDE 2008, O MODO ARTESANAL de fazer queijos em Minas Gerais é considerado Patrimônio Cultural do Brasil pelo Iphan (Instituto do Patrimônio Histórico e Artístico Nacional). De acordo com a instituição, trata-se de preservar a fabricação com "o uso de leite cru e a adição do pingo, um fermento láctico natural, recolhido a partir do soro que drena do próprio queijo e que lhe transfere as características específicas, condicionadas pelo tipo de solo, pelo clima e pela vegetação de cada região". Dentre eles, talvez o mais famoso seja o produto feito na Serra da Canastra. Para poder ser vendido fora de Minas Gerais, precisa passar por um período de maturação de, no mínimo, 20 dias, o que deixa seu sabor mais intenso e picante.

QUEIJO DA SERRA DO SALITRE

FEITO COM LEITE DE VACA CRU que acabou de ser ordenhado, o salitre segue uma receita centenária. As principais características do produto local são a textura cremosa de sabor suave e a cobertura, feita com uma resina amarela. À medida que matura, fica mais intenso e ácido. Em agosto de 2014, o Instituto Mineiro de Agropecuária (IMA) publicou uma portaria no Diário Oficial de Minas Gerais identificando o município de Serra do Salitre, a 404 quilômetros de Belo Horizonte, como "microrregião da produção do queijo minas artesanal" – Araxá, Campo das Vertentes, Canastra, Cerrado, Serro e Triângulo Mineiro já constavam da lista.

QUEIJO DE ARAXÁ

A MANEIRA DE PREPARO SEGUE a de outras mercadorias do estado: leite cru misturado ao pingo (fermento natural) e ao coalho antes de ser amassado, enformado e salgado. Depois de maturar por cerca de 20 dias, está pronto. Tem casca amarela e massa um pouco mais suave que a do queijo da Serra da Canastra. Ainda é feito de maneira tradicional nas cidades de Araxá, Campos Altos, Conquista, Ibiá, Pratinha, Pedrinópolis, Perdizes, Sacramento, Santa Juliana e Tapira – área reconhecida como "microrregião da produção do queijo minas artesanal" pelo Instituto Mineiro de Agropecuária (IMA).

QUEIJO DO MARAJÓ

LEVE E CREMOSO, COM CONSISTÊNCIA de requeijão de corte, o queijo produzido no local costumava ser feito com leite de vaca, mas, a partir da década de 1930, a matéria-prima foi substituída pelo leite de búfala. Mais gordo e proteico, o ingrediente passa por diversas etapas, como filtragem, fermentação, corte, lavagem e cozimento, até ser modelado em formato redondo ou quadrado em vasilhas de madeira ou plástico. Bem adaptados ao Pará – estado que concentra 39% do rebanho no país –, os búfalos se transformaram em símbolo da Ilha de Marajó, situada na foz do Rio Amazonas e distante cerca de 3 horas de barco a partir de Belém.

QUEIJO DO REINO

A CHARMOSA LATA VERMELHA que guarda o queijo esconde a casca da mesma cor. Trata-se de uma camada protetora para a massa semidura, mais seca, de um amarelo intenso e sabor picante, feita com leite de vaca pasteurizado. No século XIX, o queijo holandês tipo edam chegava ao Brasil por meio de Portugal – ou seja, "do reino". Em 1888, quando a Companhia de Laticínios da Mantiqueira foi inaugurada no atual município de Santos Dumont, em Minas Gerais, adaptou os métodos de fabricação da mercadoria importada e batizou o produto resultante com o nome popular. Curiosidade: o queijo também pode ser conhecido como palmira, nome do antigo vilarejo que deu lugar à cidade de Santos Dumont.

QUEIJO DO SERRO

NO MODO DE FABRICAÇÃO ARTESANAL, o leite cru de vaca recebe apenas pingo (fermento láctico natural), coalho e sal. O resultado é um queijo de casca esbranquiçada que vai se tornando amarela conforme a maturação e massa pouco ácida, firme e compacta. Em geral, mede 15 centímetros de diâmetro por 9 centímetros de altura. Onze municípios do Alto do Jequitinhonha formam outra região reconhecida pelo Instituto Mineiro de Agropecuária (IMA) como produtora de queijo minas artesanal: Serro, Alvorada de Minas, Coluna, Conceição do Mato Dentro, Dom Joaquim, Materlândia, Paulistas, Rio Vermelho, Sabinópolis, Santo Antônio do Itambé e Serra Azul de Minas.

QUEIJO GORGONZOLA

SURGIDO HÁ MAIS DE MIL ANOS no norte da Itália, o gorgonzola também é fabricado por diversas indústrias nacionais – embora o ingrediente brasileiro seja um pouco menos pungente que o original. Durante a produção, a partir do leite de vaca, o queijo é injetado com o fungo *Penicillium roqueforti*, que confere aroma, sabor e o visual característico com veios azulados. A massa pode se apresentar cremosa ou mais quebradiça. Além de consumido puro ou para incrementar sopas, aparece em diversas receitas de molhos para massas e carnes: o filé ao molho de gorgonzola é um clássico em todo o país.

QUEIJO MANTEIGA

É UM CLÁSSICO NORDESTINO obtido a partir de leite de vaca e produzido principalmente nos estados de Pernambuco, Rio Grande do Norte, Paraíba e Bahia. Feita sem adição de coalho, a massa cozida dá origem a um queijo amarelo gorduroso, de textura macia e elástica, enformado em blocos. Uma variação inclui a "rapa" crocante que fica no fundo do tacho usado no cozimento. O manteiga faz parte de uma receita tradicional brasileira, a cartola: banana frita coberta com queijo derretido, açúcar e canela.

QUEIJO MORBIER

PELA APARÊNCIA, pode dar a impressão de que se enquadra na relação dos chamados "queijos de veios azuis", a exemplo do gorgonzola e do roquefort. Os riscos escuros que aparecem na massa do morbier, porém, são linhas formadas por carvão vegetal comestível, acrescentadas na hora em que o produto é enformado. De origem francesa e feito com leite de vaca, tem massa amarela e macia, suave e sem acidez. No Brasil, é fabricado em estados como Espírito Santo, Pernambuco e Rio Grande do Sul.

QUEIJO MUÇARELA

PARECE ESTAR EM TODO LUGAR: sanduíches, recheios de massas, coberturas de pizzas – é o campeão de vendas no país, com 30% do mercado. A receita inicial produzida no Brasil seguia a original, italiana, feita apenas com leite de búfala. Hoje, a matéria-prima foi trocada pelo leite de vaca. A massa é filada: amolecida em água quente e esticada lentamente para adquirir o formato desejado. Amarelada, com textura que derrete muito bem, a muçarela pode ser apresentada no clássico formato retangular, em palitos, bolinhas ou nozinhos.

QUEIJO MUÇARELA DE BÚFALA

NA ITÁLIA, PARA SER CHAMADA oficialmente de "muçarela", precisa ser de búfala. Aqui, porém, existem duas variações: o queijo do dia a dia, feito com leite de vaca, e o produto derivado da búfala, que ganhou status especial. Como a matéria-prima não contém caroteno, a muçarela de búfala é bem branquinha, com textura úmida e cremosa. Nos supermercados, geralmente aparece em bolinhas embaladas num pote com soro – mas existem também versões em nozinhos, tranças e barras. Para garantir que o produto não foi adulterado com leite de vaca, a embalagem deve exibir o selo de pureza da Associação Brasileira de Criadores de Búfalos.

QUEIJO PARMESÃO

EM LASCAS OU, MAIS COMUMENTE, ralado, está presente nas mesas de todo o país, principalmente na finalização de pratos de macarrão ou pizzas. De origem italiana, tem massa amarela picante e seca, dura e quebradiça. O sabor se desenvolve à medida que o queijo matura – no Brasil, o tempo de cura fica em torno de seis meses, enquanto na Itália pode chegar a três anos. Pode ser vendido inteiro, no formato cilíndrico, em cunhas ou já ralado. O melhor, porém, é sempre deixar para ralar o parmesão na hora.

QUEIJO PRATO

A MASSA COZIDA, DE LEITE DE VACA, tem cor amarela, sabor suave e consistência macia. Assim como a muçarela e o parmesão, faz muito sucesso na mesa brasileira – tradicional para a hora do lanche, responde por 20% do mercado nacional de queijos. Consta que tenha surgido no sul de Minas Gerais, na década de 1920, quando imigrantes dinamarqueses tentaram reproduzir os tipos danbo e tybo, de seu país de origem. De acordo com o Ministério da Agricultura, pode ganhar outros nomes em função do formato: lanche ou sanduíche (retangular), cobocó (cilíndrico), esférico ou bola (esférico).

QUEIJO PROVOLONE

FEITO COM LEITE DE VACA a partir de uma receita de origem italiana, esse queijo produzido em formato cilíndrico fica pendurado até secar e ainda passa por defumação. O ideal é que seja maturado por um mínimo de 70 dias. A casca marrom, embora comestível, costuma ser retirada para revelar a massa amarela e firme, bem salgada, de odor característico e sabor picante. Cortado em cubinhos e temperado com azeite e orégano, ou empanado e frito, aparece no cardápio de petiscos em diversos botequins. Também é servido com fatias de abacaxi em churrascarias do interior.

QUEIJO RESTEIA

DE ORIGEM ITALIANA e sabor adocicado, o resteia tem massa de textura macia, levemente adocicada, e uma variação defumada. Venda Nova do Imigrante, na serra capixaba, é um pequeno município conhecido pelo investimento que tem feito no agroturismo. Às margens da Rodovia Pedro Cola, diversas fazendas abriram lojas próprias e recebem visitantes para mostrar como se produzem queijos, geleia e socol, entre outros quitutes típicos da região.

QUEIJO SERRANO

NA PRODUÇÃO ENTRAM leite de vaca cru, coalho e sal. Dentro da casca dura e amarela, a massa amanteigada de sabor delicado fica mais acentuada à medida que amadurece. Uma das áreas mais frias do país – os Campos de Cima da Serra, na divisa entre Santa Catarina e Rio Grande do Sul – é a região de origem desse queijo, que já era transportado na bagagem dos tropeiros em viagem pela região no início do século XIX.

QUEIXADA

Tayassu pecari

PODE SER CONFUNDIDA COM O CATETO, que pertence ao mesmo gênero *Tayassu*, mas a carne da queixada tem a cor vermelha mais intensa. Com pouca gordura, baixo teor de colesterol e sabor acentuado, é vendida em cortes como pernil, paleta, bisteca e costela. No Brasil, a criação recente localiza-se principalmente no Centro-Oeste e no Sudeste. Curiosidade: o nome de uma etnia indígena do Acre, Yawanawá, significa "povo da queixada".

QUIABO

Abelmoschus esculentus

NATIVA DA ÁFRICA, ESSA HORTALIÇA adaptou-se muito bem à culinária brasileira. Sem ela, o país perderia pelo menos duas receitas: o frango com quiabo, um saboroso ensopado da cozinha mineira, e o caruru baiano, com camarão seco, castanha-de-caju e azeite de dendê. Versátil nos modos de preparo, pode ser refogado, assado, frito, cozido no vapor ou grelhado na churrasqueira. O segredo para retirar a "baba", substância viscosa que aparece quando se corta o quiabo, é lavar, secar bem e só então levar à panela.

QUINCAM

Fortunella japonica

É COMO SE FOSSE UMA LARANJA MINÚSCULA, embora não pertença ao gênero botânico *Citrus*. Com casca comestível, mais redonda ou mais ovalada, a frutinha macia, um tanto amarga e muito perfumada pode ser saboreada *in natura* ou aproveitada em saladas, geleias e compotas. Seu nome original, kinkan em japonês e kumquat em chinês, significa "laranja de ouro".

QUIRELA

QUIRELA, OU QUIRERA, É O MILHO quebrado, mas não moído, que pode ser cozido no caldo das carnes que vai acompanhar. Um exemplo é a <u>quirera lapeana</u>, prato típico da cidade de Lapa, no Paraná, feita com costelinha de porco. Também a costela bovina muitas vezes vai à mesa dessa maneira. Em Minas Gerais, dá origem à <u>canjiquinha</u>, com costelinha suína ou camarão.

RABADA DE BOI

COZIDA LENTAMENTE COM ALHO, cebola e outros temperos, transforma-se em um prato típico, a <u>rabada</u>, servida com polenta ou agrião – ou ambos. Em uma versão à moda da região Norte, a carne é mergulhada em um caldo de tucupi e jambu. Seja qual for o preparo, depois de macia pode ser desfiada e utilizada como recheio de sanduíches, bolinhos e pastéis.

RABO SUÍNO

AO LADO DO PÉ, DA ORELHA E DA LÍNGUA de porco, costuma ser ingrediente da <u>feijoada completa</u>, que inclui diversos cortes suínos. Também pode ser utilizado para incrementar o feijão ou cozidos feitos com outras leguminosas, a exemplo de favas e ervilhas.

RAIA

Ordem Batidoidimorpha

EM POSTAS, ESSE PEIXE CARTILAGINOSO é ingrediente de uma famosa moqueca baiana, temperada com leite de coco, tomate, pimentão, coentro e azeite de dendê. Embora o preparo mais comum seja mesmo ensopado – apenas cozida no molho de tomate consegue ficar bem saborosa –, também existem receitas de arraia ao forno ou frita.

RAPADURA

A "RASPA DURA" ORIGINAL DOS TACHOS de caldo de cana fervidos em centenas de engenhos espalhados pelo Nordeste desde o período colonial é elemento importante na dieta brasileira. Em *História da Alimentação no Brasil*, Câmara Cascudo diz que o produto "não ficou sendo apenas guloseima, mas um elemento condimentador, real e mais assíduo que o açúcar ou o pão na alimentação sertaneja, acompanhando a refeição". Atualmente, a rapadura não se limita mais a ser consumida com farinha ou dentro da panela de feijão, práticas cotidianas no interior nordestino. Aparece também em molhos e caipirinhas, musses e sorvetes. E, embora boa parte da doçaria brasileira tenha substituído o açúcar pelo leite condensado, não existe pé de moleque legítimo sem que os amendoins picados estejam envolvidos por um bom pedaço de rapadura.

REPOLHO

Brassica oleracea var. capitata

PARENTE DO BRÓCOLIS, da couve e da couve-flor, essa hortaliça de folhas verdes ou roxas pode ser consumida crua, cortada em tiras bem fininhas, e também aproveitada em sopas, cozidos e conservas. O chucrute, prato que os imigrantes alemães introduziram na região Sul do país, é feito com repolho fermentado e curtido com especiarias, tradicionalmente servido para acompanhar linguiças, salsichas ou joelho de porco.

REQUEIJÃO

INVENÇÃO BRASILEIRA, esse queijo pastoso foi criado em Minas Gerais para aproveitar o soro do leite de vaca que era utilizado na fabricação da manteiga. Na receita original, depois do leite desnatado ter sido coalhado, dessorado e cozido, ganhava o acréscimo de creme de leite – fórmula ainda seguida por fabricantes industriais. Além de clássico no café da manhã, para passar sobre uma fatia de pão quentinho, tem ampla utilização culinária: no peito de frango com requeijão, no arroz de forno ou cremoso, em molhos para macarrão, massas de bolo e recheios de pastéis ou tortas, entre várias outras.

REQUEIJÃO DE CORTE

COMUM NO NORDESTE, surgiu antes da versão cremosa e, até hoje, é muitas vezes produzido por meio de um processo artesanal a partir de leite de vaca integral coalhado, dessorado e cozido, com o acréscimo de nata. O ponto é obtido durante o cozimento e, quanto mais tempo passa dentro das panelas, mais escuro fica – por isso, pode ser chamado de requeijão crioulo ou requeijão preto. Em fatias ou pedacinhos, complementa saladas e recheios. No Piauí, uma das versões mais apreciadas é o requeijão cardoso.

RICOTA

POR NÃO INCLUIR FERMENTO OU COALHO, esse produto lácteo originário da Itália não deveria ser chamado de queijo. No Brasil, acabou sinônimo de ingrediente pouco calórico, próprio para dietas de emagrecimento, ou para recheios de massas, salgadinhos e patês temperados com ervas, servidos como entradinha. Ao contrário das versões muitas vezes ressecadas e farelentas encontradas em supermercados, a verdadeira ricota é cremosa, suave e aveludada.

ROBALO

Centropomus spp.

ESSE VALORIZADO PEIXE MARINHO de carne branca é um dos mais pedidos em restaurantes do país. A carne firme, que se desfaz em lascas depois de cozida, permite que seja cortado em postas e grelhado ou assado, muitas vezes com crostas de ervas ou castanhas. Inteiro, pode ser recheado com hortaliças e levado ao forno. Outro preparo muito comum é em <u>moquecas</u>. Embora sua espécie não esteja ameaçada, deve ser consumido com moderação. O período de defeso varia. Na Bahia e no Espírito Santo, por exemplo, vai de maio a julho; no Paraná, ocorre em novembro e dezembro.

SACARAUNA

TIPO DE MOLUSCO DE CONCHA encontrado na Baía de Todos os Santos e utilizado em caldeiradas, mariscadas ou moquecas de frutos do mar.

SAGU

QUEM SÓ CONHECE O SAGU DE MANDIOCA pode não imaginar que, em outros países, ele seja feito de araruta ou fécula de batata – nem que o produto original era obtido a partir do amido retirado do tronco de diversas palmeiras do Sudeste Asiático. No Brasil, porém, o mais usual ainda é encontrar as bolinhas brancas derivadas da mandioca. O ingrediente dá origem a uma sobremesa de mesmo nome, comum nos estados da região Sul: o <u>sagu com vinho tinto</u>, que adquire a bela cor escura da bebida. Leite de coco, sucos e infusões de frutas também podem aromatizar e colorir os pequenos grãos, que ficam transparentes depois de cozidos.

SALAME ITALIANO

EMBUTIDO MATURADO de receita original italiana, feito com carnes e toucinho de porco moídos e temperados com pimenta-do-reino e erva-doce, entre outras especiarias e condimentos – de acordo com a legislação brasileira, porém, é permitido o acréscimo de uma quantidade de cortes bovinos no produto industrial. Petisco frequente nas mesas dos bares, regado a gotas de limão, ou em fatias fininhas, no recheio de sanduíches.

SALSÃO

Apium graveolens var. dulce

COM TEXTURA CROCANTE e sabor levemente adocicado, os talos do salsão – hortaliça também chamada de aipo – podem ser cortados em palitinhos e servidos como tira-gosto, acompanhados de pastas cremosas, ou picados em rodelinhas e acrescentados a saladas e salpicões, para um toque refrescante. Assim como os talos, as folhas incrementam refogados, caldos e sopas. No Brasil, o estado de São Paulo é o maior produtor do ingrediente.

SALSICHA

QUANDO SE OUVE FALAR em salsicha, a primeira coisa que vem à cabeça é o tradicional cachorro-quente, encontrado em qualquer lugar: das lanchonetes mais simples às que fazem questão de usar produtos artesanais ou de receita exclusiva. Na fabricação industrial são utilizadas aparas de cortes suínos e bovinos, bem moídas e temperadas, que passam por processos de cozimento, resfriamento e tintura – uma solução de urucum garante o tom vermelho característico. Também existem variedades elaboradas com carne de aves, como frango e peru.

SALSINHA

Petroselinum crispum

ESSA ERVA POLIVALENTE CRESCE até em canteiros nos quintais ou em pequenos vasos dentro de apartamentos – talvez por isso seu uso seja tão difundido em todo o país. É base do <u>cheiro-verde</u>, tempero que pode reunir a salsinha à cebolinha-verde, ao coentro ou à chicória-do-pará, dependendo da região. Picadinha e acrescentada ao final do cozimento, confere sabor e beleza a inúmeros pratos.

SÁLVIA

Salvia officinalis

O GOSTO FORTE E MARCANTE DESSA ERVA de folhas aveludadas ajuda a temperar carnes de porco, vitela ou aves e ainda combina de maneira especial com a abóbora. Aparece com mais frequência nas feiras e mercados de regiões influenciadas pela imigração italiana, como São Paulo e o Sul do país. Um simples <u>molho de manteiga e sálvia</u> ajuda a valorizar massas simples ou recheadas. No Paraná, é uma das ervas usadas no tradicional barreado.

SAPOTI

Manilkara zapota

PREDOMINA NO NORTE E NO NORDESTE, principalmente no Pará, em Pernambuco, na Bahia e no Ceará – muitas ruas de Fortaleza, a capital do estado, são enfeitadas por sapotizeiros. Nativa do sul do México e da América Central, tem a polpa mole, amarelada e muito doce, para ser consumida de preferência gelada, *in natura*, em sucos ou sorvetes. Fatias da fruta podem ser acrescentadas a saladas e a geleia acompanha alguns tipos de peixe.

SARDINHA

Sardinella brasiliensis

ALGUMAS PESSOAS torcem o nariz, por se tratar de um peixe muito barato – e cheio de espinhas. Mas é saboroso, excelente fonte de ácido graxo ômega-3 e versátil demais. No cardápio de diversos bares e restaurantes do Nordeste e do Sudeste, a sardinha fresca aparece **empanada e frita**, para comer com as mãos, ou em **escabeche**, que vai bem acompanhado apenas por um pãozinho. Também pode ser grelhada, assada na brasa ou levada ao forno.

SARNAMBI

Anomalocardia brasiliana

CHUMBINHO E BERBIGÃO são outros nomes dados a esse molusco bivalve originário de mangues e mais consumido em estados do Nordeste, como a Bahia e o Maranhão. Um preparo comum é a **moqueca de sarnambi**, com azeite de dendê, mas o pequeno marisco também surge apenas cozido com leite de coco e temperos ou nas frigideiras, refogado com tomate e pimentões, entre outras hortaliças, coberto com ovos batidos e levado ao forno.

SERIGUELA

Spondias purpurea L.

SERIGUELA, CIRIGUELA, siriguela ou ciruela? A grafia do nome pode variar, mas a delícia não muda: uma frutinha ovalada de polpa amarela e suculenta, casca lisa, brilhante e avermelhada. É a menos ácida e mais doce das outras representantes de sua família, a das anacardiáceas, que inclui cajá, cajá-manga e umbu. No Nordeste, pode ser encontrada o ano todo nas bancas das feiras livres, de onde sai para entrar em receitas de sucos, sorvetes, licores, musses, molhos e de uma afamada caipirinha feita com cachaça ou vodca, comum na Bahia, onde é chamada de "roska". Há quem ateste, também, que a seriguela tem propriedades medicinais como produto diurético e energizante.

SIRI

Callinectes sapidus

LEITE DE COCO, AZEITE DE DENDÊ, queijo parmesão para gratinar e farinha de rosca para deixar crocante: essa é a base da casquinha de siri, talvez o prato mais tradicional feito com a carne desse crustáceo marinho encontrado em todo o litoral brasileiro. Vendida já desfiada, muitas vezes pré-cozida e congelada, a carne entra em saladas, refogados, moquecas e recheios para diversos salgadinhos, como pastéis e empadinhas. Curiosidade: a palavra siri vem do idioma tupi e significa "correr, deslizar, andar para trás".

SIRI MOLE

Callinectes sapidus

MOQUECA DE SIRI MOLE ERA A PREFERIDA de Vadinho, o falecido marido de Dona Flor, e o escritor Jorge Amado ensina os segredos do prato em seu livro: "Lavem os siris inteiros em água de limão, lavem bastante, mais um pouco ainda, para tirar o sujo sem lhes tirar porém a maresia". O crustáceo fica "mole" na época em que está trocando a carapaça, durante o crescimento. Com carne macia, pode ser aproveitado também de outras maneiras, principalmente em fritadas ou empanado e frito.

SOBRECOXA DE FRANGO

ASSADO, GRELHADO OU NA PANELA, esse saboroso corte da ave é base para variações quase infinitas de receitas cotidianas. Os preparos mais comuns são semelhantes aos da coxa de frango – muitas vezes, as duas partes são vendidas ainda unidas. Vai bem com molhos mais picantes, agridoces, com requeijão e, assim como a coxa, faz sucesso quando cozida na cerveja.

SOCOL

O PREPARO DESSE MISTO DE EMBUTIDO e presunto cru de origem italiana segue as diretrizes deixadas pelos *nonnos* pioneiros de Venda Nova do Imigrante, município da Serra Capixaba – embora o corte de carne original, tirado do pescoço suíno, tenha sido trocado pelo lombo, os temperos e técnicas ainda permanecem os mesmos. Durante a produção, o lombo é desidratado no sal, lavado, secado e temperado com pimenta-do-reino e alho. Em seguida, fica curando por cerca de seis meses. De sabor muito intenso, o socol deve ir à mesa em fatias bem finas.

SOROROCA

Scomberomorus brasiliensis

PARENTE DO ATUM, A SOROROCA tem carne branca, delicada e gorda, boa para ser grelhada, assada ou feita na brasa. Aparece o ano inteiro em peixarias de todo o litoral brasileiro, mas está em sua melhor forma nos meses mais frios, de maio a agosto.

SUÃ SUÍNO

NO CENTRO-OESTE, TEM ARROZ COM SUÃ. No interior do Sul e do Sudeste, quirera com suã. Seja qual for o acompanhamento, a espinha dorsal do porco – que retém parte do lombo, gordo ou magro – rende pratos de substância que teriam sido criados durante as viagens dos tropeiros pelos sertões do país. Feita na panela comum ou de pressão, a carne que rodeia os pedaços de osso fica macia e saborosa.

SURURU

Mytella charruana

TAMANHA É A IMPORTÂNCIA do sururu para a cultura gastronômica de Alagoas que, em dezembro de 2014, o pequeno molusco tornou-se Patrimônio Imaterial do estado. Na Bahia, existe apreço semelhante: considerado afrodisíaco e feito com camarão seco, leite de coco e azeite de dendê, o caldinho de sururu aparece no cardápio de bares e barracas da orla. Outros lugares do país, como o Espírito Santo, aproveitam a carne em moquecas.

TAINHA

Mugil platanus e Mugil liza

EMBORA SEJA ENCONTRADA em todo o litoral do país, a tainha costuma ser mais frequente nas mesas do Sul e do Sudeste – durante o inverno, diversos municípios dessas regiões organizam "festas" em que o peixe assume o papel principal, assado na brasa, inteiro ou espalmado. Fresca, a ova da tainha pede preparo ao forno ou na frigideira; desidratada, dá origem à bottarga, uma iguaria que pode ser usada em fatias finas ou ralada para incrementar molhos, pratos de massa e outros pescados.

TAIOBA

Xanthosoma sagittifolium

MUITAS VEZES COMPARADA ao espinafre e à couve, essa hortaliça guarda uma diferença sensível em relação a eles: sempre precisa ser refogada ou cozida, pois as folhas contêm uma substância – o ácido oxálico – capaz de provocar coceira e irritações na garganta. Na Bahia, a taioba afervantada é ingrediente do efó, prato com camarão seco, castanha-de-caju, leite de coco e azeite de dendê. Refogada, pode ser aproveitada com arroz, em omeletes, recheios ou farofas.

TAMARINDO

Tamarindus indica L.

UNS DIZEM QUE VEIO DA ÍNDIA e do Sudeste Asiático; outros, que surgiu na África. O fato é que essa árvore de grande porte adaptou-se muito bem ao Brasil, onde pode ser encontrada nas regiões Norte, Nordeste, Centro-Oeste e Sudeste. Em função da acidez, quase não se come *in natura*, mas a polpa densa e avermelhada tem utilidade no preparo de refrescos, doces, picolés e molhos para acompanhar receitas salgadas. Em mercados, pode ser encontrada ainda nas vagens ou descascada e prensada em blocos.

TAMBAQUI

Colossoma macropomum

NÃO É EXAGERO DIZER QUE, quando chega à mesa bem douradinha, o visual da costela de tambaqui pode lembrar o mesmo corte da carne suína. Macio, gorduroso e de sabor acentuado, esse peixe da Bacia Amazônica aceita diversos tipos de preparo: na brasa, assado, frito, grelhado ou cozido. Na região Norte, outra receita típica é a caldeirada, feita com tomate, cebola, batata e pimenta-de-cheiro. Também pode ser chamado de pacu vermelho.

TARIOBA

Iphigenia brasiliensis

É MAIS UM MOLUSCO BIVALVE apreciado no litoral do Nordeste e em alguns lugares do Sudeste, como o Maranhão, a Bahia e o Rio de Janeiro. Duas receitas comuns são o arroz de tarioba e a mariscada.

TARTARUGA

Podocnemis expansa

DEPOIS DE PASSAR QUASE TRINTA ANOS PROIBIDA, a criação e a comercialização da carne de tartaruga foi regularizada pelo Ibama em 1996 – mas só pode ser vendida por criatórios legalizados e certificados pela instituição. Do peito ou do lombo, com sabor mais sutil, são feitos picadinhos, guisados e farofas; o caldo de cozimento é aproveitado para o pirão. Além da tartaruga-da-amazônia (*P. expansa*), também a muçuã (*Kinosternon scorpioide*) tem a criação acompanhada pelo Ibama. No Pará, faz sucesso a casquinha de muçuã, servido na casca do animal.

TESTÍCULO DE BOI

AO ALHO E ÓLEO, À MILANESA, grelhado, assado à moda baiana (com dendê e camarão seco): existem várias maneiras de preparar as glândulas sexuais do boi, sugestão que consta do cardápio de diversos botecos. Por associação simbólica, acredita-se que o ingrediente ajuda a reforçar a virilidade masculina.

TILÁPIA

Tilapia rendalli

PEIXE DE ÁGUA DOCE COM CARNE SABOROSA, poucas espinhas e baixo teor de gordura. Costuma ser grelhado, mas também admite preparos ao forno ou em frituras. Em muitas peixarias e restaurantes, aparece com o nome de "saint peter" – rebatizar o peixe foi a solução encontrada, há cerca de duas décadas, para diferenciar o produto criado em cativeiros da tilápia pescada em rios, que alguns diziam ter "gosto de terra". O nome pegou e nem todos os consumidores sabem que ambos são, na verdade, o mesmo peixe.

TILÁPIA ROSA

Oreochromis sp.

TRATA-SE DE UM PEIXE MELHORADO geneticamente que apresenta a coloração rosada e que tem usos culinários semelhantes aos da *Tilapia rendalli*: pode ser grelhado, frito ou preparado no forno. Em estados do Nordeste, como Pernambuco e Rio Grande do Norte, existem projetos de incentivo para a criação comercial da espécie.

TIQUIRA

AGUARDENTE FORTE, COM TEOR ALCOÓLICO entre 38º e 54º GL, obtida a partir da mandioca ralada, prensada, cozida, fermentada e, por fim, destilada. Em diversas cidades do Maranhão, é produzida e vendida de maneira artesanal e informal. Para adquirir essa cor, entre o lilás e o azul, recebe uma infusão feita com folhas de tangerina ou corante violeta de metila. O alto teor alcoólico da tiquira deu origem a algumas lendas maranhenses. Segundo uma delas, depois de três ou quatro doses da bebida, ninguém deve tomar banho nem molhar a cabeça, pois corre o risco de ficar "aluado" (ruim das ideias).

TOMATE

Lycopersicon esculentum

VERSÁTIL E SUCULENTO, O FRUTO ORIGINÁRIO das Américas vai da entrada ao prato principal. Apenas cortado em fatias suculentas, temperado com azeite e sal, forma uma salada para o almoço e o jantar do dia a dia – não é preciso nem tirar a casca e as sementes. Picadinho, com cebola e azeite, está no vinagrete que acompanha os churrascos. Em todo o país são produzidas variedades como caqui (firme, com acidez média), cereja (miúdo, para servir inteiro), débora (bom para molhos), holandês (vendido com o talinho) e italiano (oval, com polpa adocicada). Pode ser cozido ou assado e também estrela sucos, sopas e versões recheadas, além do molho para a macarronada e para a pizza de domingo, duas tradições paulistanas.

TOMATE-DE-ÁRVORE

Cyphomandra betacea

TAMARILLO, TAMARILHO, tomate-de-árvore, tomatão, sangue-de-boi. Com sabor agridoce, essa espécie originária dos Andes pode ser consumida em receitas salgadas ou aproveitada de forma pura, como uma fruta. Quando a casca ainda está amarelada, são mais firmes e ácidos. À medida que o vermelho aparece, tornam-se macios e adocicados. Também rende molhos, sucos e compotas.

TOMILHO

Thymus vulgaris

MUITO AROMÁTICA – há quem perceba alguma semelhança com o orégano –, essa erva de origem mediterrânea adaptou-se ao cultivo no Paraná e no interior de São Paulo. Entra em molhos, temperos e marinadas para carnes, saladas, frutos do mar e hortaliças; combina particularmente bem com tomate e é fundamental no tempero do barreado paranaense.

TRAÍRA

Hoplias spp.

COMUM EM CIDADES do interior, já que a traíra nada em rios, lagoas e açudes de praticamente todo o país. A carne macia e saborosa, porém, tem uma espinha grande – se não for vendida já limpa, pode ser mais fácil retirá-la de uma vez, depois do cozimento. O preparo mais comum é fritar o peixe inteiro ou, cortado em pedaços, levar à panela de pressão.

TREMOÇO

Lupinus albus

EM BARES E BOTEQUINS, um pratinho colocado ao lado da vasilha de tremoços denuncia o quanto já foi comido, pelo tamanho da pilha de cascas – basta uma leve pressão para que a pele saia inteira e o grão amarelado apareça. Pertence à família das leguminosas e deve ser cozido antes do consumo. Vendido em conserva, pode ser acrescentado a saladas ou comido puro.

TRIGO

DOS MIGRANTES que saíram do Oriente Médio para se instalar no Brasil, ganhamos delícias culinárias como a receita de quibe, combinação de carne moída, temperos e trigo em grãos. Na versão frita – existe também o quibe cru –, foi transformado em petisco de milhares de lanchonetes e botecos do país. Depois de cozidos em água ou caldo, até ficarem macios, os grãozinhos podem ser utilizados em receitas de saladas, combinados a legumes e verduras. Vinda da Itália, a torta <u>pastiera di grano</u> aparece no cardápio de sobremesas com recheio de ricota, trigo em grãos e frutas cristalizadas.

TRILHA

Pseudupeneus maculatus

EM SÃO PAULO e no Rio de Janeiro, é trilha. Em Pernambuco e outros lugares do Nordeste, saramunete. Há quem afirme que esse peixinho de água salgada – fica, em média, nos 20 centímetros de comprimento – tem gosto de camarão, pois se alimenta do crustáceo. A carne branca, macia e delicada possui espinha fácil de ser retirada e fica boa quando fritada rapidamente em pouco azeite ou feita ao forno.

TRIPA BOVINA

É O INTESTINO do animal, tradicionalmente usado na preparação de embutidos, mas que aparece também em receitas como sopas e cozidos com feijão branco e linguiça. Cortada em pedaços e frita em óleo quente, a tripa vira petisco ou pode ser utilizada para fazer farofa. Ao lado de bucho e mocotó, entra na receita de <u>panelada</u>, um cozido nordestino servido principalmente no Ceará.

TRIPA SUÍNA

TAMBÉM CORRESPONDE ao intestino do animal e, assim como a tripa bovina, é utilizada na fabricação de linguiça e embutidos. No Nordeste existe um <u>espetinho de tripa</u>, feito na brasa, assado até os pedacinhos ficarem crocantes.

TRUTA

Oncorhynchus mykiis

PEIXE DE RIO MUITO identificado à Serra da Mantiqueira, entre os estados de São Paulo, Minas Gerais e Rio de Janeiro, onde há diversos criadouros, mas existente também nas regiões serranas de Santa Catarina e do Rio Grande do Sul. Inteiro, costuma ir ao forno; em filés, grelhado na frigideira. Uma receita comum em restaurantes é a truta com amêndoas. Existe também na versão defumada.

TUCUMÃ

Astrocaryum aculeatum

NA REGIÃO AMAZÔNICA, de onde o tucumã é nativo, existe um sanduíche peculiar: o x-caboclinho, pão francês recheado com fatias da polpa e às vezes incrementado por banana ou queijo coalho. Fruto de uma palmeira, esse coquinho tem casca que vai do laranja ao vermelho e uma grande amêndoa interna, de casca marrom, envolvendo a polpa amarelada e oleosa, consumida *in natura*.

TUCUNARÉ

Cichla spp.

BATATA, CEBOLA, TOMATE e pimentão, cozidos na panela com postas desse peixe muito saboroso, formam a caldeirada de tucunaré, receita frequentemente encontrada no Amazonas. Além das escamas amarelas cruzadas por listras pretas, distingue-se por apresentar uma mancha circular (o "olho") na cauda. Nada nas bacias Amazônica e Araguaia-Tocantins, além de outras áreas do Nordeste e do Pantanal – onde o preparo típico, à pantaneira, é o tucunaré assado com recheio de farofa com banana.

TUCUPI

PRIMEIRO, A MANDIOCA FICA DE MOLHO, na água do rio, até pubar (fermentar). Em seguida, é ralada e espremida no tipiti. O caldo, depois de sedimentado, precisa ferver várias vezes para se livrar do ácido cianídrico, substância tóxica. Finalmente, então, o tucupi é temperado com pimenta-de-cheiro e chicória-do-pará para ser usado em uma série de receitas da região Norte. Duas das mais famosas são o <u>tacacá</u>, espécie de sopa servida na cuia com camarões e folha de jambu, presente em toda a região amazônica, e o <u>pato no tucupi</u>, assado e depois fervido no líquido, uma especialidade paraense. Peixes também combinam com o sabor ácido do tucupi – que, depois da farinha, pode ser considerado o maior presente fornecido pela mandioca.

TUCUPI NEGRO

VARIEDADE DO TUCUPI TRADICIONAL obtida com o cozimento mais intenso do líquido amarelo, a fim de concentrar o sabor – mais de vinte litros são utilizados para obter apenas um litro do negro. O produto final fica denso, com consistência de xarope, à semelhança do vinagre balsâmico. Na região de São Gabriel da Cachoeira, no Amazonas, formigas entram como ingrediente complementar ao preparado. Bom para acompanhar peixes cozidos.

TURU

Teredo sp.

PARECE UMA MINHOQUINHA, mas trata-se de um molusco bivalve encontrado nos manguezais do litoral do Pará e da Ilha de Marajó, onde sobrevivem dentro da madeira de árvores caídas. De sabor delicado, a carne é aproveitada em caldos e sopas, preparada à milanesa ou refogada – os marajoaras, porém, muitas vezes comem o turu recém-saído da concha, ainda cru, apenas com limão e sal.

UMBU

Spondias tuberosa Arruda

PARENTE DO CAJÁ, DO CAJÁ-MANGA e da seriguela, o umbu vem de uma árvore resistente que sobrevive mesmo nas condições adversas da caatinga nordestina, de onde é originária. As raízes da planta armazenam água para a época da seca – daí o nome derivado do termo que, em tupi-guarani, significa "árvore que dá de beber". Refrescante e suculenta, a polpa agridoce fica encapsulada por uma casca lisa, ou de leve penugem. Integra uma receita tradicional e comum no Nordeste: a <u>umbuzada</u>, cozida com leite e açúcar e então batida no liquidificador. A fruta não deve ser confundida com o umbu do Rio Grande do Sul (*Phytolacca dioica* L). O umbu integra a Arca do Gosto, iniciativa do movimento Slow Food para divulgar alimentos que correm o risco de desaparecer.

UMBURANA

Amburana cearensis

NATIVA DO CERRADO, A ÁRVORE da umburana – também chamada de amburana ou imburana – está presente nas regiões Centro-Oeste, Nordeste e Sudeste. Suas sementes têm sido utilizadas como especiaria, da mesma maneira que a canela, o cravo-da-índia e a noz-moscada; ralada, pode substituir a baunilha em alguns doces. A maneira mais comum de usá-la é fazer uma infusão em leite ou uma calda de água de açúcar cozida com a umburana quebrada em pedaços. Muito empregada, também, na aromatização de cachaças.

URUCUM

Bixa orellana

BEM SUAVE, É MAIS UTILIZADO para dar cor aos alimentos do que para acrescentar sabor – o colorau, ou colorífico, base de temperos no Nordeste, não passa de um pó obtido a partir do urucum. Mesmo assim, mostra grande valor culinário. Não existe moqueca capixaba, por exemplo, sem tintura de urucum, feita com as sementes aquecidas em óleo. Ainda no Espírito Santo, esse óleo tingido aparece também no pirão. Curiosidade: uma pasta feita com as sementes do urucum, ou urucu, sempre foi utilizada por indígenas da Amazônia para enfeitar o corpo em rituais de agradecimento.

UVAIA

Eugenia pyriformis var. uvalha

ORIGINÁRIA DA MATA Atlântica, sempre foi frutinha comum nos quintais e pomares que vão de Minas Gerais ao Rio Grande do Sul. Dentro da casca alaranjada fica a polpa ácida, que nem todos consideram agradável para saborear *in natura* – mas que pode ser utilizada em compotas e geleias ou para aromatizar uma garrafa de cachaça. De qualquer forma, é preciso aproveitar a safra, em outubro e novembro, ou congelar a uvaia para depois fazer suco ou sorvete.

UVA ITÁLIA

Vitis vinifera L.

ESSA VARIEDADE DE UVA de mesa – ou seja, que não é indicada para a fabricação de vinho – tem bagas grandes, com sementes, de casca verde bem clara. Apreciada *in natura* ou utilizada para incrementar saladas, molhos salgados e tortas doces. Um quitute clássico para festas é o "bombom" feito com massa de leite condensado cozido com gemas e manteiga, em ponto de brigadeiro, recheado de uva itália.

UVA NIÁGARA

Vitis labrusca L.

INICIALMENTE CULTIVADAS NO NORDESTE dos Estados Unidos, as uvas da espécie *Vitis labrusca* chegaram ao Brasil por volta de 1830 e, no final do século XIX, seu plantio já estava estabelecido em uma região do interior de São Paulo que engloba municípios como Jundiaí, Louveira e Vinhedo. Ao lado de outras sete cidades, elas integram o chamado Circuito das Frutas, que promove visitas a propriedades rurais e uma série de eventos que ocorrem na época da safra, de dezembro a fevereiro – em 2015, a Festa da Uva de Vinhedo atraiu 400 mil pessoas. A variedade niágara rosada, uma das mais consumidas no Brasil, foi descoberta em 1933, em Louveira. Além de servida pura, como sobremesa, entra no preparo de sucos, geleias, sorvetes e bolos.

UVA RUBI

Vitis vinifera L

EM 1972, O AGRICULTOR DE ORIGEM japonesa Kotaro Okuyama colhia uva itália em sua plantação no município de Santa Mariana, no Paraná, quando descobriu um cacho que havia sofrido mutação: foi o princípio do cultivo da variedade rubi, com bagos de coloração rosada. A partir do final da década de 1970, a lavoura já havia se espalhado por outros municípios do Paraná e chegou a São Paulo e ao Rio Grande do Sul. A uva rubi é servida *in natura* ou em forma de sucos, geleias, gelatinas e outros doces, ou ainda acrescentada a saladas e molhos.

VAGEM

Phaseolus vulgaris

É A MESMA PLANTA DO FEIJÃO, mas consumida ainda verde e com os grãos imaturos guardados pelas vagens. Entre os diversos tipos disponíveis estão a manteiga (achatada, com cerca de 20 centímetros) e a macarrão (arredondada, com cerca de 15 centímetros). As extremidades fibrosas devem ser descartadas antes do preparo. Refogadas ou cozidas em água – ou no vapor –, rendem bons acompanhamentos, em saladas ou sozinhas. Também utilizada como complemento de sopas, farofas e cozidos.

VAGEM DE METRO

Phaseolus vulgaris

COMO O NOME INDICA, É UMA VARIEDADE de vagem que cresce bem mais que as outras variedades. Roliça e de coloração mais escura, pode ser preparada da mesma maneira que as vagens manteiga e macarrão. Nos mercados do Nordeste, recebe o nome de feijão-de-metro.

VIEIRA

Pecten maximus e Nodipectem nodosus

SEM DEIXAR DE SER MACIA, a carne da vieira tem consistência mais firme que a de outros moluscos, como a ostra, e fica boa grelhada ou gratinada. No Brasil, os poucos criadouros existentes no litoral do Rio de Janeiro, São Paulo e Santa Catarina não conseguem atender à demanda dos restaurantes. Por isso, grande parte do ingrediente consumido no país vem congelada do Chile ou do Canadá. Na região da Ilha Grande (Rio de Janeiro), porém, existe uma espécie nativa, menor e de sabor mais acentuado. Curiosidade: a tradicional casquinha de siri é servida, na verdade, em conchas de vieiras.

VINAGREIRA

Hibiscus sabdariffa L.

"NO VERDADEIRO CUXÁ, a vinagreira lembra que a vida é às vezes ácida, mas sem esse tempero de azedume não pode ser vivida", escreveu Odylo Costa, filho, em *Cozinha do arco-da-velha*, sobre o arroz-de-cuxá – o prato mais emblemático do Maranhão combina os grãos com as folhas da hortaliça, camarão fresco e seco, quiabo e gergelim. Picada, a erva confere uma acidez natural às receitas e pode ser usada em lugar do limão. As sépalas que envolvem o fruto da planta, um hibisco, são desidratadas e usadas para fazer chá.

VÔNGOLE

Anomalocardia brasiliana

ESSE PEQUENO MOLUSCO bivalve, também chamado de berbigão, quase não ultrapassa os 3 centímetros e pode, portanto, aparecer ainda dentro das cascas em uma receita herdada dos imigrantes italianos de São Paulo e presente em diversos cardápios do país: o espaguete ao vôngole. Embora presente em todo o litoral, é mais abundante na costa de Santa Catarina, onde aparece em recheios de pastéis e em pratos como a sopa de berbigão. O vôngole brasileiro integra a Arca do Gosto, iniciativa do movimento Slow Food para divulgar alimentos que correm o risco de desaparecer.

XARÉU

Caranx lugubris

COMUM NA REGIÃO COSTEIRA do Nordeste, onde a carne aparece em peixadas ou moquecas. Inteiro, vai ao forno recheado de farofa de farinha de mandioca. Em postas, pode ser levemente empanado e frito ou cozido ao molho de leite de coco.

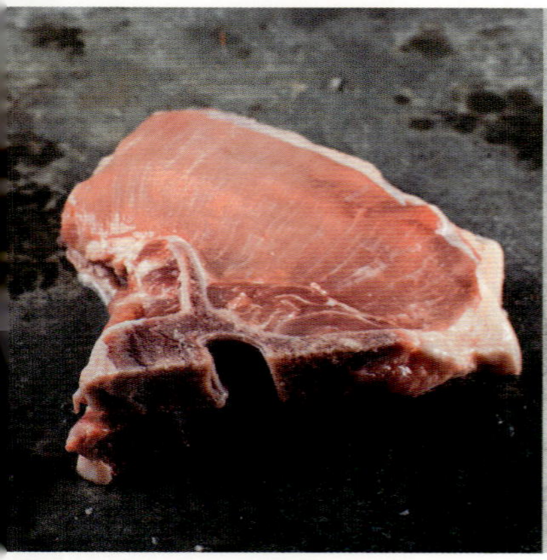
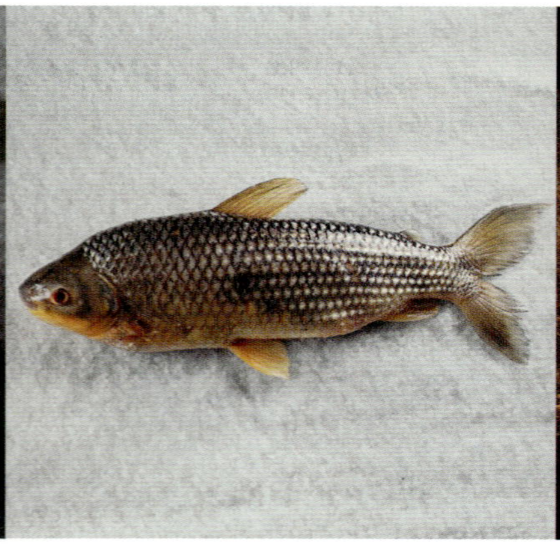
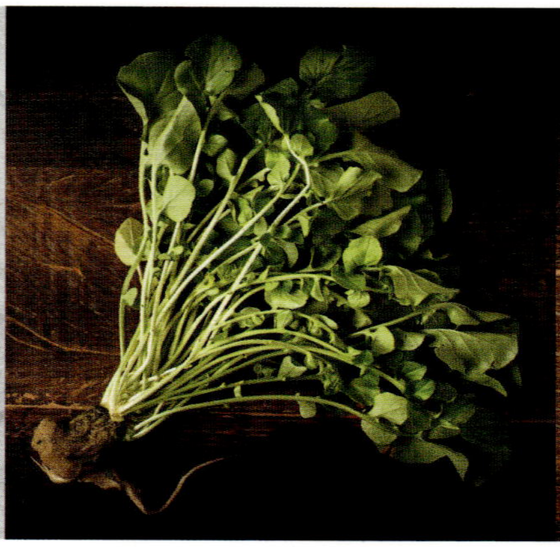
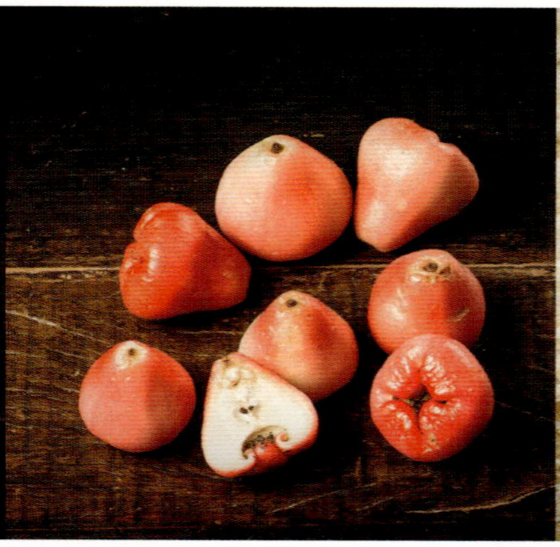
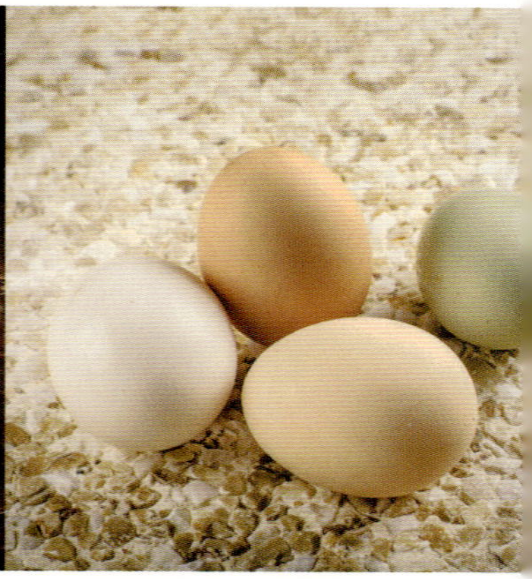

ENGLISH / FRANÇAIS

DEDICATION

To the producers, researchers, and cooks who dedicate themselves to perpetuating and valuing our gastronomic culture.

And to my children, Pedro and Antoine, in the hopes that their generation will be able to enjoy Brazilian food on their everyday lunches and dinners.

DÉDICACE

Aux producteurs, aux chercheurs et aux cuisiniers qui se dédient à perpétuer et mettre en valeur notre culture gastronomique.

Et à mes enfants, Pedro et Antoine, avec l´espoir que leur génération puisse jouir de la cuisine brésilienne dans les déjeuners et les dîners du jour au jour.

PREFACE

GUIDED JOURNEY WITH NO CLASS SEPARATION

When Ana Luiza opened her Brasil a Gosto restaurant in 2006, she was still a girl – at least in terms of age, and by the way she looked. However, she was mature in her decisions and soon proved she was not there to play restaurant, or to pretend she was interested in Brazilian food when the subject was not yet fashionable. She soon began to reveal her chest of knowledge and curiosity accumulated from an early age.

Because she was born in the country side of São Paulo state, used to spend vacation with her grandmother in Ceará, and because she has always enjoyed the company of those who cook, Ana took every opportunity she had to learn.

With all she had at hand, she could have locked herself in the kitchen and, still, we would have eaten the best of everything. If she wanted to, she could travel around the world showcasing her discoveries, which would make any cook or food lover envious. Instead, she packs her suitcase with a rare passion and hides herself in places unknown in our own territory to return with a treasure throve of ingredients that are new to most of us, as well as sound knowledge, and many ideas in the noggin.

Ana is not content with cooking and serving a beautiful and delicious dish. She also insists in traveling throughout Brazil to watch ingredients and products closely. She learns how to prepare them, observes the gestures, and pays attention to the tools used. To do this, she enters people's houses and becomes one of them, in a humble and kind way.

Ana Rita Dantas Suassuna, author of *Gastronomia Sertaneja* (Food from the Backlands), told me she walked around with her. Although Ana Luiza had already been to the Caruaru and the Gravatá farm markets, she enjoyed the company of the specialized friend to understand more about the ingredients and the food of the backlands. She also wanted to learn from the author's sister, a professional cake maker, how to prepare *Bolo de rolo*, *Grude de goma*, and *Souza Leão* cake. And that is how her wanderings are, taking advantage of every moment to get instructed. If someone is going out to fish in the open sea, Ana goes along. If the plan is to stick both feet in the mangrove to harvest crabs, she will go as well. Truck, plane, boat, donkey, it does not matter the transportation means, Ana always arrives where she wants.

After a trip visiting farm markets, producers and cooks, she usually pays homage to the region by creating a menu at Brasil a Gosto using the ingredients and local preparation methods. This is the way she found to present the Brazilian cuisine to her customers and to stimulate other professionals and food lovers to get to know all our country has to offer. And she has been doing this masterfully.

Being so generous, she also makes sure to share with friends what she brings back in her suitcase. From her last expedition to Piauí, for example, she brought me a bag made with buriti palm straw full of gems, such as Guiana chestnut, air potato, fava bean, seaweed, Macaw palm, and other treats.

Some of these ingredients unraveled in remote parts of Brazil, and other everyday ingredients, you will find on the pages of this book, which brings encyclopedic information, but they are not monotonous. Reading it from start to end, or by searching for specific items, you will notice the pace and the highlights to the most relevant information, which can vary from entry to entry. Sometimes, it is more important to know about the origin of a food, or its many popular names; in other cases, the nutritional composition, the preparation method, or the fact that the item is protected by the Ark of Taste slow food project, for instance, matters the most.

So, I invite you to embark with me on this guided journey with no class separation, that is how Ana deals with both ingredients and travelers, and let's not only review what is already familiar to us, like chayote, but also discover the wealth the author reveals. And we will never mix again *farinha-d'água* with regular manioc flour, or *goma* with *carimã* flour, or *fumeiro* meat with *carne seca*. Do as she does, take advantage of it all!

Neide Rigo is a nutritionist, author of the blog Come-se and one of the leading experts in ingredients in Brazil.

PRÉFACE

VOYAGE GUIDÉ SANS DIVISION DE CLASSES

Lorsqu´Ana Luiza a inauguré son restaurant Brasil a Gosto, en 2006, elle était encore une jeune fille – au moins en ce qui concerne l´âge et son apparence. Cependant, elle était très mûre dans ses décisions et a démontré qu´elle n´était là ni pour jouer au restaurant, ni pour faire semblant qu´elle s´intéressait à la culinaire brésilienne, dans une époque où ce sujet n´était pas encore à la mode. Elle a montré son bagage de connaissances et sa curiosité accumulés depuis son enfance.

Le fait d´être née à la campagne de l´état de São Paulo, de passer ses vacances avec sa grand-mère native du Ceará et de sa prédilection d´être toujours près de ceux qui cuisinaient ont poussé Ana à profiter chaque opportunité de sa vie pour apprendre.

Avec ce qu´elle avait dans ses mains, elle aurait pu se renfermer dans sa cuisine et encore là nous mangerions à nous en régaler. Si elle le voulait, elle pourrait voyager le monde entier et nous montrer des découvertes à faire envie à n´importe quel cuisinier ou amateur de cuisine. En fait, elle a rempli sa valise d´une passion rare et est partie vers des endroits inconnus dans notre propre pays pour ensuite rentrer avec son bagage lourd, plein de nouveaux ingrédients pour la plupart de nous, plein de connaissances et avec beaucoup d'idées dans la tête.

Ana ne se contente pas de cuisiner et de servir un beau et délicieux plat. Elle tient à voyager au Brésil entier, voir de près les ingrédients et les produits. Elle apprend la préparation, observe attentivement les gestes et les ustensiles utilisés. Pour cela, elle entre chez les gens et devient l'une d'elles avec modestie et gentillesse.

Ana Rita Dantas Suassuna, auteur du livre *Gastronomia Sertaneja*, m'a raconté qu'elle s'est promenée avec Ana Luiza. Malgré le fait qu'Ana Luiza connaissait déjà les marchés de Caruaru et de Gavatá, elle a profité la compagnie spécialisée de son amie pour comprendre davantage les ingrédients et la nourriture du *sertão*. Elle a même voulu apprendre avec la soeur pâtissière de l'écrivain à faire le *bolo de rolo*, la *goma* et le *Souza Leão*. Et ainsi, elle continue à voyager, en profitant de chaque moment pour s'instruire. Si quelqu'un part en haute mer pour pêcher, Ana y va avec. S'il faut mettre les pieds dans les marécages pour ramasser des crabes, elle y va aussi. En camion, en avion, en bateau, à dos d'âne, peu importe le moyen de transport, Ana arrive toujours où elle veut.

Après ses voyages, où elle visite des marchés, des marchés en plein air, des producteurs et des cuisiniers, elle a l'habitude de rendre hommage aux régions visitées avec un menu créé au Brasil a Gosto à partir des ingrédients et de la façon locale de préparation. Il s'agit d'une manière de présenter la cuisine brésilienne à ses clients et motiver d'autres professionnels et amateurs à connaître notre pays dans ce qu'il y a de mieux. Et ce sujet, elle le maîtrise profondément.

En plus, son caractère généreux la pousse à partager avec les amis les produits qu'elle rapporte dans sa valise. De sa dernière expédition au Piauí, par exemple, elle m'a offert un sac de paille de buriti, plein de préciosités telles la *munguba*, le *cará-moela*, la *fava-feijão*, la *alga*, la *macaúba* et d'autres petits cadeaux.

Une partie de ces ingrédients dénichés dans le Brésil profond ou des produits du jour au jour vous allez les retrouver dans les prochaines pages de ce livre, qui présente des informations encyclopédiques, mais non monotones. Au cours d'une lecture linéaire ou tout simplement comme une consultation, vous allez percevoir le rythme et l'attention à des données de plus grande importance qui peuvent varier selon les mots. Parfois, il est plus intéressant de connaître l'origine d'un aliment ou ses noms populaires ; dans un autre cas, la composition nutritionnelle, la préparation ou si l'ingrédient en question est protégé par le projet Arca do Gosto, de Slow Food, par exemple.

Alors, embarquons dans un voyage guidé sans division de classes, qui est la façon dont Ana traite les ingrédients et les voyageurs, et allons revoir non seulement ce qui nous est familier, tel la chayotte, mais allons également découvrir la richesse que l'auteur nous dévoile. Et jamais plus nous n'allons confondre farine *d'água* avec farine sèche, *goma* avec *carimã* ou alors viande fumée avec viande séchée. Faites comme Ana Luiza, profitez de tout!

Neide Rigo est diététicienne, auteur du blog Come-se *et l'une des plus grandes spécialistes des ingrédients du Brésil.*

INTRODUCTION

IF YOU PLANT IT, IT WILL GROW!

More than ten years ago, when I began the research that would originate Brasil a Gosto restaurant and my two previous books, *Brasil a Gosto* (Brazil to Taste) and *Cardápios do Brasil* (Brazilian Menus), my main commitment – and my great pleasure – was to understand how the national ingredients are used in everyday life, and to be able to share this knowledge with the whole country. From the Amazon to the mountain ranges of Rio Grande do Sul, from the Brazilian savannah to the backlands of Northeast region, my concern was to learn how the fruits, vegetables, meats, flours and dairy products, among many other types of food, appeared in the daily lives of local homes and restaurants.

On the following pages, you will find pictures and information on over 500 of these ingredients, always focusing on their utilization in Brazil. Some are used – and often only known – in their places of origin, like the babassu oil from Piauí and Ceará. Others are widely used in all corners of the country, like cassava, rice, and *dedo-de-moça* pepper. And there are some that, in addition to their extensive use *in natura*, are also the raw material to produce many other foods – such is the case of manioc and its "offspring": flours, starches, *goma*, and *tucupi*.

Many of these foods and processes, however, are at risk of disappearing, if we do not use them. In gastronomy, it is common that something becomes fashionable, and then fades away – and ingredients are no exception. The math is simple: the higher the consumption, the higher is the demand and the effort to maintain the existence of a certain item. Today, there are some producers dedicated to providing ingredients that once were doomed to disappear from the face of the earth, as well as a group of chefs who use them frequently. Furthermore, agencies such as Embrapa (Brazilian Agricultural Research Corporation) play an important role in guiding and supporting the perpetuation of our products.

Still, we need multipliers: only the everyday use in our own homes will make the traditional Brazilian foods remain among us. Some examples: many regional cheeses were previously restricted to their regions of origin, but once they began to be adopted by various restaurants and chefs, some supermarkets and specialty stores around the country started to sell them. Something similar happened to the less popular pork parts, such as the belly, trotters, and the ears, and with freshwater fish, like paiche. *Baru*, a nut from the Cerrado, and *Uarini* manioc flour, made in the Amazon, are beginning to follow the same track.

But the gastronomic wealth of Brazil cannot be exhausted, obviously, with 500 ingredients. This book is intended to have continuations, and to establishing itself as an even more complete work of reference about the food of our country. Therefore – and because I believe a collective effort can be very fruitful – I would like to make an invitation here. Contact us and let us know what Brazilian foods you know and believe should be featured in our next glossary. If you happen to have a spare one at hand, even better – send it to us and we will photograph it. You can find me at pesquisa@brasilagosto.com.br.

And you can start looking forward to the next book of the Brasil a Gosto collection: classic Brazilian recipes, but not limited to regionalisms. *Acarajé* and *Feijoada* will be in the book, yes, but also rice and beans with *bife à milanesa*.

Enjoy your reading,

Ana Luiza Trajano

PRÉSENTATION

SI L'ON Y EN PLANTE, ON Y EN RÉCOLTE

Il y a plus de dix ans, lorsque j'ai commencé mes recherches qui seraient à l'origine du restaurant Brasil a Gosto et également à mes deux autres livres, *Brasil a Gosto* et *Cardápios do Brasil*, mon principal but – et mon plus grand plaisir – était celui de comprendre de quelle façon les ingrédients nationaux sont utilisés le jour au jour et de pouvoir partager ces connaissances avec le reste du Brésil. De l'Amazonie à la Serra Gaúcha, du Cerrado au *sertão* du Nord-Est, j'étais souciante d'apprendre de quelle manière les fruits, les plantes herbacées, les viandes, les farines et les produits laitiers, entre autres divers types d'aliments, apparaissent dans le quotidien des maisons et des restaurants locaux.

Dans les pages suivantes, vous trouverez des images et des informations sur plus de 500 ingrédients, toujours ayant l'objectif de montrer leur application au Brésil. Quelques-uns ne sont utilisés – et, très fréquemment, connus – que dans leurs régions d'origine, tels le huile de babassu de Piauí. D'autres possèdent une vaste participation dans la culinaire de tous les coins du Brésil, comme par exemple, le manioc, le riz, le piment *dedo-de-moça*. Et il y en a ceux qui, en plus de posséder une application individuelle, sont encore à l'origine d'autres aliments, comme le manioc et ses "enfants": la farine, la gomme, le *polvilho*, le *tucupi*.

Cependant, d'innombrables processus et d'aliments risquent de se perdre si nous ne les utilisons pas. Dans la gastronomie, il est très commun qu'il y ait des vagues qui viennent et qui s'en vont après – et les aliments n'y sont pas une exception. Le calcul est simple : plus grande est la consommation d'un tel produit, plus grande en sera la demande et le maintient de son existence. Aujourd'hui il y a des producteurs dédiés à fournir des ingrédients qui un jour étaient condamnés à disparaître, et également un groupe de chefs qui les utilisent très souvent. En plus, des organismes tels la Embrapa (Empresa Brasileira de Pesquisa Agropecuária) jouent un rôle important car elles orientent et appuient la perpétuité de nos produits.

Encore là, nous avons besoin de multiplicateurs: seulement l'usage quotidien, dans nos propres maisons assurent que les aliments typiquement brésiliens restent parmi nous. Un exemple très emblématique sont les fromages régionaux, avant limités à leurs région d'origine – mais qui après être adoptés par plusieurs restaurants et chefs, se trouvent à vente dans certains supermarchés et épiceries de tout le Brésil. Il s'est passé la même chose avec des poissons d'eau douce tel le *pirarucu*. Le *baru*, une noix du Cerrado et la farine de manioc de Uarini, faite dans l'état du Amazonas, suivent le même chemin.

Mais, la richesse gastronomique brésilienne ne s'épuise évidemment pas en 500 ingrédients. Ce livre prétend continuer et s'établir comme une oeuvre de référence encore plus complète à propos de notre culinaire. C'est pour cela – et à force de croire que l'effort collectif est capable de donner d'excellents fruits – que je vous fais une invitation. Prenez contact avec moi pour dire quel aliment brésilien vous connaissez et qui mériterait d'être cité dans notre prochain glossaire. Si vous en avez un près de vous, faites encore mieux: envoyez-le-nous et nous le photographierons. Vous pourrez me réjoindre à l'adresse pesquisa@brasilagosto.com.br.

Et attendez le prochain livre de la collection Brasil a Gosto, qui vous apportera des recettes classiques de notre cuisine sans se limiter à des régionalismes. Nous vous parlerons de *acarajé* et de *feijoada*, bien sûr, mais aussi de riz avec des haricots et bifteck à la milanaise.

Bonne lecture.

Ana Luiza Trajano

ENJOY YOUR BOOK

■ The ingredients are listed in alphabetic order in Portuguese. As there are many regional variations – cassava, for example, is known as *mandioca*, *macaxeira* and *aipim* –, the index on page 336 will help you identify the names of some products in different parts of the country.

■ The **highlighted** words in the English text refer to traditional or everyday dishes found in many kitchens and Brazilian restaurants. The *italicized* words and expressions are traditional dishes or other food-related expressions in Portuguese often briefly explained or translated afterwards.

■ The larger pictures on double-page spreads showcase essential ingredients of the Brazilian food culture and some of their by-products. The most important ones have their own entry in this book.

■ Wherever possible, the latest binomial nomenclature was used to identify the scientific name of animal and plant-based ingredients. However, this kind of information is constantly changing.

PROFITEZ DE VOTRE LIVRE

■ Les ingrédients apparaissent en ordre alphabétique. Puisqu'il y a plusieurs variations régionales de noms – manioc, par exemple, peut être nommé *macaxeira*, mais également *aipim* – la table de matières de la page 336 vous aidera à identifier les produits selon la dénomination de chaque lieu.

■ Les caractères **en gras** des textes font référence à des plats typiques ou à des préparations classiques, trouvés le jour au jour dans la cuisine et dans des restaurants brésiliens.

■ Les grandes photographies dans des pages doubles montrent des ingrédients importants pour la culture gastronomique du pays et certains de ses sous-produits. Les principaux éléments ont été choisis pour composer le lexique de ce livre.

■ Selon les possibilités, nous avons utilisé la nomenclaure binominale la plus récente pour identifier le nom scientifique des ingrédients. Cependant, ces informations subissent de constantes mises à jour.

ABACATE
Persea americana Mill.

FLORIDA/FUERTE AVOCADO
Together with cassava/manioc, pumpkin and corn, among other ingredients, the avocado was a gift from the Americas to the rest of the world. The green, leathery skin surrounds a large seed and a velvety pulp, with buttery texture and a mild flavor that is hardly sweet, but has no bitterness either. Due to this neutrality, avocado is very versatile in the kitchen. In Brazil, it is mainly consumed as a fruit, mixed with sugar in the form of milk-based smoothies, or mashed into a cream and served as dessert. In other countries of Latin America and the United States, however, it appears in savory recipes such as salads, salsas and appetizers. Although it can be found basically year in Brazil at fairs and supermarkets, the best time for consumption is from December to April.

AVOCAT
Tout comme le manioc, la courge et le maïs, entre autres ingrédients, l´avocat a été un cadeau des Amériques pour le reste du monde. La peau verte et âpre cache un grand noyau et une pulpe très tendre, à la texture beurrée, de goût léger qui n´est pas exatement sucré, mais qui ne présente pas d´amertume non plus. En fonction de cette neutralité, il se montre très versatile. Au Brésil, on a l´habitude de le consommer en tant que fruit, avec du sucre, mélangé avec du lait ou des crèmes pour le dessert. Cependant, dans le restant de l´Amérique du Sud et dans des pays, tels le Mexique ou les États Unis, il est un composant de recettes salées, de salades et d´autres garnitures. Malgré le fait que l´on le trouve toute l´année, les meilleures époques de consommation sont de décembre à avril.

ABACAXI HAVAÍ
Ananas comosus (L.) Merril.

SMOOTH CAYENNE PINEAPPLE
Everyone thinks of pineapples as fruits, one the most delicious, juicy and refreshing ones. However, it is in fact an infructescence: a fruit cluster. Each one of the small "buds" or "eyes" that make up pineapple come from a flower growing from the core. Originally from South America and easily found all across the continent, legend has it was first offered to Christopher Columbus by the Guadeloupe island natives. Introduced to Europe, it was such a hit that, as writer Jane Grigson describes in her *Fruit book*, the people "began to crown their gates and corners of their roofs with stone pineapples, a symbol of hospitality (...)." Many of the Brazilian major crops are in Minas Gerais, Paraíba and Pará states. The country is a leading producer of pineapple in the world. Smooth Cayenne varieties have an orange bark, are bigger and stronger, reason why it is a favorite of the food industry. The acidic and pale yellow pulp is used in the manufacture of juices, jams, ice creams and candied fruits and compotes.

ANANAS CAYENNE
Tous connaissent l´ananas comme un fruit, et des plus délicieux, ayant beaucoup de jus et étant très rafraîchissant. En fait, il s´agit d´une infrutescence: un ensemble de fruits. Chacun des petits hexagones représentés à l´extérieur (la peau) qui composent l´aliment surgissent à partir d´une fleur, autour de l´axe central. Originaire de l´Amérique du Sud et présent dans tout le continent, on l´aurait été offert à Christophe Colomb par les natifs de île de Guadeloupe. Apporté en Europe, il a connu tant de succès que, comme nous raconte l´écrivain Jane Grigson dans son oeuvre *Fruit book* (*Le livre des fruits*), "portails et coins de toits furent couronnés avec des ananas en pierre, un symbole d´hospitalité". La plupart des principales plantations du pays sont situées au Minas Gerais, au Paraíba et au Pará – le Brésil étant l´un des principaux producteurs d´ananas du monde. De peau orangeâtre, cette variété cultivée, plus grande et plus résistante, est celle qui est préférée de l´industrie des aliments: sa pulpe acide et jaune clair entre dans la fabrication de jus, de confitures, des glaces et des confits cristallisés.

ABACAXI PÉROLA
Ananas comosus (L.) Merril.

PERNAMBUCO PINEAPPLE
This pineapple variety differs from the smooth cayenne for being less acidic and sweeter, more fragrant and juicier – therefore, better to be eaten fresh. The vast culinary uses for pineapple include homemade sweet and savory preparations such as juices, cakes, jams, trifles, ice creams, salads and sauces. Because pineapple is high in bromelain, a digestive enzyme, the juice is often added to marinades to tenderize meats. In the North and Northeast regions of Brazil, a beverage is prepared with pineapple skin soaked in water to sip for several days: the *aluá*, a legacy of indigenous people. To find out if a pineapple is ripe, just do a simple test: pull one of the leaves off, it should come out easily. Pineapples can be found year round, but the best ones are harvested from September to December in Brazil.

ANANAS BOUTEILLE
Différent de la variété cayenne, il est plus acide et plus sucré, parfumé et possède plus de suc – indiqué, donc, pour la consommation *in natura*. Le très grand usage culinaire inclut des recettes maison, sucrées et salées, tels des jus, des gâteaux, des confitures, des pavés et des sorbets, et en plus des salades et des sauces. Riche en broméline, une enzyme digestive, le jus d´ananas est normalement inclu dans des plats marinés pour rendre plus "tendre" la viande. Dans les régions Nord et Nord-Est, il existe une préparation d´origine indienne: le *aluá*, une boisson faite à partir de la peau du fruit, trempée en eau et fermentée pendant quelques jours. Pour savoir si l´ananas est mûr, il suffit un simple test: l´une des feuilles, lorsqu´elle est tirée de la couronne, doit en sortir facilement. Malgré le fait d´être retrouvé toute l´année, la meilleure époque de sa consommation est de septembre à décembre.

ABIU
Pouteria caimito (Ruiz & Pav.) Radlk.

ABIU
Originally from the Brazilian Amazon, this fruit of smooth and deep-yellow skin has been found many times in coastal areas of the Atlantic rainforest, but currently, the majority of trees concentrate in the North region, where it is sold in street fairs and markets, filling up large baskets. Perfectly round, or oval and elongated, it is generally the size of a lime, or of a large egg, but some may weigh over 20 ounces. To be eaten fresh, the fruit needs to be very ripe, or the gelatinous, whitish sweet pulp becomes viscous and sticks to the mouth – hence the expression, current in Northern Brazil, which vsays that people who "*comeu abiu*" ("ate *abiu*") can keep secrets, or keep their mouths shout. It can also be used to make preserves and jams.

ABIU
Ce fruit d´origine amazonienne il possède une peau lisse et bien jaune et a déjà été retrouvé dans certains points du littoral de la Forêt Atlantique, mais aujourd´hui sa présence se concentre dans la région Nord, où les marchés exhibent de grands paniers pleins de abiu. Tout rond ou de forme ovale e long, il a en général la taille d´un citron – ou d´un oeuf grand -, mais quelques exemplaires pèsent plus de 600 grammes. Pour être consommé *in natura*, il faut qu´il soit bien mûr, ou la pulpe gélatineuse, blanchâtre et sucrée, devient visqueusse et colle à la bouche

– d'où l'expression courante dans la région Nord, selon laquelle, celui qui a mangé de l'*abiu* reste en silence ou garde des secrets. Il existe également sous la forme de confitures et de compotes.

ABÓBORAS

SQUASHES
A gift of the Americas to the world – there are records of their presence in Mexico in 5500 BC –, the vegetables of the *Cucurbita* genus are a versatile food from which almost everything can be eaten. The orange pulp, used as the main ingredient or to complement dishes, goes into several savory and sweet recipes: soups, mashes, bean stews, salads, compotes. The buds, flowers and young leaves of the herbaceous vine, called "*cambuquira*" in Portuguese, are excellent in cakes, risottos, omelets and sautéed. The toasted and salted seeds are a great snack, and even the skin of some winter varieties can be consumed after being cooked.

COURGES
Présente dans les Amériques pour le reste du monde – il a des registres de sa présence au Mexique en 5500 a.J.C. – les plantes herbacées du genre *Cucurbita* sont des aliments versatiles, desquels on profite presque tout. La pulpe orangeâtre apparaît comme un ingrédient principal ou complément d'innombrables recettes salées et sucrées: des soupes, des purées, des haricots, des salades, des compotes. Des branches, des bourgeons et des feuilles jeunes du pied de courge, nommés *cambuquira* sont d'excellents croquettes, risottos, omelettes et des plats braisés. Des graines grillées et salées sont un excellent amuse-gueule et même l'écorce de quelques variétés, après être cuite peut être consommée.

ABÓBORA DE LEITE
Cucurbita moschata Duch.

PINK BANANA SQUASH
Compared to other fruit of the same species, the rind of this winter squash has lighter, salmon-pink color, and the deep orange pulp is drier and denser. Although it is also known as *sergipana* squash (i.e., from Sergipe) in Portuguese, the cultivation and consumption are not restricted to this state: they can be found throughout the Northeast region and also in northern Tocantins. Pink banana squash has a sweetish taste; it can be cooked in cow's or goat's milk and mashed into a porridge, for breakfast, or added to stewed beans.

COURGE MUSQUÉE
Comparée à d'autres fruits de la même espèce, elle a l'écorce plus claire et la pulpe plus sèche et épaisse, de couleur orangeâtre. Malgré le fait d'être nommée *sergipana* (de l'état de Sergipe), sa plantation et sa consommation ne sont pas limitées à cet état: elle est présente dans la région Nord-Est entière et existe aussi dans le Nord de Tocantins. D'un goût douceâtre, elle peut être cuite et écrasée avec du lait de vache ou de chèvre, comme une bouillie pour le petit déjeuner, ou être incorporée à la préparation des haricots.

ABÓBORA-DE-PESCOÇO
Cucurbita moschata Duch.

BUTTERNUT SQUASH
This variety of pumpkin has a fibrous pulp and releases a lot of liquid when cooked. Therefore, it is widely used in Brazil to prepare desserts, either cubed and candied, cooked in syrup or mashed into a paste, all of them popular at tables of the Southeast region. In the Northeast of the country, it is cooked with meat and also used in salads, soups and mashes. Butternut is one of the largest squash varieties – some can weigh over twenty pounds. Plump at the bottom and tapered in the upper part, forming a "neck" (hence the name "*de pescoço*" in Portuguese), it is a relative of another squash found in Brazilian markets: the *abóbora-paulista* (literally, "São Paulo squash"), very similar in shape and color, but smaller in size. Butternut squash can be found all over the country; the best ones are harvested from June to September.

COURGE BETTERNUT
Ce type de courge possède la pulpe fibreuse et ressort beaucoup d'eau à la cuisson. Pour cela, elle présente de bons résultats sous la forme de compote, e en confit cristallisé ou en coulis, très courants aux tables de la région Sud-Est. Au Nord-Est, on a l'habitude d'en mélanger des morceaux avec de la viande cuite, mais elle peut être un composant de salades, des soupes et de purées. La courge betternut est l'une des plus grandes parmi les types existants de l'aliment – quelques exemplaires pèsent même plus de dix kilos. Ayant la partie inférieure bien grosse et la partie supérieure fine d'où le nom en portugais "*pescoço*" (cou, en français), elle possède une très proche voisine dans le marché. Il s'agit de la courge *paulista*, très semblable dans son apparence, mais plus petite. Retrouvée partout dans le pays, la meuilleure époque por en consommer est de juin à septembre.

ABÓBORA-JAPONESA
Cucurbita moschata Duch. x *Cucurbita máxima* Duch.

KABOCHA PUMPKIN
Everything in kabocha pumpkin is useful. Zinc, magnesium, iron and phosphorus are some of the nutrients found in the seeds, which only need a few minutes in the oven to be transformed into a healthy, low calorie snack. The green rind is quite hard when raw, but once cooked, can be consumed together with soft flesh. The flowers can be sautéed or breaded and deep fried. Also known as Japanese pumpkin in English and by several other names in Portuguese, this variety results from a cross of butternut squash and pumpkin, and it is consumed all over Brazil. The flesh is drier, perfect for cream soups, fritters, mashes, rolls and gnocchi. The best are harvested from March to October.

KABOCHA
De la kabocha, on en profite tout. Du zinc, du magnesium, du fer et du phosphore sont quelques nutriments retrouvés dans les graines. Il suffit quelques minutes au four pour les transformer dans une amuse bouche sain et d'un taux bas de calories. L'écorce verte est très dure lorsqu'elle est crue, mais cuite, elle peut être consommée avec de la pulpe tendre. Les fleurs sont utilisées pour faire des ragoûts ou des fritures panées. Résultat du croisement de la courge musquée et le potiron et consommée dans le pays entier – connue également comme tetsukabuto, *kabochá*, *cabochã* et *cabotiá*, entre autres variations dans la graphie – elle a la pulpe plus sèche, parfaite pour des crèmes, des croquettes, des purées, des pains et des gnocchis. La meilleure époque pour en consommer est de mars à octobre.

ABÓBORA-MORANGA
Cucurbita maxima Duch.

MORANGA PUMPKIN
Produced in Brazil, this pumpkin variety plays an important role in the country's Northeastern diet. It is an essential ingredient for the classic regional dish *Camarão*

na Moranga (shrimp concoction served inside a pumpkin). With mild flavor, soft flesh, and flattened round shape with large "ribs", once it is baked, the pumpkin is the perfect container for serving stewed shellfish. It can be also braised or used as an ingredient in soups and mashes, as well as in the preparation of desserts and candies. Unlike the kabocha pumpkin, it has an orange, thinner skin. In the Northeast, it is called jerimum. The best ones are harvested from April to August.

POTIRON
Produit dans tout le Brésil, ce type de courge a une participation importante dans la diète du Nord-Est. Il est un ingrédient incontournable pour un plat classique de la cuisine régionale, les crevettes dans au potiron. D´un goût léger, une pulpe tendre et avec une forme arrondie avec de gousses, il devient le récipient parfait pour servir les crustacés cuits dans une sauce, après qu´il a été rôti. Le potiron entre également dans la préparation de ragoûts, de soupes, de purées et de confits. Différent du kabocha, il a l´écorce de couleur orageâtre et plus fine. Au Nord-Est, il reçoit le nom de jerimum. La période la plus appropriée pour la consommation est entre avril et août.

ABOBRINHA BRASILEIRA
Cucurbita moschata L.

COUSA SQUASH
Harvested unripe, it can also be left in the vine to ripen into a winter squash. Softer than a zucchini, there is no need to remove its skin or seeds before cooking. When harvested young, it can be eaten raw, either grated or finely sliced, in salads, salsas and dips. In Brazil, it is often used in sautéed dishes, soufflés and fillings for salgadinhos (Brazilian snacks), savory pies and cakes, pizzas, turnovers and empanadas. As for cooking methods, nothing can compromise its flavor and texture. It is good breaded and fried, boiled, baked, grilled, steamed, stuffed and even charbroiled. It can also be used in sweet preparations, especially cakes. Both cousa squash and zucchini belong to the gourd family, but they are distinct species: Cucurbita moschata, for cousa, and Cucurbita pepo, for zucchini. They also differ in shape. Cousa squash has one of the ends rounded, and is light green in color; zucchini is more cylindrical and slender, with a darker green color.

COURGETTE
Il s´agit d´un fruit cuieilli vert – si l´on le laisse pousser, jusqu´au point de mûrir, elle devient courge. Tendre à l´intérieur et à l´extérieur, la courgette peut être consommée entièrement, sans la peler ou en retirer les graines. Toute fraîche, elle n´exige pas de cuisson. Il suffit de la râper ou la couper en lamelles fines pour composer des salades, des vinaigrettes et des pâtés. Elle est très utilisée dans des ragoûts, des soufflés et pour farcir des plats salés les plus variés, tels les tartes, les croquettes, les pizzas, les chaussons, les beignets et les empanadas. Quant à la façon de la préparer, il n´y a rien qui puisse compromettre son goût et sa texture. Frite et panée, cuite, rôtie, grillé, à la vapeur, farcie et même rôtie à la braise, la courgette est délicieuse. Elle peut également composer des plats sucrés, surtout dans les recettes de gâteaux. Malgré le fait que les deux appartiennent à la famille des cucurbitaceaes, la courgette dite brésilienne et la courgette dite italienne sont des espèces différentes: la *Cucurbita moschata*, la brésilienne, et la *Cucurbita pepo*, l´italienne. Elles sont différentes encore dans la forme. La brésilienne, connue aussi comme courgette-menina, possède une des extrémités rondes et la peau verte généralement plus claire; l´italienne, cylindrique et mince, présente une couleur plus foncée.

ABRICÓ-DO-PARÁ
Mammea americana

MAMMEE APPLE
Also called mamey apple, and Santo Domingo / tropical / South American apricot, this fruit is native to the northern South America, and is found abundantly in Pará. The flavor is reminiscent of apricot, and the fruit can weigh up to 4.4 pounds. Enclosed inside the hard rind, the orange pulp – sometimes fibrous and not too sweet – is usually eaten fresh, or used to make preserves, jams, juices and liqueurs. The seeds and rind are used in folk medicine to treat parasites, skin diseases, and insect bites. The trees are up to 65 feet tall and bear fruits from June to December.

ABRICOT-PAYS
Le nom dit presque tout: il s´agit d´un fruit originaire du Nord de l´Amérique du Sud, présent en abondance au Pará, et le goût rappelle celui d´un abricot. Il peut peser jusqu´à 2 kilos. Fermée dans une grosse écorce, la pulpe couleur orange – parfois fibreuse et pas très sucrée – peut être consommée in natura ou sous la forme de compotes, de confitures de jus et de liqueurs. On fait un usage médicinal populaire des graines et des écorces dans le traitement des parasites, des dermatoses et des piqûres d´insectes. Ayant plus de 20 mètres de haut, l´arbre donne des fruits de juin à décembre.

ABRÓTEA
Urophycis brasiliensis

BRAZILIAN CODLING
Found throughout the year on the coast of South and Southeast regions of Brazil, this saltwater fish has a mildly but distinctly flavored meat, which separates into flakes. A member of the gadiformes order, the Brazilian codling is a distant relative of the "true" cod, *Gadus morhua*. As a result, some places in Brazil sell this fish as "fresh cod", and some salt-cure the filets to use as a replacement for the more expensive cousin in recipes such as Bacalhau à Gomes de Sá (salt cod baked with boiled egg, potato, onion and black olives), or simply baked with potato and onion. It can be used whole, filleted or cut into chunks to prepare roasts, stews, stir-fries and fritters. In Argentina and Uruguay, where it is called brótola, it is usually served stuffed or accompanied by Roquefort cheese sauce.

ABRÓTEA
Trouvée toute l´année dans le littoral des régions Sud et Sud-Est, ce poisson d´eau salée possède une chair au goût léger, mais marquant, qui se détache en lamelles. L´*abrótea* est un parent distant de la vraie morue, la *Gadus morhua*, car elle appartient à l´ordre des gadiformes. Ainsi, quelques endroits vendent ce poisson comme s´il était de la "morue fraîche" et d´autres la préparent en pavés salés pour remplacer sa célèbre cousine dans la préparation de recettes à Gomes de Sá ou simplement rôties avec des pommes de terre et des oignons. Entière, en filets ou en morceaux, on peut la préparer rôtie, frite ou sous la forme de croquettes ou de ragoût. En Argentine et en Uruguay, où elle est nommée *brótola*, on la fait farcie ou à la sauce de roquefort.

AÇAÍ
Euterpe oleracea Mart.

AÇAI
Fruit native to the Amazon rainforest with unique flavor and packed with nourishing properties: antioxidants, anthocyanins, vitamin E, minerals and fiber. It is the staple food for many riverside communities in Brazil, where it is consumed in the form of a smooth cream served with the fresh fish catch of the day and manioc flour. Mainly found in Pará state, it is also present in other parts of the North and Midwest regions of Brazil. It

can be white or purple – the most common variety. For some people, the taste of *açaí* is reminiscent of avocado; for some, it has a hint of olive oil; and for others, it resonates a mixture of fresh herbs. The "crying fruit" – the meaning of the word in Tupi language – can be used in smoothies, ice creams, liqueurs, desserts and jams. The way people eat açaí in the North region of Brazil is very different from the southern regions or elsewhere in the world, where the creamed pulp is usually mixed with other ingredients such as guaraná syrup, fresh fruits and granola.

AÇAÍ

Typique de l´Amazonie, ce fruit à la saveur unique est plein de propriétés nutritives: des antioxydants, des anthocyanes, de la vitamine E, des minéraux et des fibres. Il s´agit d´un aliment de base de plusieurs populations rivéraines qui en consomment sous la forme d´une crème lisse, comme garniture du poisson frais de tous les jours avec de la farine de manioc. Trouvé surtout au Pará, mais présent également dans d´autres endroits des régions Nord et Centre-Ouest, il peut être blanc ou violet, le type le plus commun. Pour quelques-uns, le goût de l´açaí ressemble à celui de l´avocat; pour d´autres, un arrière-goût d´huile d´olive; il y en a ceux encore qui dit que son goût rappelle celui des herbes aromatiques. On fait des confiseries, des jus, des glaces, des liqueurs, des confitures du "fruit qui pleure" – sa signification en tupi. L´açaí servi dans la région Nord est bien différent de celui de la région Sud du Brésil et aussi également différent dans le monde entier où la pulpe frappée gagne des compléments tels le sirop de guaraná, des fruits et du muesli.

ACÉM

ACÉM

It is the most tender and relatively leaner beef cut in the forequarter, located between the neck and the prime rib, above the shoulder clod and below the hump (similar to beef chuck roll). To avoid dryness, it should ideally be prepared using a moist heat cooking method – i.e., in pot roasts, braised or stewed. Among the traditional dishes prepared with it in Brazil is *Picadinho* (braised diced beef)

BASSES CÔTES

Il s´agit de la coupe de viande plus tendre et relativement maigre du quart avant du boeuf, situé entre le cou et l´entrecôte, au-dessus du paleron et au-dessous du cupim. Pour qu´il ne soit pas sec, l´idéal est de le soumettre à une cuisson umide – c´est-à-dire, dans la préparation à la cocotte minute, dans des ragoûts ou braisé. Parmi les recettes typiques qui peuvent être faites avec cette coupe il y a le *picadinho* (viande cuite en cubes avec des légumes).

ACEROLA
Malpighia glabra L.

BARBADOS CHERRY

In the book *Frutas Brasil Frutas*, authors Silvestre Silva and Helena Tassara claim that the small Barbados cherry – or acerola – with 1-2 inches in diameter, has a birth date in Brazil: it arrived from Puerto Rico in 1956, in the luggage of a professor from Pernambuco. Since then, the cultivation of this plant, native to Central America, has spread through the Northeast. Also called West Indian cherry and wild crepe myrtle, this acid fruit has red skin and orange flesh, and is astonishingly high in vitamin C: with up to 100 times more than an orange or a lemon. Due to the nutritional properties of the fruit and the varied culinary uses (e.g. juices, ice creams, preserves, jams, custards and sauces), the commercialization of the frozen pulp flourished in the last decades of the twentieth century in Brazil.

ACÉROLA

Dans le livre *Frutas Brasil Frutas*, les auteurs Silvestre Silva et Helena Tassara affirment que la petite acérola – avec 3 à 6 centimètres de diamètre – possède une date de naissance registrée au Brésil: elle est venue de Porto Rico, en 1956, dans la valise d´un professeur de Pernambuco. Depuis, la plantation de ce fruit originaire de l´Amerique Centrale s´est diffusée au Nord-Est. Nommée également cerise des Antilles, cerises des Barbades et cerise du Pará, ce fruit acide à la peau rouge et pulpe orangeâtre a une quantité étonnante de vitamine C: elle peut arriver à 100 fois le taux retrouvé dans l´orange et dans le citron. Dû à ses propriétés nutritionnelles et ses possibilités variées d´usage culinaire dans des jus, des compotes, des confitures, des flans et dans des sauces, le marché de pulpe surgélée a fleuri les dernières décennies du XXe siècle.

ACHACHAIRU
Garcinia intermedia (Pittier) Hammel

LEMON DROP MANGOSTEEN

Native from Mexico and Central America, it is in the same botanical genus of bacupari. Other popular names in Portuguese – *fruta-da-bolívia* e *fruta-de-macaco* – give clues about two characteristics of this fruit: it is very common in the neighboring country, and it serves as food for the monkeys (*macacos*) living in the forest. About 1 inch in diameter, lemon drop mangosteen has a yellow rind when ripe and a whitish, juicy, sweet-and-sour pulp that is very aromatic. In Brazil, the cultivation and consumption are concentrated in the North and Northeast regions.

ACHACHAIRU

Natif du Mexique et de l´Amérique Centrale, il partage le même genre botanique que le *bacupari*. Les noms populaires – *fruta-da-bolívia* et *fruta-de-macaco* – donnent des pistes sur deux caractéristiques de l´*achachairu*: il est très commun dans le pays voisin et sert comme aliment pour les animaux qui vivent dans la forêt, proches des arbres. Ayant environ 2,5 centimètres de diamètre, un peu plus grand qu´une *jabuticaba* grande, il possède une peau bien jaune lorsqu´elle est mûre et une pulpe blanchâtre, juteuse, aigre-douce et très aromatique. Au Brésil, la plantation et la consommation se concentrent dans les régions Nord et Nord-Est.

AÇÚCAR

SUGAR

The importance of this ingredient in the colonization and development of Brazil was such that the sociologist Gilberto Freyre devoted an entire book to it: *Açúcar* (Sugar), first published in 1939. In the third edition, from 1986, hee writes that the product "sweetened so many aspects of Brazilian life that one cannot separate it from national civilization". The manufacture of sugar stared with the introduction of sugar mills in the captaincies of São Vicente and Pernambuco, back in the sixteenth century, and has favored the flourishing of an elaborate confectionery, dessert and pastry tradition, capable of taking advantage of the immense variety of fruits available to produce an endless series of recipes for jams, preserves, confections, puddings, and cakes, among many other alchemies. Point out the most representative Brazilian sweets is an impossible task. Coconut blancmange? Guava paste? Green fig compote? *Bolo de fubá* (corn meal cake)? There are as many classic delicacies as there are recipe notebooks stored in every home in the country. As Câmara Cascudo writes in his *História da alimentação no Brasil* (History of Food in Brazil), "Brazilians have never given up sweetening the mouth after salting the stomach". In the North region, especially in Acre, a variety of brown sugar called *gramixó* is produced from boiled sugar cane juice.

239

SUCRE

Cet ingrédient était tellement important pendant la colonisation et dans le développement du pays que le sociologue Gilberto Freyre a dédié un livre entier à ce thème: *Açúcar*, publié pour la première fois en 1939. Dans sa troisième édition, de 1986, il écrit que le produit "a sucré tant d´aspect de la vie brésilienne que l´on ne peut pas le séparer de la civilisation nationale". Initiée avec l´introduction des usines à canne-à-sucre dans chef-lieu de São Vicente et Pernambuco, encore dans le XVIe siècle, la fabrication du sucre a rendu facile le surgissement d´un art pâtissier très riche, capable de proviter de divers fruits locaux dans la production d´une infinité de compotes, de confitures, de bonbons, de flans et de gâteaux, parmi d´autres alchimies. Choisir les confits nationaux les plus typiques en est une tâche impossible. **Manjar de coco**? **Confit de goyave**? **Compote de figue**? **Gâteaux de fubá**? Il existe autant de mets classiques que des cahiers de recettes gardés dans chaque maison dans le pays entier – comme le dit Luís da Camara Cascudo dans son livre *História da Alimentação no Brasil*, "jamais un Brésilien a refusé le sucrer la bouche après avoir salé l´estomac". Dans la région nord, spécialment dans l´état de l´Acre, un type de sucre complet mascavo, nommé *gramixó* est produit à partir du jus de canne-à-sucre cuit.

AGRIÃO
Nasturtium officinale sp.

WATERCRESS

Biritiba-Mirim, a small town of 30,000 inhabitants in the interior of São Paulo, concentrates the largest production of this leaf vegetable in the country, for which it is known as the Brazilian capital of watercress. Cultivated on riverbanks, near to running water, this aquatic plant has a slightly spicy flavor. It is widely used raw in salads and juices, or as an ingredient in classic dishes of Brazilian cuisine such as the oxtail with polenta and watercress. It can also be steamed or boiled, and used to complement soups, mashed vegetables, sauces, soufflés and fritters. As a medicinal plant, it is the basis for popular herbal remedies, such as the honey and watercress tea.

CRESSON

Biritiba-Mirim, une petite ville de 30 mille habitants dans l´état de São Paulo, concentre la plus grande production de cette plante herbacée au Brésil, d´où le nom de capitale brésilienne du cresson. Cultivée au bord de fleuves d´eau courante, cette plante aquatique a le goût légèrement piquant. Il est très utilisé cru, dans des salades ou dans des jus, ou comme composant de recettes déjà classiques de la cuisine brésilienne, telles le ragoût de queue de boeuf avec de la polenta et du cresson. Il peut être également poêlé ou cuit et servir comme complément de soupes, de purées, de sauces, de soufflés et de croquettes. En tant que plante médicinale, il sert de base à des médicaments phiytothérapiques populaires, comme par exemple, du thé avec du miel et du cresson.

AGULHINHA
Hemiramphus brasiliensis

BALLYHOO HALFBEAK

Breaded and fried: this is how this baitfish usually appears on the menu of taverns, pubs and beach tents in much of the Northeast coastal states, from Ceará to Bahia. Up to 12 inches long and with a cylindrical, elongated body, its delicate flesh can be easily consumed without the need of silverware. It can also be cut into steaks and prepared *escabèche* (cooked, marinated overnight and served cold, as an appetizer). Fun fact: the thin "needle" (*agulha* in Portuguese) coming out of the fish's mouth, or nose, is actually the animal's jaw.

AGULHINHA

Pané et frit: voici la manière que ce petit poisson a l´habitude d´apparaître dans les menus de bistrots et kioques au bord de la plage dans une bonne partie du Nord-Est, de l´état du Ceará à Bahia. Ayant une taille de jusqu´à 3 centimètres et le corps bien fin, de chair délicate, il est facile d´en manger sans l´utilisation de couverts. Il peut également être coupé en filets et préparé à l´escabèche. Une curiosité: ce qui paraît une aiguille bien fine – ou un bec – en fait est la mandibule de l´animal.

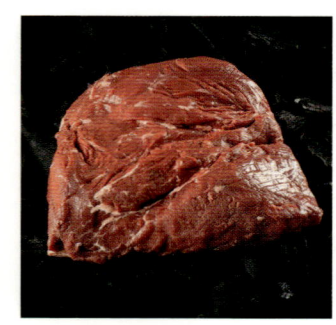

ALCATRA

ALCATRA

Located on the back of the animal, this lean beef cut (similar to top sirloin butt) is flavorful and tender, lending itself to several preparations, such as steaks, stews, roasts and barbecue. In Brazil, the cut known as *alcatra completa* (similar to U.S. top and bottom sirloin) can be portioned into five other cuts: *picanha*, tri-tip, *miolo de alcatra* (also called *baby beef* – similar to beef outside round/flat), "top sirloin" (also called *bombom* – similar to eye of rump) and "tender steak" (butchers' steak).

ALCATRA

Situé dans la partie derrière de l´animal, cette coupe de boeuf maigre, savoureuse et avec des fibres tendres, est utilisée dans plusieurs types de préparation, tels des steaks, ragoûts, des plats rôtis et des barbecues. D´une pièce entière de *alcatra* on peut retirer autres cinq coupes: *picanha*, *maminha*, *baby beef* (*miolo*), *top sirloin* (*bombom*) et *tender steak* (steak de boucher).

ALECRIM
Rosmarinus officinalis

ROSEMARY

Whether it's potato, egg, bread, white, or red meat, rosemary can irradiate its inebriating fragrance and flavor into all of these foods. Originally from the Mediterranean, the herb has a poetic Latin name: *rosmarinus*, which means "sea dew". With herbaceous aroma and spicy flavor, rosemary can be grown even in pots, indoors, provided it receives enough sunlight. The dried version is stronger than the leaves freshly removed from the sprigs, and should therefore be used more sparingly.

ROMARIN

Peu importe si ce sont des pommes de terre, des oeufs, des pains, des viandes blanches ou rouges – le romarin réussit à irradier son parfum inébriant pour tous ces types d´aliments. Originaire de la Méditerranée, cette herbe a gagné un nom poétique en latin: *rosmarinus*, ce qui signifie "rosée marine". Elle possède une odeur herbacée et une saveur piquante, qui peut être cultivée même dans de petits vases dans la maison, à condition qu´elle reçoive de la lumière solaire. La version sèche est plus forte que les petites feuilles retirées de la branche et donc, elles peuvent être utilisées ave plus de parcimonie.

ALFACE CRESPA
Lactuca sativa

CURLY LETTUCE

This leaf vegetable with mild and refreshing taste became the most consumed salad green in Brazil. The name "curly" refers to the appearance of the leaves of several lettuce varieties, which are curled on the edges. Even though it is available year-round, the best lettuce in Brazil is produced in January, March, and from May to November. In most Brazilian tables, the traditional way of serving lettuce is raw, in salads, or as an ingredient in nutritious green juices. When lettuce is cooked or braised, it acquires a more pronounced flavor, reminiscent of Chinese cabbage. It is a good source of vitamins A and K, iron, phosphorus and manganese.

LAITUE BATAVIA

D´un goût léger et rafraîchissant, la laitue frisée est devenue la plante herbacée la plus consommée au Brésil – le nom "frisée" dû à son apparence, aux feuilles aux pointes ondulées. Malgré le fait d´être disponible toute l´année, les meilleurs mois pour sa consommation sont janvier, mars et de mai à novembre. La forme traditionnelle de consommation de la laitue est crue, dans des salades ou comme commposant de jus verts nutritifs, dans la plupart des tables brésiliennes. Cuite ou poêlée, elle prend une saveur plus consistante, qui rappelle la blette. Une bonne source de vitamines A et K, de fer, de phosphore, de potassium et de manganèse.

ALFACE LISA
Lactuca sativa

FLAT LETTUCE

The biggest difference between curly and flat leaf lettuce varieties is the appearance of the leaves. Apart from that, they both share the same characteristics: better if consumed in January, March, or May to November, mild and refreshing flavor, and a good source of nutrients. Uses are also the same: in salads, juices, and sandwiches. Fun fact: originated in Asia, lettuce is considered a symbol of good luck in China, where it is served at birthday parties and in New Year's celebrations.

LAITUE POMMÉE

La plus grande différence entre les laitues batavia et pommée sont les feuilles, lisses et d´un ton vert clair. Du reste, les deux variétés partagent les principales caractéristiques: consommation appropriée en janvier, mars et de mai à novembre, goût léger et rafraîchissant et une bonne source de nutriments. Leur usage est identique: dans des salades, des jus ou dans des sandwichs. Une curiosité: la laitue est originaire de l´Asie où elle est considérée un symbole de bonheur en Chine, servie lors des fêtes d´anniversaires et dans des commémorations de Nouvel An.

ALFAVACA
Ocimum gratissimum

CLOVE BASIL

This variety of basil, a little sweeter than others, is also known as African basil and wild basil. The leaves are used in sauces, broths, soups, and to season seafood recipes, in the south of Brazil, as well as stews and dishes containing tucupi (fermented manioc broth) in the North. It is also used to prepare medicinal teas – combined with cloves, for instance, it is believed to heal headaches, sinus infection and nasal congestion. The essence extracted from it is used in beverage, food and perfumery industries. It can be found all over the country, and the best time to harvest is from October to December.

BASILIC AFRICAIN

Cette plante possède le goût semblable à celui du basilic, mais un peu plus sucré – c´est pour cela qu´elle est aussi connue comme basilic africain parfumé, basilic grand, basilic parfumé, basiilic des cuisines. Les feuilles sont utilisées dans des sauces, des bouillons, des soupes et pour assaisonner des recettes de fruits de mer dans le Sud, ou des bouillabaisses et *tucupi*, au Nord. Elle apparaît encore come ingrédient de thés médicinaux – combiné à la girofle, par exemple, on croit qu´elle soulage le mal de tête, la synusite et la congestion nasale – et son usage en tant qu´aromatisant s´étend aux industries de boisson, d´aliments et de parfumerie. Présente dans le pays entier, la meilleure époque pour sa consommation est d´octobre à décembre.

ALHO
Allium sativum

GARLIC

In Brazil, it is hard to find a savory dish that does not start with sautéed garlic as part of the *refogado* (similar to a soffritto) – a habit inherited from the Portuguese colonizers. Together with onions and leeks, it is a member of the genus *Allium*, including several aromatic plants to which Brazilians owe many of their childhood memories, for its omnipresence in homemade, comfort foods. Originally from Europe and western Asia, it was mentioned as early as 3000 BC, in Babylonian records. Nowadays, it is used worldwide as a condiment and can be eaten raw, cooked, roasted or fried, to season or as main ingredient in several recipes. Because it contains allicin, an active antiseptic beneficial to the heart and blood circulation, it is also used for medicinal purposes.

AIL

Étant une habitude héritée des colonisateurs portugais, il est rare trouver un ragoût, dans la cuisine brésilienne, où l´ail n´est pas parmi les ingrédients de base. Aussi bien que l´oignon et le poireau, il fait partie du genre *Allium*, qui inclut diverses plantes aromatiques – c´est à lui que l´on accorde la plupart de ces souvenirs gustatifs de l´enfance qui nous remettent aux "épices de chez les parents". Originaire de l´Europe et de l´Asie Occidentale, on le cite dans des registres babyloniens qui datent de l´an 3000 a.J-C.. Aujourd´hui, il est utilisé mondialement comme condiment et peut être consommé cru, cuit, rôti ou frit, comme condiment et dans la composition de plusieurs recettes. À cause de la présence de l´alcine, un principe actif antiseptique et bénéfique au coeur et à la circulation du sang, il est utilisé pour des buts médicinaux.

ALMEIRÃO
Cichorium intybus

SUGARLOAF CHICORY

Variety of chicory, or escarole, also known in English by its Italian (*pan di zucchero*) and French (*pain de sucre*) names. With light green and elongated leaves, this chicory is also related to lettuce, but the flavor has stronger flavor and bitter notes. Versatile in the kitchen, it can be used in cold and hot dishes. Shredded raw leaves render a nice salad. In the south of Brazil, where it is called *radicce*, it is served alongside roasted spring chicken. Sautéed, this leaf green is a great accompaniment for meats, and can also be incorporated into fillings for savory pies, turnovers, sandwiches and fritters. Even though they are not as common at the Brazilian table, the bluish chicory flowers are edible and yield a beautiful garnishing for dishes. The best seasons to harvest are March, and September to November.

CHICORÉE SAUVAGE

Le nom scientifique annonce déjà qu´il s´agit d´un type de chicorée, connue encore comme chicorée amère, chicorée *brava*, chicorée à café et la radice. Elle possède une feuille verte et allongée et est très voisine de la laitue, mais son goût indique des touches plus fortes et amères. Versatile dans la cuisine, on peut l´utiliser dans la préparation de plats froids et chauds. Les feuilles crues et hachées vont bien sous la forme de salades. Au Sud du pays, nommée radice, elle intègre les traditionnels repas de poulets

AMEIXA
Prunus domestica L. e *Prunus salicina* Lindl

PLUM
Originated in the mid-west region of Asia more than 2000 years ago, plums were spread throughout the world and developed into several varieties. In Brazil, the South and Southeast regions, and the Chapada Diamantina, in Bahia, stand out as top producers of the fruit. Among the most well-known varieties in the country are *santa rosa* (with red skin), the *stanley* (oblong, with purple skin), and *amarelinha* (with yellow skin). In addition to fresh consumption, the fruit is used to prepare jams and cakes, among other recipes. Dried plums, also known as prunes, are present in at least two classic Brazilian desserts: **Manjar de coco** (coconut blancmange with prune caramel syrup), and **Bolo de noiva** (literally "bride's cake", made with dried fruit and wine), a wedding tradition in Pernambuco.

PRUNE
Ayant son origine dans le centre-ouest de l´Asie, il y a plus de 2000 ans, le prunier s´est répandu dans le monde et a été l´origine de plusieurs espèces. Au Brésil, les régions Sud, Sud-Est et la Chapada Diamantina, dans l´état de Bahia sont très importantes pour la plantation de ce produit. Parmi les variétés connues au Brésil il y a la *santa rosa*, à la peau bien rouge, la *stanley*, à la couleur encore plus foncée, et l´*amarelinha*, à la peau de la même couleur. En plus de la consommation *in natura*, ces fruits sont utilisés dans des confitures et des gâteaux, parmi d´autres recettes. La prune séchée, ou prune noire est utilisée au moins dans deux classiques de la cuisine brésilienne: le coulis du **manjar de coco** et le **bolo de noiva** de Pernambuco.

AMÊNDOA
Prunus dulcis

ALMOND
Blanched or not; whole or cut into slivers or slices, or ground; roasted or raw; salted, candied or just plain: the versatility of this oily seed allow its utilization in numerous sweet and savory recipes, popular especially in the South region, because of immigrant influence: cakes, pies, cookies, salads, crunchy crusts for fish or meat, or mixed with rice in **Arroz com amêndoas**. The lactose-free "milk" extracted from almonds is commonly used as a replacement to regular milk. The bitter variety contains prussic acid and, therefore, is not suitable for consumption, but it has industrial use in the manufacture of extracts, oils, liqueurs and syrups. The best almonds are available during the months of November and December, reason why many people associate the product to the year-end festivities.

AMANDE
Avec ou sans la peau, entières, éffilées ou moulues, torrefiées ou crues, salées, glacées au *in natura*. Dû à leur versatilité, ses oléagineuses sont utilisées dans d´innombrables recettes salées et sucrées – principalement dans la région Sud, sous l´influence des immigrants – telles gâteaux, tartes, biscuits, salades, couvertures croquantes pour des poissons ou des viandes et dans le **riz aux amandes**; le lait extrait de ce fruit peut être utilisé pour remplacer du lait avec de la lactose. Puisqu´il contient de l´acide prussique, la variété amère n´est pas appropriée pour la consommatiion, mais elle possède un usage industriel dans la fabrication d´extraits, d´huiles, de liqueurs et de sirops. Les amandes apparaissent dans leur meilleure forme les mois de novembre et décembre, ce qui fait que certains l´associent aux fêtes de Noël.

AMENDOIM
Arachis hypogaea

PEANUT
This member of the legume family was spread by the Tupi and Guarani Indians throughout South and Central America. It was an important item in their diet, due to its high protein and energy content – the ancient Peruvians even buried peanut jars along with their mummies, to feed them in the afterlife. It can be found in the market with or without the shells, roasted or raw, salted or candied. It is the main ingredient in recipes beloved by Brazilians, such as **Paçoca de amendoim** (ground peanuts, manioc flour and sugar confection) and **Pé de moleque** (peanuts and rapadura sugar confection), specialties served on June Festivities. Also used to make peanut butter, peanut oil, peanut flour, and as an ingredient in cakes, ice creams, and other dishes.

CACAHUÈTE
De la famille des légumineuses, elle a été répandue par les Indiens Tupi et Guarani par toute Amérique du Sud et Centrale comme un important composant de leur diète en fonction des hauts niveaux de protéines et d´énergie – on dit que les anciens Péruviens enterraient des pots de cacahuètes, à côté des momies, pour les nourrir dans une autre vie. Il peut être retrouvé avec ou sans écorce, torrefiée ou crue, salée ou sucrée. Il est le composant principal de quelques recettes très chéries aux Brésiliens, telle la **paçoca** et le **pé de moleque**, des confisseries typiques dans les fêtes de Saint Jean. Elle est utilisée également dans la fabrication de beurre (ou pâte) de cacahuète, d´huile, de farine, de gâteaux, de glaces et d´autres plats.

AMIDO DE MILHO

CORNSTARCH (U.S.)
Obtained from wet milling corn kernels, cornstarch is a very fine powder of neutral flavor, which allows it to be used both in sweet and savory preparations. It is often used as a thickener for custards, porridges, soups, sauces and blancmanges. If added to baked pastries, the final product becomes crispier and crunchier. Also known in Brazil as *maisena*, in reference to the famous brand Maizena, it can also replace regular flour in cakes, pies and pastries; it is usually among the safe ingredients for people suffering from celiac disease.

AMIDON DE MAÏS
Obtenu à partir du moulage umide du maïs, l´amidon présente une texture en poudre très fine et de goût neutre, ce qui permet l´usage dans la préparation de plats sucrés et salés. Il est très recourrent comme épaisseur de crèmes, de bouillies, des sauces et des flans. Si l´on en ajoute à des recettes de biscuits cuits, il assure un consistance plus sèche et croustillante au produit final. L´amidon de maïs ou maïzena peut également remplacer la farine de blé dans des gâteaux, des tartes et des pâtes; il fait partie de la liste d´ingrédients permis pour ceux qui ont la maladie coeliaque.

AMORA SILVESTRE
Rubus urticifolius

BLACK/WILD MULBERRY
Although similar in appearance, this berry is not related to blackberry which, together

with raspberry and strawberry, are called "*frutas vermelhas*" (literally "red fruits") in Brazil, and are often imported. On the contrary, black mulberry is a wild fruit native to Brazil's Cerrado and Atlantic rainforest areas. Sweet and tart at the same time, it ranges from dark red to purple when ripe. It is usually eaten on the spot, right out of the bushes or trees scattered even on roadsides at Southeast and the Midwest regions, but it can also be used in juices, preserves, and jams. Also called *amora-do-mato* in Portuguese.

MÛRE SAUVAGE
Malgré son apparence semblable, ce petit fruit n´a aucun rapport avec la mûre qui, à côté de la framboise et de la fraise, intègre le groupe de "fruits rouges", connues des Brésiliens et plusieurs fois importés. Au contraire, il s´agit d´un ingrédient natif du Brésil, ayant une origine dans le Cerrado et dans la Forêt Atlantique. Sucrée et acide en même temps, il passe du rouge au violet au cours de son mûrissement. Le plus commun est d´en manger dès que l´on en cueille des buissons éparpillés, même au bord des routes des régions Sud-Est et Centre-Ouest, mais on peut en faire des jus, des compotes et des confitures. Un autre nom: *amora-do-mato*.

ANCHOVA
Pomatomus saltatrix

BLUEFISH
More common in the stretch of the Brazilian coast that goes from Rio Grande do Sul to Rio de Janeiro, this fish widely consumed in the country is typical of temperate waters. In Brazil, schools of this fish approach the coast more often during the winter, when the water is colder. Served as a main course, it can be roasted and stewed, but it is better grilled – the way it is usually presented in the menus of many restaurants by the sea or specialized in Japanese cuisine. In the three states of the South region of Brazil, the closed season runs from December to March.

TASSERGAL
Très commun au littoral brésilien du Rio Grande do Sul au Rio de Janeiro, ce poisson, très consommé au Brésil est typique des eaux tempérées. Ici, ses bancs ont l´habitude de s´approcher encore plus de la côte pendant l´hiver, lorsque les eaux sont froides. Consommé comme plat principal rôti, en bouillon et surtout grillé, il compose le menu de restaurants au bord de la mer ou spécialisés en cuisine japonaise. Dans les trois états de la région Sud, la période de frai est de décembre à mars.

ARAÇÁ
Psidium araca Raddi

STRAWBERRY GUAVA
Fruit harvested during spring and summer in Brazil, it is typical of the Atlantic rainforest running from the Northeast to the South of the country. It is reminiscent of guava, with a juicy and whitish pulp, but has a more acidic flavor. It is very high in vitamin C, and can be eaten raw or used to prepare juices, ice creams, preserves, compotes, liqueurs and jams. Because it is a small tree, adaptable to different types of climate and soil, it is suitable for cultivation in home gardens and for recovering degraded areas, as the red or sometimes yellow skin of the fruit attracts several bird species which, in charge, spread the seeds.

ARAÇÁ
Ayant la récolte au printemps et en été, ce fruit est typique de la Forêt Atlantique, de la région Nord-Est à la région du pays. Avec une pulpe juteuse et blanchâtre, l´araçá rappelle une goyave, malgré son goût plus acide. Riche en vitamine C, il peut être consommé cru ou comme base de jus, de glaces, de compotes, de confits, des liqueurs et de confitures. Le fait qu´il soit un arbre petit qui s´adapte facilement à divers types de climat et de sol, il est indiqué pour la plantation de vergers à la maison et pour des programmes de récupération de sols dégradés, puisque son écorce rouge ou jaune attire des oiseaux de plusieurs espèces qui se chargent d´y éparpiller les graines.

ARAÇÁ-BOI
Eugenia stipitata

ARAZÁ
Fruit native to western Amazonia, it is grown mainly in Peru. In Brazil, this aromatic fruit with thin skin and sour, juicy pulp is more easily found in Acre, where it is used to prepare juices, smoothies, jams, fruit pastes, ice creams and mousse-like desserts. The scent and shape are reminiscent of guava. It is very high in vitamins A and C. The harvesting season runs from March to June.

ARAZA
Native de l´Amazonie occidentale et cultivée principalement au Pérou. Au Brésil, ce fruit aromatique à la peau fine, à la pulpe acide et juteuse appaît avec plus de fréquence au Acre, où elle est transformée en jus, en mélanges avec du lait, en confitures, en confits, en pâtes, en glaces et en crèmes semblables aux mousses. Le parfum et la forme rappellent la goyave. Elle a une grande quantité de vitamines A e C; la récolte est de mars à juin.

ARAÇAÚNA
Psidium eugeniaefolia

PURPLE FOREST GUAVA
A fruit in the same family of the Brazilian guava, from which it differs by bearing a purplish skin, it has another use besides being edible: it is an under-explored source of pigments. With intense and slightly acidic flavor, it can be eaten raw or used in juices, ice cream, preserves, compotes, liqueurs and jams. Endemic of the Atlantic rainforest regions running from Bahia to Rio Grande do Sul, this tiny fruit measuring about 1.25 in. in diameter can be harvested during spring and summer. Lately, it has also been received attention from researchers willing to study its antioxidant properties.

ARAÇAÚNA
Proche du *araçá*, dont il se diffère par sa couleur violette, en plus de son utilisation comme aliment, il présente une autre possibilité d´utilisation: ce fruit est une source encore peu exploitée de pigments. Légèrement acide de goût intense, il peut être consommé cru ou employé dans la production de jus, de glaces, de compotes, de confits, de liqueurs et de confitures. Caractéristique de la Forêt Atlantique, de Bahia au Rio Grande do Sul, ce petit fruit d´environ 3 centimètres de diamètre apparaît au printemps et en été. Dernièrement, il attire l´attention des chercheurs disposés à étudier ses propriétés antioxydantes.

ARATICUM DO CERRADO
Annona crassiflora Mart.

ARATICUM / MAROLO
Fruit in the same family of the sugar apple, also known in Portuguese as panã, marolo and bruto, it is typical of the Cerrado regions (Brazilian Savannah), and can be found most often in the states of Mato Grosso and Minas Gerais, as well as the interior of São Paulo. Brazilian writer João Guimarães Rosa mentions the fruit in *The Devil to Pay in the Backlands*, a classic of Brazilian literature: "He made several trips to Curralinho to visit me – to be sure, he took advantage of the trip to do some cattle trading and other businesses – and he would bring me coconut or custard-

243

apple [N.T.: The translators of the book into English, James L. Taylor and Harriet de Onís, changed the original fruit for another in the same family.] candy, curd cheese, and quince marmalade." Juices, ice creams, liqueurs, cakes and jams containing the fruit are common. In folk medicine, it is believed that a tea made from the seeds of this fruit can treat rheumatism and problems in the intestines and stomach.

ARATICUM DO CERRADO
De la famille de l´attier et connu également comme *panã*, *marolo* ou *bruto*, ce fruit est typique des régions de *cerrado* et peut être trouvé fréquemment dans les états de Mato Grosso, Minas Gerais et dans certaines villes de l´état de São Paulo. João Guimarães Rosa en parle au *Grande Sertão: Veredas*, un classique de la littérature brésilienne: "Voilà, plusieurs voyages, il est venu à Curralinho, vendre des boeufs et pour d´autres affaires – et il m´apportait des petites boîtes de *buriti* ou d´*araticum* confits, du fromage blanc et des marmelades." Il est très commun de retrouver ce fruit sous la forme de jus, de glaces, de liqueurs, de gâteaux et de confitures. Dans la médicine populaire, on croit que les graines consommées sous la forme de thé possèdent un effet positif dans le traitement du rhumatisme, des troubles intestinaux ou stomacaux.

ARATU
Aratus pisonii

MANGROVE TREE CRAB
Dona Flor, the great cook created by Jorge Amado in his novel *Dona Flor and Her Two Husbands*, knew that the *moqueca* (fish stew) made with mangrove tree crab should be wrapped in banana leaves after cooked – and that's how the dish is still sold in present days at some *acarajé* tents scattered all over Salvador and at Mangue Seco beach. Found in abundance in the Northeast and Southeast coastal mangroves, the crustacean can be also fried, added to broths and served shredded in *Casquinhas* (Brazilian crab cakes served on a shell). On the border of Bahia and Sergipe, some communities are dedicated to harvesting mangrove tree crab, which hinds behind the branches and trunks of trees or in holes dug in the sand. To obtain 2 pounds of meat you need about 100 animals.

CRABE DE PALÉTUVIERS
Dona Flor, le personnage d´une excellente cuisinière créé par Jorge Amado, savait que la **moqueca** (genre de bouillabaisse) devait être enroulée dans une feuille de bananier après la préparation – et c´est ainsi que jusqu´à aujourd´hui ce plat apparaît sur quelques plateaux d´*acarajé*, partout à Salvador et dans les kiosques sur la plage à Mangue Seco. Trouvé en abondance dans les marécages au littoral des régions Nord-Est et Sud-Est, ce crustacé peut être frit, servi dans son coquillage et dans des bouillons. La devise entre Brahia et Sergipe, quelques communautés se dédient à la capture de ce crabe qui se cache dans des blanches et troncs d´arbres et dans des trous sur le sable. Pour obtenir 1 kilo de chair, il est nécessaire 100 animaux.

ARROZ

RICE
The meat and beans stew called *feijoada* may even get the fame, but in Brazil, the real every-day meal is rice and beans. The South region leads the national production of long rice, the most common in the country's tables, usually sautéed in oil with onion and garlic and then simmered with just enough water to cook the grains, without making them mushy. With smaller, more rounded and translucent grains, short grain rice is creamier and works well in recipes like risotto and *Arroz de carreteiro* (rice with salt-cured meat). Both, and miniarroz as well, are available in polished (white) and whole grain (brown) versions.

RIZ
La *feijoada* peut être même le plat le plus célèbre, mais au Brésil, le vrai plat typique du jour au jour est du riz avec des haricots. La région sud est la principale productrice nationale de la variété de riz *agulhinha*, la plus commune aux tables du pays, généralement braisée dans l´huile d´olive avec de l´oignon et de l´ail et servie bien souple. Ayant des grains plus petits, plus arrondis et translucides, le *cateto* donne un résultat crémeux, très bon pour des recettes telles le riz de *carreteiro* (du riz, des haricots et de la viande séchée) et des risottos. Tout comme la version mini et le *agulhinha*, il est vendu dans les versions limée (blanche) ou complète.

ARROZ AGULHINHA
Oryza sativa L.

LONG GRAIN RICE
Alongside beans, rice is the base, the everyday staple food of most meals in Brazil. It arrived with the Portuguese colonizers and the crops soon spread throughout the country. Currently, the largest producer is the state of Rio Grande do Sul, followed by Santa Catarina, and Mato Grosso. The white grains – cleaned of their husks and bran – of the long grain variety account for about 80% of the national consumption. It is also available in the brown version, with unpolished grains. Rice cooked with dried shrimp and resella is called **Arroz de cuxá**, a traditional dish of Maranhão.

NOME EM FRANCÊS
Idi tem quo et aut exceat quiandusae pro consequam lam, aut omnime est hillabore nobit, utam ut earume vellore et mi

ARROZ CATETO
Oryza sativa L.

SHORT GRAIN RICE
Compared to long grain rice, it has smaller and rounder grains, slightly translucent, and a high starch content. When cooked, it becomes tender, creamy and flavorful. It is recommended to prepare one-pot dishes, such as the traditional *Arroz de carreteiro* (rice with salt-cured meat), but it can also replace the Italian arborio and carnaroli in risotto recipes.

RIZ CATETO
Comparé au riz agulhinha, le riz cateto possède des grains plus petits et plus arrondis, un peu translucides, en plus d´une grande quantité d´amidon. Lorsqu´il est cuit, il devient tendre et crémeux, avec un goût enrobé et une texture tendre. Il est indiqué pour la préparation des plats uniques, tels le traditionnel **riz de carreteiro gaúcho**, mais il peut aussi remplacer les riz italiens arborio et carnaroli dans des recettes de risottos.

ARROZ MÍNI
Oryza sativa L.

MINIARROZ
Available in white and brown versions, the minute grains are about one-third the size of long grain rice. It was developed in the Paraíba Valley, in São Paulo, from a genetic variation of the short grain rice. It can be cooked using the traditional Brazilian method – sautéed with chopped onion and/or garlic – or boiled in water, like pasta. Ideally, it is served al dente, slightly resistant to the bite.

RIZ MINI
Dans les versions polie (blanche)

ou complète, les grains délicats possèdent environ un tiers de la taille du riz *agulhinha*. Il a été dévéloppé au Vale do Paraíba, à São Paulo, à partir d´une variation génétique du riz *cateto*. Le riz peut être cuit par la méthode traditionnelle, à partir d´un ragoût, ou bouilli, comme si c´était des pâtes. L´idéal est qu´il soit *al dente*, ou avec quelque résistance à la morsure.

ARROZ VERMELHO
Oryza sativa L.

RED RICE
Brought to Brazil by the Portuguese in the sixteenth century, it was also eventually expelled by them, two hundred years later. In 1772, the cultivation of this variety of red, aromatic and flavorful rice was banned in the country to favor white rice. However, there were plantations in some regions of the Northeast that persisted. Currently, production is concentrated in Vale do Rio Piancó, in Paraíba, and in Rio Grande do Norte. It can be cooked in the pressure cooker and used in risottos and salads. Red rice is one of the ingredients included in *Arca do Gosto* (Ark of Taste), a Slow Food movement to popularize ingredients in danger of extinction.

RIZ ASIATIQUE
Apporté au Brésil par les Portugais, au XVIe siècle, il a été chassé par les mêmes Portugais deux cents ans plus tard – en 1772, la plantation de cette variété aux grains rouges, aromatiques et savoureux a été interdite en faveur du riz blanc. Cependant, il y a eu quelques plantations qui sont restées dans quelques parties de la région Nord-Est. Actuellement, la production se concentre dans le Vale do Rio Piancó, dans l´état de Paraíba et au Rio Grande do Norte. Il peut être cuit dans la cocotte minute et utilisé dans des risottos et dans des salades. Le riz asiatique compose l´Arca do Gosto, initiative du mouvement Slow Food pour diffuser des aliments qui sont en voie de disparition.

ASA DE FRANGO

CHICKEN WING
Brazil is the third largest producer of poultry in the world and the leading exporter of this meat, a major source of animal protein in the Brazilian diet throughout the country. Chicken wings are one of the tastiest parts of the bird because the meat is surrounded by skin. They become juicier when stewed or braised, and tender when roasted or fried. Wing drummettes and mid joints, when prepared using the technique of cutting and turning the meat inside out, are called *tulipa* (literally "tulip") or *coxinha* (little drumsticks) in Brazil. In the U.S., fried chicken wings are very popular, breaded or not, and usually served with hot sauce. Braised chicken wings served with polenta is a popular dish in many places in Brazil.

AILE DE POULET
Troisième producteur mondial de poulet, le Brésil est le leader d´exportation de cette viande, l´une des principales sources de protéine animale retrouvée à la table le jour au jour du Brésil. L´aile est l´une des parties les plus savoureuses de cette volaille car la viande blanche est envéloppée de peau – elle devient beaucoup plus juteuse dans des ragoûts ou braisée, et tendre lorsque qu´elle est cuite ou frite. La technique de couper et tourner l´aile forment les "*tulipas*" ou "*coxinhas*", qui peuvent être préparées de la même manière. Aux États-Unis, les *chicken wings*, panées et frites à la sauce piquante, en connaissent un grand succès. Bouillie avec de la polenta est une recette très courante dans des divers points du Brésil.

AVEIA
Avena sativa

OATS
Rolled oats are present on the breakfast table of several parts of Brazil, in granola recipes, smoothies, breads, porridges, or just mixed with mashed banana. In Brazil, the largest producer in Latin America, the states of Rio Grande do Sul and Paraná account for most of the crop, Mato Grosso do Sul comes third. In 2000, oats entered the list of "functional foods" recognized by Anvisa (Brazilian Health Surveillance Agency), i.e., foods that "in addition to the basic nutritional functions, are beneficial to health when consumed as part of a regular diet". Among its nutrients is beta-glucan (soluble fiber), which helps reduce cholesterol.

AVOINE
Sous la forme de flocons, ce céréal est toujours présent au petit déjeuner dans plusieurs parties du Brésil, soit dans des recettes de muesli, de pain, avec du lait, dans des bouillies ou avec des bananes écrasées. Au Brésil, le plus grand producteur de l´Amérique Latine, les états de Rio Grande do Sul et du Paraná en possèdent les plus grandes plantations, Mato Grosso do Sul en troisième place. En 2000, l´avoine est entrée dans la lista d´ "aliments fonctionnels", reconnus par la *Anvisa (Agência Nacional de Vigilância Sanitária)* – c´est-à-dire, "que, en plus des fonctions nutritionnelles de base, lorsqu´elle est consommée en tant que partie de la diète habituelle, elle peut produire des effets bénéfiques à la santé". Parmi ses nutriments, elle est riche en béta-glucane (fibres solubles), qui contribue pour la réduction du cholestérol.

AVIÚ
Acetes americanus

AVIÚ
This micro freshwater shrimp, ranging in size from 0.3 to 1.2 inches, appears in April and May in the rivers of Pará, Tocantins and Amapá, especially at the mouth of Tocantins and Tapajós rivers, near Santarém. In fairs and markets of cities like Belém, it is sold in dried and salt-cured versions. With a distinctive flavor, it is used in savory pies, stews, soups, frittatas, *farofas* (seasoned manioc flour), and in *mojica* (or *mujica*), a traditional dish from Pará consisting of seasoned fish broth that is thickened with manioc flour to give it a mush consistency.

AVIÚ
Minuscule – sa taille varie de 8 millimètres à 3 centimètres – cette crevette d´eau douce surgit en avril et en mai dans les fleuves des états du Pará, Tocantins et Amapá, spécialement dans l´embouchure du fleuve Tocantins et Tapajós, près de Santarém. Dans les marchés et les marchés en plein air de villes telles Belém, elle est vendue séchée et salée. Au goût fort, elle apparaît dans des tartes, des ragoûts, des soupes, frite, dans des *farofas* et dans la **mojica**, ou *mujica*, plat typique du Pará, fait avec un bouillon de poisson, assaisonné et épaissi avec de la farine, jusqu´à présenter la consistance d´un *pirão*.

AZEDINHA
Rumex acetosa

SORREL
The name of this plant in Portuguese says everything about its main feature: it is deliciously acidic (azedinha). It has long, flat, broad leaves and adapted well to the mild climate of regions such as Minas Gerais and Rio Grande do Sul. According to a manual released in 2013 by the Brazilian Ministry of Agriculture, Livestock and Food Supply, this is an non-conventional leaf vegetable, with

restricted distribution, but very present in the diet of people living around the farming areas. The leaves give a refreshing touch to many recipes – either chopped raw, in salads and juices, or sautéed, in soups and sauces, or as side for meat, fish, and poultry dishes.

OSEILLE
Ce n´est même pas nécessaire en goûter pour déviner la principale caractéristique de cette plante, car son nom en portugais nous le dit: elle a un goût délicieusement acide. Elle possède de longues feuilles, lisses et larges et s´adapte principalement à des régions de climat plus frais entre Minas Gerais et le Rio Grande do Sud. Selon un manuel lancé en 2013 par le Ministério da Agricultura, Pecuária et Abastecimento, il s´agit d´une plante herbacée non-conventionnelle, avec une distribution limitée, mais très présente dans l´alimentation des populations où elle est plantée. Ses feuilles donnent une touche rafraîchissante à des recettes – soit crue et hachée, dans des salades et des jus, soit braisée, dans des soupes et des sauces ou comme accompagnement des viandes, des poissons et des volailles.

AZEITE DE DENDÊ
Elaeis guineensis (dendezeiro)

DENDE OIL
Traditional ingredient in Bahian and African-Brazilian preparations in general, dende oil is extracted from a palm nut quite common in Bahia and Africa, but also present in the North region of Brazil. It was brought to the country by the Portuguese, together with the first African slaves, and adapted very well to the northeastern coastal climate and soil, particularly between Ilhéus and Salvador, a region now called *Costa do Dendê* (Dende Coast). Recipes for Bahian *moqueca* (fish stew), *acarajé* (black eyed bean fritter), *vatapá* (dried shrimp, bread and coconut porridge), *caruru* (okra and dried shrimp porridge), and shrimp *bobó* (with puréed cassava and coconut milk) all use dende oil as an essential ingredient. In *História da alimentação no Brasil* (History of Food in Brazil), author Luís da Câmara Cascudo states that the use of dende oil "was passed along among slaves and the black servants cooking in the master's residency, as an act of loyalty" and that "the dende oil palm, *dem-dem* in Angola, was cultivated in the outskirts of Salvador city to meet the local consumption of the largest population center by then". In Bahia, until today, the word *azeite* (oil) refers to dende oil; olive oil, a Portuguese heritage, is called *azeite doce* (literally "sweet oil"). Palm oil, another byproduct extracted from this tree, is used in the industry to manufacture candles, soaps, detergent and even fuel.

HUILE DE PALME
Ingrédient typique des préparations de Bahia et afro-brésiliennes en général, l´huile de palme est une huile extraite du fruit du palmier à l´huile, un palmier très courante en Bahia et en Afrique, mais également présent dans la région Nord du Brésil. Il est arrivé ici avec les Portugais, avec les premiers esclaves et a trouvé dans le littoral du Nord-Est un climat et un sol propices pour son développement, principalement entre Ilhéus et Salvador, dans une région spécifique aujourd´hui nommée Costa do Dendê. Des recettes comme celle de la **moqueca baiana** (un genre de bouillabaisse), de l´acarajé, du vatapá et du bobó de crevettes possèdent l´huile comme un ingrédient fondamentale dans leurs préparations. Dans son livre *História da alimentação no Brasil*, Luís da Câmara Cascudo affirme que "son usage se transmettait parmi les esclaves et les noires qui servaient dans la maison des blancs comme un acte de fidélité" et que "le palmier à l´huile, *dem-dem* en Angola, fut cultivée autour de la ville de Salvador pour répondre à la consommation locale du plus grand centre démographique du moment". Dans l´état de Bahia, jusqu´à aujourd´hui, le mot "huile" fait référence à l´huile de palme; l´huile d´olive, encore un héritage portugais, est nommée "l´huile sucré". L´huile de palme est utilisée également dans la fabrication industrielle de bougies, de savon, de savonette, de lessive et même de combustible.

BACALHAU SECO

SALT COD
Produced with two fish varieties – *Gadus macrocephalus*, the "Pacific cod", and *Gadus morhua*, the "Atlantic cod", known as the "true" cod and fished in North Atlantic waters. It is a salt-cured, dehydrated product that was born from the need of preserving food. In Brazil, where the product is quite popular, the high price of "true" cod favored other products, using inferior fish varieties such as pollock, cusk (or tusk), and ling. A traditional dish at Easter and year-end festivities, the Portuguese-inherited salt cod dish *Bacalhoada* is usually prepared with potato, tomato, onion, bell peppers and hard boiled eggs. Salt cod can also be shredded and used to prepare savory pie fillings, and the traditional *Bolinho de Bacalhau* (salt cod fish cakes), sold in several pubs and restaurants in Brazil.

MOURUE SÉCHÉE
Produite à partir de deux espèces de poisson - *Gadus macrocephalus*, la "mourue du Pacifique", et *Gadus morhua*, connue comme "la vraie morue", et pêchée dans les eaux de l´Atlantique Nord – il s´agit d´un produit salé et déshydraté, surgi par le besoin de conservation de l´aliment. Au Brésil, le prix élevé de la "vraie" mourue, ouvre l´espace à d´autres variétés, faites avec de différents poissons de qualité inférieure tels le lieu noir, le brosme et la lingue. Plat typique des Pâques ou dans les fêtes de fin d´année, la morue, d´héritage portugais, est préparée normalment avec des pommes de terre, des tomates, des oignons, des poivrons et des oeufs durs. Sa chair effilée est utilisée pour farcir de tartes et la traditionnelle **croquette de morue**, retrouvée dans d´innombrables bistrots et restaurants dans le pays.

BACON

BACON
Used to flavor beans, to cover poultry breast before roasting, to complement a juicy burger or a *farofa* (seasoned manioc flour) – it is hard to find a dish that would not taste better with the addition of bacon. Although it is usually made with pork belly, it can also be produced from other parts of the animal, such as the neck. With high fat content, bacon is usually salt-cured and then smoked. It is sold in slices, cubes, and slabs.

LARD
Pour assaisonner les haricots, pour couvrir la poitrine des volailles avant qu´elle ne soient amenées au four, pour servir de garniture à un hamburger juteux ou optmiser une *farofa* – il est difficile de ne pas trouver une utilité savoureuse pour le lard. Malgré le fait qu´il soit retiré du **ventre du porc**, il peut être également produit à partir d´autres parties de l´animal, comme le cou. Formé de viande et de graisse, la pièce est cuite avec du sel et, ensuite, fumée. On la retrouve sous la forme de tranches, des cubes ou des morceaux entiers.

BACUPARI
Rheedia gardneriana

BACUPARI
Native to the Brazilian Atlantic rainforest, this fruit has whitish, very sweet pulp and a skin that ranges from orange to yellow, when the fruit is ripe. With subtle and refreshing taste, it can be eaten fresh or used to make juices, *caipirinhas*, confections and ice creams. As devastation

of native forests escalated, *bacupari* became more and more scarce in Brazil. Today, there's no commercial cultivation, but the harmoniously-looking tree can still be found in many backyards and orchards, mainly in Rio Grande do Sul and Santa Catarina.

BACUPARI
Native de la Forêt Atlantique brésilienne, elle a une pulpe blanchâtre et très sucrée sous une peau qui varie entre l'orange et le jaune, lorsque le fruit est mûr. Avec un goût suave et rafraîchissant, elle est idéale pour la consommation *in natura* ou sous la forme de jus, de *caipirinhas*, de confits et de glaces. Avec la dévastation de la forêt native, la présence du *bacupari* est devenue plus rare dans le pays et, aujourd'hui, il n'y a pas de production commerciale. Cependant, des exemplaires de son arbre élégant peuvent être retrouvés dans des bas-cours et des vergers, principalement dans l'état de Rio Grande do Sul et Santa Catarina.

BACURI
Platonia insignis

BACURI
Fruit native to the Amazon and the northern South America, it is found mainly in the state of Pará, between December and April. Curiously, it has become, for many, a symbol of the city of Teresina, capital of Piauí state. It has a thick, yellowish skin and a creamy, white pulp of intense and slightly acidic flavor, high in phosphorus and calcium. Very fragrant, the fruit can be eaten raw or used to prepare juices, jams, liqueurs, compotes and ice creams. It can also be used to enhance savory dishes: shrimp with bacuri sauce, for example, is a very common dish in Belém, the capital of Pará state. The oil extracted from its seeds has medicinal properties, serving as an anti-inflammatory and wound healing.

BACURI
Malgré le fait d'être retrouvé surtout dans l'état du Pará, entre décembre et avril, ce fruit natif de l'Amazonie et du Nord de l'Amérique du Sud est devenu pour plusieurs, un symbole de la ville de Teresina, capitale de l'état du Piauí. Il possède une écorce épaisse et une pulpe blanche, riche en phosphore et calcium, il présente un goût intense et légèrement acide. Très parfumé, il peut être consommé *in natura* ou bien sous la forme de jus, de confitures, de liqueurs, de glaces ou confit. Il est aussi un complément pour des mets salés: les crevettes à la sauce de *bacuri*, par exemple, sont très communes à Belém, la capitale du Pará. On peut également extraire de l'huile des graines qui possède des propriétés médicinales, servant comme anti-inflammatoire et cicatrisant.

BADEJO
Mycteroperca spp.

GROUPER
Saltwater fish found all over the Brazilian coast hiding in rocky shores and coral reefs, more commonly in the stretch between the states of Rio de Janeiro and Bahia. Its refined meat, dense and very tasty, is usually prepared in steaks or tranches, using several techniques: roasting, grilling, frying or stewing. In markets and restaurants, it is commonly mistaken for the haddock, which comes from Argentina and is sold in thinner fillets, and not as flavorful and delicate. Among the species found in Brazil are *Mycteroperca bonaci* (black grouper) and the *Mycteroperca rubra* (mottled / comb grouper).

MÉROU
Malgré le fait que ce poisson d'eau salée puisse être retrouvé tout au long du littoral brésilien, à l'abri dans les anfractuosités rocheuses et dans les récifs de coraux, il est plus fréquent entre les états de Rio de Janeiro et de Bahia. Sa chair noble, dense et très savoureuse, généralement consommée en pavés, peut être préparée cuite, grillée, frite ou bouillie. Dans les marchés et restaurants, il est commun de le confondre avec l'abadèche, venu de l'Argentine, vendu en filets plus fins, mais sans autant de saveur ou de délicatesse. Parmi les espèces de mérou retrouvées au Brésil il y a la *Mycteroperca bonaci* (mérou noir) et la *Mycteroperca rubra* (mérou rouge).

BAGRE
Genidens genidens, G. barbus, G. planifrons

SEA CATFISH
The term "catfish" can be confusing because there are different types of fish known by this name – the Siluriforme order to which they belong has over 2,400 known species. None of them have scales, and most have long "whiskers" (sensory filaments) on both sides of the mouth. The white flesh can be roasted, stewed, grilled or fried.

POISSON CHAT
Le mot "poisson chat" peut provoquer une certaine confusion, car il y a plusieurs types de poisson connus par ce nom – l'ordre *Siluriforme*, à laquelle ils appartiennent et qui possèdent plus de 2.400 espèces connues. En commun, ils ont le corps sans écailles et de grandes "moustaches" (barbillons) sur les parties latérales de la bouche. La chair, blanche, peut être rôtie, grillé, frite ou préparée sous la forme de ragoût.

BANANAS

BANANAS
Cavendish, apple, lady finger, burro, plantains… Originated over 5000 years ago in Southeast Asia, banana trees adapted well to the Brazilian tropics. Bahia, São Paulo, and Minas Gerais are the largest producers in the country. Large, small, sweeter, drier, more or less fragrant, the varieties found in fairs and farm markets are widely consumed fresh, and lend themselves to various preparations, both sweet and savory. And they have a peculiarity not so common among other fruits: they taste better when ripened off the tree.

BANANES
Banane Cavendish, banane pomme, grande naine, petite naine, platain. Surgies il y a plus de 5 mille ans au sud-est asiatique, les bananiers se sont adaptés très bien aux tropiques brésiliens – Bahia, São Paulo e Minas Gerais en sont les plus grands producteurs du pays. Grandes, petites, plus sucrées, plus sèches, plus parfumées, les variétés trouvés dans les marchés et marchés en plein air sont très consommées *in natura* et servent à la préparation de plusieurs types de recettes, sucrées ou salées. Et elles ont encore une particularité peu commune par rapport à d'autres fruits: elles sont encore meilleures lorsqu'elles mûrissent hors le bananier.

247

BANANA-DA-TERRA
Musa paradisiaca L.

PLANTAIN
This variety of banana with many common names in Brazil can reach 10 inches in length and weigh more than a pound. With denser consistency and a more astringent and less sweet taste than other varieties, it is ideal for cooking – it is either fried, baked or boiled to serve as a side dish to many preparation across the Brazil, especially in the North and Northeast regions. On the streets of Santarém, plantain chips are sold as a snack.

BANANE PLATAIN

Da-terra, comprida, pacova, pacovā, Il y plusieurs noms de ce fruit, qui peut dépasser les 25 centimètres et peser autour de 500 grammes. Ayant une consistance plus dense et un goût plus astringent, moins doux que les autres types de banane, cette variété est idéale pour la cuisson – soit frite, rôtie ou bouillie, elle sert comme garniture pour des recettes salées dans tout le pays, spécilement au Nord et au Nord-Est. Dans les rues de Santarém, elle est vendue comme amuse bouche sous la forme de chips.

BANANA-DE-SÃO-TOMÉ
Musa paradisiaca L.

SÃO TOMÉ BANANA
This banana variety of purplish peel acquires a beautiful orangey tone when the fruit is ripe. The pulp is smooth, very fragrant and, like plantains, tastes better baked, fried or roasted. It is also called *banana-do-paraíso* ("from paradise") and *banana-curta* ("short") in Portuguese.

BANANE ROUGE
Cette variété de peau violâtre acquiert une belle tonalité orange lorsqu'elle est mûre. Elle a une pulpe tendre, un parfum très intense et tout comme la banane platain, elle est plus savoureuse cuite, frite ou rôtie. Au Brésil, elle peut être aussi nommée *banana-paraíso* ou *banana-curta*.

BANANA-MAÇÃ
Musa paradisiaca L.

APPLE BANANA
This variety is less caloric than regular (Cavendish) bananas, and has more fiber, vitamin C and protein. Measuring 2 to 4 inches in length, it has a thin, yellow peel, and a white, silky, and sweet pulp – hence the fact it is often used in Brazil to feed infants. It can be eaten fresh or used in cakes, pies and smoothies. Also known in English as latundan, manzano and silk banana.

BANANE FIGUE POMME JAUNE
Par rapport à la banane Cavendish, elle est un peu moins calorique et présente plus de fibres, de la vitamine C et des protéines. Ayant entre 5 à 10 centimètres de long, elle possède la peau fine, jaune et pulpe claire, légère et sucrée – d'où son indication pour l'alimentation infantile. Elle peut être consommée *in natura*, ou dans des recettes variées de gâteaux, des tartes et frappées avec du lait. Elle connue au Brésil aussi comme *banana-branca*.

BANANA-NANICA
Musa paradisiaca L.

CAVENDISH BANANA
The word *nanica* (literally "shorty"), used in Portuguese to set the regular banana (or Cavendish) variety apart from many other available in Brazil, can be deceiving: it refers to the size of the tree, not the fruit, which is average 8 in. long.

BANANE DESSERT
Le nom en portugais peut tromper ceux qui ne la connaissent pas (*nanica*, nain en français): l'arbre est petit et non le fruit qui a, en moyenne, 20 centimètres. L'une des variétés de banane la plus consommée au Brésil, on en profite beaucoup *in natura* et d'autres infinis usages culinaires sous la forme de gâteaux, de tartes, de compotes, comme pâté ou coupée, frapée avec du lait, des pains, écrasée avec de l'avoine ou simplement cuite ou rôtie avec du sucre et de la cannelle. De diverses recettes brésiliennes y en incluent. Dans le littoral Nord de l'état de São Paulo, la banane dessert est cuite encore verte dans une casserole de fer avec des pavés de poissons; le plat est nommé **azul-marinho** (bleu marine) en fonction de la couleur obtenue dans la cuisson. Dans l'état de Minas Gerais, il y a un plat fait avec ce fruit, du fromage et de la farine de maïs et dans la Chapada Diamantina, dans l'état de Bahia, le **godó** est un ragoût de banane dessert verte avec de la viande séchée.

BANANA-OURO

LADY FINGER BANANA
Also known as baby banana in English, it is a very small variety, with no more than 4 inches, but nonetheless big in flavor and sweetness. Inside the thin, deep-yellow peel, a fragrant pulp that deserves to be eaten fresh, although it can be used in fillings for pies and pastries, jams, smoothies, mashes and chutneys.

BANANE PETITE NAINE
Très petite, elle ne dépasse pas les 10 centimètres – par contre, elle est très savoureuse et très douce. Dans la peau fine, d'une couleur jaune fort, la pulpe merite d'être consommée *in natura*, mais elle peut être utilisée comme farce de tartes et de pâtes, dans des compotes, des purées et chutneys ou frappée avec du lait.

BANANA-PRATA

BURRO BANANA
Also called chunky banana, this square-shaped, straighter banana variety is small and has sweetish pulp, with a touch of acidity. The uses are similar to the lady finger and Cavendish bananas: cakes, jams, fruit paste or preserve. In addition, its firm consistency and dry texture makes it ideal for frying and grilling, or to be served chopped as an accompaniment for rice and beans.

BANANE GRANDE NAINE
Il s'agit d'un fruit petit et doux, mais avec une touche d'acidité. Son usage est semblable à celui des bananes petite naine et Cavendish: dans des gâteaux, des compotes, des confits ou coupées. En plus, sa consistance ferme et la texture sèche la rendent idéale pour la frire ou griller – ou la servir, hâchée avec du riz et des haricots.

BANHA DE PORCO

LARD
It is the popular name for pork fat, widely used in Brazil until the 1950s for frying, sautéing and grilling food, adding a distinctive flavor to dishes. After vegetable fat was introduced in the market and the media campaigned against lard, the ingredient was gradually eliminated from the Brazilian households. Currently, there is much debate about the healthy and unhealthy types of fat – some nutrition experts do not consider the consumption of saturated fats, such as lard, as being so problematic. Moreover, unlike margarine and shortening, the pork product does not contain hydrogenated fat.

GRAISSE DE PORC
Il s'agit du nom populaire donné à la graisse de l'animal qui a été très utilisée jusqu'aux années 1950 pour frire, braiser ou griller, en intensifiant la saveur des aliments. Après l'apparition de la graisse végétale et une campagne contre la graisse de porc, cet ingrédient a perdu sa place chez les Brésiliens. Il existe aujourd'hui un débat à propos des types de graisses bénéfiques et celles qui portent préjudice à la santé – quelques nutrologues ne voient pas tant de problème dans l'ingestion de graisses saturées, comme celle

de la graisse de porc. En plus, contrairement à la margarine ou à la graisse végétale, le produit dérivé du porc ne contient pas de graisse hydrogénée.

BARRIGA DE PORCO

PORK BELLY
One of the tastiest parts of pork, the cut's main feature is the balance of fat and meat. In Italy, it is called pancetta. It has been highly valued by Brazilian chefs lately, due to its juiciness and versatility. It can be fried, roasted or cooked – but never served raw or undercooked. In some professional kitchens, the pork belly is cooked for several hours, at low temperatures. At home, a good option is to marinate and then cook it in the pressure cooker until it is tender and juicy. According to some specialist, from this pork cut comes the best possible bacon, a very popular ingredient used to enhance and add flavor to meats, *farofas* (seasoned manioc flour), beans and lentils, among other dishes.

POITRINE DE PORC
Il s´agit d´une des parties les plus savoureuses de l´animal, caractérisée par l´équilibre entre graisse et viande. En Italie, on l´appelle *pancetta* et au Brésil, plusieurs chefs la mettent en valeur dû à son caractère juteux et à sa versatilité. Elle peut être frite, cuite ou rôtie – mais elle ne doit jamais être servie crue ou mi-cuite. Dans quelques cuisines professionnelles, cette coupe est préparée pendant de longues heures à basse température. À la maison, la suggestion est de la mariner et alors la faire cuire dans une cocotte minute jusqu´à ce qu´elle soit tendre et juteuse. Selon les spécialistes, on peut retirer de cette partie le meilleur lard du porc, ingrédient très populaire utilisé pour intensifier et donner de la saveur à des viandes, à des *farofas*, à des haricots, à des lentilles, parmi d´autres plats.

BARU
Dypterix alata Vogel.

NOME EM INGLÊS
Fruit of a leafy tree from the Cerrado (Brazilian savannah) found mainly in Mato Grosso, Mato Grosso do Sul, Goiás and Minas Gerais states. High in protein, fiber and carbohydrates, the sweetish, brown pulp has no commercial use, but can be used in breads or pastry creams. Currently, the nut has been receiving a lot of gastronomic attention. Its flavor is reminiscent of peanuts, and it should be roasted before being served on its own, or transformed into flours, oils, or the traditional Brazilian candies (originally made with peanuts): *paçoca* and *pé de moleque*. Baru nut is one of the ingredients included in the Arca do Gosto (Ark of Taste), a Slow Food movement initiated in Brazil to preserve and popularize ingredients in danger of extinction.

BARU
Il s´agit du fruit d´un arbre feuillu, typique du Cerrado, retrouvé principalement au Mato Grosso, Mato Grosso do Sul, Goiás et Minas Gerais. Riche en protéines, en fibres et en glucides, la pulpe marron légèrement sucrée n´est pas profitée commercialement, mais elle peut être utilisée dans des pains ou des crèmes. Actuellement, la noix éveille une plus grande attention culinaire. Ayant un goût qui rappelle celui de la cacahuète, elle doit être torréifiée avant leur consommation comme apéritif ou dans la production de *paçoca*, de *pé de moleque*, de farine et d´huile. La noix de baru intègre la Arca do Gosto, une initiative du mouvement Slow Food, qui diffuse les aliments en voie de disparition.

BATATA
Solanum tuberosum L.

POTATO
One of the main sources of carbohydrate in the world, and a staple food for several nations, potato is used to prepare several Brazilian dishes. Fries are part of the every-day Brazilian meal called "*prato feito*", alongside rice, beans and steak. Cooked, it can be mashed, added to salads, and served as a side dish to beef, chicken and fish preparations. In Brazil, it is called "English potato", even dough it originated in the Peruvian Andes, in South America, as the English and Spaniards were the ones responsible for reintroducing the tuber in their Brazilian colonies, around the sixteenth century.

POMME DE TERRE
L´une des principales sources de glucides du monde et base pour l´alimentation de plusieurs peuples, la pomme de terre apparaît dans d´innombrables recettes brésiliennes. Frite, elle peut composer le "plat national" du jour au jour avec du riz, des haricots et du steak. Cuite, sous la forme de purée, dans des salades et comme garniture de viandes rouges, de poulets et de poissons. Malgré son origine aux Andes péruviens, en Amérique du Sud, il est commun d´être nommée "pomme de terre anglaise" - dû au fait que les Anglais, à côté des Espagnols, ont diffusé ce tubercule dans leurs colonies après leurs conquêtes du XVIe siècle.

BATATA-ARIÁ
Calathea allouia

GUINEA ARROWROOT
In appearance and culinary use, it is similar to potatoes. But the use of this tuberous root native to tropical America is restricted to the Amazon region, where it is a staple for native Indians and riverside communities. Occasionally, it can be found in farm markets of bigger cities such as Belém, Manaus, Parintins and Santarém. The sweet taste – for some, reminiscent of corn, or Brazil nut – and the crunchy texture it acquires after cooked goes well in salads, stews, soups, mashes and gratins.

POMME DE TERRE ARIÁ
Dans son apparence et dans son utilisation culinaire, on dirait une pomme de terre ordinaire. Mais cette racine tubéreuse originaire de l´Amérique tropicale a une consommation limitée à la région amazonienne, où elle sert d´aliment à des Indiens et à des communautés riveraines. Éventuellement, on la retrouve dans les marchés des grandes villes, tels ceux de Belém, Manaus, Parintins et Santarém. D´un goût douceâtre – il y en a ceux qui disent qu´elle rappelle le maïs ou la noix-du-brésil et ayant un texture croquante, elle peut être cuite, dans des salades, dans des assortiments de fruits de mer, dans des soupes, dans des purées et dans des plats gratinés.

BATATA-DOCE
Ipomoea batatas L.

WHITE SWEET POTATO
Roasted, fried, boiled or mashed, sweet potato is a good side to serve with meat dishes, and can also be used in desserts. One of the most popular recipes in Brazil is *doce de batata-doce* (mashed sweet potato paste), easily found in the interior of São Paulo state and a tradition at *Festas Juninas* (June Festivities). Because it is a good source of carbohydrates, fiber, minerals, B vitamins and antioxidants, lately it started to appear more in the menu of people practicing strenuous exercise. Fun fact: this root native of Central and South America becomes sweet during cooking (as the starch turns into maltose by enzymatic action).

PATATE DOUCE
Rôtie, frite ou sous la forme de purée, elle est très utilisée dans des plats de viande, mais

également dans des desserts. L´une des recettes les plus populaires est la patate douce confite, très courante à la campagne dans l´état de São Paulo et présente parmi les mets des fêtes de Saint Jean. Comme elle est une source de glucides, des fibres, des minéraux, des vitamines du complèxe B et ayant un pouvoir antoxydant, récemment la patate douce fait partie du menu des praticants des exercices physiques intenses. Une curiosité: cette racine native de l´Amérique Centrale et du Sud devient sucrée pendant la cuisson (le moment où l´amidon se transforme en maltose par l´action d´une enzime).

BATATA-DOCE ROXA
Ipomoea batatas L.

OKINAWAN / HAWAIIAN SWEET POTATO
Sweet potato variety with purple pulp, the pigmentation comes from the anthocyanin content of the tuber, which can tint both the peel and the flesh, while raw. During cooking, the purple tends to become dark gray – a few drops of vinegar in the cooking water can help prevent this reaction. This variety of sweet potato, besides being sweet, has a delicate aroma with nutty hints. It is suitable to mash, but can also be boiled in chunks, added to stews, fried and roasted. In Brazil, it is often used to prepare desserts and confections.

PATATE VIOLETTE OU ROUGE
Il s´agit d´une des variétés des patates douces. Sa couleur violâtre est due à la présence du pigment anthocyane, qui peut se concentrer dans la peau ou dans la pulpe pendant que la racine soit crue. Généralement, pendant la cuisson, la patate violette a la tendance à gagner la couleur gris foncé – un effet qui peut être diminué avec quelques gouttes de vinaigre dans l´eau. Ce type de patate, en plus de son évident caractère sucré, possède une odeur délicate, avec des touches de noix. On a de très bons résultats sous la forme de purée, mais elle peut être également préparée cuite, dans des ragoûts, frite et rôtie. Son usage dans la production de confits en est recurrent.

BAUNILHA DO CERRADO
Vanilla edwalli

CERRADO VANILLA
Large, thick vanilla pod with a very pleasant aroma, it is the bean of an orchid endemic to the Cerrado (the Brazilian savannah), still wild – that is, the plant is not cultivated commercially in Brazil yet. Similarly to regular vanilla, originated in Central America, it can be used to flavor sugar, several desserts and confections, ice creams and chocolate.

VANILLE DO CERRADO
Grande, volumineuse, ayant un parfum très agréable, elle est la gousse d´une orchidée qui pousse au Cerrado et se trouve encore dans un état sauvage – c´est-à-dire, elle n´a pas de plantation à but commercial important. Tout comme la vanille traditionnelle, originaire de l´Amérique Centrale, elle peut être utilisée pour parfumer le sucre et des confits variés, comme des coulis, des glaces et des bonbons.

BEIJUPIRÁ
Rachycentron canadum

COBIA
Present along all the Brazilian coast, this fish became popular first in the Northeast region, especially in Pernambuco and Ceará. With white, tender, and delicate flesh, it does not have a lot of bones and can reach 6.5 feet in length. It can be used in *moquecas* (fish stews), stuffed and roasted, or cut into steaks and grilled. Fun fact: served with mashed potatoes, cobia appeared on the menu of the well-known Ilha Fiscal Ball, in Rio de Janeiro, the last event attended by Dom Pedro II as the emperor of Brazil – the country became a republic a few days later.

COBIA
Il existe dans tout le littoral brésilien, mais c´est dans la région Nord-Est où il est devenu célèbre, principalement dans l´état de Pernambuco et Ceará. Ayant la chair blanche, tendre et délicate, il a peu d´arêtes et peut atteindre 2 mètres de long. Il est un composant des *moquecas* (genre de bouillabaisse), farci et rôti ou dans des filets grillés. Une curiosité:servi avec de la purée, le cobia a apparu dans le célèbre bal de la île Fiscale, à Rio de Janeiro, le dernier événement où Dom Pedro II a apparu comme empereur du Brésil. – la République serait proclamée quelques jours après.

BELDROEGA
Portulaca oleracea L.

PURSLANE
Two varieties of this plant are found in Brazil: common purslane, with small leaves, originally from Eastern Europe, and most commonly used in cooking; and the variety with larger leaves, known as jewels of opar (*Talinum paniculatum*), among other names, native of America. This sprawling annual grows anywhere – even on streets and parks. But unfortunately, that does not mean the product is easily available in Brazilian markets: it is more common in the Northeast region. The succulent leaves have slightly acidic flavor and a crunchy texture, perfect for salads. If cooked, it is reminiscent of spinach, and can be used as an ingredient in soufflés, soups, fritters and stews. Fun fact: common purslane, with tiny leaves and yellow flowers, is considered an agricultural weed.

POURPIER
On en retrouve deux types au Brésil: le pourpier aux petites feuilles, originaire de l´Europe Orientale et plus utilisé dans la culinaire et celui aux grandes feuilles (*Talinum paniculatum*), natif de l´Amérique. Il s´agit d´une plante, qui pousse n´importe où – même dans les rues et dans les places publiques. Mais, cette facilité de plantation ne veut pas dire qu´elle soit également facile de la retrouver dans les marchés au Brésil: le pourpier apparaît avec plus de fréquence dans les marchés en plein du Nord-Est. Les feuilles charnues possèdent un léger goût acide et une texture croustillante, parfaites pour faire de la salade. Lorsqu´elles sont cuites, elles rappellent un peu l´épinard et sont composantes de soufflées, des soupes, des croquettes et des ragoûts. Une curiosité: l´espèce de feuilles menues aux fleurs jaunes est considérée comme une plaie pour les plantations.

BERGAMOTA MONTENEGRINA
Citrus deliciosa Tenore

MONTENEGRINA MANDARIN
Bergamota is the word used, in Southern Brazil, to designate the fruit that in other parts of the country can be called a *tangerina* or *mexerica*. Very sweet, juicy and easy to peel, *montenegrina* mandarin appeared by a spontaneous mutation, discovered in 1940 in the area that makes up the Vale do Caí, in Rio Grande do Sul. I can be eaten fresh, and also used in juices, sauces, and other food preparations. Unlike other varieties, the fruit harvest in Brazil is delayed until September or October. *Montenegrina* mandarin was included in Arca do Gosto (Ark of Taste), a Slow Food movement to popularize ingredients in danger of extinction.

MANDARINE

Bergamota est le mot utilisé, dans la région Sud, pour désigner le fruit qui, dans d´autres parties du pays, il peut être appelé *tangerina* ou *mexerica*. Très sucrée, juteuse et facile de peler, la variété *montenegrina* a surgi par une mutation spontanée, découverte en 1940, dans la surface qui compose le Vale do Caí, dans la région du Rio Grande do Sul. En plus d´être consommée *in natura*, on peut en faire des jus et elle peut être utilisée dans des sauces et d´autres préparations culinaires. Contrairement à d´autres types, ce fruit a une récolte tardive, jusqu´à septembre ou octobre. La mandarine montenegrina intègre l´Arca do Gosto, initiative du mouvement Slow Food pour diffuser des aliments en voie de disparition.

BETTERAVE

Ayant la production concentrée dans les régions Sud et Sud-Est, elle apparaît dans sa meilleure forme les mois de janvier à mars et en octobre. Elle possède deux caractéristiques marquantes: le goût légèrement sucré et sa couleur, d´un rouge violet intense, dérivé du pigment bétaïne. Crue et râpée, il est commun la voir à côté de la carotte dans des salades, plusieurs fois combinées à des raisins secs. Cuite ou rôtie, la betterave peut être utilisée pour farcir de pâtes, dans des soupes et dans des soufflés. Leurs tiges et leurs feuilles, riches en fer, peuvent être également profités dans des salades et dans des plats braisés.

BETERRABA
Beta vulgaris

BEET

Vegetable mainly grown in the South and Southeast regions of Brazil, the best are harvested in the months of October and January to March. Two of beet's main features are the sweet flavor and deep, purplish-red color, derived from the betaine pigment it contains. In Brazil, it is often served raw and grated in salads, sometimes next to grated raw carrots and raisins. Boiled or roasted, it is used as an ingredient for pasta fillings, soups and soufflés. The stems and leaves are also high in iron, and can be used in salads or sautéed.

BIRIBÁ
Annona mucosa

BIRIBÁ

Very common in the Amazon and also popular in the Northeast region, the appearance of this fruit is not very appealing: the hard skin has fleshy thorns and it becomes darker as it ripens. However, the white pulp is sweet and soft, high in vitamin C and potassium. A fruit of the custard-apple family, it is good fresh, but can also be used in smoothies and ice creams. Because it is too fragile, it is hardly sold outside the regions where it originates. Harvesting goes from March to June.

BIRIBÁ

Très commun en Amazonie et également apprécié dans la région Nord-Est, ce fruit possède un apparence qui peut paraître bizarre: il possède l´écorce dure, avec des protubérances charnues, quei devient plus foncé à la mesure qu´il mûrit. Cependant, dedans, sa pulpe blanche est sucrée et tendre, riche en vitamines C et potassium. Il s´agit d´un fruit très bon pour manger *in natura* ou pour en faire des jus et des glaces. Le fait qu´il soit très fragile empêche sa commercialisation en dehors de ses régions d´origine. La période de récolte va de mars à juin.

BIRIBIRI
Averrhoa bilimbi

BILIMBI

Also know by many other names in Portuguese and in English, such as cucumber tree and tree sorrel, which can be confusing. Names apart, the small greenish fruit is very pleasing to those who love acidic flavors. Related to the star fruit, it can be used to replace lime in salad dressings and salsas, and it renders good *caipirinhas*, and can be pickled with hot peppers. In Bahia, it is also used to complement *moquecas* (fish stews). In Amazonian folk medicine, bilimbi tea helps fight colds; in Atlantic rainforest regions, the juice is believed to treat fevers and diarrhea.

BILIMBI

On peut confondre le nom de ce fruit, car il est connu aussi comme *carambola-amarela* ou *limão-de-caiena*. Mais, peut importe son nom, ce petit fruit vert plaît à ceux qui aiment les goûts acides. Il peut remplacer le citron dans des condiments ou dans des vinaigrettes et s´accorde très bien avec des *caipirinhas*, des pickles et des conserves avec du piment – dans l´état de Bahia, il apparaît aussi pour préparer la *moqueca* (genre de ragoût). Dans la médicine populaire de l´Amazonie, le thé de bilimbi aide à combatte des rhumes; dans les regions de la Forêt Atlantique, on croit que le jus agisse contre les fièvres et la dysenthérie.

BISTECA SUÍNA

PORK CHOP

This popular pork cut comes from the pork loin and has bones and a layer of fat that seals in juiciness. Overall, the weight of a chop is between 5 and 9 ounces. It can be roasted, grilled or breaded and fried. It is an essential part of *Virado Paulista* (together with rice, beans and manioc flour mush, sautéed collard greens, fried egg, and sausage) and is often served with *Feijoada* (Brazilian bean and meat stew).

CARRÉ DE PORC

Coupe très populaire, retirée du carré de porc, avec l´os et une couche de graisse qui assure son caractère juteux. En général, le poids varie entre 150 et 250 grammes. Elle peut être rôtie, grillée, panée ou frite. Il s´agit d´une des garnitures traditionnelles du **virado à paulista** (plat traditionnel de São Paulo, composé de haricots avec de la farine de manioc, carré de porc, saucisson, banane panée, chou poêlé et riz) et apparaît plusieurs fois servi avec la **feijoada**.

BOCAIUVA
Acrocomia aculeata

MACAW PALM

Known in Portuguese as *bocaiuva* and *macauba*, this palm tree can be found in the North, Northeast and Midwest regions of Brazil, and bears fruit from October to January. The whole plant is usable, including the trunk, used for building houses, and the leaves, which are transformed into fishing line and nets. The pulp of the fruit, soft and fibrous, can be eaten raw, and is known as the "Pantanal gum". It can also be used to prepare juices, ice creams and bocaiuva flour, used in cakes, breads and cookies, among other pastries. The oil extracted from the nut is used as an ingredient in food and cosmetic industries, as well as for manufacturing margarine and soap.

BOCAIUVA

Bocaiuva ou *macaúba*? Soit un nom, soit l´autre, ce palmier retrouvé dans les régions Nord, Nord-Est et Centre-Ouest, ayant la récolte d´octobre à janvier, peut être profité au complet: le bois est utilisé dans la construction de maisons et les feuilles dans la fabrication de hamacs et lignes de pêche. Consommée *in natura*, sa pulpe tendre et fibreuse est connue comme "le *chewing gum* du Pantanal". On peut également l´utiliser dans des jus, des glaces et employer la farine de *bocaiuva* dans la production de gâteaux, de pains, de biscuits, parmi d´autres mets. Les noix du fruits fournissent une huile utilisée par les industries d´aliments et de cosmétiques pour la fabrication de margarine, de savon et de savonette.

BODE
Capra hircus

GOAT
The city of Petrolina, in Pernambuco, has an unusual attraction: the *Bodódromo*, an area including several restaurants specializing in recipes made with goat meat. Leaner than chicken, beef, and pork, goat cuts are among the most eaten in the world; northeastern Brazil, which accounts for over 90% of national production, raises goat for meat and milk since colonization times. Some people think goat is used in Brazilian cooking only to make *Buchada*, a strong-flavored, hearty dish in which the viscera are cooked inside a bag made of the animal's stomach. But the meat, dark and boldly flavored, can also be roasted, fried, braised, chargrilled, and "atolada" (stewed with cooked cassava). In São Paulo's Italian cantinas, a classic dish is kid with broccoli and potatoes – kid is the young goat, of milder flavor.

BOUC
La ville de Petrolina, dans l´état de Pernambuco, a un point touristique inouï: le *Bodódromo*, un endroit où sont réunis des restaurants spécialisés en recettes faites avec la viande de bouc. Plus maigres que les coupes de poulet, de boeuf et de porc, les coupes caprines sont très consommées dans le monde; dans la région Nord-Est du Brésil, responsable pour plus de 90% de la production nationale, l´élevage de ce type d´animal remonte à l´époque de la colonisation portugaise. Il y en a ceux qui pensent que l´utilisation cullinaire du bouc se résume à la **buchada**, plat intense où les abats sont cuites dans un sac faite avec l´estomac de l´animal. Mais la viande, de couleur foncée et goût marquant, peut être aussi rôtie, frite, préparé sous la forme de ragoût, sur la grillée ou "atolada" (braisée, servie avec du manioc). Dans des cantines italiennes de São Paulo, un plat classique est le **chevreau avec brocolis et pommes de terre** – un bouc jeune, au goût plus léger.

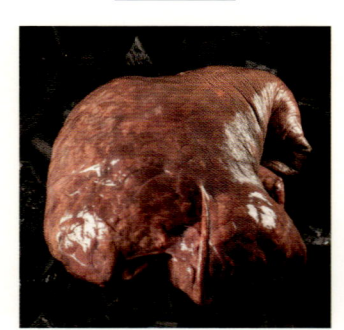

BOFE

BEEF LUNGS
Beef lung is mainly used in Brazil to prepare some traditional recipes from the northeastern cuisine. In Bahia, *Xinxim de bofe* is a dish combining beef lung and other ingredients such as shrimp, dende oil, coconut milk and ground peanut and cashew nut. Interestingly, the dish *Angu à Baiana* – made with beef liver, kidney, heart, and lung, among other offal, and cited as a delicacy by the French painter Jean-Baptiste Debret in his *Viagem Pitoresca e Histórica ao Brasil* (Picturesque and Historical Trip to Brazil), book written in the 1830s – apparently originated in Rio de Janeiro. High in iron, bovine lung was used in the formulation of a nutritious flour developed by the Department of Nutrition at the University of São Paulo to help fight anemia.

POUMON DE BOEUF
Le poumon de boeuf est utilisé surtout dans des recettes de la culinaire du Nord-Est. Dans l´état de Bahia, le *xinxim* de poumon de boeuf combine cette pièce de viande à des ingrédients tels les crevettes, l´huile de palme, lait de coco et des farines de cacahuète et de noix. Curieusement, le plat nommé **angu à baiana** – avec du foie, des reins, du coeur et du poumon de boeuf, entre autres abats et cité comme un mets par le peintre français Jean-Baptiste Debret dans son livre *Viagem Pitoresca e Histórica ao Brasil*, écrit en 1830 – ayant sa probable origine à Rio de Janeiro. Riche en fer, le poumon de boeuf a été utilisé dans l´élaboration d´une farine nutritive développée par le Département de Nutrition de l´Université de São Paulo (USP) pour aider à combattre l´anémie.

BOLDO
Peumus boldus

BOLDO
The other popular name in Portuguese, *boldo-do-chile*, gives us a clue about the origin of this plant: the Andean region of this South American country. The medicinal properties of boldo tea, made from this herb's leaves, are known to many people who use it to treat stomach and liver problems. It is believed that if you drink the tea before meals, it will help digestion.

BOLDO
Un autre nom populaire – *boldo do chile* – nous donne une piste sur l´origine de cette plante: la région andine de ce pays sud-américain. Les propriétés médicinales du **thé de boldo**, fait des feuilles de cette herbe, sont très connues et cette boisson est très utilisée pour traiter les troubles stomacaux et hépatiques. On croit que, bu avant les repas, ce thé rend plus facile le processus digestif.

BONITO
Katsuwonus pelamis (oceanic bonito / skipjack tuna) e *Euthynnus alletteratus* (false albacore / little tunny)

BONITO
Saltwater fish, found mainly on the coast of South and Southeast regions, it has a flavor profile and appearance reminiscent of tuna. In the kitchen, it is usually roasted, but it can also be stewed, fried, or diced and marinated for ceviche recipes. Metallic blue colored, it is also used as bait to fish larger species.

BONITE
Poisson d´eau salée, retrouvé principalement dans le littoral des régions Sud et Sud-Est, au goût et apparence plusieurs fois liés à ceux du thon. Dans la cuisine, il est utilisé cuit, rôti, mais il peut être préparé frit, sous la forme de ragoût, ou coupé en cubes et mariné dans des recettes de ceviche. Ayant une couleur bleu métallique, il est utilisé également comme appât pour la pêche d´espèces plus grandes.

BRÓCOLIS RAMOSO
Brassica oleracea var. itálica

BROCCOLINI
As the name in Portuguese implies (*ramoso* means "full of stems"), this variety of broccoli is sold in bunches containing stems, florets and leaves. Originated in the western Europe and known since the days of the Roman Empire, it arrived in Brazil in the early twentieth century, after entering North America brought by the Italian immigrants. The cultivation is concentrated in the South and Southeast regions, and the optimal time for consumption in Brazil is from July to December. To take advantage of all the nutrients in the broccolini – iron, calcium and vitamins A, B, C and K – the recommendation is to steam or cook it briefly in a little water before adding to salads, pasta and assorted fillings.

BROCOLI
Comme le nom en portugais l´indique, cette variété de plante herbacée commercialisée avec les tiges, les fleurs et les feuilles se caractérise par la présence de branches (*ramas*). Originaire de l´ouest de l´Europe et connue depuis l´époque de l´Empire Romain, elle est arrivée au Brésil au début du XXe siècle, après

avoir été apportée en Amérique du Nord par des immigrants italiens. Sa plantation est concentrée dans les régions Sud et Sud-Est du Brésil et la meilleure époque pour sa consommation est entre juillet et décembre. Pour profiter tous les éléments nutritifs du brocoli – fer, calcium et vitamines A, B, C et K – il est préférable de le cuisiner à la vapeur ou brièvement, avec peu d´eau, pour alors l´utiliser dans des salades, dans des pâtes et farcir des plats variés.

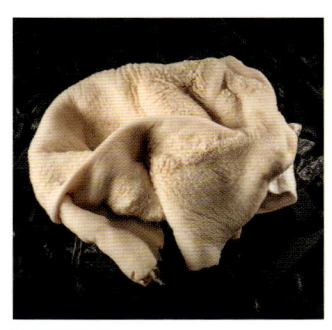

BUCHO

NOME EM INGLÊS

Idi tem quo et aut exceat quiandusae pro consequam lam, aut omnime est hillabore nobit, utam ut earume vellore et mi, nonseque pernate nostrum audande ndigendi est, audam dolent ommos derepel esequis quia nobiste nulparc hiciusanti vel esti offictium

TRIPE

L´estomac du boeuf, aussi nommé *tripa*, est le principal ingrédient de la **dobradinha**, un plat d´origine portugaise fait avec des haricots blancs, des condiments et des garnitures telles les côtelettes de porc et les saucissons selon le goût de chacun. Il y en a ceux qui font référence à la tripe en utilisant le nom de cette recette. Elle peut être aussi consommée panée, à la parmigiana, en croquettes, au four ou dans d´autres plats traditionnels, tels *la tripa* et quelques versions de **mocotó**.

BURITI

Mauritia flexuosa L.

BURITI

Palm tree from the Amazon, the buriti palm can be found in the North, Northeast and Midwest regions, especially in the Cerrado biome (the Brazilian savannah), and its mainly harvested between December and February. Source of vitamins A, B and C, iron, calcium and protein, the fruit, with brown skin and orange pulp, is often eaten raw or used in compotes, juices, ice creams and liqueurs. The fruit is also used to produce buriti oil, used in home cooking for frying, sautéing, and stewing food, and in the cosmetic industry.

BURITI

Originaire de l´Amazonie, le palmier du Buriti peut être retrouvée dans les régions Nord, Nord-Est et Centre-Ouest du Brésil, principalement dans le biome du Cerrado, avec la récolte annuelle entre décembre et février. Source de vitamines A, B et C, de fer, de calcium et de protéines, le fruit à la peau marron et pulpe couleur orange est consommé habituellement *in natura* ou confit ou sous la forme de jus, de glaces et de liqueurs. On en extrait également l´huile de buriti, utilisée dans la culinaire maison dans les fritures et dans les sauces et dans l´usage industriel dans la fabrication de cosmétiques.

CAÇÃO

Sphyrna spp.

SHARK

Not everyone knows that the fish found throughout the Brazilian coast and sold as *cação* is a variety of shark. Usually sold in steaks, with skin and cartilage, it is prepared sometimes in the oven, but mostly stewed in coconut milk or tomato sauce. It is also appreciated in *Moquecas* (fish stews), because the firm flesh doesn't fall apart during cooking.

CAÇÃO

En général, on ne sait pas que le *cação*, poisson trouvé dans tout le littoral brésilien, est un type de requin. Vendu généralement en morceaux, avec la peau et le cartilage, il apparaît dans des recettes au four et, principalment, sous la forme de ragoût avec du lait de coco ou de la sauce tomate. Il est très apprécié aussi dans la composition de **moquecas** (genre de bouillabaisse), car sa chair ferme ne se dissout pas pendant la cuisson.

CACAU

Theobroma cacao L.

COCOA

The emergence of chocolate, obtained from cocoa beans, is related to the Mayan and Aztec pre-Columbian civilizations that inhabited Mexico and part of Central America, but the fruit is native to the Amazon. In Brazil, its history is closely related to southern Bahia. Beginning in the eighteenth century, large plantations appeared in the region of Ilhéus and Itabuna, dominating the area landscape for about 150 years, until the crops started to be decimated by a plague called witch's broom. Besides chocolate, its most notorious byproduct, cocoa yields a delicious juice, made with the pod's pulp. The beans are also used to produce cocoa powder, a sugarless product used in confectionery and some savory dishes.

CACAO

Malgré le fait que le surgissement du chocolat – obtenu à partir des noix de cacao – soit lié aux civilisations pré-colombiennes maya et aztèque quei habitaient le Mexique et une partie de l´Amérique Centrale, ce fruit est natif de l´Amazonie. Au Brésil, son histoire a une liaison intime avec le sud de Bahia: à partir du XVIIIe siècle, des grandes plantations ont surgi dans la région de Ilhéus et d´Itabuna et y ont regné environ 150 ans, jusqu´au moment où elles ont commencé à être détruites par une plaie nommée balai de sorcière. En plus du chocolat, son dérivé le plus évident, le cacao rend un délicieux jus fait avec sa pulpe. Avec des noix de cacao, on produit aussi le cacao en poudre, utilisé dans les pâtisseries et plus intense que les boissons instantanées au cacao ordinaires dans les marchés de tout le pays.

CACHAÇA

CACHAÇA

Pinga, *cana*, *caninha*, *aguardente*, *água-que-passarinho-não-bebe*. Whatever the name (and there are many more), this alcoholic drink fermented and distilled from sugarcane is essential to prepare the most Brazilian of all Brazilian cocktails, *caipirinha*, made with *cachaça*, lime, sugarcane sugar and ice. Once considered an inferior liquor, today it enjoys a much more privileged condition: enthusiasts from all over the country are always searching for the most unique and artisanal producer. The task is not easy, as the Brazilian Ministry of Agriculture, Livestock and Supply has recorded over 1,400 producers of *cachaça* in 2013. In cooking, *cachaça* can substitute white wine in sauces, marinades and flambéed dishes, and be used as an ingredient in candies, jellies, cakes, syrups, pie crusts and pastry for *pastel* (Brazilian fried turnover).

CACHAÇA

Pinga, *cana*, *caninha*, *aguardente*, *água-que-passarinho-não-bebe*. Peu importe le nom, cette boisson fermentée et distillée de la canne-à-sucre et essentielle pour faire le cocktail typique du Brésil, la **caipirinha**, faite de *cachaça*, de citron, de sucre et de glaçons. Et si avant elle était considérée une boisson inférieure, aujourd´hui elle exhibe une condition beaucoup plus noble: des spécialistes du pays entier sont toujours à la recherche d´un alambic plus

CAFÉ
Coffea arabica L. (arábica)
e *C. canephora* (robusta)

COFFEE
In much of Brazilian homes, mornings begin with the aroma of freshly brewed coffee, served plain or with milk. Originally from Africa, but as linked to the Brazilian image as soccer, *caipirinha*, or *feijoada*, coffee arrived in Pará in 1727, via French Guyana, and then migrated to the Southeast region, where it adapted very well to the climate. Today, the main producers are Minas Gerais, São Paulo, Espírito Santo, and Paraná, in the South region. Arabica variety (*C. arabica*) represents 75% of the crop, and Robusta (*C. canephora*) accounts for the rest. The second largest consumer of the beverage, Brazil is also the world's leading supplier of coffee. In cooking, coffee can be used as an ingredient for cakes, ice creams and several desserts.

CAFÉ
Dans la plupart des maisons brésiliennes, les matinées commencent avec le parfum d´un **petit café**, filtré sur le coup, servi pur ou au lait. Originaire de l´Afrique, mais aussi associé à l´image du Brésil que le football, la *caipirinha* ou la *feijoada*, le café est arrivé au Pará en 1727, apporté de la Guyane Française et a migré pour la région Sud-Est, où il s´est adapté très bien. Aujourd´hui, les principaux producteurs sont Minas Gerais, São Paulo, Espírito Santo dans la région Sud-Est et Paraná, dans la région Sud. La récolte est composée de 75% de la variété arabica (C. Arabica) et le restant de la variété robusta (*C. canephora*) – deuxième pays consommateur de cette boisson, le Brésil est également le principal fournisseur de grains. Dans la culinaire, le café apparaît comme ingrédient de gâteaux, des glaces et de divers desserts.

CAGAITA
Eugenia dysenterica

CAGAITA
Both the scientific and the common names in Portuguese refer to an important feature of this round fruit with yellow skin and juicy pulp: if consumed fresh, heated by the sun or in excessive amounts, it has a laxative effect. Endemic of the Brazilian savannah, Cerrado, the tree can be found in the states of Goiás, Mato Grosso do Sul, Tocantins, Bahia, São Paulo and Minas Gerais, and is harvested in September and October. The acidic and soft pulp, source of vitamin C, is often consumed in the form of ice creams, preserves, jams, liqueurs and juices.

CAGAITA
Soit le nom populaire, soit le nom scientifique remettent à une importante caractéristique de ce fruit rond, à la peau jaune et pulpe très juteuse: lorsqu´il est consommé *in natura*, réchauffé au soleil ou en quantité excessive, il a un effet laxatif. Typique du Cerrado, on retrouve l´arbre de la *cagaita*, la *cagaiteira*, dans les états de Goiás, Mato Grosso do Sul, Tocantins, Bahia, São Paulo et Minas Gerais, avec la récolte de septembre à octobre. La pulpe acide et tendre, source de vitamine C, est plus consommée sous la forme de sorbets, de compotes, de confitures, de liqueurs et de jus.

CAJÁ
Spondias lutea L.

YELLOW MOMBIM
This small fruit with thin, smooth skin, deep yellow when ripe, has many names is different regions of Brazil: *taperebá* in the north; *cajá* in the Northeast; and *cajá-mirim* in the South. No one knows for sure if it is originally from Africa or the Americas. Brazilian historian and anthropologist Luís da Câmara Cascudo affirms, in his book *História da alimentação no Brasil* (History of Food in Brazil), that the fruit is known in Luanda, Angola, as *gajajá*. The soft pulp, with sweet and sour taste, can be used to prepare ice creams, juices, liqueurs, jams, compotes, mousses and *caipirinhas*, among other recipes. Harvested several times from February to December, the fruit is always available fresh in the Northeast, or as frozen pulp in other parts of the country.

CAJÁ
Ce petit fruit à la peau fine, bien jaune lorsqu´elle est mûre, reçoit des noms différents selon la région: *taperebá*, au Nord; *cajá*, au Nord-Est; *cajá-mirim*, au Sud. On ne sait pas exactement si son origine est africaine ou américaine – selon l´hstorien et antropologue Luís da Câmara Cascudo dans le livre *História da alimentação no Brasil*, mais, le *cajá* est connu à Luanda, en Angola, comme *gajajá*. La pulpe tendre, de goût aigre-doux, est utilisée dans la préparation de glaces, de boissons rafraîchissantes, de liqueurs, de confitures, de mousses et de *caipirinhas* entre autres recettes. De diverses périodes de récolte, de février à décembre, assurent que ce fruit soit disponible *in natura* toute l´année au Nord-Est – ou sous la forme de pulpe surgélée dans le reste du pays.

CAJÁ-MANGA
Spondias dulcis Parkinson

JEW(ISH) PLUM
Between December and July, the tips of each branch of this tree native to the Pacific Islands (such as Fiji) are filled with bunches of this oval, yellow skinned fruit. Also known in Portuguese as *cajarana* or *taperebá-do-sertão*, the sweet and sour, yellowish-orange pulp is juicy, aromatic, and refreshing. It is most commonly used to prepare juices, ice creams, jams, compotes and savory sauces. The ubiquitous trees growing in the North and Northeast become part of the landscape in the semi-arid regions of Brazil.

CAJÁ-MANGA
Entre décembre et juillet, les pointes de chaque branche de cet arbre native des îles de l´Océan Pacifique, telles les Îles Fidji, sont pleines de grappes avec des fruits de forme ovale, à la peau orange. Ils sont également connus comme cajarana ou taperebá-do-sertão, possède une pulpe juteuse, aromatique et rafraîchissante, de goût aigre-doux et de couleur jaune-orangeâtre. Des jus, des glaces, des confitures, des compotes et des sauces pour des plats salés sont les usages les plus communs. Au Nord et Nord-Est, l´arbre, la *cajazeira*, en fait partie du paysage semi-aride du Nord-Est.

CAJU
Anacardium occidentale L.

CASHEW
Parnamirim, city in Rio Grande do Norte, is proud to have what is considered the largest cashew tree in the world: every year, the century-old tree produces about 70,000 cashews. Those who visit the place from November to January have the privilege

of tasting the cashew apples directly from the tree. From the Amazon, where many believed it originated, cashew trees were spread throughout the world. In Brazil, they thrive in coastal regions of the North and Northeast regions, especially in Ceará and Piauí, where fresh cashew apples – which are actually the "stems" that hold the true cashew fruit: the nut – can be easily found, with their thin skin in hues of orange, yellow or red, and their fragrant, fleshy and juicy pulp. Very high in vitamin C, it has a refreshing flavor that can go from sour to sweet. It is used to make juices, ice creams, compotes, and sauces, and also dried or candied. The juice is also used to prepare two emblematic drinks of the Brazilian northeastern culture: cajuína, a bottled soft drink made with filtered and clarified cashew apple juice, and the cashew wine, a fermented beverage with 10-14 % alcohol content.

CAJOU
Parnamirim, une ville du Rio Grande do Norte, est fière d´exhiber celui qui est considéré le plus grand anacardier du monde: tous les ans, le houppier centenaire produit autour de 70 mille fruit. Les visiteurs, de novembre à janvier, ont le privigèle de cueillir des cajous directement de l´arbre. De l´Amazonie, où l´on croit qu´il a surgit, il a été diffusé dans le monde entier. Au Brésil, on le retrouve au bord de la mer do Nord et Nord-Est, principalement au Ceará et au Piauí, où il est commun retrouver la noix – le fruit proprement dit – et le pedoncule de pulpe charnue et juteuse, orangeâtre, jaune ou rouge, et qui est, en fait, la "petite tige" du fruit. Très riche en vitamine C, il possède des propriétés rafraîchissantes et peut être très aigre ou très doux. Il est utilisé dans des jus, des sorbets, des compotes, des cajous désydhratés et des sauces. Le suc est utilisé dans deux boissons très emblématiques de la culture du Nord-Est: la **cajuína**, faite avec le liquide filtré, embouteillé et cuit et le vin de cajou, obtenu à partir de la fermentation et aussi un taux alcoolique entre 10º et 14º GL.

CAJUÍNA

CAJUÍNA
Traditional product of Piauí, but also very popular in Ceará and Maranhão, this non-alcoholic drink obtained from fresh cashew apple juice captures one's attention first for its attractive golden color. In the artisanal production method, the tannin is separated from the juice with the help of powdered gelatin. Then, the liquid is sieved several times, bottled and cooked in a water bath, to caramelize the sugar. Served ice cold, it helps to fight the heat. In May 2014, the production of cajuína in Piauí was included in the Brazilian Cultural Heritage record kept by Iphan (Brazilian Historical and Artistic Heritage Institute).

CAJUÍNA
Typique de l´état du Piauès populaire, mais très populaire aussi au Ceará et au Maranhão, cette boisson sans alcool obtenu jus de cajou, enchante par sa couleur, presque dorée. Dans la méthode de production artisanale, le liquide est séparé du tanine avec l´aide d´une gélatine en poudre, filtré plusieurs fois et cuit en bain-marie, dans des bouteilles de verre, pour que le sucre soit caramélisé. Servie fraîche, elle soulage la chaleur. En mai 2014, la production de cajuína dans le Piauí a été ajouté à la liste du Patrimônio Cultural Brasileiro, établie par le Iphan (Instituto do Patrimônio Histórico e Artístico Nacional).

CAMAPU
Physalis angulata L.

PHYSALIS
This yellow fruit with thin skin, wrapped in delicate, papery golden leaves, is beautiful enough to garnish the finest desserts displayed in pastry shop windows all over Brazil. But they are also good to eat fresh, and can be used in juices, compotes, liqueurs, ice creams and sauces. In folk medicine, the leaves, roots and fruits are believed to fight diabetes, chronic rheumatism, and skin, bladder and liver diseases. Production in Brazil concentrates in the South and Southeast regions, with harvesting between July and September, although most of the country's supply comes from Colombia.

COQUERET
Le fruit jaune à la peau fine, protégé par un cocoon de feuilles délicates, est assez beau pour décorer les confits exhibés dans les vitrines partout au Brésil. Mais les petites grappes de pulpe un peu aigre sont aussi bonnes pour manger *in natura* et s´accordent avec des jus, des compotes, des liqueurs, des glaces et des sauces. Dans la médecine populaire, les feuilles, les racines et les fruits sont également employés dans le combat au diabètes, au rhumatisme chronique, les maladies de peau, bexiga et foie. La production nationale se concentre au Sud et au Sud-Est du pays, avec la récolte entre juillet et septembre, malgré le fait que la plus grande partie de la consommation interne soit d´origine colombienne.

CAMARÃO-BRANCO
Litopenaeus schmitti

SOUTHERN WHITE SHRIMP
Crustacean mainly found off the coast of Northeast and Southeast regions, it can measure up to 6 inches. In Rio de Janeiro, the city of Paraty stands out as a major fishing site. The vast range of cooking recipes include breaded and fried shrimp, shrimp sautéed in oil with garlic, salads, barbecued skewers, among many others.

CREVETTE BLANCHE
On en retrouve principalement dans le littoral des régions Nord-Est et Sud-Est – dans l´état de Rio de Janeiro, dans la ville de Paraty, la pêche de ce crustacé occupe une place très importante. Il peut atteindre plus de 15 centimètres de long. Sa vaste utilisation culinaire concerce des recettes de crevettes panées et frit, préparé à l´ail et à l´huile d´olive, dans des salades ou dans des brochettes grillées, entre autres.

CAMARÃO-CINZA
Litopenaeus vannamei

WHITELEG SHRIMP
In the mid-1990s, the Brazilian Northeast started to farm this shrimp variety in salt water ponds; today it is the top produced variety in the country. With about 6 centimeters, it is commonly found on the menu of beach kiosks and restaurants sautéed in oil with garlic. It is also used to prepare risottos, stews, salads, fillings for pies or pastries, and the traditional shrimp and chayote stew, a classic of Rio de Janeiro that, as many believe, appeared on the menu of Colombo confectionery in the late nineteenth century.

CREVETTE GRISE
À moitié des années 1990, ce crustacé a commencé à être élevé dans des bassins d´eau salée – les "fermes" - dans la région Nord-Est du Brésil; aujourd´hui, il est la principale espèce de ce crustacé y produite. Ayant environ 6 centimètres, il est consommé frit à l´ail et à l´huile dans le menu de divers restaurants au bord des plages. Il est utilisé encore dans des risottos, dans des salades, et aussi pour farcir de chaussons ou de beignets et dans le plat traditionnel **ragoût de crevettes avec de la chayotte**, un classique de Rio de Janeiro, qui aurait surgi dans le menu de la Confeitaria Colombo à la fin du XIXe siècle.

CAMARÃO DEFUMADO

SMOKED SHRIMP
Like dehydration, smoking is a preservation method used to keep food for longer periods of time – and typically, imparting a more intense flavor to it. Smoked shrimp can be used to add flavor to a variety of recipes, such as fish stews, salads, broths and *Vatapá*, a traditional dish of Bahian cuisine.

CREVETTE FUMÉE
Tout comme la déshydratation, le fumage est une méthode utilisée pour préserver les aliments pour plus longtemps – ce qui donne aux aliments, un goût plus intense. Traitées de cette façon, les crevettes peuvent être utilisées pour donner plus de goût à des recettes variées, telles les *moquecas* (genre de bouillabaisse), les salades, les buillons et le **vatapá**, plat traditionnel de la cuisine de Bahia.

CAMARÃO PITU
Macrobrachium spp.

BIG-CLAW RIVER SHRIMP
The largest freshwater shrimp in the country can be used in the kitchen the same way as the saltwater shrimps are: sautéed in oil with garlic, chargrilled, steamed, or in stews. The grayish flesh of this variety acquires an orangey hue when cooked.

CREVETTE PITU
La plus grande crevette d´eau douce du pays peut être utilisée dans la cuisine de la même manière que les crustacés d´eau salée: à l´ail et à l´huile, grillées, à l´éttouffée ou dans les **moquecas** (genre de bouillabaisse). Leur chair grisâtre acquiert une tonalité orangeâtre après la cuisson.

CAMARÃO-ROSA
Farfantepenaeus brasiliensis e *F. paulensis*

PINK SHRIMP
Large and meaty, packed with flavor, it is the predominant species in South and Southeast regions. Because of its beauty and size – it can reach up to 7 inches –, it is also often used to decorate dishes. It is the star ingredient in **bobós** and **moquecas** (fish stews), and Camarão na moranga (shrimp concoction served inside a pumpkin); it is also enjoyed simply fried.

CREVETTE ROYALE ROSE
Grande charnue, au goût très marquant, elle prédomine dans les régions Sud et Sud-Est. En fonction de son apparence et de sa taille, qui peut atteindre 18 centimètres, ce type de crustacé est utilisé très fréquemment dans la décoration des plats. Il peut se détacher dans des plats tels les **bobós** (genre de ragoût), les **moquecas** (genre de bouillabaisse) et les **crevettes dans la courge** – tout simplement frit, un préparation également très appréciée.

CAMARÃO SECO

DRIED SHRIMP
The Bahian cuisine would hardly be the same without the presence of these small, salt-cured, dehydrated shrimp, quintessential to a number of traditional recipes: *Acarajé* (black eyed bean fritter), *Vatapá* (dried shrimp, bread and coconut porridge), *Caruru* (okra and dried shrimp porridge), chicken *Xinxim* (chicken and shrimp stew), and *Hauçá* rice (mushy rice served with a spicy paste made with dried shrimp and carne seca). Its pronounced flavor can also add interest to every-day dishes, such as stewed beans, frittatas, or an extra crunch to *farofas* (seasoned manioc flour).

CREVETTE SÈCHE
La culinaire de Bahia difficilement pourrait s´en passer de ces crustacés menus, salés et déshydratés, fondamentaux dans une série de recettes typiques: **acarajé**, **vatapá**, **caruru**, **xinxim de poule, riz de hauçá**. Son goût fort peut être profité également dans des plats du jour au jour, pour assaisonner les haricots, enrichir les *fritadas* ou laisser la *farofa* plus croustillante.

CAMARÃO-SETE-BARBAS
Xiphopenaeus kroyeri

ATLANTIC SEABOB
Present throughout the Brazilian coast, this crustacean is about 3 inches long. With pronounced flavor, it is often used to prepare sauces, risottos, pasta and shrimp stroganoff.

CREVETTE SETE BARBAS
Présent dans tout le littoral brésilien, ce crustacé mesure environ 8 centimètres de long. Ayant un goût marquant, il peut être utilisé dans des recettes de sauces, des risottos, des pâtes et des strogonoffs.

CAMBUCÁ
Plinia edulis

CAMBUCÁ
"Very sweet and of honest flavor." This was how the Portuguese colonizer Gabriel Soares de Souza described *cambucá* in his *Tratado descritivo do Brasil em 1587* (Descriptive Treatise of Brazil in 1587). Native to the Atlantic rainforest, this fruit of juicy pulp and skin that ranges from yellow to orange has been frequently found in Atlantic rainforest regions, especially in coastal areas of São Paulo, Rio de Janeiro and Espírito Santo. But due to deforestation and the lack of interest in its commercial cultivation – a tree can take anywhere between fifteen to eighteen years to start bearing fruits, usually in December and January –, the trees have decreased considerably and are disappearing from our home's backyards and orchards. Those who are lucky enough to find the fruit can consume it fresh, or use it in juices, jams and compotes.

CAMBUCÁ
"Très doux et avec un goût honnête". Voilà comment le colonisateur portugais Gabriel Soares de Sousa a décrit le *cambucá* dan son livre *Tratado descritivo do Brasil em 1587*. Natif de la Forêt Atlantique, ce fruit à la pulpe juteuse et à la peau entre le jaune et l´orange, il avait été trouvé très couramment dans la région de la Forêt Atlantique, principalement dans le littoral de São Paulo, Rio de Janeiro et Espírito Santo. Mais le déboisement et le manque d´intérêt dans sa production commerciale – un arbre qui peut mettre entre quinze à dix-huit ans pour fructifier, en général en décembre et janvier – ont rendu ces plantes plus rares et disparues des basses-cours et des vergers des maisons. Ceux qui ont la chance d´en trouver ont la chance d´en consommer *in natura* ou dans des jus, des confitures et des compotes.

CAMBUCI

Campomanesia phaea
(O. Berg.) Landrum

CAMBUCI
Cambuci neighborhood, in central São Paulo city, did not get its name by chance: at some point, there was a large number of this fruit's trees on the site. Endemic to the Atlantic rainforest and still present in some areas of São Paulo and Minas Gerais states, the tree bears a fruit of peculiar shape, similar to a spinning top, and very thin skin. The pulp, very acidic and astringent, should not be eaten raw, but used to make ice creams, cakes, syrups and jams. The most popular uses of the product, however, involve some good *cachaça*: it can be the fruit of choice in preparing *caipirinha* (Brazilian national drink), or steeped in *cachaça*, in large-mouth jars – an infusion known as *pinga com cambuci*.

CAMBUCI
Le quartier de Cambuci, au centre de São Paulo, ne possède pas ce nom gratuitement: il est dû à la grande quantité de *cambucizeiros* (l´arbre du *cambuci*) qui y existait. Originaire de la Fôret Atlantique et encore présent dans quelques points de São Paulo et de Minas Gerais, cet arbre produit des fruits de format peculiaire, tout comme un pion, de peau très fine. La pulpe, très acide et adstringente ne doit pas être consommée *in natura*, mais employée dans la production de glaces, des gâteaux, coulis ou des confitures. Les usages les plus célèbres du produit concernent, pourtant, une bonne eau-de-vie: ce fruit peut être un ingrédient de la *caipirinha* ou stocké avec la boisson dans des pots larges, dans une infusion connue comme *pinga com cambuci*.

CAMBUQUIRA

CAMBUQUIRA
Fritters, omelets and stir-fries are some examples of dishes that can be made with *cambuquira*, that is, the shoots, flowers and young leaves of the squash vine, which may end up going to waste, for lack of information. For some people, the flavor is reminiscent of spinach. Together with fresh corn, it is the main ingredient of a very traditional recipe from the countryside of São Paulo and Minas Gerais, the **Sopa de cambuquira** or **Buré**, preferably cooked in a wood-burning stove, and sometimes served with crumbled fried sausage. In some versions, it is made with corn flour; in others, it is cooked until it gets thicker and served as a side for stewed chicken or pork ribs.

CAMBUQUIRA
Des croquettes, des omelettes et des plats braisés sont quelques exemples des plats qui peuvent être préparés avec la *cambuquira*, un ingrédient composé des branches, des bourgeons et des feuilles jeunes du pied de courge, et qui dû à une méconnaissance finissent par être jetés dans la poubelle. Pour certains, son goût rappelle celui de l´épinard. À côté du maïs, elle compose une recette très traditionnelle de la campagne de São Paulo et de Minas Gerais: **la soupe de cambuquira**, ou *buré*, de préférence cuite dans une cuisinière à bois parfois servie avec des petits morceaux de saucisson frit. Dans quelques versions, elle est préparée avec du *fubá*; dans d´autres, on la laisse au feu pour épaissir et accompagne des morceaux de poulet et des côtelettes de porc.

CANA-DE-AÇÚCAR
Saccharum officinarum

SUGAR CANE
Martim Afonso de Sousa, Portuguese military who arrived in Brazil in charge of a colonizing expedition, left a much greater legacy to the country than the founding of the first village officially established in the country – São Vicente, in 1532, the current state of São Paulo. He was the first one who brought sugarcane to Brazil. Since then, the plant has played a crucial role in the nation's economic development. According to the Brazilian Ministry of Agriculture, the country is now the world's largest producer of sugar cane, grown mainly in São Paulo, Paraná, in the Triângulo Mineiro region of Minas Gerais, and in the Northeast's Zona da Mata, and produces half the sugar traded in the world. The activity around the sugar cane plantations and mills to process the juice was very intense until the advent of industrialized production of sugar and alcohol, in the twentieth century. In many places in the Northeast – a few still operating nowadays – the society evolved around the plantations and mills, which produced sugar, **cachaça**, **rapadura** sugar, and **molasses**. In states like Ceará and Pernambuco, there is still a small amount of active mills where one can watch the manufacture of *cachaça* and *rapadura* sugar.

CANNE À SUCRE
Martim Afonso de Souza, militaire portugais qui est arrivé au Brésil dans le commandement d´une expedition colonisatrice, a laissé un héritage en plus de la fondation de la première ville officielle du Brésil – São Vicente, en 1532, dans l´état de São Paulo. C´est lui qui a apporté au Brésil la canne à sucre. Depuis cette époque, cette plante a joué un rôle essentiel dans le développement économique du pays. Selon le Ministério da Agricultura, le Brésil est, aujourd´hui, le plus grand producteur mondial de canne à sucre, cultivée principalement dans les états de São Paulo, du Paraná, dans le Triângulo Mineiro et dans la Zona da Mata dans la région Nord-Est. Le Brésil est également responsable de la moitié du sucre commercialisé dans le monde. L´activité autour des plantations de canne à sucre et les processus du suc de la plante a été très intense jusqu´à la création des usines de sucre et d´alcool, au XXe siècle. Dans plusieurs parties de la région Nord-Est, la société vivait autour de *engenhos* (les anciennes usines) – il en existe très peu aujourd´hui – les responsables de la production de canne et également de ses produits dérivés: le sucre, la **cachaça**, la **rapadura** et la **mélasse**. Dans les états du Ceará et Pernambuco, il est encore possible de trouver une petite quantité de *engenhos* en fonctionnement et accompagner la fabrication de *cachaça* et de *rapadura*.

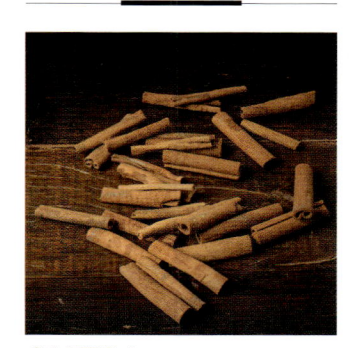

CANELA
Cinnamomum verum

CINNAMON
Spice consisting of the thin bark of the cinnamon tree, a plant native to Sri Lanka, in South Asia. When dried, the bark rolls up forming slender tubes, sold as cinnamon "sticks". In use for thousands of years in countries like India and China, it became popular worldwide as a natural spice used to impart scent and flavor to sweet and savory dishes. In Brazil, the combination of cinnamon and clove is widely used in the preparation of compotes, pastries and cakes, and it was immortalized by writer Jorge Amado through the character Gabriela, who "smelled of clove and cinnamon". Another variety of this tree, cassia (*Cinnamomum cassia*), is stronger and less sweet.

CANNELLE
Épice retirée des branches fines des cannelliers, une plante native du Sri Lanka, au sud de l´Asie – lorsqu´elles sèchent, elles s´enroulent, gagnent une forme tubulaire et sont vendues comme cannelle "en bâtons" ou "en branches". Utilisée depuis milliers années dans des pays comme l´Inde et la Chine, elle est devenue populaire dans le monde entier comme aromatisant naturel et épice de plats sucrés et salés. Au Brésil, combiner le girofle dans des recettes de compotes, de biscuits et de gâteaux a été un fait rendu immortel par l´écrivain Jorge Amado, à travers son personnage Gabriela, qui avait "un parfum de girofle et couleur de cannelle". Une autre variété, la casse (*Cinnamomum cassia*), est plus forte et moins sucrée.

CANJICA DE MILHO

HOMINY
According to the Brazilian Ministry of Agriculture, Livestock and Food Supply, *canjica* means "pieces of dried corn kernels from which the germ was partially or fully removed". The word, however, may cause confusion, as it is also used in Brazil to designate traditional Brazilian preparations which have two distinct recipes in different regions of the country. In the Northeast, *cajica* is a porridge made with ground fresh corn cooked with milk and sprinkled with cinnamon – called *curau* in São Paulo and Minas Gerais states. In the Southeast region, *canjica* is made with hominy soaked in water and then cooked with milk, sweetened condensed milk or coconut milk, and sometimes chopped roasted peanuts – which is called *mungunzá* in the Northeast region of Brazil.

CANJICA DE MAÏS
Selon le Ministério da Agricultura, Pecuária e Abastecimento, on comprend par *canjica* les graines ou morceaux de graines de maïs avec l'absence partielle ou totale du germe. Cependant, le mot peut provoquer une certaine confusion, car il est également utilisé pour désigner des confits typiques brésiliens, avec des recettes qui varient selon chaque région du pays. Dans la région Nord-Est, la formule de base est celle d'une crème de maïs vert frappée, cuite avec du lait et assaisonnée avec de la cannelle – nommé *curau* par les habitants de São Paulo et Minas Gerais. Au Sud-Est, les graines de maïs sont laissées trempées dans l'eau et sont préparées avec du lait, du lait condensé sucré ou du lait de coco, parfois avec des cacahuètes hachées – il s'agit du *mungunzá* de la région Nord-Est.

CAPIM-LIMÃO
Cymbopogon citratus

LEMONGRASS
Plant in the grass family native to India with aroma and taste reminiscent of lemon. In Brazil, the leaves are often used to prepare infusions, juices and herbal digestive teas, as well as to complement savory and sweet dishes. An essential oil extracted from the plant can be used as an ingredient for the cosmetic and drug industries. Paraná is the largest producer, but it can also be found in other states of South and Southeast regions. The best time to harvest is from October to April.

CITRONNELLE
Connue également comme *capim-cidreira*, *erva-cidreira* ou *capim-santo*, cette plante native de l'Inde a l'apparence d'une herbe ordinaire, l'odeur et un arrière goût de citron. Avec les feuilles, il est possible de préparer des infusions, des jus, des digestifs ou enrichir des plats salés et sucrés. On en extrait également une huile essentielle, utilisée dans des aromatisants et dans la production de cosmétiques et de médicaments. Malgré le fait que le Paraná soit l'état le plus grand producteur de plantes médicinales aromatiques, la plantation de la citronnelle est très représentative dans le Sud et le Sud-Est brésilien – la meilleure époque pour sa consommation se concentre entre octobre et avril.

CAPIVARA
Hydrochoerus hydrochaeris

CAPYBARA
According to Embrapa (Brazilian Agricultural Research Corporation), this large rodent endemic to South America is one of the top wild animals raised for food in the country, the majority of producers being in the state of São Paulo. Despite the fact it has never been a regular item in the Brazilian table, capybara meat was already mentioned in nineteenth century cookbooks – *Cozinheiro Nacional*, a cookbook published in Rio de Janeiro by Garnier Bookstore around 1860, provides seven recipes for roasting, stewing, and braising capybara. The meat is tender, low in calories, and rich in vitamin B; the most common cuts are shoulder, loin and picnic ham.

CAPYBARA
Selon l'EMBRAPA (Empresa Brasileira de Agropecuária), ce mammifère rongeur typique de l'Amérique du Sud est l'un des animaux sauvages les plus élevés du Brésil, São Paulo étant l'état où se situent la plupart des éleveurs. Malgré le fait qu'il n'a jamais été un élément fréquent dans la cuisine brésilienne, sa viande avait été déjà citée dans des livres de recettes du XIXe siècle – le *Cozinheiro Nacional*, publié à Rio de Janeiro par la Livraria Garnier, vers 1860, indique sept variations pour le capybara bouilli, rôti ou en ragoût. Tendre, peu calorique et riche en vitamine B, la viande est servie principalement sous la forme de palette, de filet ou de jambon.

CAPOTE
Numida meleagris

HELMETED GUINEA FOWL
Originally from Africa, the bird was soon baptized, in Portuguese, with a name that denotes its origin: *galinha-d'angola* ("Angola chicken"). In many states of the Northeast, however, it is called *capote* – especially in Piauí, where its firm and tasty meat is the main ingredient in a rice dish seasoned with pimenta-de-cheiro, figured in the menu of many restaurants dedicated to the preparation of this bird. Guinea fowl may be fried, stewed with coconut milk or braised with colorau, among other variations. In Ceará, a reference in guinea fowl production in Brazil, there is a recipe made "*na lata*" (confit and stored "in a can") with onion, bacon and manioc flour, which was originated by the need to preserve food during the long journeys undertaken by old-time cowboys.

PINTADE
Venue de l'Afrique, cette volaille a été baptisée avec un nom en portugais qui indique son origine: la poule d'Angola. Cependant, dans divers états de la région Nord-Est, elle est nommée *capote* – principalement au Piauí, où sa viande de consistance ferme et savoureuse est le principal ingrédient d'un riz assaisonné avec du piment et apparaît sur les cartes de plusieurs restaurants dédiés seulement à la préparation de cettte volaille, qui peut être frite, sous la forme de ragoût avec du lait de coco ou à la sauce de roucou, entre autres variations. Au Ceará, lieu de référence de l'élevage de la pintade au Brésil, il existe une recette faite "*na lata*" (boîte en métal), avec des oignons, du lard et de la farine de manioc, surgie du besoin de conserver les aliments dans les longs voyages réalisés par les anciens cowboys.

CAPUCHINHA
Tropaeolum majus

GARDEN NASTURTIUM
According to the Manual on Non-Conventional Vegetables, published by the Brazilian Ministry of Agriculture, Livestock and Food Supply, this plant can be utilized in full: stems, leaves, flower buds, flowers, and the green fruits are edible. The spicy flavor, reminiscent of watercress (hence the other names in English, Indian / monks cress), goes well in salads, sauces and risottos; the green seeds, preserved in vinegar, are used in the same way as capers.

CAPUCINE

Selon le *Manual de Hortaliças Não Convencionais* (Manuel de plantes herbacées non-conventionnelles), préparé par le Ministério da Agricultura, Pecuária e Abastecimento, cette plante peut être profité en entier: la tige, les feuilles, les bourgeons et les fruits verts sont comestibles. Le goût piquant, qui rappelle le cresson, se combine très bien avec des salades, des sauces, des risottos; les graines, conservées dans le vinaigre, ont un usage pareil à celui des câpres.

CAQUI
Diospyros kaki L.

PERSIMMON

Persimmons started to become popular in Brazil in the 1920s, with the arrival of Japanese immigrants. This fruit of Asian origin has more than 800 varieties in Japan alone. With very thin skin and gelatinous pulp, it is good to be eaten fresh, or in mousses, creamy desserts and preserves, as well as in *caipirinhas*. The production is concentrated in the South and Southeast regions, and more than half the national crop is harvested in the state of São Paulo.

KAKI

Le kaki a commencé à être plus connu au Brésil, à partir des années 1920, avec l'arrivée des immigrants japonais – le fruit, d'origine asiatique, possède plus de 800 variétés, seulement au Japon. Avec la peau fine et la pulpe gélatineuse, il est bon pour être consommé *in natura* ou sous la forme de mousses, des confits crémeux et de compotes, sans compter les *caipirinhas*. La production de kaki se concentre dans la région Sud et Sud-Est; plus de la moitié de la récolte nationale est réalisée dans l'état de São Paulo.

CARÁ
Dioscorea spp.

YAM

With brownish skin and viscous, delicate, white pulp, it is called *inhame* in the Northeast of Brazil. In *História da alimentação no Brasil* (History of Food in Brazil), anthropologist Câmara Cascudo explains that the confusion in Brazil involving the names for cassava, manioc, yam and taro began with a letter written by Pero Vaz de Caminha to the King of Portugal. But he also informs us that taro (*Colocasia esculenta*) is likely from Asia, and yams are native to Brazil. High in starch, the tuber renders a good mash, and can be added to soups, breads and fritters. At breakfast, it is served boiled, with butter.

IGNAME

Ayant l'écorce de couleur marron et la pulpe blanche, visqueuse et délicate, il est nommé *inhame* dans la région Nord-Est du Brésil. Dans son livre *História da Alimentação no Brasil*, l'antropologue Luís da Câmara Cascudo raconte que la confusion des noms autour du manioc, du *cará* et *inhame* (taro) a commencé avec la lettre écrite par Pero Vaz de Caminha au roi du Portugal – mais il lui informe également que les *inhames* (*Colocasia esculenta*) ont une origine asiatique et les *carás* sont natifs du Brésil. Riche en amidon, ce tubercule est très utilisé sous la forme de purée ou des soupes, de pains et des croquettes. Au petit déjeuner, il est servi cuit, avec du beurre.

CARAMBOLA
Averrhoa carambola L.

STAR FRUIT

Sometimes sweeter, sometimes sourer, the fruit has a beautiful star shape when cut into slices and, therefore, it is used both for its flavor and to decorate dishes. The juicy pulp is featured in *caipirinhas*, jams, juices and compotes. In savory dishes, it goes well with fish and pork, sauces, chutneys, and salads.

CARAMBOLE

Plus douce ou très acide, elle a une belle forme d'étoile lorsqu'elle est coupée en tranches – pour cela, en plus de son goût, elle est aussi utilisée dans la décoration de plats. Avec une pulpe aqueuse, elle apparaît dans des recettes de *caipirinhas*, de confitures, de jus et de compotes. Dans des plats salés, elle s'accorde avec des poissons, de la viande de porc, des sauces, des chutneys et des salades.

CARÁ-MOELA
Dioscorea bulbifera

AIR POTATO

As the name in Portuguese suggests, this variety of yam has the shape of chicken gizzard. And as the English name implies, it grows hanging from a vine. It is rarely found in Brazil's markets and fairs – the non-commercial production concentrates in the South, Southeast and North regions. Those who cultivate it for their own consumption can certainly enjoy the soft texture of the yam after it's been cooked and mashed. It can replace bread for breakfast and goes well in stewed chicken and pork dishes, soups, roasts and breads. Because it contains toxic elements, responsible for its bitter taste, it is not suitable to eat raw.

HOFFE

Comme le nom en portugais l'indique (*moela*, bésier en français), ce type de tubercule a le format d'un bésier de poulet. Il s'agit d'un plante grimpante, mais c'est rare de la trouver dans les marchés et dans les marchés en plein air dans le pays, puisque la production au Brésil – concentrée dans les régions Sud, Sud-Est et Nord – n'atteint pas des niveaux commerciaux. Cependant, ceux qui le cultivent pour leur propre consommation, profitent d'une texture tendre du légume, lorsqu'il est cuit et écrasé, sous la forme d'une purée. Il peut remplacer le pain au petit déjeuner et s'accorde avec des plats tels le ragoût de poule, ou avec de la viande de porc, des soupes, des plats rôtis et des pains. Puisqu'il contient des principes toxiques, responsables pour le goût amer, il n'est pas indiqué d'en manger cru.

CARAPAU
Caranx crysus ou *Carangoides crysus*

BLUE RUNNER

Fish with scales commonly found all along the coast of Brazil, from Amapá to Rio Grande do Sul, and a regular on the Brazilian table for its ubiquitousness, and its tasty, darker flesh, similar to tuna and sardine. As it weighs an average 3 pounds and measures around 14 inches, it can be easily prepared whole. Some people recommend wrapping it in banana leaves before chargrilling, to protect the meat and the seasonings. Versatile, blue runner can be roasted, grilled, baked, fried, or used to prepare sushi. Also known in Portuguese as *xarelete* and *xerelete*, among other names.

CARANGUE

Poisson d'écailles commun dans toute la côte du Brésil, de l'Amapá au Rio Grande do Sul, et facilement retrouvé aux tables brésiliennes dû au fait d'être une espèce populaire, de chair savoureuse et plus foncée, comme celles du thon et de la sardine. Le fait d'avoir en moyenne 1,5 kilo et mesurer 35 centimètres, le rend facile d'être préparé entier – il y en a ceux suggèrent de l'envelopper dans des feuilles de bananier avant de le faire griller, afin de protéger la chair et les condiments. Versatile, il peut être rôti, grillé, frit, cuit ou utilisé dans la préparation de sushis. Il est aussi connu comme *xarelete* ou *xerelete*.

CARÁ-ROXO
Dioscorea heptaneura

PURPLE YAM
The main difference between this and the white yam are: the skin of purple yam has an intense purple hue and the pulp has some purple speckles. These characteristics derive from the presence of anthocyanins, important antioxidants related to the prevention of cell aging. In cooking, the applications are similar to other tubers: it is often boiled and enjoyed in salads or mashes. Fun fact: during the week of Brazil's Independence day, the municipality of Caapiranga, in the Amazon, promotes a Yam Festival to celebrate the harvest of this food. In the eighth edition of this festival, in 2015, the dispute between the two associations showcasing folk stories was won by the Cará Roxo group, which amasses five victories over the Cará Branco group.

CARÁ VIOLET
La principale différence par rapport au *cará* blanc sont les couleurs: la peau a une couleur violâtre intense et la pulpe présente de tons de pourpre. Ces caractéristiques dérivent de la présence d'anthocyanes, d'importants antioxydants liés à la prévention de l'usage cellulaire. Dans la culinaire, son usage est semblable à celui d'autres tubercules, principalement lorsqu'il est cuit et utilisé dans des salades ou des purées. Une curiosité: dans la semaine du jour de l'Indépendance du Brésil, la ville de Caapiranga, en Amazonie, organise un Festival du *Cará*, pour commémorer la récolte de l'aliment. Dans la huitième édition de la fête, en 2015, la dispute entre les deux groupes qui exhibent des histoires folkloriques a été vaincu par le groupe *Cará* Violet qui a déjà vaincu le groupe *Cará* Blanc cinq fois.

CARIMÃ

CARIMÃ FLOUR
Those who look up the definition of *carimã* in Portuguese dictionaries may get confused: fine, dry manioc flour; a porridge-like concoction; a cake made with grated, fermented manioc. Câmara Cascudo, in *História da alimentação no Brasil* (History of Food in Brazil), explains: "it is the same flour known as farinha d'água, 'puba' manioc flour, and also 'soft manioc'." In the North and Northeast regions, grated manioc is left to ferment and transformed into a flour (*carimã* flour), used to prepare porridges and classic Northern confections, such as the Amazon-style *Pé de moleque* (with coconut milk and Brazil nut, baked wrapped in banana leaves) and *Souza Leão* cake (custard-like cake made with coconut milk).

CARIMÃ
Ceux qui cherchent la définition de *carimã* dans le dictionnaire peut être confus: farine fine et sèche, un genre de bouillie, gâteau fait de la pâte fermentée du manioc. Câmara Cascudo, dans son livre *História da Alimentação no Brasil*, affirme: "il s'agit de la même farine d'eau, farine de manioc puba, aussi nommée 'manioc mou'". Dans les régions Nord et Nord-est, de la pâte fermentée on fait une farine qui effectivement est utilisée dans la préparation de bouillies et de gâteaux classiques de la pâtisserie de la région Nord-Est, tels le *pé de moleque* et le *Souza Leão*.

VIANDE FUMÉE
Faites en général avec le jambon du porc, cette spécialité de la région Nord-Est – principalement au Recôncavo Baiano – est produite avec la viande ouverte en couches, salée et alors fumée sur des braises de bois. Elle devient roseâtre et il suffit de quelques temps sur la grille ou sur la poêle pour qu'elle soit prête. Le processus de fabrication, centenaire et artisanal, n'est pas reconnu par l'Agência Nacional de Vigilância Sanitária (Anvisa), mais cela n'empêche pas que divers bistrots et restaurants de Salvador utilisent cet ingrédient dans leurs recettes, notamment dans le **arrumadinho** et le **escondidinho**.

CARNE DE FUMEIRO

FUMEIRO MEAT
Usually made with pork top / inside round, this specialty of the Northeast region, particularly the Bahian Recôncavo, is produced by cutting the meat open in "blankets," which are then salted and hot smoked over coals and hardwood. The interior gets a pink hue – a few minutes on the grill or skillet and the meat is ready to be served. The manufacturing process, centennial and handcrafted, does not have the approval of Anvisa (Brazilian Health Surveillance Agency), but that does deter many pubs, taverns, and restaurants of Salvador from using the ingredient in their recipes, mainly for *Arrumadinho* (served with rice, black-eyed peas, tomato salsa and manioc flour) and *Escondidinho* (Brazilian-style shepherd's pie).

CARNE DE SOL

CARNE DE SOL
A classic ingredient of the Northeastern cuisine, a region that has adequate climate conditions to prepare this delicacy. Beef cuts are open into "blankets" and, after being lightly salted, they rest in a covered, ventilated area until dry on the outside. The interior remains tender, retaining the meat's moisture and texture. A quintessential ingredient to prepare *Paçoca de carne de sol* (after being fried, the meat is pounded in a mortar with manioc flour and seasonings). It can also be fried or roasted and served whole or shredded alongside accompaniments such as boiled cassava, pumpkin, coalho cheese and *Pirão de leite* (milk and manioc flour porridge).

VIANDE DE SOL
Un plat classique de la cuisine de la région Nord-Est qui possède un climat adéquat pour la préparation de cet aliment. Il est fait avec de la viande de boeuf ouverte et coupée en couches. Légèrement salée, on la laisse reposer dans des endroits couverts et ventilés, jusqu'au point où elle sera sèche à l'extérieur. Son intérieur continue tendre, avec son umidité et sa texture préservées. Elle est traditionnelle dans la préparation de la **paçoca de viande de sol**, mais elle peut être frite ou rôtie et servie entière ou éffilée avec des accompagnements tels le manioc, la courge, le fromage *coalho* et le *pirão de leite*.

CARNEIRO
Ovis aries

SHEEP
Shoulder, leg, and chops are the most popular cuts of sheep in Brazil. The classification of the animal depends on the age: *cordeiro* (up to 6 months), *ovelha* (female over 18 months old) and *carneiro* (adult male). The pink meat is usually roasted or chargrilled; the chops also are good grilled. In Campo Mourão, Paraná, the second Sunday of July is dedicated to the preparation of *Carneiro no buraco* (literally, "mutton in the

hole") – the animal is cooked with vegetables in large pots arranged on top of holes dug in the ground and lined with eucalyptus burning wood. The tradition has more than twenty years.

MOUTON
L´épaule, le gigot et le carré sont les découpes les plus connues du bétail ovin, abattu à des âges différents: agneau (jusqu´à 6 mois), brébis (au-dessus de 18 mois) et mouton (mâle adulte). La viande roseâtre est communement rôtie au four ou sur la grille de barbecue; les côtelettes grillées sont aussi très bonnes. À Campo Mourão, dans l´état du Paraná, le deuxième dimanche du mois de juillet est dédié à la préparation du **mouton dans le trou**, le mouton cuit avec de divers légumes dans des grandes casselores, disposés dans des trous ouvertes dans le sol et fourrés avec du bois d´eucaliptus. Cette tradition existe depuis plus de vingt ans.

CARNE-SECA

CARNE SECA
The manufacturing process is similar to carne de sol. Cut open into "blankets", the beef pieces are dipped in salted water and then stacked and hung, to dehydrate. A tradition of the North and Northeast cuisines, the consumption has also reached other parts of the country. Also called *jabá* in Portuguese, the meat is often boiled and shredded to be used as a filling for fritters, *Pastel* (Brazilian fried turnover), *Tapioca* (Brazilian crepe-like bread), *Escondidinho* (Brazilian-style shepherd's pie), and to make *Paçoca* (fried *carne seca* pounded with manioc flour and seasonings). It is one of the ingredients for *Feijoada* (beans and meats stew).

VIANDE SÉCHÉE
Le processus de fabrication de viande séchée est pareil à celui de la viande de *sol*. Coupée en couches, les pièces bovines sont plongées dans l´eau salée et ensuite, empilées et étendues sur des cordes, jusqu´au point où elles seront déshydratées. La consommation, traditionnelle dans les régions Nord et Nord-Est, a atteint d´autres régions du Brésil. Éffilée, la viandde séchée – nommée aussi *jabá* – entre dans la préparation de croquettes, des beignets, de *tapiocas*, des **escondidinhos** et de **paçoca**. Elle est aussi un ingrédient de la *feijoada*.

CARURU
Amaranthus sp.

AMARANTH
The name in Portuguese, *caruru*, is also used to name an okra-based dish from the Northeast region which, curiously, does not include amaranth as an ingredient. It is a green leafy vegetable with purplish veins, similar to African blue basil. It can be sautéed, fried, added to soups, fillings, *farofas* (seasoned manioc flour), frittatas, and used to make tea. The seeds are high in protein and, once roasted, are a good addition to breads. Easy to cultivate anywhere in Brazil, this tropical herb is known by several names, both in Portuguese and in English – pigweed, Chinese spinach, red leaf amaranth, common tumbleweed – and is more easily found in the Northeastern tables, especially in Bahia. As a medicinal herb, it is said to fight infections and liver problems.

CARURU
Cette plante possède le même nom d´une recette typique du Nord-Est à base de gombo – et curieusement n´est pas composée avec cet ingrédient. Il s´agit d´une plante aux feuilles vertes, parfois aux tâches violette, semblables à celles du basilic. Elle peut être braisée, frite, utilisée dans des soupes, des farcis, des farofas, des plats frits et des thés. Les graines du caruru sont riches en protéines et très bonnes pour faire du pain, lorsqu´elles sont torreifiées. Comme elles sont très faciles à cultiver, cette herbe aux noms variés – tels *bredo*, *bredo-de-chifre*, *bredo-de-espinho*, *bredo-vermelho*, *caruru-de-cuia*, *caruru-roxo*, *caruru-de-mancha*, *caruru-de-porco* et *caruru-de-espinho* – est beaucoup plus présente aux tables du Nord-Est, surtout celles de Bahia. En tant qu´herbe médicinale, elle est utilisée pour combattre des infections et des troubles hépathiques.

CASTANHA-DE-CAJU
Anacardium occidentale L. (caju)

CASHEW NUT
One of the main gastronomic symbols of the Brazilian Northeast, the cashew nut is the actual fruit of cashew trees, spread across states like Piauí, Ceará, Rio Grande do Norte, Maranhão and Bahia. The fleshy and juicy cashew apple is actually the fruit's "stalk". Once shelled and roasted, cashew nuts can be consumed in several ways: on their own, with or without salt, whole or ground, and as an ingredient in savory and sweet dishes, pastries, and confections of all kinds. High in unsaturated fats, which are beneficial for the organism, magnesium, phosphorous and zinc, it is the less caloric of all nuts. In some tourist cities like Fortaleza, stalls at fairs and markets sell candied cashew nuts in different flavors, such as cappuccino, sesame seed and caramel.

NOIX DE CAJOU
L´un des principaux symboles gastronomiques de la région Nord-Est est le vrai fruit de l´anacardier, l´arbre présente dans les états de Piauí, Ceará, Rio Grande do Norte, Maranhão et Bahia – le cajou à la pulpe charnue et juteuse représente, en fait, la "petite tige" de l´aliment. Après avoir subi certains processus, la noix peut être consommée de plusieurs manières: torréfiée, pure, avec du sel, entière ou moulue, dans des recettes d´amuse bouche, dans des plats salés ou sucrés, dans des gâteaux et des biscuits, entre autres. Riche en graisses insaturées bénéfiques à l´organisme, en magnésium, en phosphore et en zinc, elle est une oléagineuse qui possède la plus basse valeur calorique. Dans quelques villes touristiques, telle Fortaleza, des kiosques dans les marchés et marchés en plein air vendent la noix de cajou avec des parfums tels le capuccino, sésame et caramel.

CASTANHA-DO-BRASIL
Bertholletia excelsa

BRAZIL NUT
Fruit of a towering tree native to the Amazon, Brazil nut – now called *castanha-do-brasil* in Portuguese, but more widely known as *castanha-do-pará* – can be consumed fresh or toasted. In addition to the high protein and calorie content, the Brazil nut is packed with selenium, a mineral antioxidant that fights cell aging and can help prevent degenerative diseases. In the kitchen, the nut has many uses: breads, cakes, cookies and crumbles, as well as sauces and *farofas* (seasoned manioc flour), to name a few. The nut is also processed to make a flour, an extra virgin oil, milk, and a cream that can replace butter.

NOIX DU BRÉSIL
Fruit d´un arbre imponent, native de l´Amazonie, la noix du brésil – avant nommée noix du pará – peut être consommée *in natura* ou torréfiée. Elle possède un taux protéique et calorique très élévé, possède de grandes doses de sélenium, un minéral antioxydant qui combat le vieillissement cellulaire et qui peut prévenir des maladies dégénératives. Dans la cuisine, on en profite beaucoup: dans la pâte de pains, de gâteaux ou de croûtes, dans les sauces et les *farofas* salées, pour en citer quelques utilisations. On en fait également de la farine, de l´huile extra-vierge, du lait et une crème qui peut remplacer le beurre.

CASTANHA PORTUGUESA
Castanea sativa (tree)

CHESTNUT
Fruit of the chestnut, it is mainly produced in Europe – only 10% of the chestnut marketed in Brazil is national, and is harvested in the Southeast region, in December. This nut has a somewhat mealy texture, and has to be cooked and peeled for consumption. In Brazil, it is often eaten on its own during Christmas, but it is also used to prepare desserts and candies found year round. The most popular is *marron glacé*, a recipe from the seventeenth century in which chestnuts are parboiled and then cooked in a vanilla-flavored syrup. In Brazil, another recipe using sweet potato instead of chestnuts is commercially marketed as *marrom glacé*, an alternative to the traditional preparation.

CHÂTAIGNE
Fruit du châtaignier, avec une production concentrée en Europe – seulement 10% des ingrédients commercialisés ici sont brésliens, cultivés dans le Sud-Est et ayant la récolte en décembre. Il s´agit d´une plante oléagineuse de texture un peu farineuse, qui doit être cuite et pelée. Au Brésil, la consommation *in natura* est très associée aux fêtes de Noël, mais des confits sont trouvés toute l´année. Le plus célèbre et raffiné parmi eux est le marron glacé, inventé au XVIIe siècle à partir des châtaignes cuites et ensuite préparées avec un coulis de sucre et de vanille. Il y a une recette produite au Brésil, mais il faut en être attentif: il existe un version industrielle nationale faite à base de patate douce.

CATETO
Tayassu tajacu

COLLARED PECCARY
"(…) wild pig, meat with the taste of the forest and freedom": that is how writer Jorge Amado defines the collared peccary in his book *Dona Flor and Her Two Husbands*. Known as *catitu* in the Northeast and Midwest regions of Brazil – and javelina, musk hog and Mexican hog in English – this wild animal's meat is pinkish, slightly sweet and low in fat (30% less than pork meat); therefore, it tends to be drier. Best if roasted at low temperatures, and very slowly. There are breeders all over Brazil, especially in the South, Southeast and Midwest regions. The collared peccary is different from the white-lipped peccary, another hog-type wild animal, larger and bearing a tuft of white hairs around the neck, with redder meat and stronger flavor.

PÉCARI
"Porc féroce, de la viande avec un goût de jungle et de liberté": c´est ainsi que l´écrivain Jorge Amado définit le pécari dans le roman *Dona Flor e seus Dois Maridos* (Dona Flor et ses deux maris). Connu comme *caititu* dans les régions Nord-Est et Centre-Ouest – ou comme *caitatu*, *porco-do-mato brasileiro* – cet animal sauvage possède une viande rosée, légèrement douce et avec un taux très bas de graisse (30% de moins que la viande de porc), c´est pour cela qu´elle est un peu plus sèche. Il est préférable la faire cuire à feu doux et très lentement. Il y a des éleveurs dans toutes les régions du pays, surtout dans les régions Sud, Sud-Est et Centre-Ouest. Le pécari est différent du pécari aux lèvres blanches, un autre type de porc sauvage, mais plus grand, qui possède une couche de poils blancs autour du cou et présente une viande plus rouge et de goût plus fort.

CATUPIRY

CATUPIRY
This is a classic case of a brand that became synonymous with the product. Founded by an Italian immigrant in 1911, in Minas Gerais, the company Laticínios Catupiry came up with this creamy cheese recipe, which remains a secret to this day. Over time, the product became very popular, so other vendors began to sell their own "versions" of catupiry, and the name stuck. Catupiry can be used as any other cream cheese, and it seems to go well particularly with chicken or carne seca in fillings for pastries, pizzas, fritters and a special version of the traditional *Coxinha* (mock chicken drumstick fritter), sold in *botecos* and cafeterias all over Brazil.

CATUPIRY
Il s´agit d´un cas classique où la marque est devenue le propre produit. Fondée par un immigrant italien dans l´état de Minas Gerais, en 1911, a Laticínio Catupiry a surgi avec la fabrication d´un type de fromage blanc crémeux, dont la recette est un secret jusqu´à aujourd´hui. Avec le temps – et le succès du produit – d´autres fournisseurs ont commencé à vendre leurs propres "versions" de *catupiry* et nom y est resté. Ce fromage peut être utilisé comme n´importe quel autre fromage blanc et se combine en particulier avec du poulet ou de la viande séchée dans des beignets, des pizzas, des croquettes et sert aussi à farcir la **coxinha** (genre de chausson frit), un amuse-bouche traditionnel dans des bistrots en général.

CAVAQUINHA
Scyllarides brasiliensis

CHUB MACKEREL
Also known in Portuguese as *lagosta-sapateira*, this crustacean found in almost all the Brazilian coast, from Maranhão to Santa Catarina, tastes like its famous "cousin", the lobster. The soft and tender, white meat can be enjoyed grilled, roasted or fried, and goes well with ingredients like nutmeg, coconut milk and butter, among others. The secret is to not let it overcook. Similarly to lobster, it gets tough if cooked for longer than needed. Fresh Brazilian slipper lobster is available between August and December, when fishing is permitted.

CAVAQUINHA
Connu également comme *lagosta-sapateira*, ce crustacé trouvé pratiquement dans tout le littoral brésilien, du Maranhão à Santa Catarina, a un goût semblable à celui de sa "cousine" célèbre. La chair blanche, tendre et légère peut être appréciée grillée, au four ou frite et s´accorde avec des ingrédients comme la noix musquée, le lait de coco et le beurre, entre autres. Le secret est ne la cuire pas trop – tout comme la langouste, la cavaquinha endurcit si elle reste au feu pour plus longtemps que le nécessaire. Elle arrive fraîche à table entre les mois d´août et décembre, l´époque où la pêche est autorisée.

CEBOLA
Allium cepa L.

ONION
Sautéed in olive oil or butter, with or without garlic, onion is an essential seasoning ingredient used as a starting base to most Brazilian dishes – a practice inherited from the Portuguese colonizers. Strong flavored even after being subjected to long periods of cooking, it is also used in many stews and casseroles. Meat, fish, vegetables, eggs… onion goes well with almost everything, whether it is cooked in liquid, roasted or raw (in salads and salsas). White, yellow or purple, it is available in several formats, rounded to oval, giant to tiny little ones, which are widely used in pickled and brined vegetables. Some are quite spicy, but become milder and sweeter after cooking. Onion is produced all over Brazil, mainly in the South, Southeast and Northeast regions, but it is also imported from Argentina.

OIGNON

Braisée à l´huile d´olive, à l´huile ou au beurre, avec ou sans ail, il est le condiment essentiel, utilisé dans des ragoûts brésiliens – une pratique héritée des colonisateurs portugais. Avec un énorme potenciel de transférer de la saveur à d´autres aliments, il est aussi la base de divers ragoûts ou des plats cuits. Des viandes, des poissons, des plantes herbacées, des oeufs… l´oignon s´accorde avec pratiquement tout, n´importe s´il est cuit, rôti ou crue, dans des salades ou dans des sauces vinaigrettes. Blanc, jaune ou violet, il exhibe des formes différentes, arrondie ou ovale, des plus grandes aux plus petites, très utilisé dans des pickes ou des conserves. Piquant, il peut devenir plus sucré et léger après être cuit. Il est produit dans tout le Brésil, surtout dans la régions Sud, Sud-Est et Nord-Est, mais il est également importé de l´Argentine.

CEBOLINHA
Allium fistulosum L.

GREEN ONION / SCALLION

Herb with slender, cylindrical leaves that taste like raw onions, but are milder. It is used fresh, finely sliced, to finalize recipes ranging from salsas, soups, salads and *farofas* (seasoned manioc flour) to cooked and roasted meals in general. Besides being so versatile, it can be successfully frozen. In supermarkets and farm markets all over Brazil, green onions / scallions can be bought in bunches, on their own or combined with parsley and/or cilantro – a mixed bunch called *cheiro-verde* (literally "green smell"). It is also sold freeze-dried. Produced year round, the best are harvested in December.

CIBOULE

Il s´agit d´une herbe aux feuilles cylindriques et longues qui a un goût semblable à celui de l´oignon cru, mais plus délicat. Fraîche et hachée menu, elle donne une touche finale à des recettes où il y a des vinaigrettes, des soupes, des salades et des *farofas* à des plats cuits et rôtis en général. En plus de son usage très versatile, elle peut être surgelée. Dans les marchés et dans marchés à plein air de tout le Brésil, il est possible de retrouver la ciboule dans des paquets exclusifs ou dans des combinaisons avec du persil et de la coriandre – dans ce cas, on appelle l´ensemble de *cheiro-verde*. Il existe encore la possibilité d´en acheter dans la version séchée. Malgré le fait d´être produite toute l´année, elle est plus luxuriante en décembre.

CENOURA
Daucus carota

CARROT

Due to its versatility, this vegetable is always present in the shopping cart of all Brazilians. Grated, finely sliced, or cut into sticks, it renders salads and snacks. A basic ingredient in broths and some stews, it is also added to soups, soufflés and, at tea or dessert time, it is the main ingredient of **cake covered with chocolate icing**. The aromatic, edible leaves are usually discarded, but can be used to flavor soups, stews and beans. You can find carrots at fairs and markets throughout the year in Brazil, but the harvesting peak goes from October to December. Top producers are the states of Minas Gerais, São Paulo and Bahia.

CAROTTE

En fonction de sa versatilité, il s´agit d´une plante herbacée qui difficilement n´entre pas dans de cadis des Brésiliens. Râpée, en rondelles ou sous la forme de paille, elle est utilisée dans des salades et des amuse-bouches. Elle est fondamentale pour faire des bouillons et quelques ragoûts, et également elle apparaît dans des soupes, soufflés et à l´heure du goûter ou du dessert, dans un gâteau avec une couverture de chocolat. Les feuilles comestibles et très aromatiques généralement sont jetées, mais elles peuvent donner de la saveur à des soupes, à des plats cuits et aux haricots. Il est possible de trouver des carottes dans les marchés et marchés en plein air toute l´année, malgré le fait que l´époque la plus abondante est d´octobre à décembre. Au Brésil, les plus grands producteurs sont les états de Minas Gerais, São Paulo et Bahia.

CERVEJA

BEER

Obtained through the fermentation of cereals and considered one of the oldest alcoholic beverages in the world, beer is now a serious business in Brazil: in 2014, the country produced and sold 14.1 billion liters locally, 5% more than in the previous year. In the kitchen, beer can be used as an ingredient to prepare sauces and marinades for beef or poultry. **Frango na cerveja** (chicken cooked in beer) is a regular on every-day meals, usually prepared with chicken legs.

BIÈRE

Obtenue de la fermentation de céréales et considérée l´une des boissons alcooliques les plus anciennes du monde, la bière est un sujet sérieux au Brésil: en 2014, 14,1 milliard de litres ont été produits et vendus dans le pays, 5% plus qu´en 2013. Dans la cuisine, elle apparaît principalement comme ingrédient de sauces et de plats marinés de viande de boeuf ou de volailles. Un plat du quotidien, le **poulet à la bière** est un classique du répertoire maison, en général fait avec les cuisses et les contre cuisses de l´animal.

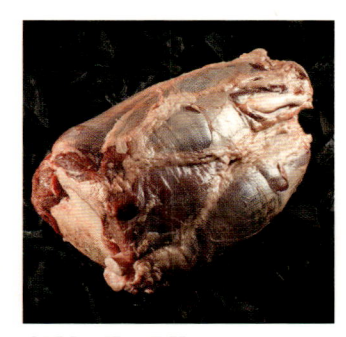

CHAMBARIL

BEEF SHANK

In the states of the Southeast and South regions of Brazil, the cut is known by its Italian name, ossobuco, which literally means "holed bone". In the Northeast, North and Midwest regions, it is called *chambaril* or *chambari*. It is a horizontal cut of the leg that includes the muscles and the bone, with the marrow in the center. The traditional recipe takes the cut to the pan with spices, and the cooking liquid resulting from braising is mixed with manioc flour to make a flavorful mush. But it is also common to serve beef shank with polenta, white rice, and boiled cassava. In Tocantins and Maranhão, cities like Araguaína and Barra do Corda have annual festivals dedicated to this beef cut.

OSSO BUCO

Dans les états du Sud-Est et du Sud, il a le nom italien: ossobuco, qui veut dire littéralement "os troué". Dans le Nord-Est, dans le Nord et dans le Centre-Ouest, on le nomme *chambaril*, ou *chambari*, une coupe horizontale de la jambe du boeuf qui inclut le muscle et l´os, avec de la moelle au centre. La recette traditionnelle nous dit de préparer la viande dans une casserole avec des condiments et le liquide qui en résulte de la cuisson se transforme dans un bouillon savoureux – mais il très commun retrouver du osso buco garni de polenta, du riz blanc, ou de manioc (*macaxeira*). Dans le Tocantins et dans le Maranhão, des villes comme Araguaína et Bara do Corda organisent des festivals annuels dédiés à cette viande.

CHARQUE

CHARQUE

This method of preserving meat, a tradition of the South region of Brazil, is similar to the technique used for *carne de sol*. The meat is cut open into "blankets" and heavily salted all over, and then hung in ventilated areas. Then, in some cases, it may be hung over wood-fired ovens to finish drying and to acquire a touch of smokiness. It is an essential ingredient to prepare gaucho **Arroz de carreteiro** (rice cooked with meats and seasonings).

CHARQUE
Cette méthode de préservation de coupes bovines typique de la région Sud est semblable à celle de la viande de *sol*. Avant d'être pendu dans des endroits ventilés, le *charque*, reçoit des couches de sel dans les deux côtés. Ensuite, on peut mettre la viande pour finir de sécher sur des cordes placés sur un four à bois, pour acquérir une touche fumée. Il s'agit d'un ingrédient fondamental pour le **riz de carreteiro** du Rio Grande do Sul.

CHICÓRIA
Cichorium endivia

CURLY ENDIVE
With curlier and shorter leaves than escarole, with which it is often confused, curly endive may be somewhat bitter, a flavor that goes well in salads, soups, stir-fries, dumplings and sauces. Although São Paulo and Rio de Janeiro are the largest producers, consumption is widespread across the country.

CHICORÉE
Ayant des feuilles plus frisées et moins longues que celles des endives, ingrédient avec lequel elle est toujours confondue, la chicorée peut montrer un goût amer qui va bien dans des salades, des soupes, des plats braisés, dans des croquettes ou dans des sauces. Malgré le fait que São Paulo et Rio de Janeiro en soient les plus grands producteurs, leur consommation est diffusée dans tout le Brésil.

CHICÓRIA-DO-PARÁ
Eryngium foetidum L.

CULANTRO
As some of the many common names this herb has both in Portuguese and in English (such as Mexican coriander and long coriander), the plant has a flavor and scent profile similar to coriander, although it has more floral notes. Widely used in the North region of Brazil, where it is part of the basic bunch of fresh herbs called *cheiro-verde* (alongside green onions / scallions and cilantro), it is used in *tucupi*-based recipes, *mojica de aviú* (a thickened broth made with Amazonian micro shrimp) and other traditional dishes of the region, especially fish recipes. In Asian cuisine, it seasons soups, stews, curries, noodles, rice and meat dishes. It can be frozen successfully.

CORIANDRE CHINOISE
Comme suggèrent plusieurs de ses noms populaires – *chicória do norte, coentrão, coentro-de-caboclo, coentro-do-maranhão, coentro-do-pasto* et *salsa-do-pará* – la plante appartient à la même famille de la coriandre. Elle possède le goût et l'arome semblables à ceux de sa voisine, malgré le fait que l'odeur apporte de notes plus florales. Typiques du Nord, où elle intègre le cheiro-verde, avec la ciboule et la coriandre, elle est utilisée dans des recettes de bouillon de *tucupi*, *mojica* et *aviú* paraense et d'autres plats typiques de la région, surtout dans des recettes avec des poissons. Dans la culinaire asiatique, elle assaisonne des soupes, des ragoûts, des curries, des riz, des pâtes et des viandes. Elle peut être surgelée.

CHUCHU
Sechium edule

CHAYOTE
Idi tem quo et aut exceat quianThe greatest quality of this vegetable is also what some people point out as fault: neutrality. Tender and mild, chayote squash (also called vegetable pear and mirliton in English), is composed of more than 90% water and can absorb easily the flavor of seasonings and other food. It is good boiled or steamed, in salads, or breaded and fried, as an accompaniment. In Rio de Janeiro, one of the leading producers and consumers of the vegetable in Brazil, followed by São Paulo, there is a popular dish called **Camarão ensopado com chuchu** (shrimp and chayote stew). Supposedly created by the traditional confectionery Colombo, the preparation is in the restaurant's menu since it opened, in 1894.

CHAYOTTE
La plus grande qualité de cette plante herbacée est également ce que quelques personnes indiquent comme défaut: la neutralité. Tendre et légère, elle est composée de plus de 90% d'eau, la chayotte arrive à absorber bien le goût des condiments. Elle va tojours très bien cuite, ou préparée à la vapeur, dans des salades ou panée et frite comme garniture. À Rio de Janeiro, l'un des principaux producteurs et consommateurs de l'ingrédient, à côté de São Paulo, il y a un plat très connu, le ragoût de **crevettes avec de la chayotte**, surgi dans la traditonnelle Confeitaria Colombo et qui est dans le menu depuis que le restaurant a été inauguré, en 1894.

CIDRA
Citrus medica L.

CITRON
With thick and wrinkled skin, this citrus fruit native to Southeast Asia can be found in several formats, from rounder to more oval. According to Câmara Cascudo, in his *História da alimentação no Brasil* (History of Food in Brazil), its cultivation was introduced in the country by Portuguese colonists, in the sixteenth century. The thick, greenish, bitter peel is used to make a classic dessert of the Brazilian countryside tradition: **Doce de cidra**. The coarsely grated peel is parboiled several times and then cooked in heavy sugar syrup, in large copper pans, on wood-fired stoves. Attention: *sidra* in Portuguese means cider, the fermented beverage made with apple juice.

CÉDRAT
Ayant une grosse écorce ridée, ce fruit natif du sud-est asiatique ne présente pas un format défini: il peut être arrondi ou plus oval. Selon Luís da Câmara Cascudo dans son livre *História da Alimentação no Brasil*, sa plantation a été introduite au Brésil par les colonisateurs portugais, dans le XVIe siècle. On fait de sa pulpe verdâtre et amère un confit classique de la tradition de la campagne brésilienne: le **confit de cédrat**, avec la pulpe râpée et cuite dans un coulis de sucre, dans des grandes casseroles en cuivre sur une cuisinière à bois. Attention: *sidra*, avec "s" en portugais, est la boisson fermentée de pommes (la cidre, en français).

CIOBA
Lutjanus sp.

RED SNAPPER
Also known in Portuguese as *vermelho-cioba*, this tasty fish with firm, white flesh is found in the headlands between the North region and Espírito Santo. The intensity of their red color depends on the deepness of the waters in which they swim – the deeper, the redder. While it may be grilled or fried, it is commonly roasted. Because it has a firmer consistency, it is also recommended for preparing ceviche, a dish from Peru in which fish is served raw, marinated in

citrus juice and seasoned with hot peppers and herbs.

VIVANEAU
Également connu comme vermelho-cioba – plus profondes les eaux où ils vivent, plus vives les couleurs des écailles – ce poisson de chair blanche, ferme et savoureuse nage dans des côtes de la région Nord et de l'Espírito Santo. Malgré le fait qu'il puisse être grillé ou frit, le rôtir en est une forme de préparation très commune. Comme il a une consistance bien ferme, il est approprié pour la préparation de cévèches, un plat d'origine péruvienne où le poisson est servi cru, ou mariné dans des sucs citriques, assaisonné aux piments et aux herbes.

COALHADA

GREEK YOGURT
Produced with curd milk – that is, milk that has been fermented and coagulated –, it is firmer and more acidic than regular yogurt. Both fresh and strained versions are traditionally served as an accompaniment to many dishes of Middle Eastern cuisine. Brazil has a large Syrian and Lebanese community, and their culinary traditions were spread throughout the country.

LAIT CAILLÉ
Produit à partir du caillage du lait – c'est-à-dire, la fermentation et la coagulation du lait – il a une consistance plus ferme et le goût plus acide que le yaourt. Dans les versions fraîche ou sèche, il est servi comm accompagnement de divers plats de la cuisine arabe, syrienne et libanaise qui ont été diffusés au Brésil avec l'arrivée des immigrants venus du Moyen Orient.

COCO
Cocos nucifera L.

COCONUT
The landscape and the cuisine of Northeast region would not be the same without the omnipresence of the coconut plantations all across its coastline. Bahia, for example, would not have **Cocadas** (coconut candy bars), or **Quindins** (coconut and egg yolk custards); in Pernambuco, there would be no Souza Leão cake (custardy coconut and cassava cake). The white pulp extracted from the brown, hard, and thick husk of dried coconut can be used cut into chunks, grated, cut into flakes (called "ribbons"), or transformed into coconut milk, which is obtained by processing the coconut meat with hot water. In other parts of the country, the fruit is often used to make candy, ice creams, cakes, and at least two very popular delicacies: **Manjar de coco** (coconut blancmange), a classic homemade dessert, and **Coquinho caramelado** (caramelized coconut chunks), sold by street vendors. Widely used in Southeast Asia, coconut sugar started to become popular in Brazil recently, for its reputation as a great substitute for the refined sugarcane product, as it has a lower glycemic index. The product is coarser, with brown crystals, and the taste is remminscent of brown sugar.

NOIX DE COCO
Le paysage et la culinaire de la région Nord-Est ne seraient pas les mêmes sans la présence d'innombrables cocotiers présents dans son littoral – l'état de Bahia, par exemple, n'aurait pas les **cocadas** ou les **quindins**; Au Pernambuco il n'y aurait pas le **gâteau Souza Leão**. La pulpe blanche extraite de l'écorce marron, dure et épaisse du coco sec est profité dans des morceaux, râpée, dans des tranches fines nommées "tiras" ou moyennant le lait obtenu avec le processus de la noix de coco râpée, avec de l'eau chaude. Dans les autres parties du pays, la présence du coco est constante dans des bonbons, des glaces, des gâteaux et au moins deux mets très populaires: le **manjar de coco**, un classique parmi les desserts maison, et le **coquito caramélisé**, vendu dans des kiosques dans la rue. Très utilisé dans le sud-est asiatique, le **sucre de coco** a commencé à être plus populaire au Brésil avec la réputation d'être un excellent remplaçant du sucre blanc et parce qu'il possède un taux glycémique plus bas; les grains sont plus gros, de couleur châtain et le goût rappelle le sucre roux.

COCO VERDE
Cocos nucifera L.

GREEN COCONUT
Just take a "cap" off a young, green coconut to enjoy one of the greatest wonders offered by this fruit: the clear and refreshing water. Full of beneficial substances to the body, this excellent liquid provides hydration and potassium, magnesium, calcium, phosphorus and vitamins. It can be consumed on its own, or used as an ingredient for juices and cocktails, and to replace water when cooking fish and seafood.

COCO VERT
Il suffit retirer le "couvercle" du coco vert pour profiter d'une des plus grandes délices offertes par ce fruit: l'eau claire et rafraîchissante. Plein de substances bénéfiques à l'organisme, cet excellent liquide hydratant fournit du potassium, du magnésium, du calcium, du phosphore et des vitamines. Il peut être consommé *in natura* ou bien composer des recettes de jus et de cocktails, et également remplacer l'eau commune dans la cuisson de poissons et de fruits de mer.

CODEGUIM

COTECHINO
Sausage originally from the Emilia-Romagna region of Italy. It is made with pork rind, sweetbreads and other offal. It is cylindrical and large, similar in size to salami, and is part of the menu for year-end festivities, when it is served with lentils. In Brazil, the product – also called *escodeguim*, *escudiguinho* or *cudiguim* – can be found at some supermarkets and butcher shops, mainly in the South and Southeast regions, in places where the influence of Italian immigration is more representative, such as São Paulo, Paraná and Rio Grande do Sul. Because the fat content is fairly high, it is most often cooked and served with leafy vegetables, the Italian way.

COTECHINO
Ce type de saucisson est originaire de l'Italie, dans la région d'Emilia Romagna, où il reçoit le nom de *cotechino*. Il est fait avec le cuir, le cerveau et les abats de porc, possède un format cylindrique d'une charcuterie grande (semblable à celui d'un salami) et fait partie des fêtes de fin d'année, où il est servi avec des lentilles. Au Brésil, il est possible de le retrouver– nommé aussi *escodeguim*, *escudiguinho* ou *cudiguim* – dans quelques supermarchés et boucheries, surtout dans les régions Sud et Sud-Est, dans des lieux où l'influence de l'immigration italienne est plus représentative, tels São Paulo, Paraná et Rio Grande do Sul. Comme il s'agit d'une charcuterie de grande onctuosité, la façon la plus courante de la préparer est cuite et servie avec des plantes herbacées, à l'italienne.

CODORNA
Coturnix japonica

QUAIL
Small bird of lean meat, it rarely reaches 2 pounds, reason why it is often prepared and served whole. It can be roasted boneless, stuffed with *farofas* (seasoned manioc flour), rice with spices, or couscous, among

other fillings. In the south or Brazil, there is a tradition of serving quail roasted, grilled or braised over a portion of soft polenta, like the immigrants who came from Veneto used to eat it. In 2013, according to IBGE (Brazilian Institute of Geography and Statistics), the production of quails in the country rose 10.6% over the previous year, mainly because of the marketing of their eggs. The state of São Paulo owns 54.1% of production.

CAILLE
Une volaille petite et de viande maigre, qui rarement pèse 1 kilo – c´est pour cela qu´elle est préparée et servie entière. Sans les os, elle peut aller au four avec des farcis de *farofas*, du riz avec des épices et du couscous, entre autres. Dans le Sud du pays, il existe l´habitude de servir la caille rôtie, grillée ou en ragoût sur un portion de polenta molle, à la manière des immigrants qui sont venus de la Vénétie. En 2013, selon le IBGE (Instituto Brasileiro de Geografia e Estatística), l´élevage de cette volaille a augmenté 10,6% par rapport à l´année antérieure, principalement à cause de la commercialisation des oeufs. L´état de São Paulo en détient 54,1% de la production.

COENTRO
Coriandrum sativum

CORIANDER / CILANTRO
Seasoning herb with strong personality and sharp flavor, coriander leaves, or cilantro, are part of the trio that makes up the Brazilian *cheiro-verde*, alongside parsley and green onions / scallion. It is not as popular in other areas of Brazil as it is in the North and Northeast regions, where it is a key flavor in emblematic recipes such as **moquecas** (fish stew), and even on the everyday fresh black-eyed bean. In the family of cumin and fennel, it is also added to soups, stews and cold dishes of Latin origin, like guacamole and ceviche. The ground seeds add flavor to chutneys and breads. Fun fact: coriander tea is a medicinal drink in Japan, where it is considered an important source of nutrients.

CORIANDRE
Condiment de personnalité forte et goût marquant, la coriandre forme le trio qui compose le "cheiro-verde" brésilien à côté du persil et de la ciboule. Dans les autres régions, il n´a pas la même popularité des régions Nord et Nord-Est, où il est le goût-clé de recettes emblématiques, comme les *moquecas* (genre de bouillabaisse) et même des haricots verts du jour au jour. De la même famille du cumin et du fenouil, il apparaît encore dans des soupes, des plats cuits ou froids d´origine latine, tels la guacamole et le céviche. Les graines moulues donnent du goût à des chutneys et à des pains. Une curiosité: le thé de coriandre est une boisson médicinale au Japon, qui le considère une source de nutriments.

COLORAU

COLORAU
Also called *colorífico* in Portuguese, this seasoning is prepared by heating annatto seeds in a little oil and then grinding them with some corn meal (U.S. / maize flour in U.K.), or manioc flour, and sieving to obtain a fine powder with a very intense red color. The resulting flavor is somewhat reminiscent of nutmeg, but it is mainly used, in most kitchens, to add color to dishes. It is a quintessential ingredient of **Moqueca Capixaba** (fish stew from Espírito Santo region) and it is often added to braised chicken, among other regional recipes. In Spanish, the term colorau is also used to name a red powder, similar to paprika, made of ground chilies – therefore, it adds a stronger flavor to food when compared to our product, made with annatto.

AROMATE DE ROUCOU
Colorau ou colorifique, il s´agit d´un seul produit: des petites graines de roucou rechauffées avec un peu d´huile et moulues avec de la farine de maïs ou de manioc, puis tamisées pour produire une poudre fine et de couleur rouge très intense. Malgré le fait de posséder un goût qui rappelle un peu la noix musquée, son usage culinaire est surtout celui de donner de la couleur aux plats. C´est un ingrédient fondamental dans le ragoût capixaba et apparaît fréquemment dans des plats cuits de poule, parmi d´autres recettes régionales. En espagnol, le terme *colorau* désigne une poudre aussi rouge, comme le paprika, faite à partir de poivrons moulus – et qui, par conséquent, ajoute aux aliments un goût plus fort que le nôtre, originaire du roucou.

CONTRAFILÉ

CONTRAFILÉ
The outer layer of fat in this beef cut (corresponding to parts of the boneless strip loin and the ribeye) makes it tender and juicy. *Contrafilé* is one of the largest beef primal cuts in Brazil, and can weigh up to 18 pounds. It can be used to prepare roasts, barbecues, and steaks. In Argentine, it is divided into two cuts: *bife ancho*, a fairly marbled steak (similar to rib eye / club roll steak), and *bife de chorizo* (strip loin steak), with firmer fibers. In home cooking, it is also braised in cubes, used to make hamburger, and stroganoff, among other recipes.

ENTRECÔTE
Ayant une couche de graisse qui rend la viande tendre et juteuse, il s´agit d´une des parties du boeuf les plus grandes. Son poids peu atteindre 8 kilos et peut être profité dans des roastbeefs, barbecues, des plats rôtis et en médaillons. Deux coupes d´origfine argentine ont été créés à partir de l´entrecôte: le beef *ancho*, avec une bonne quantité de graisse marmorisée, et le beef *chorizo* (nommé aussi *strip loin* aux États-Unis, avec des fibres plus fermes. Dans la cuisine maison, il est aussi un ingrédients pour préparer des **picadinhos**, du strogonoff et des hamburguers, entre autres recettes.

COPA

CAPOCOLLO
Originally from Italy, this meat product is enjoyed cut into thin slices as an appetizer, or to enhance salads and sandwiches. It's made with the meat found between the hog's head (*capo*) and shoulder (*collo*), seasoned with salt and spices, wrapped in a piece of pork casing, and left to cure for about two months. After this period, the meat acquires a vivid red color, speckled with streaks of visible fat; the taste is reminiscent of smoked meats.

COPPA
Charcuterie d´origine italienne, appréciée sous la forme de rondelles minces, comme amuse-bouches ou pour enrichir des salades et des sandwichs. Elle est produite à partir de l´échine de porc, couverte de sel et des condiments, enveloppée dans des tripes et affinée autour de deux mois. Après cette période, la viande acquiert un ton rouge vif, avec de la graisse apparente. Elle possède un goût qui rappelle celui de la viande fumée.

COPA LOMBO

PORK SHOULDER BUTT
Name given to the top part of the pork shoulder, located behind the animal's neck. Because of the high degree of marbling – fat deposited between muscle fibers –, this cut is considered one of the tastiest pork cuts. Sold with or without the bones, it can be prepared as steaks, which maintain their juiciness when grilled, roasted, fried or smoked.

ÉCHINE DE PORC
Nom donné à la nuque de l´animal. Le fait qu´elle soit une viande marmorisée - entremêlée de graisse -, elle est considéré l´une des viandes de porc les plus savoureuses. Vendue avec ou sans os, elle peut être préparée sous la forme de steaks et mantient son caractère juteux lorsqu´elle est grillée, cuite, fumée ou frite.

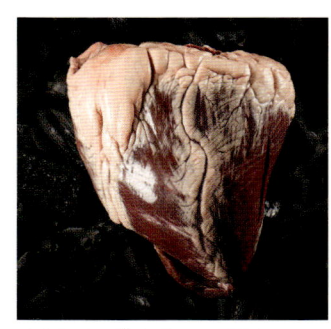

CORAÇÃO BOVINO

BEEF HEART
Cut into chunks, it can be cooked in a pressure cooker, seasoned with onion, garlic, tomato and bell pepper, for example. Cut into steaks, it can be braised in a skillet. The whole heart is often roasted in the oven, usually stuffed. Before cooking, the whole skin that covers the organ must be removed.

COEUR DE BOEUF
Coupé en morceaux, il peut être préparé dans la cocotte minute avec des condiments tels l´oignon, l´ail, les tomates et les poivrons. En tranches, il peut être grillé. Enfin, entier, la manière de préparation la plus courante est au four, la plupart des fois, farci. Avant d´être cuit, toute la pellicule qui enveloppe la viande doit être retirée.

CORAÇÃO DE BANANEIRA

BANANA FLOWER
Although banana tree is native to Asia, bananas are one of most well-known and consumed fruits in Brazil. Still, banana flower is often discarded during production. It is an edible blossom located at the tip of a banana bunch – the taste of the light-colored center is reminiscent of **hearts of palm**, with a slight bitterness at the end. In Minas Gerais, where it is commonly used in cooking, the cooked ingredient (also called banana "navel" or "heart" in Portuguese) can be used in pie and turnover fillings, cakes, quiches, and stews made with different kinds of meat. Also, a syrup made with banana flower has the reputation of healing cough, asthma and bronchitis.

COEUR DE BANANIER
Malgré son origine asiatique, le bananier offre l´un des plus connus et consommés fruits du Brésil. Cependant, son "coeur" est fréquemment jeté, lorsqu´on fait des manoeuvres avec les arbres. Il s´agit d´un pédoncule comestible qui est situé à la pointe de la main de bananes – le coeur, de couleur claire, a le goût semblable à celui du palmier, avec un arrière-goût légèrement amer. Dans l´état de Minas Gerais, où il est très employé dans la culinaire, cet ingrédient cuit (nommé également nombril ou fleur de bananier) peut servir comme farce de chaussons, de beignets, de tartes ou des quiches, ou ajouté à divers types de ragoûts de viande. Le sirop obtenu du coeur a encore la réputation d´être un bon médicament pour la toux, l´asthme et la bronchite.

CORAÇÃO DE FRANGO

CHICKEN HEART
Chicken hearts chargrilled on a skewer are a must have in Brazilian barbecues. As they cook fast and are practical to serve, they are one of the first things to come out of the pit, alongside sausage. On the every-day table, chicken hearts are used in homemade, simple dishes as well as in more sophisticated ones, using different techniques: roasted, grilled, pressure cooked or even in stroganoffs, risottos and pasta sauces.

COEUR DE POULET
Plus connu comme "petits coeurs" et servis dans des brochettes, il est obligatoire dans les barbecues brésiliens. Il est pratique pour servir, car il a une préparation rapide. Il est l´une des premières viandes à sortir de la braise, à côté des saucissons. Dans le jour au jour, il est composant de recettes maison simples ou plus sophistiquées, avec des préparations variées: rôti, grillé, à la cocotte minute ou même sous la forme de strogonoff, de risottos et des sauces pour les pâtes.

CORVINA
Micropogonias furnieri

WHITEMOUTH CROAKER
Highly valued in the South and Southeast regions, although it is found throughout the country's coast, this coastal fish lives in sandy or muddy bottomed areas and can swim up mangroves and estuaries. It has a white flesh that is firm but tender, and low fat content. Among other ways of preparing it, it is good fried in olive oil, in **moquecas** (stewed), cut into steaks and grilled, stuffed and roasted, or in ceviche, chopped. Another species also called *corvina* in Portuguese is the *Plagioscion squamosissimus* (South America silver croaker), a freshwater fish found in the rivers of Amazon and Tocantins-Araguaia basins, and in ponds and reservoirs in the Northeast of Paraná.

COURBINE
Très appréciée dans les régions Sud et Sud-Est, malgré le fait qu´elle soit retrouvée dans tout le littoral du pays, est un poisson qui vit près de la côte où il vit dans le fond aréneux ou boueux et il peut entrer dans les marécages et estuaires. Elle possède la chair blanche et ferme, mais tendre et sans beaucoup de graisse. Parmi d´autres manières de la préparer, elle va très bien frite dans l´huile d´olive, dans des **moquecas** (genre de bouillabaisse), en filets grillés, rôtis, farcies de *farofa* ou en morceaux, comme céviche. Une autre espèce nommée courbine, *pescada* ou *pescada* do Piauí, la *Plagioscion squamosissimus* nage dans des fleuves des bassins des fleuves Amazone et Tocantins-Araguaia, dans des lacs de la région du Nord-Est et dans des réservoirs au Paraná.

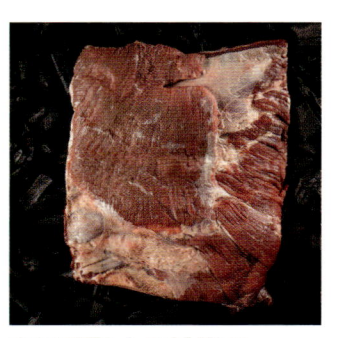

COSTELA BOVINA

BEEF RIBS
In Brazil, there are two cuts of beef ribs: *costela do dianteiro*, or *ripa*, with larger bones and more fibrous meat (similar to back ribs / short chuck ribs), and *costela minga*, also known as *ponta de agulha* (similar to beef short / plate ribs), juicier and tenderer. To be cooked "**no bafo**" (slowly roasted in the barbecue pit), ribs are first wrapped in cellophane paper. Another traditional cooking method in Brazil is called *fogo de chão* (literally "ground fire") – the meat is roasted in one large piece, stuck in large metal skewers which are dug into the ground around live coals. Some cities in the South region – such as União da Vitória, in Paraná – have annual festivals dedicated to beef ribs prepared this way. Once cooked, the meat is shredded and used in pizza toppings, fillings and even to prepare a local version of hot dog. Ribs can also be stewed with vegetables, added to soups and used to prepare the traditional **Barreado**, a slow cooked beef stew from Paraná cuisine.

CÔTES DE BOEUF
Elle se divise en deux parties: la

267

côte d'avant, ou *ripa*, avec des os plus grands et de la viande plus fibreuse, et la *minga*, aussi connue comme *janela* ou *ponta de agulha*, plus juteuse et trendre. Pour être préparée à l'étouffée, elle doit être enveloppée en papier célophane et mise sur la grille de barbecue. Une autre méthode de cuisson typique est le **fogo de chão** (le feu sur le sol), avec la viande dans des grandes brochettes, insérées par terre, autour des braises. Dans quelques villes de la région Sud – telles União da Vitória, au Paraná – organisent des festivals annuels dédiés à cette coupe de boeuf, qui après être cuite, est utilisée comme des couvertures de pizzas, des farces de beignets et même une version de *hot-dog*. La côte de boeuf peut encore être ajouté à des légumes cuits, des soupes et dans le **barreado**, plat traditionnel de la culinaire paranaense.

COSTELA SUÍNA

PORK RIBS

Chargrilled pork ribs are one of the biggest stars of Brazilian barbecue, **Churrasco**. It is also often cooked in a pressure cooker, or roasted, after marinating overnight. Barbecue and sweet-and-sour sauces are common accompaniments. It is also sold smoked.

TRAVERS DE CÔTES

Faite à la braise, la côtelette de porc est une des stars du **barbecue** brésilien. Dans d'autres préparations ordinaires, elle peut être cuite à la cocotte minute ou rôtie après être marinée. Plusieurs fois elle est accompagné d'une sauce barbecue ou sauce aigre-douce. Elle est vendue aussi dans une version fumée.

COUVE
Brassica oleracea L.

COLLARD GREENS

Some varieties of kale are called *couve crespa* (curly collards) in Portuguese. But the flat, broad leaf variety is usually the one preferred to accompany one of the most emblematic Brazilian dishes, **Feijoada**, and a regular in everyday meals of many homes around the country. Minas Gerais, for example, is fond of the combination of rice, beans and shredded, sautéed collard greens to go with meat dishes. Legend says the dish **Bambá** was born in Ouro Preto – a porridge-like cornmeal mush with pork sausage, pork ribs and a handful of torn collard greens leaves. It can also be used to in soups, broths, and green juices.

CHOU

Il y en a ceux qui l'appellent *couve-manteiga*, d'autres *couve-galega*. De toute façon, il s'agit d'une garniture indispensable pour l'un des plats brésiliens les plus emblématiques, la **feijoada**, et fait partie des recettes du jour au jour dans tout le pays. Dans l'état de Minas Gerais, par exemple, il est obligatoire la combinaison de riz, de haricots et de chou pour accompagner des viandes – il paraît, également, que dans la région d'Ouro Preto, a surgi le **bambá**, une espèce de bouillie de fubá, avec des saucissons, côtelettes de porc et une bonne portion de cette plante herbacée déchirée. Des soupes, des bouillons et des jus verts se bénéficient également du chou.

COUVE-FLOR
Brassica oleracea L. var. botrytis

CAULIFLOWER

A key feature of this vegetable native to the Mediterranean region and belonging to the family of broccoli and cabbage is its versatility. Boiled, it is a good match to salads, sauces, soufflés and cheese-based gratins; in the oven, it gets crisp and caramelized. It is a healthy and nutritious food providing vitamins C, B5, B6 and K, manganese, and antioxidants. São Paulo, Minas Gerais, Rio de Janeiro and Paraná are the largest domestic producers, and the best time for consumption is from July to October.

CHOU FLEUR

L'une des principales caractéristiques de cette plante herbacée originaire de la région méditérranéenne – et qui appartient à la famille des brocolis et des choux – est la versatilité. Cuite, elle s'accorde bien avec des sauces, des soufflés et plats gratinés à base de fromage; lorsqu'il est amené au four il devient croustillant; cuit, il donne de la saveur à des salades diverses. Sain et nutritif, il fournit des vitamines C, B5, B6 et k, du manganèse et des antioxydants. São Paulo, Minas Gerais, Rio de Janeiro et Paraná sont les états les plus grands producteurs nationaux et la meilleure époque pour la consommation est de juillet à octobre.

COXA DE FRANGO

CHICKEN LEG / DRUMSTICK

When a whole rotisserie chicken comes to the table, the legs are always one of the most wanted parts. Fortunately, it is possible to buy packages containing only this juicy poultry cut. Skin on or skinned, they are good roasted, grilled, stuffed, breaded, stewed or fried. The variety of spices, sauces, side dishes and preparation methods that go well with chicken legs are endless, from braising them with beer to roasting with golden potatoes. To test them for doneness, just pierce the meat and check if the juices are running clear.

CUISSE DE POULET

Le moment où le poulet arrive entier à table, la cuisse est toujours l'une des parties les plus disputées. Aujourd'hui, toutefois, il y a déjà à vente des emballages exclusives avec cette coupe juteuse. Avec ou sans la peau, elle est très bonne pour être préparée au four, ou bien grillée, elle sert également à farcir, paner, frire ou faire des ragoûts. Les possibilités de condiments, des sauces et de garnitures sont infinies: cela va de la cuisson à la bière aux pommes de terre dorées. Pour savoir si la cuisse de poulet est au bon point de cuisson, il suffit de perforer la viande et vérifier si le liquide sort transparent.

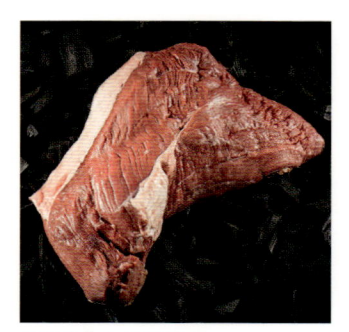

COXÃO-DURO

COXÃO DURO

Also known as *chã de fora* in Portuguese, this trapezoid cut (similar to beef outside round / rump) is located at the back of the rear leg of the animal. It is covered with a layer of fat in one side and has stiffer fibers. Cut into chunks or steaks, it should be slow cooked in stews, soups, or braises. Ground, it can be used to make sauces and other recipes, such as meatballs. Fun fact: very often in Brazil, a piece of this cut is included and sold with its noble "neighbor", *picanha*.

TENDE DE TRANCHE

Connue également comme *chã de fora* et située dans partie arrière du boeuf, il s'agit d'une coupe en trapèze, entourée de graisse, avec des fibres plus dures. Des morceaux ou des steaks peuvent être préparés lentement dans des ragoûts, des soupes ou à la cocotte minute. Hachée, cette coupe est ingrédient de sauces et des recettes telles les boulettes de viande. Une curiosité: plusieurs fois, un morceau de gîte à la noix est vendu avec la *picanha*, sa "voisine".

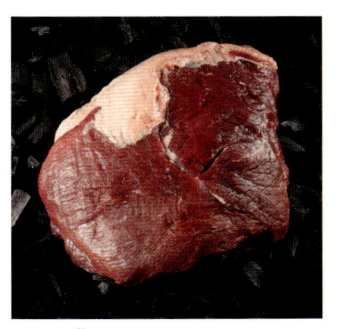

COXÃO-MOLE

BEEF TOP / INSIDE ROUND
Another cut from the back of the animal, extracted from the inner thigh area, also called topside in English and *chã de dentro* in Portuguese. Unlike beef outside round / rump, it has shorter, softer fibers that make it ideal to cut into steaks and grilled, breaded and fried, or rolled up with stuffing and braised; or chopped and stewed; or roasted whole. Burgers, meatballs and Bolognese sauce can also be made using the ground version of this cut.

GÎTE À LA NOIX
Une autre coupe de la partie derrière du boeuf, extraite de l´intérieur de la cuisse, appelé aussi *chã de dentro*. Contrairement au tende de tranche, elle a des fibres courtes et tendres ce qui la rend idéale pour préparer des bifteaks grillés, à milanaise, roulés ou hachés menu et des plats cuits. Des hamburgers, des boulettes de viande et de la sauce à bolognaise peuvent se servir également de cette viande hachée.

CRAVO-DA-ÍNDIA

Syzygium aromaticum

CLOVE
Together with cinnamon, this spice – the dry blossom of the clove flower – is present in most recipes of Brazilian confectionery, flavoring the syrup used to prepare compotes, jams, preserves, cakes and teas. And there's no need to add a lot of clove to a dish to impart its flavor: distinctively strong, it can be sensed immediately, even in small quantities. Native to Indonesia, it was one of the spices that led European explorers to sail the seas looking for a route to India in the fifteenth and sixteenth centuries. In Brazil, the cultivation is concentrated in Bahia, in cities such as Valença, Camamu and the rural Taperoá.

GIROFLE
À côté de la cannelle, ce condiment – le clou sec de la fleur du giroflier – marque la présence dans une bonne partie de la pâtisserie brésilienne comme aromatisant de coulis, des compotes, des confitures, des gâteaux et des thés. Et ce n´est même pas nécessaire en mettre trop pour savoir si un plat a un girofle: sa présence se fait remarquer même dans si l´on n´utilise que très peu. Originaire de l´Indonésie, il fut une des épices qui obligea les navigateurs européens à sortir en mer à la recherche du chemin des Indes, dans les XVe et XVIe siècles. Au Brésil, la plantation de girofle se concentre dans l´état de Bahia, dans les villes de Valença, Camamu et dans la zone rurale de Taperoá.

CRUÁ

Sicana odorifera Naud.

CASSABANANA
As the scientific name suggest, this fruit in the pumpkin family native to South America has a very pleasant aroma. The skin of cassabanana, ranging from orangey-red to dark purple, is so hard that it needs to be sawn open – this characteristic guarantees the freshness of the pulp for up to two months, provided it isn't cracked and that the stalk remains intact. The yellow ripe pulp can be used in juices, jams and compotes, or added to soups, breads and mashes, as it is not too sweet. The fruit is about 5 inches wide and can reach up to 24 inches in length.

CALEBASSE ZOMBI OU MELON COTON
Comme son nom scientifique le suggère, ce fruit de la famille des courges, natif de l´Amérique du Sud, possède une odeur très agréable. L´écorce, présentée de couleut orange-rougeâtre au violet foncé, doit être scié, tellement elle est dure – une telle caractérisque, toutefois, assure l´intégrité de la calebasse jusqu´à deux mois, dès qu´elle soit maintenue avec son pédoncule et ne présente pas de fissures. Avec la pulpe mûre, jaune, il est possible de faire de jus, des confitures et des compotes ou l´utiliser dans des soupes, des pains ou des purées, puisqu´elles ne sont pas très sucrées. Ce fruit possède environ 12 centimètres de diamètre et peut atteindre 60 centimètres de long.

CUBIU

Solanum sessiliflorum Dunal.

COCONA
This fruit originated in the western Amazon can usually be found more easily in fairs and farm markets of Amazonas and Pará, but it is being cultivated in other states too, such as São Paulo and Paraná. Very acidic, it is commonly used in juices, jams and compotes, although it can also be an accompaniment for meat dishes with higher fat content.

CUBIU
Ce fruit de l´Amazonie accidentale est retrouvé facilement dans les marchés et les marchés en plein air de l´état de l´Amazonas et du Pará – mais il est également cultivé dans d´autres états, tels São Paulo et Paraná. Très acide, il est utilisé dans des jus, des confitures et des compotes, malgré le fait qu´il puisse être utilisé également comme accompagnement de viande ayant un taux plus élevé de graisse.

CUMARU

Dipteryx odorata

TONKA BEANS
The seed of an Amazonian tree, tonka beans have a sweet taste reminiscent of vanilla and, just like this spice, are used to aromatize both savory and sweet recipes, such as cookies and custards. In the North region, folk medicine recommends that heart problems and menstrual cramps be treated with tonka beans steeped in water. It is also believed that the smell of tonka beans preserved in alcohol helps relieve headaches.

CUMARU
Originaire d´un arbre de l´Amazonie, ces graines ont un goût douceâtre qui rappelle la vanille et tout comme cette épice, elles sont utilisées dans des recettes salées et sucrées, telle celles de biscuits et de flans. Dans la région Nord, la médicine populaire recommande que des spasmes et des problèmes cardiaques ou de menstruation soient soignés avec le *cumaru* moulu dans l´eau, et on croit que l´odeur des graines conservées dans l´alcool soulage le mal de tête.

CUPIM

BEEF HUMP
Originally from India, the zebu cattle was first brought to Brazil to be raised for commercial purposes in the second half of the nineteenth century. The peculiarity of this breed is the presence of the hump, a bulge in the back of the animal's neck consisting of muscle fibers and fat. It is virtually unknown as a beef cut in Europe, the U.S., and

even in Argentina and Uruguay, where other breeds of cattle are preferred. Beef hump is usually roasted, cooked in a pressure cooker or barbecued; leaner pieces should be favored for the first two cooking methods.

CUPIM
Originaire de l'Inde, le bétail zébuino a commencé à être amené au Brésil et développé pour des buts commerciaux à la deuxième moitié du XIXe siècle. On en retire le cupim, une bosse existente derrière la tête de l'animal et composée par des fibres musculaires et de la graisse – il s'agit d'une coupe inconnue, en Europe, aux États-Unis et même en Argentine et en Uruguay, où il y a un autre type d'élevage. Pour le préparer, le cupim doit être cuit dans la cocotte minute ou à la grille de barbecue; dans les deux cas, l'idéal est que la coupe soit plus maigre.

CUPUAÇU
Theobroma grandiflorum

CUPUAÇU
Native to the Amazon and also cultivated in southwestern Bahia, this strong-flavored and slightly acidic fruit gives personality to juices, liqueurs, ice creams, preserves and other confections. The whitish pulp, abundant and smooth, is also used to prepare an excellent jam, great to fill cakes and chocolates. From the seeds, it is possible to obtain a product similar to chocolate known as "*cupulate*". Apart from being visually similar, both *cupuaçu* and cocoa belong to the botanical genus *Theobroma*, Greek word meaning "food of the gods". In the cosmetics industry, *cupuaçu* butter is used as a moisturizing ingredient in skin and hair products.

CUPUAÇU
Natif de l'Amazonie et cultlivé également dans le Sud-ouest de Bahia, ce fruit de goût fort et acide accorde de la personnalité à des jus, des liqueurs, des glaces, des compotes et d'autres confits. La pulpe blanchâtre, copieuse et crémeuse, offre une crème parfaite pour farcir des tartes et du chocolat. Des graines, il est possible d'en obtenir un produit semblable au chocolat, connu comme "*cupulate*" - cupuaçu et cacao, en plus de leur ressemblance, ils appartiennent au genre botanique *Theobroma*, un mot d'origine grecque qui signifie "aliment des dieux". Dans l'industrie cosmétique, le beurre de *cupuaçu* est utilisé comme composant d'hydratants pour la peau et les cheveux.

CÚRCUMA
Curcuma longa L.

TURMERIC
Although in appearance the plant may be similar to ginger, the yellow powder extracted from the dried and ground rhizomes, used as a condiment, is more associated, in Portuguese, with saffron (it is also known as *açafrão-da-índia*, *açafrão-da-terra* and *açafroa*), although there is no botanical link between the two species. Quintessential in some curry mixtures characteristic of the Indian cuisine, turmeric can be used on its own for seasoning and flavoring scrambled eggs, rice, beef, chicken, and fish dishes, broths, and other preparations, and to add color to breads and cakes. The municipality of Maria Rosa, in Goiás, accounts for about 90% of the turmeric production in that state. The harvest takes place between June and September.

CURCUMA
Malgré une certaine ressemblance de cette plante avec le gengimbre, la poudre extraite du rizome sec et moulu, utilisé comme condiment, est plus associé au safran – le curcuma est aussi connu comme le safran de l'Inde, safran de la terre, ou açafroa, malgré le fait qu'il n'y ait aucune liaison botanique entre les deux espèces. Incontournable pour quelques mélanges de curry caractéristiques de la cuisine de l'Inde, il peut être utilisé seul pour assaisonner et aromatiser des oeufs, des mélanges, du riz, des viandes, des **galinhadas** (poulet avec du riz), des poissons ou des bouillons, entre autres préparations, et en plus pour donner de la couleur à des pains et des gâteaux. La ville de Maria Rosa, dans l'état de Goiás, répond pour environ 90% de la production de curcuma dans l'état. La récolte est réalisée entre juin et septembre.

ERVA-DOCE
Foeniculum vulgare

FENNEL
These seeds have a distinctive and yet delicate flavor, and can sometimes be confused with aniseeds (*Pimpinella anisum* L.). They are extensively used in Brazil to prepare herbal infusions; to season fish, poultry, soups, sauces, and sausages; to flavor cakes and other pastry items, such as the classic **broa de milho** (cornmeal cream puffs) and the **bolo de fubá** (Brazilian-style corn bread). Brought to Brazil by Italian immigrants, it is grown mainly in Paraná, Paraíba, Pernambuco, Sergipe and Bahia. Fun fact: what we call "seeds" are actually the fruits of the fennel plant.

FÉNOUIL
D'un goût marquant, mais délicat, cette plante – qui peut être nommée *funcho* ou confondue avec l'anis (*Pimpinella anisum* L.) – possède une vaste utilisation culinaire: pour la préparation de thés, pour assaisonner des poissons, des volailles, des soupes et des sauces; comme aromatisant de charcuterie, comme par exemple des saucissons; pour parfumer des gâteaux et d'autres mets, comme le classique **gâteau *de fubá*** et brioche de maïs. Apportée au Brésil par des immigrants italiens, il est cultivé principalement dans les états du Paraná, du Paraíba, du Pernambuco, du Sergipe et du Bahia. Une curiosité: ce que nous appelons de "graines", en fait, sont les fruits du fenouil.

ERVA-MATE
Ilex paraguariensis

YERBA MATE
In the South region of Brazil there's quite a ritual involved in preparing and drinking yerba mate tea: the dried leaves are arranged in a gourd and carefully covered with hot water; after a few minutes, the tea is ready to be sipped through a special metal straw, with no milk or sugar added. This is the tradition in the states of Rio Grande do Sul, Santa Catarina and Paraná. In Mato Grosso do Sul, because of the warmer climate, cold water is added to the drink and the name changes to **tereré**. Three types of yerba mate are available in the market: crushed leaves with the stems, crushed leaves only, and the one used to prepare *tereré*, with very coarsely chopped leaves.

MATÉ
Dans la région Sud, le maté est consommé presque comme un rituel: les feuilles sèches de la plante sont mises dans un bol et couverte de l'eau chaude; après quelques minutes, le *chimarrão* est prêt pour être sucée par la pompe, en petites gorgées, pur, sans sucre. Cette procédure se répète dans les états de Rio Grande do Sul, Santa Catarina e Paraná. Dans le Mato Grosso do Sul, à cause de la chaleur, on ajoute de l'eau froide au boisson qui, dans ce cas, reçoit le nom de *tereré*. Trois types de feuilles sont disponibles dans le marché. *Barbacuá* (des feuilles moulues avec leurs tiges), feuille pure et la feuille spécifique pour le *tereré*, avec des feuilles déchirées et peu moulues.

ERVILHA
Pisum sativum L.

PEA

From July to September, you can find this legume fresh at fairs, markets and grocers. The rest of the year, canned, frozen or dehydrated versions prevail. Firm on the outside and creamy on the inside, peas go well with eggs, pasta, salads, recipes containing ground beef, poultry and fish, as well as in soups and risottos, where they sometimes are the main ingredient. One variety, snow peas, can be steamed, boiled or added to stir-fries. Rio Grande do Sul, Minas Gerais and Goiás are the top producers in Brazil.

PETIT POIS

De juillet à septembre, il est possible de trouver cette légumineuse fraîche, vendue dans des marchés en plein air, dans des marchés de légumes et dans des marchés en général. Le reste de l´année, il y a les versions en conserve ou déshydratés. Croustillants à l´extérieur et tendres à l´intérieur, ces grains s´accordent avec des oeufs, des pâtes, des salades, des recettes de viande hachée, des volailles et des poissons. En plus, ils sont des ingrédients importants dans des soupes et des risottos. L´une des variétés, le petit pois mangetout peut être cuit à la vapeur ou dans l´eau et consommé avec les gousses. Les états de Rio Grande do Sul, Minas Gerais et Goiás sont les plus grands producteurs brésiliens.

ESCAROLA
Cichorium endivia L.

ESCAROLE

Both escarole (also called *chicória* in Portuguese) and curly endive have leaves that are tougher, darker and bitter than lettuce. In Brazil, escarole was first cultivated when the Portuguese royal family moved to the country in the nineteenth century, and then spread with the arrival of Italian immigrants. It is very common, in the country, to use shredded, sautéed escarole in pizza toppings or to fill pastries such as sfiha, fatayer and quiches. Raw, it is used chopped in salads and green juices. Escarole and curly endive are high in vitamins B, C and E, calcium, iron, phosphorus, and potassium. The best times for consumption in Brazil are the months of February, March, April and August.

CHICORÉE ENDIVE

Ayant de feuilles lisses ou frisées, la chicorée endive – ou *chicória*, selon le lieu – possède de feuilles plus dures, foncées et amères que la laitue. Au Brésil, on a commencé à la cultiver avec l´arrivée de la famille royale portugaise, au XIXe siècle et a été diffusée avec l´arrivée des immigrants italiens. Elle est très utilisée dans des ragoûts, dans des couvertures de pizzas ou pour farcir des chaussons, tels les *esfihas* et les quiches. Crue et hachée menu, elle peut composer la préparation de salades et des jus verts. Riche en vitamines B, C et E, en calcium, en fer, en phosphore et en potassium. Les meilleures époques pour la consommation sont les mois de février, mars, abril et août.

ESPADA
Trichiurus lepturus

RIBBON FISH

Also called largehead hairtail and belt fish, this long, slender fish with silver body swims the Brazilian coast from north to south. The fillets are thin, low in fat, and have a delicate flavor. Versatile in the kitchen, ribbon fish can be prepared breaded and fried, grilled, stewed, roasted, or *escabèche*.

POISSON SABRE

Ayant le corps mince, long et argenté, ce poisson nage dans toute la côte brésilienne, du nord au sud. Ses filets sont également minces et possèdent un goût délicat, avec un taux bas de graisse. Il est versatile dans la cuisine, il peut être préparé pané et frit, grillé, sous la forme de ragoût, au four ou en scabèche.

ESTRAGÃO
Artemisia dracunculus L.

TARRAGON

Originally from western and northern Asia, this herb has an intense aroma and flavor, with anise-like refreshing notes. Also called French tarragon, the ingredient is an integral part of the *fines herbes* (together with parsley, chervil and green onions / scallions), it is the main seasoning in *Béarnaise* sauce (emulsion made with butter, eggs, vinegar and white wine), and is often used to flavor butters, vinegars, olive oils and mustards. It goes well in dishes containing mushrooms, eggs, cheese, fish and chicken. In folk medicine, it is known for healing constipation and insomnia.

ESTRAGON

Originaire de l´ouest et du Nord de l´Asie, cette herbe fai partie de la famille de la laitue – mas elle a l´odeur et le goût beucoup plus intenses, avec un arrière-goût piquant et rafraîchissant. Elle est aussi nommée d´estragon français et est un ingrédient fondamental pour le mélange baptisé de *fines herbes*, avec du persil, du clio et de la ciboule), elle apparaît comme condiment principal de sauce béarnaise (émulsion de beurre, des oeufs, de vinaigre et de vin blanc) et fréquemment est utilisée pour aromatiser des beurres, des vinaigres, des huiles d´olives et des moutardes. Elle s´accorde également avec la préparation de champignons, d´oeufs, de fromages, de poissons et de poulet. Dans le domaine médical, il est connu pour guérir des troubles intestinaux et l´insomnie.

FARINHA BIJU

FLAKED MANIOC FLOUR

According to a normative instruction of the Brazilian Ministry of Agriculture, Livestock and Supply, this variety of manioc flour is a "low density product, obtained from healthy manioc roots that are cleaned, peeled, mashed, grated, ground, pressed, crumbled, sieved and baked in layers, at the appropriate temperature, forming irregular flakes". The process results in a flour with visible, crispy flakes – or "*bijus*", which is another name given to tapiocas (crisp, crepe-like discs made with goma), reason why the product is also called *farinha de biju*.

FARINE BIJU

Selon une instruction normative du Ministério da Agricultura, Pecuária e Abastecimento, il s´agit d´un "produit de basse densité, obtenu des racines de manioc saines, lavées, épluchées, triturées, râpées, moulues, écrasées, pressées, démembrées, tamisées et coupées en lamelles à la température adéquate, sous la forme prédominante de flocons irréguliers". Ce processus en résulte dans un farine avec une granulation apparente et croustillante – des petits *bijus*, d´où le nom farine de *biju*.

FARINHA DE ARROZ

RICE FLOUR

Made of ground white or whole grain rice, it is an alternative for people suffering from celiac disease, or those who follow a gluten-free diet. If you have a powerful blender or food processor, you can even prepare it at home. Rice flour can be used to prepare breads, cakes, pies, pasta, crepes, gnocchi and to bread fried food, among other recipes.

FARINE DE RIZ
Faite à partir du moulage de grains de riz raffiné ou complet, cette farine est un alternative pour les personnes coeliaques ou pour ceux qui suivent une diète sans gluten. Avec un mixeur ou un robot de cuisine puissant, on peut même la préparer à la maison. Indiquée pour la préparation de pains, des gâteaux, des tartes, des pâtes, des crêpes, du gnochhi et des aliments panés, parmi d'autres recettes.

FARINHA DE COPIOBA

COPIOBA MANIOC FLOUR
Finer and crispier than ordinary manioc flour and regarded as a symbol of excellence and quality, this variety is produced in the Copioba Valley, a region of Bahian Recôncavo encompassing the towns of Nazaré, Maragojipe and São Felipe. When made in the traditional way, the flour undergoes three stages of drying and toasting on wood-fired ovens, each one followed by a sieving step. If the product is yellow, it is because it was tinted with turmeric or artificial coloring.

FARINE DE COPIOBA
Plus fine et torréfiée que la farine de manioc ordinaire et ayant la réputation de symbole d'excellence et de qualité, cette variété est produite dans la région du Vale do Copioba, dans le Reconcavo Baiano, qui concerne les villes de Nazaré, Maragojipe et São Felipe. Lorsqu'elle est faite de manière traditionnelle, la farine passe par trois cycles dans le processus de torréfaction et séchage, sur des fours à bois, chacun suivi par une étape de tamisage. Si l'ingrédient présente une couleur jaune, il a été teint avec du curcuma ou colorant artificiel.

FARINHA DE MANDIOCA

MANIOC FLOUR
The variety of manioc flours produced in Brazil is so great that the country's Ministry of Agriculture, Livestock and Supply issued a normative instruction in 2011 to set official standards for the classification of this product. In general, there are three groups: *farinha seca* (dry flour), *farinha d'água* (literally "water flour", a fermented product) and *farinha biju* (flaked); they are further classified as fine, medium or coarse grained. Raw or toasted, the ingredient has an extensive use in the country's cuisine since way before the Portuguese arrived. In *História da alimentação no Brasil* (History of Food in Brazil), Câmara Cascudo registers that manioc flour, for the native Indians, was "the essential and primary conduit, accompanying all edible things, from meat to fruit," and completes stating that "it is the primitive layer, the fundamental basalt in Brazilian food". Manioc flour is used to prepare **Tutu de feijão** (manioc flour and bean mush), **Paçoca** (ingredients, such as salt-cured meat or cashew nuts, pounded in a mortar with manioc flour), *farofa* (seasoned and toasted manioc flour), and *pirão* (savory manioc flour porridge), among other emblematic recipes.

FARINE DE MANIOC
La variété de farines de manioc produites au Brésil est si grande que le Ministério da Agricultura, Pecuária e Abastecimento a publié une instruction normative, en 2011, pour définir les règles officielles de classification de l'ingrédient. D'une manière générale, il y en a trois groupes: la farine sèche, la farine d'eau et la farine *biju* (en flocons) – la farine sèche et la farine d'eau pouvant encore être classifiées comme fines, moyennes ou grosses. Crue ou torréfiée, la farine de manioc possède un usage très vaste dans la culinaire du pays, même avant l'arrivée des Portugais. Dans son livre *História da Alimentação no Brasil*, Câmara Cascudo registre que la farine de manioc, pour les Indiens, était le "le conduit essentiel et principal, en tant de garniture de toutes les choses comestibles, de la viande aux fruits" et il complète en affirmant "qu'il s'agit de la couche primitive, le basalte fondamental de l'alimentation brésilienne". Avec elle, on prépare le **tutu** de haricots, la **paçoca** de viande séchée, la *farofa* et le *pirão*, parmi d'autres recettes emblématiques.

FARINHA DE MANDIOCA D'ÁGUA

FERMENTED MANIOC FLOUR
Inherited from the native Indians, this variety of manioc flour is still widely consumed in the North region nowadays – it is common to place a bowl of *farinha d'água* at the table during meals. The texture is coarse, and the granules are quite hard. The product is obtained by peeling the manioc and then leaving it to soak in water until it ferments and gets softer (a process called "*pubar*"). Then it is toasted and sifted. Dry, crisp and slightly acidic, it can be used to make cakes, cookies, and porridges. It can also be served with meat and fish dishes, such as stews, and açai. The NGO Instituto Maniva, established in 2007 to enhance sustainable family farming, encourages the manufacturing and commercialization of this fermented manioc flour in the city of Bragança, Pará. Another native tradition is showcased in the product's packaging, sold in woven baskets made of vine and straw, designed to hold and preserve flour.

FARINE DE MANIOC D'EAU
Héritée des Indiens, la consommation de farine d'eau dans la région Nord est encore très présente – il est très commun d'en mettre dans un petit bol à table, pendant les repas. Ayant une texture épaisse, de grains résistants, le produit est obtenu à partir du manioc épluchée, laissée dans l'eau pour fermenter et l'amollir (*pubar*), pour ensuite la torréfier et la tamiser. Sèche, croustillante et acide, elle peut être utilisée dans la préparation de gâteaux, des croquettes, des couscous et du *pirão*. Elle peut également servir comme garniture de viandes, de poissons, de plats cuits, de **moquecas** et d'*açaí*.

FARINHA DE MANDIOCA DE CRUZEIRO

CRUZEIRO MANIOC FLOUR
The second most populous city of Acre – second only to the capital, Rio Branco –, Cruzeiro do Sul is reputed to produce a flaked manioc flour of excellent quality, well toasted and crisp, with slightly sweet flavor and grainy texture. To ensure quality, the farmers of Território da Cidadania do Vale do Juruá, which encompass the municipalities of Cruzeiro, Mâncio Lima, Rodrigues Alves, Marechal Thaumaturgo and Porto Valter, make sure the product is made only with manioc harvested one year after planting and on the same day the flour is prepared (a day called "*farinhada*").

FARINE DE MANIOC DE CRUZEIRO
Deuxième ville la plus peuplée de l'état de l'Acre – après la capitale, Rio Branco -, Cruzeiro do Sul est célèbre pour produire une farine *biju* (en flocons) d'excellente qualité, bien torréfiée, de goût légèrement sucré et de texture granulée. Pour en assurer la qualité, des agriculteurs du Território da Cidadania do Vale do Juruá, qui concerne les villes de Cruzeiro, Mâncio Lima, Rodrigues Alves, Marechal Thaumaturgo et Porto Valter, assurent que le produit doit être fait du manioc cueilli un an après leur plantation et retiré de la terre dans le même jour de la fabrication (*farinhada*).

FARINHA DE MANDIOCA UARINI

UARINI MANIOC FLOUR

Some say it is the "caviar of manioc flours", and not by chance. Due to the elaborate manufacturing process, it is more expensive than other types of *farinha d'água* (fermented manioc flour) produced in the North region. Once fermented, the manioc pulp is rolled by hand into tiny little balls of varying sizes, similar to couscous grains. Finally, the flour is roasted and passed through the sieve. Produced in the municipality of Uarini, in the central area of the Amazon, it is also called "ovinha", because of the shape resembling fish roe (called "*ova*", in Portuguese). It is used to prepare *farofas* (seasoned manioc flour), porridges and couscous-like concoctions, among other things.

FARINE DE MANIOC UARINI

Il y en a ceux disent qu'il s'agit du "caviar des farines" - en fonction, en effet, du processus de fabrication très élaboré, il s'agit d'un produit plus cher par rapport à d'autres types de farine d'eau, venus de la région Nord. Après être fermentée, la pâte de manioc est enroulée artisanalement dans des petites boules de tailles variées, semblables à des grains de sémoule. Finalement, elle est torréfiée et tamisée. Produite dans la ville de Uarini, dans la région centrale de l'Amazonas, elle peut être nommée *ovinhas*, car sa forme rappelle les oeufs de poisson. Elle est utilisée dans la préparation de *farofas*, des bouillies, des couscous, entre autres plats.

FARINHA DE MILHO FLOCADA

FLAKED CORN MEAL

When prepared the artisanal way, this flour consists of dried, degerminated corn kernels, which are left to soak until ferment and are then ground and sieved on top of a hot plate in a thin layer. As it cooks, the mixture "curls up" and breaks into flakes. The resulting coarse flour can be used in countless preparations, both sweet – such as cakes, breads, and *broas* (cornmeal cream puffs) – and savory, for example: *cuscuz* and *virado* (Brazilian couscous-like preparations), *farofas* (seasoned manioc flour), and polenta. It is an alternative for people suffering from celiac disease, or for those on a gluten-free diet.

FARINE DE MAÏS EN FLOCONS

Elle est produite de manière artisanale, avec de grains de maïs sans le germen, laissés dans l'eau jusqu'au point de fermentation, triturés et tamisés sur une grille chaude pour friser (*encrespar*) et former les flocons. Cette farine épaisse peut être utilisée d'innombrables manières dans des recettes sucrées (gâteaux, pains et brioches) et salées (couscous, *farofas*, *virados*, polentas). Elle est une alternative pour les personnes coeliaques ou qui suivent une diète sans gluten.

FARINHA DE MILHO FLOCADA BRANCA

FLAKED WHITE CORN MEAL

Similar to *flaked corn meal*, but made with white corn kernels instead of yellow ones. The ingredient is sometimes sold as *farinha de acaçá*, because it is used to prepare a cake wrapped in banana leaves called **Acaçá** served as an offering in religious rituals of African origin.

FARINE DE MAÏS EN FLOCONS BLANCHE

Semblable à la farine en flocons faite avec des grains jaunes, mais produite à partir du maïs blanc. Cet ingrédient peut être également commercialisé comme "farine pour *araçá*", car elle est utilisée dans la préparation de la croquette de même nom, enveloppée dans une feuille de bananier et servie comme offre dans des rituels de religions d'origine africaine.

FARINHA DE PINHÃO

PARANA PINE NUT FLOUR

Parana pine nuts are seeds from the *Araucaria angustifolia* tree, also called Brazilian pine in English, which are colder climate trees found in the South region of Brazil and in the mountainous regions of São Paulo, Rio de Janeiro and Minas Gerais states. The flour is obtained from grinding the peeled, raw nuts and then toasting the resulting flour in the oven, at low temperature, to dry well. It can even be made at home. The product can then be used to prepare breads, cakes, pies, porridges and soufflés. It is high in proteins, calcium, iron, phosphorus, and vitamins A, B1, B2, B5 and C.

FARINE DE PIN

Des pins sont des graines de la (*Araucaria angustifolia*), arbre typique de climats froids, très pésente dans le Sud et dans les régions de montagne de São Paulo, de Rio de Janeiro et de Minas Gerais. On peut obtenir cette farine des fruits triturés et mis au four, à basse température, jusqu'au point où ils seront bien secs – on peut même en faire à la maison. Ensuite, elle peut être utilisée dans des recettes de pains, de gâteaux, de tartes, de polentas et de soufflés. Elle contient des protéines, du calcium, du fer, du phosphore et des vitamines A, B1, B2, B5 et C.

FARINHA DE PIRACUÍ

PIRACUÍ FLOUR

The steps for producing piracuí flour are similar to the ones used in the manufacturing of flaked corn or manioc flour. The difference is the raw material: fish such as *acari* and *tamuatá*, endemic to the rivers of the Amazon Basin. They are either cooked or baked, the bones are removed, and the flesh is shredded, and then toasted in a large pan, over a wood-fired stove, before being sifted. The production, which is artisanal, concentrates on the Manaus region, in the Amazon, and in Santarém, in Pará. High in protein, this flour can be eaten on its own or used as an ingredient in soups, fritters and *farofas* (seasoned manioc flour). Piracuí flour is one of the ingredients included in the *Arca do Gosto* (Ark of Taste), a Slow Food movement to popularize ingredients in danger of extinction.

FARINE DE PIRACUI

La production de *piracuí* suit des étapes qui ne sont pas très différentes du processus de fabrication des farines de maïs et de manioc. La différence est la matière première: des poissons tels le acari et le tamuatá, qui vivent dans les fleuves du Bassin Amazoniaque. Leur chair, après être cuite ou rôti, est séparée des arêtes et éffilée, est mise sur un plateau sur un feu à bois, jusqu'à être torréfié, et alors elle est tamisée. Cette activité artisanale se concentre dans la région de Manaus, dans l'état d'Amazonas et de Santarém, au Pará. Riche en protéines, cette farine peu être consommée pure ou comme ingrédient de soupes, de croquettes et de *farofas*. Le *piracuí* intègre l'Arca do Gosto, une initiative du mouvement Slow Food, pour diffuser les aliments qui sont en voie de disparition.

FARINHA DE TAPIOCA FLOCADA

PUFFED TAPIOCA FLAKES

When hydrated, this flour becomes the Brazilian natural thickener – more neutral than corn starch and having no aftertaste, it gives perfect texture to vinaigrettes and broths. In Bahia, where it is widely used, puffed tapioca flakes appear in at least two traditional recipes: the **Bolinho de estudante** (literally "student's donut"), a delicacy always present on the trays of *baianas do acarajé* (women who sell traditional food on the streets of Salvador), which mixes the ingredient with freshly shredded coconut, and a no-bake cake made with coconut milk, sometimes called **cuscuz de tapioca**. In the North region, it is commonly served with fresh puréed açai. It does not have the same uses as the industrialized flour sold in Brazil as "*tapioca*", which is in fact goma, i.e., hydrated manioc / tapioca starch.

FARINE DE TAPIOCA EN FLOCONS

Lorsqu'elle est hydratée, elle devient l'épaississant brésilien naturel, plus neutre et sans l'arrière-goût de l'amidon de maïs, elle offre des textures parfaites à des vinaigrettes et de bouillons. Dans l'état de Bahia, où son usage est très commun, les flocons apparaissent au moins dans deux recettes traditionnelles: la croquette de l'étudiant, un mets incontournable des plateaux des *baianas de acarajé* (les vendeuses des ces mets, habillées en tenues typiques), faite d'une pâte avec noix de coco râpée, et un gâteau qui n'est pas cuit au four, fait avec du lait de coco, parfois nommé cuscuz. Elle n'a pas la même utilisation de la farine industrialisée, vendue comme *tapioca* qui, en fait, est la gomme de manioc.

FARINHA DE TAPIOCA GRANULADA

INSTANT TAPIOCA GRANULES

Similarly to puffed tapioca flakes, it should not be confused with the manufactured product sold in Brazilian supermarkets as "*tapioca*", which is in fact goma (hydrated manioc / tapioca starch). The granules are tiny manioc pieces that are cooked on a flat, hot surface that coagulates them into couscous-like fragments, which are then passed through a sieve. The product is used in pudding recipes (*cuscuz de tapioca*), ice creams, cakes and porridges.

FARINE DE TAPIOCA GRANULÉE

De même que la farine en flocons, elle ne doit pas être confondue avec le produit industrialisé, vendu dans les supermarchés comme *tapioca*, qui en fait est la gomme de manioc hydratée. Ce type de farine granulée acquiert le format de petites boules lorsqu'elle est coagulée sur un plateau chaud avant d'être tamisée. Dans la région Nord, elle est une garniture commune pour l'*açaí* frappé. Elle est utilisée aussi dans des recettes de flans (cuscuz), de glaces, de gâteaux et de bouillies.

FARINHA DE TRIGO

ALL-PURPOSE / PLAIN FLOUR

Top produced cereal in the world, wheat can be ground into a fine, white flour that, in colonial Brazil, was known as "*farinha do reino*" (flour from the kingdom), as it was brought from Portugal. Today, domestic production is concentrated in Paraná and Rio Grande do Sul, but much of this product, ubiquitous in Brazilian kitchens, is still imported. It has a wide range of uses, from breaded products to a multitude of breads. A recipe widely used in Brazilian confectionery – another Portuguese heritage – is classic sponge cake, traditionally a simple mix of flour, sugar and eggs.

FARINE DE BLÉ

Il s'agit de la céréale la plus cultivée au monde. Elle donne origine à une farine blanche et fine qui était nommée au Brésil, à l'époque de la colonisation "farine du royaume", puisqu'elle venait du Portugal. Aujourd'hui, la production nationale se concentre au Paraná et au Rio Grande do Sul, mais une bonne partie de ce produit omniprésent dans les cuisines brésiliennes est encore importée. Elle peut être utilisée pour faire des plats panés, sans compter plusieurs types de pains. Une recette classique de la pâtisserie brésilienne – un autre héritage portugais – le **pão de ló**, un gâteau simple qui est préparé, de la façon traditionnelle, seulement avec de la farine de blé, du sucre, des oeufs.

FEIJÕES

BEANS

Excellent source of protein, beans are a major staple food for the Brazilian population. Within the enormous variety of beans, the Brazilian Ministry of Agriculture, Livestock and Food Supply considers two main species: *Phaseolus vulgaris*, which includes beans that are usually stewed, rendering a thicker broth, such as pinto and black beans; and *Vigna unguiculata*, generalized under the name *feijão-caupi* (cowpeas), with production concentrated in the North and Northeast regions and varieties such as black-eyed peas and manteiguinha beans. With 52% of the cultivated area, pinto beans are the most consumed in the country, unanimously. But it is the black beans that give life to the very Brazilian *Feijoada* (beans and meats stew).

FÈVES ET HARICOTS

Excellente source de protéines, le haricot est l'un des aliments de base du peuple brésilien. Parmi l'énorme variété de ce produit, le Ministério da Agricultura, Pecuária e Abastecimento considère deux espèces principales: la *Phaseolus vulgaris* qui inclut les grains qui en donnent du bouillon, tels le haricot *carioca* et le noir; la *Vigna unguiculata*, en général nommée "haricot *caupi*", dont la production est concentrée dans les régions Nord et Nord-Est et réunit des types de haricots tels le *fradinho* et le *manteiguinha*. 52% des plantations au Brésil sont des haricots *carioca*, le plus consommé du pays – mais c'est le haricot noir qui compose et donne de la vie à la très brésilienne *feijoada*.

FAVA-BRANCA

Phaseolus lunatus

LIMA BEANS

Also called butter beans, this legume is larger and broader than most beans, but can be prepared in the same ways. If dried, it should be soaked before being cooked. It also goes well with salads and mashes, and can be stewed with salt-cured or smoked meats. Despite their versatility, they are somewhat neglected in Brazilian cuisine, and should be used more often.

FÈVE BLANCHE

Elle a l'apparence d'un haricot, mais plus grande et peut être préparée de la même manière – de préférence, les grains doivent être déshydratés avant la cuisson. Elle se combine avec des salades, des purées et des plats cuits, comme accompagnement de viandes salées ou fumées. Malgré sa versatilité, on ne donne pas beaucoup d'importance à cette légumineuse, qui pourrait être utilisée davantage dans la cuisine brésilienne.

FAVA-MANTEIGA
Phaseolus lunatus

BABY LIMA BEANS
Also called Sieva lima / butter beans, dried baby lima beans can be prepared in the same way as regular beans. They are creamy and yield a flavorful broth. Very common in Ceará, it is a great source of protein. Preferably, dried beans should be soaked before being cooked.

FÈVE BEURRE
Lorsqu'elle est préparée de la même façon que les haricots, elle devient crémeuse et en donne un bouillon savoureux. Très courante au Ceará, elle est une excellente source de protéines. Ses grains doivent être, de préférence, déshydratés avant la cuisson.

FAVA-RAJADA-PRETA
Phaseolus lunatus

SPECKLED BUTTER BEANS
When dried, this variety of butter bean can be prepared in the same way as regular beans. Preferably, the beans should be soaked before being cooked. It also goes well in salads, mashes and stews.

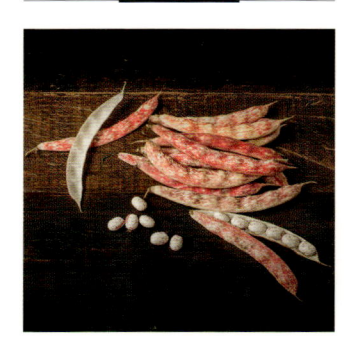

FAVA-RAJADA-ROSA
Phaseolus lunatus

DIXIE SPECKLED BUTTER PEA
When dried, this variety of butter beans can be prepared in the same way as regular beans. Preferably, the beans should be soaked before being cooked. It also goes well in salads, mashes and stews.

FÈVE TACHETÉE ROSE
Elle peut être préparée de la même façon que les haricots – de préférence les grains doivent être déshydratés avant la cuisson. Elle se combine très bien avec des salades, des purées et des plats cuits.

FÈVE TACHETÉE NOIRE
Elle peut être préparée de la même façon que les haricots – de préférence les grains doivent être déshydratés avant la cuisson. Elle se combine très bien avec des salades, des purées et des plats cuits.

FAVA-VERDE
Phaseolus lunatus

GREEN LIMA BEAN
When dried, this variety of butter / lima beans can be prepared in the same way as regular beans – and the beans shouldn't be soaked before being cooked. It also goes well in salads, mashes and stews.

FÈVE VERTE
Elle peut être préparée de la même façon que les haricots. Elle se combine très bien avec des salades, des purées et des plats cuits.

FAVA VERMELHA
Ilex paraguariensis

CHRISTMAS BUTTER BEANS
When dried, this variety of butter bean can be prepared in the same way as regular beans. Preferably, the beans should be soaked before being cooked. It also goes well in salads, mashes and stews.

FÈVE ROUGE
Elle peut être préparée de la même façon que les haricots – de préférence les grains doivent être déshydratés avant la cuisson. Elle se combine très bien avec des salades, des purées et des plats cuits.

FÉCULA DE ARARUTA

ARROWROOT STARCH
Porridges, cupcakes, cakes, cookies, custards and soups can be prepared with this ingredient. Arrowroot starch flour / powder has smaller granules than potato and tapioca starches, but it can be used to replace both, and has the advantage of being less sticky and, even when cooked for longer periods of time, it does not lose its thickening properties. It is also safe for people suffering from celiac disease. The extra fine powder has no odor or flavor, and is extracted from the rhizome of a plant *Maranta arundinaceae*, endemic to the tropical regions of South America. An endangered species in Brazil, the plant has been cultivated in small amounts in the Bahian Recôncavo and in Minas Gerais state.

FÉCULE D'ARARUTA
Des bouillies, des brioches, des gâteaux, des biscuits, des crèmes et des soupes peuvent être préparés avec cet ingrédient. Malgré le fait que la fécule d'araruta présente une granulation plus petite que celle de la pomme de terre ou celle du manioc, elle peut remplacer les deux produits et a encore des avantages sur eux: elle est moins gluante et, pendant une cuisson prolongée, elle ne devient pas très diluée. Elle peut être également consommée par les coeliaques. La fine poudre, qui possède l'odeur et le goût neutres, dérive du rhizome de l'*araruta*, une plante herbacée semblable au manioc et native des régions tropicales de l'Amérique du Sud. En voie de disparition, cette plante est produite en petites quantités dans la région du Recôncavo Baiano et à la province de Minas Gerais.

FÉCULA DE BATATA

POTATO STARCH
Starch commonly used as flour substitute, especially in gluten-free recipes. It can be used to prepare cakes, cookies, soups, sauces and even drinks. The thickening properties of this ingredient are more effective than any other starch, rendering a satin texture to sauces and creams. Potato starch products sold in Brazil are imported.

FÉCULE DE POMME DE TERRE
Il s'agit d'un type d'amidon très utilisé pour remplacer la farine de blé, surtout dans la création de recettes sans gluten. Des gâteaux, des biscuits, des soupes, des sauces et même des boissons peuvent être préparées avec la fécule de pomme de terre. Le pouvoir épaississant de cet ingrédient est plus grand que n'importe quel autre amidon et lorsqu'il est utilisé dans des sauces, on obtient une texture acétinée. La fécule de pomme de terre commercialisée au Brésil est importée.

FEIJÃO-BOLINHA
Phaseolus vulgaris

CANARY BEANS
Rounded, yellowish-green beans that have a soft texture. More consumed in the Southeast region, they go well in salads and soups. Also know in Portuguese as *feijão-canário* and *feijão-manteiga*.

HARICOT BOLINHA
Ayant des grains rond, jaune-verdâtre, à la texture tendre. Ce genre de haricots est consommé davantage dans la région Sud-Est dans des salades ou des soupes. Il est aussi nommé *feijão-canário* ou *feijão-manteiga*.

FEIJÃO-CARIOCA
Phaseolus vulgaris

PINTO BEANS
These beige beans with dark brown speckles are the most widely consumed across the country. When cooked, they become very creamy. Consumed on a daily basis, alongside rice, they are part of some emblematic dishes, such as **Virado Paulista** (rice, bean and manioc flour mush, sautéed collard greens, fried egg, pork chop, and sausage).

HARICOT CARIOCA
Phaseolus vulgaris
Beige, aux raies marron, il s´agit de la variété de haricots la plus consommée au Brésil. Cuits, les grains deviennnent crémeux. Ils sont servis le jour au jour avec du riz, et fait partie d´une des recettes les plus emblématiques, comme le **virado à paulista** (plat traditionnel de São Paulo, composé de haricots avec de la farine de manioc, carré de porc, saucisson, banane panée, chou poêlé et riz).

FEIJÃO-DE-METRO
Vigna unguiculata sesquipedalis

YARDLONG BEAN
Usually cultivated to be eaten as a green pod in other parts of the world, the beans are more popular in the North and Northeast regions. The pods can grow up to 35 inches long. The beans are used in salads, stews, soups, and served as a side dish.

HARICOT KILOMÈTRE
Sa plantation et sa consommation sont présentes dans les régions Nord et Nord-Est. Il produit des gousses de jusqu´à 90 centimètres. Il est utilisé dans des salades, des soupes, des plats poêlés ou comme accompagnement d´autres plats.

FEIJÃO-FRADINHO
Vigna unguiculata

BLACK-EYED PEAS
Light beige, with a distinctive black "eye", these beans were brought to Bahia by the Portuguese colonizers in the sixteenth century. Grown mainly in the North and Northeast regions, it is served as a side dish, used in salads, *farofas* (seasoned manioc flour), and to prepare **Baião de dois** (rice and black-eyed peas dish). Key ingredient in the preparation of **Acarajé** (black-eyed peas falafel-like fritter) and **Abará** (black-eyed peas mush cooked in banana leaves), traditional delicacies of Bahian cuisine.

HARICOT FRADINHO
Beige, avec un "nombril" caractéristique, il est arrivé dans l´état de Bahia à travers les colonisateurs portugais, au XVIe siècle. Cultivé principalement dans les régions Nord et Nord-Est, il est servi comme garniture dans des salades, des *farofas* et dans le **baião de dois**. Il est un ingrédient fondamental dans la préparation du **acarajé** et du **abará**, des mets traditionnels de la cuisine de Bahia.

FEIJÃO-GORGOTUBA
Phaseolus vulgaris

GORGOTUBA BEAN
Commonly found in fairs and farm markets in Acre, a state known for the abundance of bean varieties. Dark red or yellowish-beige, the beans can be served as a side for meats.

HARICOT GORGOTUBA
Il s´agit d´une variété très commune dans les marchés et dans les marchés en plein air de l´état d´Acre. Ayant une couleur plus foncée ou beige-jaunâtre, les grains peuvent être servis comme accompagnement des viandes.

FEIJÃO-GUANDU
Cajanus cajan

PIGEON PEA
These beans have strong personality and need to be parboiled (and the water discarded) before being used in recipes, or they will become bitter. They go well in salads, *farofas* (seasoned manioc starch), and stews, mixed with sausage and *carne-seca*. In São Paulo and in the interior of Bahia, it is called *feijão-andu*; in Rio de Janeiro and Espírito Santo, *feijão-guando*.

POIS D´ANGOLE
Il s´agit d´un genre de haricot qui a une personnalité forte. Pour ne pas être amer, il doit être cuit deux fois – l´eau de la première cuisson doit être jetée. Il s´accorde très bien avec des *farofas*, des ragoûts avec des saucissons et viande séchée. Dans la province de São Paulo et dans le *sertão* de Bahia, on le nomme *andu*; dans l´état de Rio de Janeiro et Espírito Santo, on le nomme *guando*.

FEIJÃO-MANGALÔ
Lablab purpureus

HYACINTH BEANS
Depending on how old the pods are, the color of these beans can vary from off-white to dark brown. After being soaked and cooked, the creamy beans can be used in several preparations, such as salads, stews and stir-fries.

LABLAB
Selon le dégré de maturation, ce haricot bicolore présente des couleurs blanc au marron foncé. Ces grains crémeux sont utilisés dans des plats variés tels les salades, les ragoûts ou des plats braisés.

FEIJÃO-MANTEIGA
Phaseolus lunatus

MANTEIGA BEANS
Elongated, light beige in color, these beans are velvety, mild and

creamy when cooked. It is used in soups, salads and mashes. Because of regional differences, other types of beans may be known as *manteiga* (literally "butter") – for example, of canary beans.

HARICOT DE LIMA
Plus long, ayant une couleur beige clair, il devient velouté, crémeux et tendre lorsqu´il est cuit. Il est utilisé dans des soupes, des salades et des purées. À cause de différences régionales, d´autres types de haricots peuvent être connus comme *feijão-manteiga* – par exemple, le *feijão-bolinha*.

FEIJÃO-MANTEIGUINHA
Vigna unguiculata

MANTEIGUINHA BEANS
With light-colored, firm and very small beans – only 0.2 inch long –, it is produced in the vicinity of Santarém, state of Pará. The cultivation of this species, which was slowly disappearing from the local tables, resumed in 2013, incentivized by Embrapa (Brazilian Agricultural Research Corporation). *Manteiguinha* is used in mashes, salads, **Baião de dois** (rice and beans dish) and **Tutu** (beans and manioc or flaked corn meal mush).

HARICOT MANTEIGUINHA
Ayant des grains clairs, fermes et très petits – seulement 05 centimètres – il est produit dans la région de Santarém, dans l´état du Pará. La plantation de cette espèce, qui avait disparu des tables locales, a été reprise en 2013, moyennant un accord avec la Embrapa (Empresa Brasileira de Agropecuária). Le haricot *manteiguinha* est utilisé dans la préparation de purées, des salades et de **baião de dois** et **tutus**.

FEIJÃO-MUDUBIM-DE-RAMA
Vigna unguiculata

MUDUBIM-DE-RAMA BEANS
Specialty of Acre, a state known for growing different varieties of beans. Similarly to *mudubim-de-vara* beans, they are used for salads, **Tutu** (beans and manioc or flaked corn meal mush), mashes and **Baião de dois** (rice and beans dish), among other recipes.

HARICOT MUDUBIM-DE-RAMA
Il s´agit d´une spécialité de l´état d´Acre, célèbre pour ses plantations de plusieurs types de haricots. Tout comme le *mudubim-de-vara*, il est utilisé dans la préparation de salades, de **tutu**, des purées et de **baião de dois**, entre autres recettes.

FEIJÃO-MUDUBIM-DE-VARA
Vigna unguiculata

MUDUBIM-DE-VARA BEANS
Some say this variety grown in Marechal Thaumaturgo, in Acre, is reminiscent of black-eyed peas. The beans are used in **Tutu** (beans and manioc or flaked corn meal mush), mashes and **Baião de dois** (rice and beans dish).

HARICOT MUDUBIM DE VARA
Il y en a ceux qui disent que cette variété cultivée à Marechal Thaumaturgo, dans l´état d´Acre, rappelle le haricot *fradinho*. Ces grains sont utilisés dans des recettes de salades, de **tutu**, de purées et de **baião de dois**.

FEIJÃO-PERUANO
Phaseolus vulgaris

PERUANO BEANS
Another variety produced in Acre, found in local markets and cultivated in Marechal Thaumaturgo, which is cut by the rivers Amônia, Tejo and Juruá. Once cooked, it can be served as a side for more strongly flavored meat dishes, or mashed.

HARICOT PÉRUVIEN
Encore une variété typique de l´état d´Acre, retrouvée dans les marchés locaux et produits dans la ville de Marechal Thaumaturgo, coupé par les fleuves Amônia, Tejo et Juruá. Cuit, il est utilisé comme garniture des viandes de gôut plus intense ou sous la forme de purée.

FEIJÃO-PRETO
Phaseolus vulgaris

BLACK BEANS
It is basically a symbol of Rio de Janeiro, where it appears next to rice on every-day dishes, and in the traditional local version of **Feijoada** (Brazilian beans and meat stew). With small and very creamy beans, it is also used in soups, broths and salads. Somewhat popular also in Espírito Santo, Paraná, Rio Grande do Sul and Santa Catarina.

HARICOT NOIR
Il s´agit d´un symbole de Rio de Janeiro, où i apparaît avec le riz blanc, dans les plats du jour au jour, et dans la recette de la traditionnelle **feijoada**. Petits et crémeux, les grains sont utilisés aussi dans la préparation de soupes, des bouillons et des salades. D´autres états qui en consomment beaucoup sont l´Espírito Santo, Paraná, Rio Grande do Sul et Santa Catarina.

FEIJÃO-QUARENTÃO
Vigna unguiculata

QUARENTÃO BEANS
This light-colored bean variety produced in Acre is also known as *feijão-de-praia*, because it grows in the floodplains of Juruá river and its tributaries, near Cruzeiro do Sul. It renders good mashes.

HARICOT QUARENTÃO
Ce type de grain clair produit dans l´état de l´Acre est toujours connu comme *feijão de praia* (em français, haricot de plage) car il pousse dans les marécages du fleuve Juruá et ses affluents, proche de Cruzeiro do Sul.

FEIJÃO-ROSINHA
Phaseolus vulgaris

ROSINHA BEANS
These small beans, mild in flavor and with a subtle reddish hue, produce a light-colored broth and retain well the flavor of spices and herbs, such as rosemary. More common in Goiás, Mato Grosso, Pará and São Paulo states.

HARICOT ROSINHA
Ayant de petits grains, au goûet léger et une subtile tonalité rougeâtre, ce haricots produisent un bouillon clair et retiennent plus le goût des condiments, tels le romarin. Plus communs dans les états de Goiàs, Mato Grosso, Pará et São Paulo.

FEIJÃO-ROXINHO
Phaseolus vulgaris

ROXINHO BEANS
Purplish-red like kidney beans, but smaller and creamier, this variety produces a tasty broth. It is found more often in fairs and markets of São Paulo and Minas Gerais, where it is commonly used to prepare **Feijão tropeiro** (beans and meats mixed with manioc flour and seasonings).

HARICOT ROXINHO
Ayant de petits et tendres grains rouge-violâtre, avec lesquels on peut en faire un bouillon délicieux. Il surgit avec plus de fréquence dans les marchés et marchés en plein airs de São Paulo et Minas Gerais, où il est commun d´être utilisé dans la traditionnelle recette de **haricot tropeiro** (des haricots mélangés avec de la farine de manioc, du lard, des oeufs, des saucissons, des oignons, de l´ail et d´autres condiments).

FEIJÃO-VERDE
Vigna unguiculata

FRESH BLACK-EYED PEAS
Produced in the Northeast, these are the fresh version of blacked-eyed peas, sometimes sold at fairs and farm markets still on their green-and-pink pods, to be shelled by hand. They can be served as an accompaniment, used in stews, salads, *farofas* (seasoned manioc flour) and in the traditional Northeastern **Baião de dois** (rice and beans dish).

FEIJÃO-VERDE
Produit dans la région du Nord-Est, il s´agit du *feijão-de-corda* avant de mûrir – parfois, il apparaît dans les marchés et marchés en plein air, encore dans des gousses coloriées, mi-vert, mi-rose, sans être battu. Servi comme garniture, dans des plats braisés, dans des salades, dans des *farofas* et dans le **baião de dois**, une recette traditionnelle du Nord-Est.

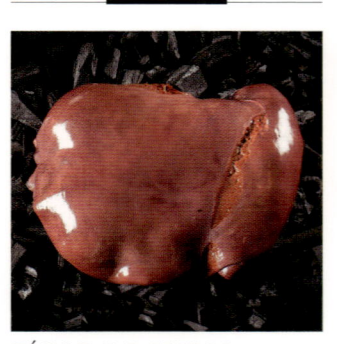

FÍGADO BOVINO

BEEF LIVER
Cut into strips (called "iscas", literally "fish baits") and sautéed with sliced onions, beef liver is a classic snack in *botecos* across the country, and a common dish in many homes. With a very soft, velvety texture, it goes well with tomato, potato and creamed vegetables, such as corn. It can also be prepared in steaks, and used in liver pâtés, often served as an appetizer in several restaurants in Brazil, alongside toasted sliced of bread. Nutritionists consider beef liver a superfood: it is high in vitamins, iron, and other beneficial nutrients.

FOIE DE BOEUF
Servi éffilé et avec beaucoup d´oignon, le foie de boeuf est un amuse bouche classique des bistrots dans tout le Brésil et un plat ordinaire dans beaucoup de maisons. Ayant une texture très tendre, qui rappelle une pâte, il s´accorde avec des tomates, des pommes de terre et des crèmes, comme celui de maïs. Il peut être utilisé sous la forme de steaks et d´un pâté, présent dans des hors-d´oeuvre de plusieurs restaurants, à côté du pain de des toasts. Des diététiciens considèrent le foie de boeuf un superaliment, car il est riche en vitamines, en fer et d´autres substances bénéfiques.

FÍGADO DE AVES

POULTRY LIVER
Chicken liver is similar in use to beef liver: it makes a perfect match with onions, can be transformed into pâtés, terrines or savory pies, and it also pairs well with polenta and rice. Goose or duck liver, called *foie gras*, is a traditional delicacy of French cuisine. The production and commercialization of *foie gras* was prohibited in São Paulo, in 2015, until a court decision is approved to allow it back into the market. Compared to goose, duck liver has a somewhat coarser texture and a more pronounced flavor. In Brazil, the production of poultry liver concentrates in the South.

FOIE DE VOLAILLES
Le foie de la poule possède des usages semblables à celui du boeuf: il s´accorde très bien avec des oignons, peut être transformé en pâtés, en terrines ou tartes et encore avec du riz et de la polenta. Le foie d´oie ou de canard baptisé de foie gras, un mets traditionnel de la cuisine française – qui a eu sa production et commercialisation interdites dans la ville de São Paulo, en 2015 jusqu´à une décision de la Justice autoriser la vente en caractère provisoire. Comparé à celui d´oie, le foie de canard a la texture un peu plus rustique et le goût un peu plus marquant. Au Brésil, la production de foie de volailles se concentre dans la région Sud.

FIGO
Ficus carica L.

FIG
Originally from the Mediterranean, the fig appears in culinary records dating back to ancient Greeks and Romans. In Brazil, it arrived with the Portuguese colonizers in the sixteenth century. The skin in different varieties goes from green to purplish-black, all of them have soft and delicate flesh, which can be enjoyed both in sweet or savory preparations: in salads, bruschettas, alongside prosciutto and goat cheese, in sauces and pies. Two traditional recipes in Brazil are the candied green figs and the compote consisting of green figs poached in heavy sugar syrup, prepared in large copper pots (called *tachos*) in several country cities throughout Brazil. The major producing states are Rio Grande do Sul, Santa Catarina, Minas Gerais and São Paulo; the season runs from December to April.

FIGUE
Originaire de la région méditerranéenne, la figue apparaît en registres culinaires qui remontent au temps des anciens Grecs et Romains – au Brésil, elle est arrivée avec les colonisateurs portugais, au XVIe siècle. Ayant une peau dont les couleurs varient du vert au violet, une pulpe tendre et délicate, ce fruit peur être apprécié dans des recettes sucrées ou salées: des salades, comme couverture de bruschettas avec du jambon cru et du fromage de chèvre, dans des sauces et des tartes. Deux recettes traditionnelles sont les figues cristallisées avec du sucre et la compote faite avec le fruit encore vert, préparés dans des grandes casseroles en diverses villes dans le tout le pays. Les principaux états producteurs sont Rio Grande do Sul, Santa Catarina, Minas Gerais e São Paulo; la récolte a lieu de décembre à avril.

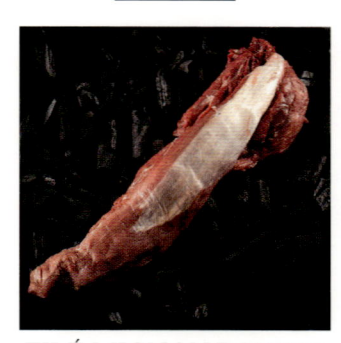

FILÉ-MIGNON BOVINO

BEEF TENDERLOIN
It is one of the most valued beef cuts in Brazil – the expression "*filé mignon*" is even used in colloquial Portuguese to refer to anything of "the best possible quality". Because beef tenderloin is lean and tender, it should be grilled or barbecued very carefully, always at a very high temperature, and just until it is pink inside. In the kitchen, it can

be prepared in several ways: in addition to juicy steaks, fillet mignon renders roast beefs, stroganoff, carpaccio, scallops (very thin steaks) and steak "alla parmigiana" (breaded and deep fried, covered with tomato sauce and cheese). On the menu of *botecos* across the country, it is commonly listed among the appetizers as *Iscas de Filé*, i.e., grilled and cut into strips.

FILET
Il s´agit d´une des pièces de viande les plus valorisées de la table brésilienne – son nom en portugais indique même une expression récurrente qui signifie "ce qui est de la meilleure qualité". Le fait d´être maigre et tendre, doit être apportée à la grille avec atttention, toujours en température très élevée, jusqu´à ce qu´elle reste simplement rosée. Dans la cuisine, on varie les préparations: en plus de steaks juteux, on produit des rostbeefs, des stronoffs, des carpaccios, des paillards et des filets à parmigiana. Dans les cartes de bistrots dans tout le pays, il est commun apparaître, parmi les amuses bouches, une assiette avec des filets coupés en fines lamelles grillées.

FILÉ-MIGNON SUÍNO

PORK TENDERLOIN
Same cut as beef filet mignon, but from pork – both come from the same part of the animal and have the same format. It is a lean cut with basically no fat, yet tender and juicy. Whole or cut into thick slices, it is usually roasted, braised, grilled in a skillet or barbecued. Diced, it can be used to prepare a variation of stroganoff.

POINTE DE PORC
Il correspond, au porc, au filet mignon de boeuf – les deux coupes sont retirées de la même place et ont le même format. Ils ne possèdent pas beaucoup de graisse superficielle et par conséquent, plus maigre, mais tendre et juteux. Entier ou coupé en médaillons, il peut être cuit, rôti, scellé au poêle ou grillé. Sous la forme de cubes, il peut devenir du strogonoff.

FILHOTE
Brachyplathystoma filamentosum

GOLIATH CATFISH
Freshwater fish, goliath catfish is found in the Amazon Basin and can only be called *filhote* (literally "young offspring") when its weighs less 110 pounds. Adult fish, which are heavier than that, are called *piraíba* in Portuguese. They can reach 10 feet in length and weigh up to 330 pounds. Goliath catfish has a firm flesh with delicate flavor, which can be used for several preparation methods: roasting, frying, grilling, stewing and braising. Trying this fish in all sorts of dishes is a privilege of those who live in the North region of Brazil, as the fish is not easily found in other markets around the country. Because of the spawning season, fishing is prohibited from November to March.

FILHOTE
Poisson d´eau douce, le *filhote* (petit) nage dans la Bacia Amazônica et ne peut nommé ainsi que lorsqu´il ne pèse pas plus de cinquante kilos. Au-dessus de là, il devient adulte et reçoit le nom de *piraiba*. Intégrant de la famille des poissons-chat, il peut atteindre 3 mètres de long et peser 150 kilos. Sa chair ferme et le goût délicat du *filhote* permettent la préparation de plusieurs recettes: rôti, frit, grillé ou dans des assortiments de fruit de mer et *moquecas* (genre de bouillabaisse). En goûter dans ses formes variées est un privilège de ceux qui habitent au Nord du Brésil, puisque dans les marchés des autres régions il n´apparaît pas fréquemment. À cause de la période du frai, la pêche est interdite de novembre à mars.

FLOCÃO DE ARROZ

FLAKED RICE FLOUR
Coarse rice flour with large "flakes" (similar to flaked corn meal and flaked manioc flour), it is used to prepare a regional version of the Northeastern *Cuscuz* (usually prepared with quick corn grits) – a breakfast staple in Maranhão and Piauí. Moistened and steamed, this plain, molded couscous can be served with several side dishes, such as coconut milk, fried egg, goat, and chicken.

FLOCON DE RIZ
Genre de farine épaisse en flocon utilisé pour faire du couscous, une partie du petit déjeuner de base dans les états du Maranhão et du Piauí. Hydraté et cuit, le **couscous** de flocon de riz est servi comme garniture très variés tels le lait de coco, des oeufs frits, de la viande de bouc ou de poule.

FLOCÃO DE MILHO

FLAKED QUICK GRITS
Like quick grits and flaked rice flour, this precooked corn meal/flour of coraser texture is used to make Northeastern *Cuscuz*, a cake-like preparation served for breakfast in several states of the region, such as Maranhão. It is usually steamed in a special pan called *cuscuzeira*, which gives the final product a characteristic shape. Hydrated, it can be used instead of manioc flour to make a good *farofa*.

FLOCON DE MAÏS
Tout comme le flocon de riz, cette farine en flocon est utilisée dans la préparation du **couscous** servi au petit déjeuner en diverses parties du Nord-Est, telle le Maranhão. Il est, en général, cuit dans une casserole spéciale, la *cuscuzeira*, qui laisse la croquette dans un format caractéristique. Hydraté et braisé, il devient une bonne *farofa*.

FORMIGA MANIUARA
Atta spp.

MANIUARA ANT
It may sound unusual, but eating ants is not a habit despised by Brazilians: in his book *Cozinha do arco-da-velha* (Unbelievable Cooking Traditions), journalist Odylo Costa Jr. compiled reports of historians and travelers who, since the sixteenth century, have registered the snack being served in São Paulo, Minas Gerais, Bahia, Pernambuco, Maranhão, Amazonas and Espírito Santo. For Professor and essayist Eduardo Frieiro, author of *Feijão, angu e couve* (Beans, Polenta and Collard Greens), "this is probably an invention of native Indians," and to this day the Baniwa community of São Gabriel da Cachoeira, in the Amazon, eats *maniuara* ants pounded in a mortar with manioc flour and pepper, or mixed with black tucupi. Fish broths and *farofas* (seasoned manioc flour) with the insect are also common in local restaurants.

FOURMI MANIUARA
Il peut paraître bizarre, mais manger des fourmis n´est pas une habitude méprisée par les Brésiliens: dans son livre *Cozinha do arco-da-velha*, le journaliste Odylo Costa, filho, compile des récits d´historiens et voyageurs qui, depuis le XVIe siècle, ont trouvé cet amuse-bouche servi à São Paulo, Minas Gerais, Bahia, Pernanbuco, Maranhão, Amazonas e Espírito Santo. Pour le professeur et essayiste Eduardo Frieiro, auteur du livre *Feijão, angu e couve*, "il s´agit

porbablement d'une invention des Indiens", et même jusqu'à aujourd'hui la communauté Baniwa de São Gabriel da Cachoeira, en Amazonie, consomme la fourmi *maniuara* entassée dans le moulin, avec de la farine de manioc et piment, ou mélangée au *tucupi* noir. Des bouillons de poissons ou *farofas* avec cet ingrédient sont aussi communs dans des restaurants locaux.

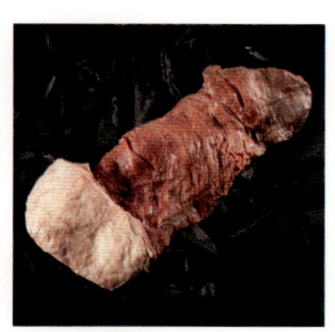

FRALDINHA

FRALDINHA
Located between the end of the ribs and the hind leg of the animal (similar to flank steak), it is one of the tastiest beef cuts. It weighs up to 2.2 lb. and has a visible piece of fat at one end. Versatile, *fraldinha* can be grilled, braised in a pan or skillet, or barbecued over hot coals – the preparation method of choice among Brazilians. It should be always cut against the grain, or it can become very tough. In the South region, as well as in neighbor countries Argentina and Uruguay, this beef cut is called *vazio* (*vacío* in Spanish, literally "empty").

BAVETTE D´ALOYAU
Situé entre la pointe de la côte et la jambe derrière du boeuf, cette coupe de boeuf est l'une des plus savoureuses. Elle pèse jusqu'à 1 kilo et possède un morceau de graisse apparente dans l'extrémité. Versatile, la bavette peut être préparée grillée, dans la casserole ou en steaks, mais la méthode préférée des Brésiliens est sous la forme de barbecue. Elle doit être coupée dans le sens transversal à celui des fibres, sinon, on risque qu'elle endurcisse. Dans la région Sud, de même en Argentine et en Uruguay, cette pièce est connue comme *vazio* ou *vacío*.

FRANGO
Gallus gallus domesticus

CHICKEN
Chicken with okra, chicken cooked in its own blood, roasted chicken, double-crusted chicken pot pie, *Coxinha* (mock chicken drumsticks)... The list of classic Brazilian recipes that have chicken as their main ingredient can be endless. Brought to Brazil by the Portuguese in their caravels, the chicken – easy to care for and to slaughter, and cheap, compared to other meats – became one of the most widespread livestock in the country. The bird can be used for food in almost its entirety: head, neck and feet are used in broths and soups; thighs, drumsticks and wings, which are very tasty, can be cooked in the oven or on the stove; the breast is a top choice for healthy eating and can be grilled, cooked and shredded to make fillings and salads; and the giblets – heart, liver, and gizzard – are great both in snacks and main dishes.

POULET
Du poulet avec du gombo, du poulet à la sauce *pardo*, poulet rôti, dans des *empadão* (genre de tarte) et des ***coxinha*** (genre de chausson frit)... La liste de recettes brésiliennes classiques qui font de cette volaille son principal ingrédient peut être interminable. Apporté dans les bateaux des Portugais à l'époque de la colonisation, le poulet – facile d'élever, d'abattre, et moins cher par rapport à d'autres viandes – est devenu l'un des animaux d'élevage les plus courants au Brésil. On en profite tout: la tête, le cou et les pattes sont utilisés dans des bouillons; les cuisses et les contre cuisses, très savoureuses, peuvent être rôties ou cuites; le blanc, une référence en tant qu'aliment sain, apparaît dans d'innombrables plats grillés, dans des salades et est également utilisé pour farcir d'autres plats; et enfin, les abats, tels le coeur, le foie et le gésier composent d'excellents amuse bouches et d'entrées.

FRUTA-DO-CONDE
Annona squamosa L.

SUGAR-APPLE
Also called sweetsop, this conic fruit with light-green, knobby and thick rind can be opened effortlessly when the fruit is ripe, to reveal a soft, custardy, sweet, and fragrant pulp. It is mainly eaten fresh, but ice creams, smoothies and mousses are also appreciated. The names vary in Brazil, depending on region: *araticum*, in Rio Grande do Sul; *ata* in the North and Northeast regions; *pinha*, in Bahia, where this fruit originated in tropical America was first cultivated, in 1626, by Conde de Miranda.

ATTIER
À l'intérieur de son écorce verte, que l'on ouvre sans effort lorsque ce fruit est mûr, il y a une pulpe tendre et crémeuse, douce et parfumée. La manière de consommation la plus courante est *in natura*, mais des glaces, des jus et des mousses en font beaucoup de succès. Les noms varient en fonction de la région: *araticum*, au Rio Grande do Sul; *ata*, dans les régions Nord et Nord-Est; *pinha*, dans l'état de Bahia, où le fruit, originaire de l'Amérique tropicale a commencé à être cultivé en 1626, avec l'iniciative du Comte de Miranda, d'où le nom en portugais, *fruta do conde*, en français "le fruit du comte".

FRUTA-PÃO
Artocarpus incisa L.

BREADFRUIT
Cut into pieces, boiled and still warm, it is served for breakfast with butter, honey or molasses in various places in the North and Northeast region. As the name denotes, the fruit can actually replace bread. When ripe, the light-colored, mealy pulp, with high starch content, becomes sweeter. For home consumption, however, popular wisdom recommends that the fruit is harvested "*de vez*" (slightly under-ripen), and then boiled, fried or roasted. It can also be used in soups, desserts, and to make porridge, with coconut milk.

ARBRE À PAIN
En morceaux, cuite et encore toute chaude, l'arbre à pain est servi avec du beurre, du miel ou de la mélasse au petit déjeuner dans plusieurs endroits des régions Nord et Nord-Est – comme le nom l'indique, ce fruit peut en effet remplacer le pain. Lorqu'il est mûr, la pulpe claire et farinacée, riche en amidon, est encore plus douceâtre. Cependant, pour la consommation à la maison, la sagesse populaire suggère que ce fruit soit "*de vez*" un peu avant mûrir et qu'il soit cuit, frit ou rôti. Il entre aussi dans la préparation des soupes, des confits et des bouillies avec du lait de coco.

FUBÁ

CORN FLOUR / CORNMEAL (U.S.)
Essential ingredient for the preparation of *angu*, a traditional dish of Minas Gerais and São Paulo: the Brazilian version of Italian polenta. By the way, the product is sometimes referred to as polenta flour. It is also used to make *broas* (cornmeal cream puffs) and breads, among other savory ad sweet preparations from all over Brazil. Consisting of ground, dry corn kernels, regular *fubá* has particles measuring about 0.2 mm in diameter. *Fubá mimoso* variety, similar to corn flour (U.S., fine maize flour in U.K.), has an even finer texture. Both can be used to bread foods for frying, adding a crisp, golden exterior to them. When added to broths and soups, it imparts thickness, sustenance and flavor. Among the baking goods prepared with it is the **Bolo de Fubá**, Brazilian-style sweet corn cake with fennel seeds, delicious

with coffee in the late afternoon.

FUBÁ
Ingrédient indispensable dans la préparation du angu, plat typique de Minas Gerais et de l'état de São Paulo, qui serait une version nationale de la polenta italienne, cette farine, d'ailleurs, est nommée parfois de polenta. Avec elle on fait également des brioches et des pains, parmi d'autres recettes salées et sucrées présentes aux tables du Brési entierl. Dérivé des graines de ma¨s moulus, le *fubá* a des particules qui mésurent autour de 0,2 millimètres de diamètre. Avec un granulation encore plus fine, il reçoit le nom de *fubá mimoso*. Tous les deux peuvent être utilisés pour paner ou laisser la friture toute sèche et dorée. Lorsqu'il est ajouté à des bouillons et des soupes, il les épaissit, en donnant de la consistance et du goût. Parmi les mets sucrés, il y a le **gâteau de fubá avec de l'anis**, délicieux pour manger avec un petit café à la fin de l'après-midi.

FUBÁ BRANCO

WHITE CORNMEAL / CORN (U.S.)
Produced from a variety of white corn, this type of meal / flour has more delicate flavor than the yellow product. It is commonly used to prepare polenta, but it is also good in cakes, breads, porridges and soups. One should carefully read the label of industrialized products before buying, as the term *fubá branco* can also refer, in some cases, to rice flour.

FUBÁ BLANC
Produit à partir d'une variété de maïs blanc, ce type de *fubá* possède un goût plus délicat que le jaune. En plus de la polenta, la recette où son usage est plus récurrent, il s'adapte très bien à des recettes de gâteaux, des pains, des bouillies et des soupes. Il faut être attentif à l'étiquette du produit industrialisé, car, dans certains cas, le terme *fubá* est utilisé aussi pour désigner la farine de riz.

GALINHA CAIPIRA
Gallus gallus domesticus

FREE-RANGE CHICKEN
Caipira (literally "from the countryside") is the classification used to designate a free-range chicken raised naturally, that is, not fed on industrialized food, but on grains and vegetables, and not receiving any hormones to force its weight gain. It is believed that the way animals are raised and the food they eat influence the quality of their meat, which is healthier and tastier. For the same reasons, free-range eggs are also more valued in the market. In the classic Brazilian recipe **Galinhada**, a traditional country-side dish, the bird is braised slowly with tomatoes, onion, rice and *cheiro-verde* (chopped flat-leaf parsley and green onions / scallion).

POULE FERMIÈRE
Il s'agit du nom donné à la poule élevée librement dans un morceau de terre et qui ne se nourrit pas de rations industrialisées, mais des grains et des verdures – et ne prennent pas non plus d'hormones pour gagner du poids. On croit que le type d'élevage et d'alimentation de ces animaux ont une influence sur la qualité de la viande, plus saine et savoureuse. Pour les mêmes raisons, les oeufs sont aussi plus valorisés dans le marché. Dans la recette classique de **galinhada** un plat traditionnel de la campagne, cette volaille est cuite lentement avec des tomates, des oignons, du riz, et du *cheiro verde* (du persil, de la ciboulle et de la coriandre).

GARIROBA
Syagrus oleracea

BITTER COCONUT PALM
Without the hearts of this palm tree native to the Brazilian savannah, the Cerrado, bitter and firmer in texture, there would be no filling for the **Empadão goiano** (Goiás Savory Pie), which also features chicken, peas, cheese and pork sausage. Also called *gariroba* and *palmito-amargoso*, among other names, it is used to complement everyday meals, especially in Goiás and Minas Gerais, adding flavor to salads. It is also the star ingredient in a rice dish from Mato Grosso do Sul. But sourcing this ingredient is not that simple, as this palm tree is currently listed by Ibama (Brazilian Institute of Environment and Renewable Natural Resources) as a vulnerable species, which imposes a series of standards that have to be met when cultivating and extracting bitter coconut palm.

GARIROBA
Sans ce coeur de palmier amer et de texture ferme, natif du Brésil et typique des régions du Cerrado, il n´existe pas de farce possible pour le *empadão goiano*, tarte composée de poulet, des petits pois, de fromage et de saucisson. Braisé, le *gariroba* – ou *guariroba* – est un composant des recettes du jour au jour, principalement dans l´état de Goiás et Minas Gerais. Il donne du goût à des salades et assaisonne un riz typique du Mato Grosso do Sul. Pourtant, exploiter ce palmier n´est pas si simple: le Ibama (Instituto Brasileiro do Meio Ambiente e dos Recursos Naturais Renováveis) considère cette espèce vulnérable et pour cela, détermine une série de règles pour la plantation e extraction du coeur de palmier.

GAROUPA
Epinephelus marginatus e Epinephelus morio

GROUPER
With characteristics similar to flounder and snook – white flesh, tender and flavorful – grouper works perfectly in several preparations. It can be roasted in the oven with shrimp and potatoes, it renders a great **moqueca** (fish stew), and it is a good addition to broths and soups. Since December 2014, two species of grouper, dusky grouper (*Epinephelus marginatus*) and red grouper (*Epinephelus morio*), were added to a list of endangered species created by the Brazilian Environment Ministry. Because they are considered "Vulnerable", these grouper varieties should be fished following the sustainability standards.

MÉROU BRUN
Ayant des qualités semblables à celles des poissons tels le cardeau et le bar – chair blanche, copieuse, tendre et savoureuse -, le mérou blanc s'accorde très bien avec des préparatiions diverses. Il peut être rôti avec des crevetttes et des pommes de terre, on peut faire une excellente ***moqueca*** (genre de bouillabaisse) et de bouillons ou des soupes consistantes. Depuis décembre 2014, deux espèces de mérou (*Epinephelus marginatus* et *Epinephelus morio*) font partie d'une liste élaborée par le Ministério do Meio Ambiente avec des animaux en voie de disparition. Comme ils s'insèrent dans la catégorie "vulnérable", ils doivent être pêchés selon les règles durables.

281

GENGIBRE
Zingiber officinale

GINGER
It is possible that ginger has entered Brazil by the hand of Portuguese colonizers. Originally from Asia, this root has a strong, spicy flavor that never goes unnoticed. Grated fresh, it can be added to soups and broths, and used to flavor salad dressings, cakes and cookies. In Caçapava region of São Paulo

state, a popular confection called **Taiada** is handmade with sugarcane juice, ginger and manioc flour. Giger is also an essential ingredient of **Quentão**, a traditional hot drink served at Festas Juninas (June Festivities) consisting of ginger boiled with caramelized sugar cloves and cinnamon sticks and mixed with *cachaça*. The top producer in the country is Espírito Santo.

GENGIMBRE
Il est possible que le gengimbre soit arrivé au Brésil à travers les colonisateurs portugais. D'origine asiatique, cette racine a un goût fort et piquant qui ne passe jamais inaperçu. *In natura* et râpée, elle entre dans la composition de soupes et de bouillons et sert également comme condiment de salades, apparaît dans des gâteaux et dans des biscuits et intègre la **taiada**, un confit artisanal fait du jus de canne-à-sucre, du gengimbre et de la farine de manioc, très populaire de la région de Caçapava, ville de l'état de São Paulo. Il est aussi un ingrédient fondamental du **quentão**, une boisson typique des fêtes de Saint Jean, qui combine de la *cachaça*, du sucre et de la cannelle. La plus grande production se situe dans l'état de l'Espírito Santo.

GILA
Cucurbita ficifolia Bouché

MALABAR GOURD
A relative of pumpkin and watermelon, and similar in appearance to the latter, this vegetable has white pulp and black seeds. It has to be peeled, cooked and shredded before eaten. Brought to Brazil by Portuguese immigrants, it adapted well to the cold, mountain climate of the South region, where is used is sweet and savory dishes, such as salads and fillings to stuff fish, pies and **pastéis** (Brazilian fried turnovers made with wonton-like wraps). In Bom Jesus, Rio Grande do Sul state, an annual festival – usually in July – celebrates the harvest with homemade products including chocolates, jelly rolls, candies, cakes, and candied sweets made with Malabar gourd. Fun fact: cultivating this gourd is very easy. In Bom Jesus, one can just throw the seeds on the ground and wait for the fruits.

COURGE DU SIAM
Voisine de la courge et de la pastèque, à laquelle elle se ressemble dans l'apparence, elle possède la pulpe blanche avec des graines noires. Avant la consommation, elle doit être pelée, cuite et alors éffilée. Apportée au Brésil par des immigrants portugais, elle s'est adaptée très bien au climat froid et montagneux de la région Sud, où on l'utilise pour faire des plats sucrés et salés, tels les salades et farcir des poissons, des *empadas* (genre de chausson fourré) et des beignets. Dans la ville de Bom Jesus, au Rio Grande do Sul, une fête annuelle célèbre la récolte avec une foire des produits faits maison et de l'artisanat – en général en juillet – y compris des bonbons au chocolat, des gâteaux roulés, des *rapaduras*, des gâteaux et des confiseries cristallisées. Une curiosité: la courge du Siam n'exige pas beaucoup d'effort pour être cultivée. À Bom Jesus, il suffit de jeter les graines par terre et attendre que les fruits surgissent.

GOIABA
Psidium guajava L.

GUAVA
"There are sweets with a large number of admirers not only in one region, but in a whole country," says Brazilian sociologist Gilberto Freyre in his book *Açúcar* (Sugar). "One of them, in Brazil, is made with coconut; the other, with guava." Native to tropical America and spread throughout Brazilian territory, the guava trees bear fruits of intense perfume, rough skin and red or white pulp, which can be used not only to prepare compotes, preserves and pastes – used to fill cookies, jelly rolls and pies – but also in juices, jams and sauces. And finally, the perfect wedding of tastes: guava and cheese, or **Romeu e Julieta** ("Romeo and Juliet"), a "deliciously Brazilian combination", according to Freyre. The fruit is harvested year round in irrigated areas of the Northeast; the region of Ribeirao Preto, in São Paulo, is a leading producer in the country.

GOYAVE
"Il y a des confits avec un grand nombre d'admirateurs non seuleument dans une région comme dans un pays entier", affirme le sociologue Gilberto Freire, dans le livre *Açúcar*. "Le confit de coco en est un, au Brésil. Celui de goyave en est un autre." Originaires de l'Amérique tropicale et présents dans notre territoire entier, les goyaviers fournissent des fruits au parfum intense, une peau rugueuse et une pulpe rouge ou blanche dont on prépare non seulement sous la forme de confit, aux morceaux ou pâtée – on peut en farcir de petits biscuits, de gâteaux roulés et de tartes – mais également l'utiliser dans des jus, des confitures et des sauces. Enfin, le mariage parfait: confit de goyave avec du fromage, le "roméo et juliette", combinaison qui, selon Freyre, se montre "savoureusement brésilienne". Il s'agit d'un fruit qui pousse toute l'année, dans des surfaces irriguées du Nord-Est; la région de Ribeirão Preto, dans l'état de São Paulo étant parmi les principales régions productrices.

GOMA

GOMA
In many parts of Brazil, this byproduct of cassava is known as *tapioca*, which also gives name to one of the most popular preparations made with it. In the dry form, it is commercialized with other names, such as *polvilho doce* (tapioca flour or manioc starch in English). Manioc roots are peeled, grated, rinsed and then squeezed. The resulting liquid is left to rest so the starch settles at the bottom, and the liquid collected at the surface is discarded. This is the *goma*, which can then be dried and sifted to be used in recipes for cakes, cookies, rolls, and especially to make **Tapioca**, a crepe-like delicacy always present at the Brazilian table. Brazilian author Luís da Câmara Cascudo, in his *História da Alimentação no Brasil* (History of Food in Brazil), testifies: "Tapioca made with *goma*, flat and slightly thick, with butter and coffee, early breakfast, old-times supper of ancient and quiet Brazil, under the light of sentimental kerosene lamps."

GOMME
Dans diverses parties du pays, ce sousporduit du manioc est connu comme *tapioca*, nom d'une des ses préparations les plus célèbres. Il y a également d'autres noms: *polvilho doce*, fécule ou amidon de manioc. Après être râpée et lavée, la racine est pressée et le liquide qui en résulte doit être au repos pour que l'amidon se dépose sur le fond du récipient – en voici la gomme qui doit être tamisée lorsqu'elle est sèche, et utilisé dans des recettes de gâteaux, de biscuits secs, de pains et, évidemment, dans la tapioca, un mets toujours présent à la table des Brésiliens. Celui qui l'affirme est Luís da Câmara Cascudo, dans son *História da alimentação no Brasil*: "Tapioca de gomme, plate, demi-épaisse, avec du beurre et du café, petit déjeuner, un vieux repas de l'ancien et tranquille Brésil, à la lumière de lampes à kérosène sentimentales."

GRAVIOLA
Annona muricata L.

SOURSOP
Every care must be taken on harvesting this fruit: if it is too green, the taste is affected; if too ripen, the weight (2 to 9 lb.) makes it fall flat on the ground. At the peak of ripeness, however, this prickly green fruit – the short

thorns are in fact soft – has white pulp with plenty of black seeds, and several applications in the kitchen: juices, custards, jams, mousses, liqueurs, ice creams and pie fillings. In the North and Northeast regions, it is fried, boiled, and roasted while still unripe, as if it was a vegetable. Prickly custard apple, Brazilian paw-paw, soursap and graviola are other names of this fruit in English. In Brazil, the Northeast region leads the production.

COROSSOL
Il faut toute l´attention à la récolte du corossol: s´il est très vert, le goût change, trop mûr, son poids (1 à 4 kilos) le fait s´écraser par terre. Dans le bon point, ce fruit à la peau verte et d´apparence épineuse – en fait, ses pointes courtes sont molles – founit un pulpe blanche, pleine de graines noires, d´utilisation culinaire variée: des jus, des flans, des confitures, des mousses, des liqueurs, des glaces ou pour farcir des tartes sucrées; dans les régions Nord et Nord-Est du Brésil, lorsqu´il est encore vert, il peut être frit, cuit ou rôti, tout comme des légumes. *Anona de espinho*, *araticum grande*, *araticum manso*, *condessa*, *coração de rainha*, *jaca-de-pobre* et *jaca-do-pará* sont d´autres noms selon lequels le corossol est connu. Au Brésil, la région Nord-Est est celle qui en produit davantage.

GRUMIXAMA
Eugenia brasiliensis

BRAZILIAN CHERRY
In size and color, it looks like a cherry, but with tiny leaves coming out of the bottom; the taste is closer to Surinam cherry and uvalha, both also members of the genus *Eugenia*. Native to the Atlantic rainforest, with whitish, juicy, and sweet pulp that has a lightly acidic touch, it is good to be eaten fresh. Found in the remaining rainforest regions that go from Santa Catarina to Bahia, the trees bear fruits between November and February. In folk medicine, an infusion made with the Brazilian cherry tree leaves or bark is used to fight rheumatism.

CERISE DU BRÉSIL
Dans son apparence, ce fruit rappelle une cerise des feuilles minuscules; en ce qui concerne le goût, il est plutôt semblable à la *pitanga* et à l´*uvaia*, les deux appartenants au genre *Eugenia*. Natif de la Forêt Atlantique, à la pulpe claire, juteuse et douce, avec une légère touche acide, il est très bon pour être consommé *in natura*. Présent dans la région de Santa Catarina à Bahia, la récolte a lieu entre novembre et février. Dans la médicine populaire, l´infusion des feuilles ou de l´écorce du cerisier du Brésil est utilisée pour soigner le rhumatisme.

GUAIAMUM
Cardisoma guanhumi

BLUE LAND CRAB
bluish crab measuring about 10 cm is a traditional delicacy in states such as Alagoas, Bahia, Paraíba, Pernambuco, and Sergipe, where it is served with *pirão* (fish broth and manioc flour mush) or cooked in a coconut sauce. The consumption of this crab, however, is scheduled to end: a decree published by the Brazilian Ministry of Environment in June 2015 banned the catching and marketing of this crustacean starting December 2015, because the species is in serious danger of extinction. Restaurants, breeding sites and fish markets that still have blue land crabs in stock may sell them until the end of 2016.

CRABE DE TERRE COMMUN
Habitant des marécages du littoral des régions Nord-Est et Sud-Est, ce crabe à la carapace bleuâtre, mesurant autour de 10 centimètres, constitue un plat typique des états tels Alagoas, Bahia, Paraíba, Pernambuco et Sergipe, où il est servi avec du *pirão* (bouillon de farine de manioc) ou à la sauce de coco. Toutefois, sa consommation finira dans une date précise: le Ministério do Meio Ambiente a publié une règle en juin 2015, où il sera interdit la capture et la commerce de ce crustacé à partir de décembre 2015, car il s´agit d´une espèce qui est sérieusement en voie de disparition. Des restaurants, des poissonneries ou des éleveurs qui possèdent cet animal en stock, pourront le vendre jusqu´à la fin de 2016.

GUARANÁ
Paullinia cupana Kunth

GUARANA
The seeds of this plant native to the Brazilian Amazon, mainly used in the manufacture of soft and energy drinks, can also be found in Brazilian markets in the form of sticks or syrup. Cultivation became a tradition among the Sateré-Mawé Indians of the Amazon. According to their legend, their people are "sons and daughters of the guarana". Although closely linked to the Amazon region, the fruit is more cultivated in Bahia, which accounts for half of the national production. Highly stimulating, guarana may have more caffeine than coffee or tea, depending on how it is processed.

GUARANÁ
Les grains de cette plante originaire de l´Amazonie brésilienne – utilisés principalement dans la fabrication de **sodas** et des **boissons énergétiques** – sont commercialisés sous la forme de bâton ou de sirop. La plantation de ce fruit est traditionnelle chez les Indiens Sateré-Mawé, en Amazonie, qui racontent une légende, selon laquelle leur peuple est "fils du guaraná". Toutefois, malgré le fait qu´il soit intimement lié à la région amazonienne, ce fruit est plus cultivé dans l´état de Bahia, responsable pour par la moitié de la production nationale. Fort stimulant, le guaraná peut présenter plus de caféine que le café ou le thé, selon le processus qu´il a subi.

IÇÁ
Atta ssp.

IÇÁ ANT
In many parts of the country, such as the Paraíba Valley region in São Paulo, the taste for eating *içá* ants comes from ancient times. Brazilian writer from São Paulo, Monteiro Lobato, in a letter from 1903 to his friend Godofredo Rangel, said: "It is before me a can of roasted *içá* ants sent to me from Taubaté. We, people from Taubaté, are ant eaters. They are so good, Rangel." To prepare the ants, the mandible, wings and legs of the insect are discarded. The body is fried in very hot lard or vegetable oil, and then mixed with manioc flour, to make **farofa**, or pounded in a mortar with manioc flour, to make **paçoca**. The *içá* ants only come out of the anthills for a few days between October and November, and are picked by hand.

IÇÁ
Dans diverses régions du pays – telle la région du Vale do Paraíba, dans l´état de São Paulo – le goût pour la fourmi *içá* est traditionnel. Dans une lettre de 1903, à son ami Godofredo Rangel, l´écrivain paulista Monteiro Lobato racontait: "Voilà, devant moi, une boîte d´*içás* torréfiés que l´on m´envoie de Taubaté. Nous, les natifs de Taubaté, sommes des mangeurs d´*içás*. Que c´est bon, Rangel!". Avant la préparation, les mandibules, les ailes et les pattes de l´insecte sont jetés. Seulement l´abdomen est porté à la casserole, pour en faire griller dans la graisse de porc ou dans l´huile bien chaud, avant d´être transformé en *farofa* ou *paçoca*. Les *içás* ne sortent des fourmiliers que pendant quelques jours, entre octobre et novembre, et sont ramassées à main.

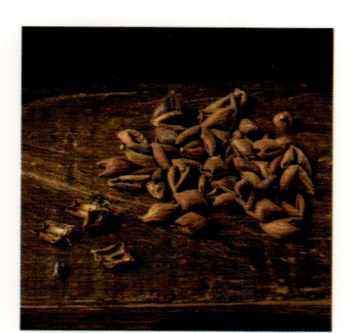

IMBIRIBA
Xylopia xylopioides

IMBIRIBA
In flavor and culinary use, it resembles monkey pepper, another species of the genus *Xylopia* – a word meaning "bitter wood". Slightly spicy, with a hint of cinnamon, *imbiriba* is good to aromatize sweet preparations, such as jams and chocolates. Also called *embiriba* and *iquiriba* in Portuguese, it can also be used to flavor *cachaça*.

IMBIRIBA
Très semblable au goût et dans l´utilisation culinaire à la *pimenta-de-macaco*, une autre espèce du genre *Xylopia* – un mot qui signifie "bois amer". Légèrement piquant, avec une touche de cannelle, ce piment est bon pour parfumer des recettes sucrées, des confitures ou des chocolats. Il est aussi appelé *embiriba* et *iquiriba*, et peut également aromatiser de la *cachaça* (eau de vie de canne à sucre) embouteillée.

INGÁ
Inga edulis Mart.

ICE CREAM BEAN
There are over 200 known legume species of the genus *Inga* that are native to Brazil. Although more commonly found in the Amazon region, ice cream bean trees are also scattered throughout the Northeast, Midwest and Southeast regions. The edible varieties, eaten fresh, have pods that are 6 inches to 3 feet long. The large black seeds are involved by a soft, fuzzy white pulp that is creamy and sweet. In folk medicine, an infusion prepared with the leaves is used to fight diabetes.

INGÁ
Il y a plus de 200 espèces connues de légumineuses du genre *Inga*, natives du Brésil. Plus courants en Amazonie, les *ingazeiros* (arbre du *ingá*) existent aussi dans les régions Nord-Est, Centre-Ouest et Sud-Est. Les variétés comestibles, consommées *in natura*, possèdent de gousses de 15 centimètres jusqu´à 1 mètre de long et enveloppent des graines noires et une pulpe blanche, tendre et douceâtre. Dans la médecine populaire, une infusion des feuilles aide à traiter le diabète.

INHAME
Colocasia esculenta.

TARO
What is called *inhame* in southern Brazil has no relation with the tuber known by the same name in the Northeast and North regions. There is a confusion in the kitchen and in the Brazilian literature involving the *Dioscorea* genus and the *Colocasia esculenta* species. To solve the problem, the First Brazilian Symposium on the Culture of Yam and Taro, in 2001, standardized the nomenclature: the tuber of Asian origin is now called *taro* in Portuguese, instead of *inhame* (used now for *Dioscorea* yams). Boiled, it becomes a versatile ingredient that can replace the potato, or be used in soups, mashes, stews, breads and cakes; in several places in Brazil, it can replace the bread at breakfast.

TARO
Ce qui est nommé igname au sud du Brésil n´a pas de rapport avec le tubercule du même nom dans les régions Nord-Est et Nord – la confusion existe dans la cuisine et dans la littérature brésiliennes par rapport aux produits des genres *Dioscorea* et à l´espèce *Colocasia esculenta*. Pour résoudre le problème, le Primeiro Simpósio Nacional sobre as Culturas do Inhame e do Cará, en 2001, a défini la nomenclature: l´igname d´origine asiatique est nommé taro. Et les ignames et les *carás* du genre *Dioscorea* sont devenus tout simplement ignames. Cuit, il est un ingrédient versatile, capable de remplacer la pomme de terre ou il peut être profité dans dees oucpes, des purées, des plats braisés, des pains et des gâteaux; dans plusieurs endroits, il remplace même le pain au petit déjeuner.

JABUTICABA
Myrciaria cauliflora (Mart.) O. Berg.

JABUTICABA
Native to the Atlantic rainforest and therefore very Brazilian, this fruit is the kind of ingredient capable of inspiring sweeping passions. In the sixteenth century, the Portuguese Jesuit Fernão Cardim had already registered his astonishment with the fact that the fruits covers "from the root of the tree around the trunk up to the last twig", in his *Tratados da terra e gente do Brasil* (Report on the Land and People of Brazil). The leathery, purplish-black skin is filled with a juicy and sweet white flesh, and one or more slippery pits. Jabuticaba requires patience. The trees begin to bear fruit only after ten years or more, and the harvest period is very short, between August and November. Once harvested, it should be used immediately, or it starts to ferment. The pulp can be eaten fresh or used to prepare jams or liqueurs. Espírito Santo, Goiás, Minas Gerais, Paraná, Rio de Janeiro and São Paulo are the top producers. The city of Sabará, in Minas Gerais, holds an annual festival dedicated to the fruit, with street vendors selling tartes, candies, ice creams and other delicacies made with jabuticaba. At the same time, some local homes engage in a curious business activity: they "rent" the jabuticaba trees in their back yards for those visitors who want to eat their fill.

JABUTICABA
Native Forêt Atlantique et donc, brésilienne par excellence, la jabuticaba est le genre d´ingrédient capable de provoquer des coups de foudre – au XVIe siècle le jésuite portugais Fernão Cardim registrait dans son livre *Tratados da terra e gente do Brasil*, son étonnement de voir les fruits occuper "de la racine de l´arbre, passant par le tronc entier, jusqu´à la dernière branche." À la peau résistante et pulpe blanche, juteuse et sucrée, la jabuticaba exige que l´on ait de la patience. Les arbres ne donnent des fruits qu´après dix ans et la récolte est très courte, entre août et novembre. Lorsqu´elle est cueillie, elle doit être utilisée immédiatement, sinon elle commence à fermenter. Les fruits qui n´ont pas de consommation immédiate *in natura*, sont utilisés pour faire des confitures ou des liqueurs. Les états d´Espírito Santo, Goiás, Minas Gerais, Paraná, Rio de Janeiro et São Paulo concentrent les plantations. La ville de Sabará, au Minas Gerais, organise un festival annuel dédié à la jabuticaba avec des kiosques qui vendent des tartes, des bonbons, des sorbets et d´autres mets. À la même époque, les habitants de quelques maisons de la ville ont l´habitude d´une pratique curieuse: ils louent pour un jour leurs jabuticabeiras de leurs cours pour que les visiteurs puissent s´en régaler.

JACA
Artocarpus integrifolia L.

JACKFRUIT
It's a classic case of "love or hate": some people are delighted with the sweet, sticky pulp hidden inside this large fruit with thick, rough skin, and there are those who cannot stand even its intense perfume. Good to be eaten fresh, ripe "soft" jackfruit also renders tasty pastries and compotes, as well as a makeshift kind of "ice cream" - simply freeze the fleshy segments and enjoy the treat. The "hard" jackfruit variety, with firmer pulp,

can be cooked and shredded into the so-called "jackfruit meat". Appreciated by vegetarians, it can be sautéed to prepare fillings and even be used to make vegetarian *Coxinha* (mock chicken drumstick). Although they are not popular in Brazil, the seeds can also be eaten, roasted or cooked.

JACQUE

Voilà un cas classique d´amour ou de haine: il y en a ceux qui se régalent avec sa pulpe douce et visqueuse, enfermée dans un grand fruit à l´écorce épaisse et âpre et il y en a ceux qui ne sont même pas capables de sentir son parfum intense. Bon pour la consommation *in natura*, le jacque sosso (mou) est utilisé dans de savoureux confits et de compotes, et également comme un type de "**glace**" improvisée, en mettant les gousses dans le freezer, il suffit d´en retirer et d´en manger. La variété "dure" (jacque dur), plus ferme, peut être cuite et éffilée pour former la "chair de jacque", appréciée par les végétariens et utilisée dans la préparation de ragoûts qui peuvent même farcir des *coxinhas* (genre de chausson frit). Les graines du jacque peuvent encore être consommées rôties ou cuites; cependant, cette habitude n´est pas encore très diffusée au Brésil.

meat of mild flavor, it is highly consumed in the region and used in several preparations. The most popular cuts — thighs, tenderloin and tail steaks, loin and back meat — can be stewed, fried, roasted, or cooked and added to fritters, broths and fish stews. It can also be used to prepare sausages. The animal used for cooking must be raised in captivity, subject to the regulations and monitoring of the Brazilian Institute of Environment and Renewable Natural Resources (Ibama).

CAÏMAN

Il s´agit d´un animal très commun au Pantanal, de chair blanche de goût léger, très consommée dans la région et préparée de plusieurs manières. Parmi d´autres coupes, les cuisses et les surcuisses, le filet mignon, les filets de queue, le dos peuvent être cuits, frits, rôtis ou préparés sous la forme de croquettes, des bouillons ou des *moquecas* (genre de bouillabaisse) et en plus ils peuvent être utilisés sous la forme de saucisson. Le caïman employé dans la cuisine doit être élevé dans des surfaces spéciales avec la surveillance et la légalisation de l´Instituto Brasileiro do Meio Ambiente e dos Recursos Naturais Renováveis (Ibama).

feijão-batata in Portuguese. Endemic to the source of Amazon river tributaries, this tuberous root related to jicama is high protein. Raw, grated or chopped, the white, sweetish, and crunchy pulp can be added to salads. It is virtually unknown outside of Acre and Roraima. According to the Manual of Non-Conventional Vegetables, published in 2013 by the Brazilian Ministry of Agriculture, Livestock and Food Supply, it is mostly consumed by indigenous populations and practically unknown in bigger towns of the North region, like Manaus and Belém.

POIS PATATE

Originaire des sources des fleuves amazoniens, cette racine tubéreuse riche en protéines est aussi nommée *feijão-macuco* ou *feijão-batata*. Crue, râpée ou en morceaux, la pulpe blanche, croustillante et douceâtre, elle est normalement composante de salades. Elle est pratiquement existante dans les états du Acre ou de Roraima – selon le *Manual de Hortaliças Não Convencionais*, edité en 2013 par le Ministério da Agricultura, Pecuária e Abastecimento, et est consommée par des populations des Indiens et inconnue même dans les grandes villes de la région Nord, telles Manaus et Belém.

well to the North, Northeast and Southeast regions of Brazil is reminiscent of pears, with a thin peel that goes from pinkish to deep red. Sweet and fragrant (some say the aroma is of rose water), the fruit can be eaten fresh, used to prepare jams, or be poached in sugar syrup. The harvest runs from January to May. Fun fact: in *História da alimentação no Brasil* (History of Food in Brazil), Luís da Câmara Cascudo states that water apples "do not appear at the table of distinct people or are enjoyed by eminent creatures. They belong to popular predilections."

JAMBOSE ROUGE

Ce fruit, originaire de l´Inde et adapté dans les régions Nord, Nord-Est et Sud-Est du Brésil, est semblable à la poire, en ce qui concerne son format et sa texture, à la peau de ton rosé au rouge. Douce et parfumée - l´odeur de la jambose rappelle l´eau de roses – la pulpe peut être consommée *in natura* ou en confiture et en compotes avec du coulis de sucre. La récolte est de janvier à mai. Une curiosité: dans son livre *História da Alimentação no Brasil*, Luís da Câmara Cascudo affirme que les jamboses "ne sont pas présents à table des gens raffinés, ni savourées par des gens importants. Elles appartiennent au goût populaire".

perennial herb native to the North region of Brazil is the curious numbing and tingling sensation it causes in the mouth. High in nutrients such as calcium and iron, the leaves and flowers are rich in spilanthol, a substance capable of making your mouth feel desensitized. If cooked for too long, however, the effect is lost. It is an essential ingredient for *tacacá*, a traditional soup-like dish served in a gourd containing *tucupi* (fermented manioc broth), *goma*, shrimp and para cress leaves. It is also mandatory in other preparations from the Amazon cuisine, such as the *tambaqui* in tucupi sauce and the **duck in *tucupi* sauce**, from Pará. Other names in English include: toothache plant, electric daisy, sansho buttons, buzz buttons, and Sechuan button.

BRÈDE MAFANE / CRESSON DU PARÁ

La principale caractéristique de cette herbe typique de la région Nord où elle pousse toute l´année est la curieuse sensation d´anésthesie et tremblement qui provoque sur la langue. Riche en nutriments tels le calcium et le fer, elle possède des feuilles et des fleurs riches en spilanthine, une substance capable de donner l´impression que la bouche est "dormante". Cet effet se perd lorsqu´elle est cuite pour longtemps. Il s´agit d´un ingrédient fondamental pour le **tacacá**, genre de soupe régionale servie dans des bols en argile, qui combine le *tucupi* (bouillon jauneâtre, extrait du manioc), la gomme, les crevettes et des feuilles de *jambu*. Elle est aussi indispensable dans d´autres recettes de la culinaire de l´Amazonìe, telles le *tambaqui* au tucupi de l´Amazonas et le canard au *tucupi* du Pará. Les autres noms: *agrião-do-brasil*, *agrião-do-norte*, *agrião-do-pará*, *jambuassu* et *abecedária*.

285

JACARÉ
Caiman crocodilus yacare

YACARE CAIMAN
Animal commonly found in the Pantanal wetlands, with white

JACATUPÉ
Pachirhyzus tuberosus

AMAZONIAN YAM BEAN
Also called *feijão-macuco* and

JAMBO VERMELHO
Syzygium malaccense

WATER APPLE
The shape and texture of this fruit from India that adapted

JAMBU
Spilanthes oleracea

PARA CRESS
The main feature of this

JATOBÁ
Hymenaea courbaril L.

WEST INDIAN LOCUST
From Piauí to north of Paraná, these magnificent leafy trees up to 65 feet high produce hard shelled brown pods of about 15 centimeters in length, which enclose an edible, sweet pulp of yellowish color and mealy consistency. It can be cooked with milk or passed through a sieve to obtain a flour with several uses, as an ingredient in cookies, meringues, cakes, breads and custards. In folk medicine, the leaves and stems are used in infusions to heal bronchitis. Together with other 27 Brazilian products, the fruit is part of *Arca do Gosto* (Ark of Taste), a Slow Food movement to preserve and popularize ingredients in danger of extinction.

COURBARIL
Du Piauí au Nord du Paraná, d'imponents arbres à grandes feuilles qui peuvent atteindre 20 mètres de hauteur qui produisent des gousses dures et marron, d'environ 15 centimètres de long, qui gardent une pulpe légèrement sucrée de ton jaunâtre. Ayant une consistance farinacée, la pulpe peut être cuite au lait ou tamisée, pour en faire une farine très versatile. Ainsi, elle entre dans la préparation de biscuits, des méringues, des gâteaux, des pains et des bouillies. Dans la médecine populaire, les feuilles et la tige du courbaril sont utilisés dans des infusions pour combattre des bronchites. À côté d'autres 27 produits brésiliens ce fruit fait partie de la Arca do Gosto, une initiative du mouvement Slow Food qui identifie et diffuse des aliments qui sont en voie de disparition.

JENIPAPO
Genipa americana L.

JENIPAPO
Native to the Amazon, the jenipapo tree spread throughout the Midwest and Northeast regions of Brazil, where the fruit's sour and juicy pulp is eaten fresh or used to prepare juices, compotes, jams and candied sweets. Mashed with sugar and refrigerated is called **jenipapada**. Other names in English include huito, genipap and jagua. Cooked and combined with honey and *cachaça*, it becomes a liqueur omnipresent at the St. John's festivities in Bahia. Also in the northeast, a cough syrup known as *lambedor* (literally "licker") combines the fruit with honey and lemon. From Tupi origins, the word jenipapo means "fruit used to paint", in reference to the oxidation process taking place in the cut fruit when it is not ripe. According to Brazilian writer Luís da Câmara Cascudo, in *História da alimentação no Brasil* (History of Food in Brazil), "the native Indians painted themselves with janipapo blackish-blue pulp, resistant to baths for days."

GENIPA
Native de l´Amazonie, le genipa s´est développé dans le Centre-Ouest et dans le Nord-Est du Brésil, où sa pulpe acide et juteuse est consommée *in natura* ou profitée dans des jus, des compotes, confitures et confits cristallisés; s´il est seulement écrasé avec du sucre et tenu au réfrigérateur, il est nommé **jenipapada**. Lorsqu´il est cuit et mélangé au miel et à l´eau-de-vie de canne à sucre, il devient une liqueur omniprésent aux fêtes de Saint Jean, au Bahia. Encore dans le Nord-Est, le sirop connu comme "*lambedor*" ("lecheur" en français) et fait avec du miel et du citron est utilisé contre la toux. Originaire de la langue tupi, le mot en portugais *jenipapo* signifie "le fruit qui sert à peindre", dû à son oxydation de l´ingrédient lorsqu´il n´est pas mûr – selon Luís Câmara Cascudo dans son *História da alimentação no Brasil*, "on peignait les Indiens avec la pulpe noir-bleuâtre, résistente aux bains pendant des jours".

JILÓ
Solanum gilo

SCARLET EGGPLANT
Ubiquitous in the Southeast region, the scarlet eggplant is in fact a fruit, although it is prepared as a vegetable. Some people complain about its bitter taste, the main feature of this food, but there are some tricks to minimize it: eat the scarlet eggplant while is still green, to help soften the aftertaste; soak it in salted water before cooking; or serve it with something sweeter, to counterbalance the bitterness. Even with the skin and sees on, it is good sautéed in oil with garlic, breaded and deep fried, grilled, or as a complement to salads and side dishes. It is often served with **Feijão tropeiro** (beans and meats mixed with manioc flour and seasonings).

GILO OU AUBERGINE AFRICAINE
Très courant dans la région Sud-Est, le gilo est, en fait, un fruit, malgré le fait qu´ il soit préparé comme légume. Quelques personnes se plaignent de son goût amer, sa principale caractéristique, mais il y a quelques astuces pour l´éliminer: en consommer encore vert aide à neutraliser cette sensation âpre, le laisser dans l´eau très salée avant la préparation ou en servir avec un ingrédient plus douceâtre, qui puisse équilibrer son goût. Même avec la peau et les graines, il est très bon braisé, à l´ail et à l´huile, à milanaise ou grillé, dans des accompagnements ou des salades. Fréquemment, il apparaît servi avec des haricots *tropeiro*.

JIQUITAIA

JIQUITAIA
The Houaiss Portuguese Dictionary teaches that the word *jiquitaia* comes from the Tupi language and means "powdered malagueta pepper". In the Amazon, however, the ingredient produced by Baniwa Indians is made with a combination of native peppers that are left to dry in the sun, and then smoked and ground in a mortar. Very hot and aromatic, *jiquitaia* does not follow a specific "recipe": each woman has her own way of harmonizing the *Capsicum* peppers available in the forest.

JIQUITAIA
Le mot *jiquitaia* apparaît dans le dictionnaire Houaiss comme un mot d´origine tupi et qui signifie "piment de cayenne en poudre". Cependant, en Amazonie, l´ingrédient produit par les Indiens Baniwa réunit une combinaison de piments natifs qui sont séchés au soleil, fumés et moulus. Très piquant, le *jiquitaia* est généralement parfumé et ne suit pas une "recette" unique: chaque femme a sa manière d´harmoniser les piments du genre *Capsicum* disponibles dans la forêt.

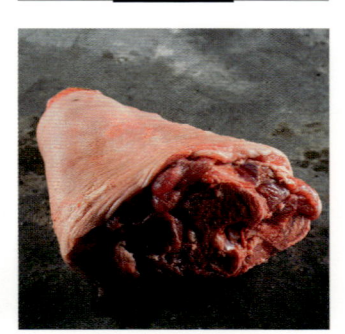

JOELHO SUÍNO

HAM HOCK
Also called pork knuckle in English, this sometimes underestimated pork cut, regarded as cheap and low-quality, is an important ingredient in Brazilian **feijoada** (hearty meat and beans stew), as well as in the German-inherited culinary icon found in several locations in Southern Brazil: the *eisbein*, traditionally served with sauerkraut and potato salad. Containing a good amount of fat, skin and cartilage, it can be prepared in the oven, stewed, fried, smoked, or **À Pururuca** (said of a pork dish in which the skin has been subjected to intense heat to produce "cracklings", or *chicharróns* - called "*pururuca*" in Portuguese).

GÉNOU DE PORC

Malgré le fait que quelques personnes ne considèrent pas cette coupe d'une façon si noble comme d'autres parties du porc, il est un ingrédient incontournable dans la *feijoada completa* et un icone dans la cuisine de racines allemandes, pratiquée en divers lieux de la région Sud: le *eisbein*, traditionnellement servi avec de la choucroute et de la salade de pommes de terre. Avec une bonne quantité de graisse, peau et cartilage, cette viande peut être préparée ao four, cuite, frite, à *pururuca* ou fumée.

JURUBEBA
Solanum paniculatum L.

JURUBEBA

A mixture of jurubeba juice, red wine and herbal extracts is the most well-known use for this fruit, sold bottled in *botecos* and street markets throughout Brazil. But this pea-like fruit, classified as a non-conventional vegetable by the Brazilian Ministry of Agriculture, Livestock and Food Supply, has a wider use in the kitchen. Before it can be used as an ingredient, it has to be pickled, to lessen its bitterness. Then, it can be added to rice recipes, braised food and to season dishes. Jurubeba is also listed at the Brazilian Pharmacopoeia, a list published by Anvisa (Brazilian Health Surveillance Agency), as a natural remedy to treat anemia and protect the liver. The plant can be found throughout the country, mostly in the North and Northeast regions, especially in May.

MORELLE PANICULÉE

Un mélange de vin rouge avec le suc de la morelle et des extraits d'herbes – il est ainsi que cette plante est plus connue, embouteillée dans des bars et des marchés populaires partout dans le Brésil. Mais, ce fruit semblable à un petit pois tout vert, classifié comme plante herbacée non conventionnelle par le Ministério da Agricultura, Pecuária et Abastecimento, possède un usage très vaste dans la cuisine. Cependant, avant tout, il faut en faire une conserve pour anéantir l'acreté des pois. Après cela, la morelle peut être consommée dans des recettes de riz, des ragoûts et comme assaisonnement. La morelle fait partie également de la liste officielle de Farmacopeia Brasileira, une publication de la Anvisa comme produit indiqué pour l'anémie et la protection du foie. La plante peu être retrouvée dans tout le pays, surtout au Nord et au Nord-Est, principalement en mai.

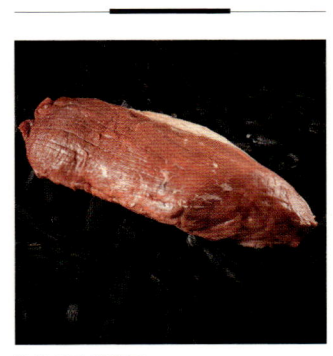

LAGARTO

BEEF EYE ROUND

Beef cut from the back of the animal, with long fibers and elongated shape. In addition to being stuffed and roasted, or simply roasted rare to be thinly sliced, eye round is used to prepare two Brazilian classic dishes: **Carne de panela** (prepared in a pressure cooker), and **Carne louca** (literally, "crazy meat") – the meat is shredded or cut into thin slices and mixed with tomato sauce, bell peppers and herbs, to be served cold in salads or as filling for sandwiches. In the South, this cut is also known as *tatu* ("armadillo").

ROND DE GÎTE

Coupe de boeuf retiré de la partie arrière de l'animal, avec de longues fibres et format allongé. Cette coupe peut être farcie, rôtie, préparée comme roastbeef et également être um composant de deux plats brésilien classiques: la **carne de panela**, faite dans la cocotte minute, et la **carne louca**, éffilée ou coupée en tranches longues et fines, accordées à des tomates, du poivron et à des condiments, servie froide ou sous la forme de salade ou utilisée pour farcir des sandwiches. Dans la région Sud, cette coupe est connue aussi comme *tatu*.

LAGOSTA
Panulirus argus (vermelha)
e *P. laevicauda* (verde)

LOBSTER

Considered one of the finest food provided by the sea, this tasty crustacean with reddish shell and white meat is popular both at the beach kiosks and in restaurants on the Northeast coast, mainly in Ceará and Rio Grande do Norte, where it is served simply grilled with a side of butter sauce. Other preparations include stews, salads and pasta. You have to pay attention during the closed season, which runs from early December to late May, when all lobsters available in the market should have their precedence guaranteed by Ibama (Brazilian Institute of Environment and Renewable Natural Resources).

LANGOUSTE

Considéré l'un des aliments les plus nobles fournis par la mer, ce crustacé à la carapace rougeâtre et à la chair claire savoureuse est très apprécié soit dans les kiosques sur les plages, soit dans des restaurant du littoral de la région Nord-Est, surtout au Ceará et au Rio Grande do Norte, servi de manière très simple: **grillé**, avec de la sauce au beurre. D'autres préparations: des ragoûts, des salades, des pâtes. Il faut faire attention à la période de frai, qui commence fin mai, lorsque le commerce de langouste sans origine certifiée par le Ibama est interdit.

LAGOSTIM
Metanephrops rubellus

URUGAVIAN LOBSTER

Among seafood lovers, some claim Urugavian lobster is tastier than shrimp. Grilling maximizes its delicate flesh, but it can also be prepared in the oven, and shallow fried or sautéed in the skillet, like other crustacean. Found on the coast of the Northeast, Southeast and South regions, this lobster has pinkish shell, white flesh and can reach up to 7 inches in length.

LANGOUSTINE

Parmi les amants de fruits de mer, il y en a ceux qui disent que la langoustine est plus savoureuse que la crevette. Lorsqu'on la grille, on souligne la saveur de la chair légère, mais il y a aussi des plats préparés au four et poêlés, où ces crustacés peuvent être cuits avec peu de graisse. Trouvés dans le littoral des régions Nord-Est, Sud-Est et Sud, ils possèdent une carapace rosâtre, une chair blanche et peuvent atteindre 18 centimètres de long.

LAMBARI
Astyanax spp.

LAMBARI

Breaded in corn flour and deep-fried: this is the classic technique used to prepare this small freshwater fish of the Astynax genus, popularly known as tetra. The crispy snack pairs perfectly with cold beer. Inhabiting rivers, lakes and dams all over the country, *lambari* is 4-6 inches long, on average. It is also known in Portuguese as *piaba* or *piabinha* in the Northeast, and as *matupiri* or *matupira* in the North regions. Even with the simplest equipment, fishing *lambari* can be a super fun activity, for adults and children alike.

LE TÉTRA

Pané dans la farine de maïs et bien frit: voici la manière classique de préparer ce petit poisson d'eau douce – pour accompagner ce mets, il suffit d'une bière bien fraîche. Habitant de fleuves, de lacs et de réservoirs dans le pays entier, le tétra mesure, en moyenne, entre 10 et 15 centimètres de long. Il est connu comme *piaba* ou *piabinha* dans la région Nord-Est et comme *matupiri* ou *matupira* dans la région Nord. Avec un équipement simple, la pêche au tétra peut devenir un grand divertissement, même pour les enfants.

LAMBRETA
Lucina pectinata e Phacoides pectinatus

THICK LUCINE CLAM
Three Brazilian states share the privilege of serving this small mollusk: Alagoas, Bahia and Sergipe. In Salvador's *botecos*, it is very common to find on the menus a *Caldinho de lambreta* (thick lucine clam broth), which is considered invigorating and aphrodisiac. Harvested from the brackish water of mangroves, thick lucine clam can be steamed, prepared au gratin, breaded and fried, or served with pasta. In some places in Brazil, clams are known by the term used in Portugal, *amêijoa*.

LAMBRETA
Trois états brésiliens partagent le privilège de servir ce petit mollusque: Alagoas, Bahia et Sergipe. Dans les bistrots de Salvador, il est très commun le **caldinho** (petit bouillon) **de lambreta** – qui est la cuisson des coquillages, avec des condiments – considéré revigorant et aphrodisiaque. Ramassé dans les eaux salées des marécages, il peut être cuit à l'étouffée, gratiné, frit à la milanaise et servi avec des pâtes. Dans quelques endroits, il reçoit le nom originaire du Portugal: *amêijoa*.

FRUTAS CÍTRICAS

CITRUS FRUITS
Shortly after arriving in Brazil with the Portuguese colonizers in the sixteenth century, orange trees started to flourish all over the country and bear their juicy fruits, doing even better than they did in China, their place of origin. *Pera*, *baía*, *lima*, *valência*, *seleta* and *natal* are the names in Portuguese of some of the most cultivated varieties, and together with lemons and limes of various kinds, citrus fruits have extensive culinary use that goes well beyond fresh consumption – juices, syrups, sauces, candies, and cakes, to name a few. The Rangpur lime is noteworthy: it is the most flavorful to prepare **caipirinha**, the Brazilian cocktail par excellence.

FRUITS CITRIQUES
Peu après leur arrivée au Brésil avec les colonisateurs portugais, au XVIe siècle, les orangers se sont répandus dans tout le pays et ont commencé à produire des fruits juteux, encore mieux qu'en Chine, leur pays d'origine. *Pera*, *baía*, *lima*, *valência*, *seleta* et *natal* sont les espèces les plus cultivées et, tout comme les citrons de plusieurs types, elles ont un usage culinaire très vaste en plus de la consommation *in natura* – elles apparaissent dans des jus, des coulis, des sauces, des confits, des gâteaux. On peut souligner le citron vert: il est le plus savoureux dans la préparation de la *caipirinha*, un cocktail typiquement brésilien.

LARANJA-BAÍA
Citrus sinensis L. Osbeck

WASHINGTON NAVEL ORANGES
Also known as Bahia orange, it is believed that this variety, with a distinctive "navel" – a protrusion in the lower end of the fruit – originated from a spontaneous genetic mutation, in early nineteenth century, on the outskirts of Salvador. Lange and firm, it has a very vivid orange-colored and thick peel. The juice is sweet, and the fruit is considered good for fresh consumption because it has no seeds. It can also be used in salads and to prepare marmalades and cakes. Thin strips of candied orange peel are a charming treat sometimes served with espresso coffee in Brazil.

ORANGE BAHIA
Ce type de fruit "de nombril" - avec un excroissance secondaire sur la partie supérieure du fruit – aurait surgi d'une mutation génétique spontanée, au début du XIXe siècle, aux alentours de Salvador. Grande et ferme, elle a l'écorce plus épaisse et d'une couleur orange très vive. La pulpe est douce est considérée bonne pour être consommée *in natura*, car elle n'a pas de pépins. Elle peut être utilisée dans des salades et dans la préparation de confitures et de gâteaux. L'écorce cristallisée est un accompagnement charmant pour un petit café noir.

LARANJA-LIMA
Citrus sinensis L. Osbeck

LIMA ORANGE
Very sweet and very low in acidity, this orange variety yields a tasty and mild juice that is often offered to infants and elderly people, or to those who have digestive problems. The peel is either green or yellowish, and the juicy pulp is also excellent to be eaten fresh.

ORANGE LIMA
Trés douce et très peu acide, on en fait un jus savoureux et léger que l'on offre à des bébés et à des personnes plus âgées ou à ceux qui ont des troubles digestifs. Son écorce varie de couleur: soit elle est plus verdeâtre, soit elle est plus jaunâtre, sa pulpe juteuse est excellente pour la consommation *in natura*.

LARANJA-PERA
Citrus sinensis L. Osbeck

PERA ORANGE
One of the top produced varieties in Brazil, it can be found year-round at farm markets and supermarkets. It has a smooth, thin peel, and elongated shape. The greener ones yield a sweeter juice. In addition to being eaten fresh, this sweet variety has several culinary uses: cakes, preserves, marmalades. Peeled and cut into wedges or slices, they are a traditional accompaniment for **Feijoada** (beans and meats stew).

ORANGE PERA
L'une des variétés les plus cultivées au Brésil, elle peut être retrouvée toute l'année dans des marchés et dans les marchés en plein air. Ayant une forme allongée, elle possède la peau lisse et fine – celles de couleur plus verte en donnent un jus plus doux. À part sa consommation *in natura*, la pulpe douceâtre a un usage culinaire très varié: dans des gâteaux, des compotes, des confitures et pelée, coupée en gousses ou en tranches, comme un accompagnement de la *feijoada*.

LEITE DE CABRA

GOAT'S MILK
Containing less lactose than cow's milk, but also high in calcium, amino acids and proteins, this milk is widely used in the cheese industry. Milk products made with goat milk have a strong, distinctive flavor that goes well in pie fillings, quiches, pasta, and in green salads, combined with nuts. Encouraged by Embrapa (Brazilian Agricultural Research Corporation), some Brazilian companies working with goat milk dairy products have developed product lines with

functional food, such as yogurts and fermented milk beverages, with the addition of bacteria that assist in bowel function.

LAIT DE CHÈVRE
Ayant moins de lactose que le lait de vâche, mais également riche en calcium, en acides aminés et en protéines, il est très utilisé dans l´industrie de fromages – les produits dérivés de la chèvre possèdent un gôut fort et marquant et ils sont très bons pour farcir des tartes, des quiches et des pâtes et s´accordent avec des salades de feuilles vertes, des châtaignes ou des noix. Incentivées par la Embrapa (Empresa Brasileira de Pesquisa Agropecuária), quelques entreprises qui travaillent avec des produits laitiers d´origine caprine sont en train de développer des llignes de produits fonctionnels, tels les yaourts et les boissons fermentées, en ajoutant des bactéries qui aident le fonctionnement intestinal.

LEITE DE COCO

COCONUT MILK
Used as the base sauce for the Brazilian **moqueca** (fish stew), to moisten traditional dishes such as **Cuscuz** and **Tapioca**, and to add flavor to a multitude of recipes. It is a versatile ingredient that can be added to many stews, rice dishes, deserts, porridges, ice creams, cakes and candies. In the Northeast region of Brazil, especially in Bahia, the ingredient is used more often than in any other part of the country. Obtained from the fresh coconut pulp, which is processed with a little water, then squeezed and strained, coconut milk can also be made with desiccated coconut. In Brazil, the industrialized product is sold in glass bottles.

LAIT DE COCO
Pour composer le bouillon de la *moqueca* (genre de bouillabaisse), pour rendre le couscous plus umide et pour donner de la saveur à une infinité de recettes. Il s´agit d´un ingrédient versatile, qui s´adapte à des plats cuits, au riz, à des *canjicas*, à des assortiments de poissons, à des bouillies, à des glaces, à des gâteaux et à des bonbons. Toutefois, l´usage de l´ingrédient au Nord-Est – surtout dans l´état de Bahia – dépasse son emploi dans la culinaire d´autres parties du Brésil. Obtenu à partir du pulpe de coco frais, frappée avec un peu d´eau et postérieurement entassée et filtrée, le lait de coco peut être fait également avec la pulpe sèche et moulue. Les marchés nationaux vendent le produit industrialisé, mis en bouteille en verre.

LEITE DE OVELHA

SHEEP'S MILK
Bright white and almost creamy, with delicate, sweet flavor, sheep's milk has a higher content of protein than cow's and goat's milk. However, fat and calorie content are also higher. The production in Brazil started very recently, and is concentrated in the states of South and Southeast regions. In Minas Gerais and, especially, in Rio Grande do Sul, there are also dairies producing cheese, yogurt, and other products made with sheep's milk.

LAIT DE BREBIS
Tout blanc et presque crémeux, ayant un goût léger et douceâtre, le lait de brébis présente une quantité plus grande de protéines par rapport aux produits originaires de la vâche et de la chèvre – cependant, le taux de graisses et de calories est plus élevé. La production au Brésil, encore récente, se concentre dans les états des régions Sud et Sud-Est. Dans l´état de Minas Gerais et au Rio Grande do Sul, principalement, il existe déjà des entreprises qui en produisent des fromages, des yaourts et d´autres dérivés.

LEITE DE VACA

COW'S MILK
Cow's milk is present in the daily life of most Brazilians, from the time they start their morning drinking a latte with their breakfast. Butter, yogurts, cheeses, creams and other milk products also supply the kitchens all over the country. In dishes, it is used to prepare soups, breads and confections; is the pastry department, it is the basis for whipped and pastry cream. High in calcium and a good source of protein, milk helps in muscle building and bone health. Dairy cows were introduced in Brazil by the Portuguese in the sixteenth century, and today the production concentrates in the Southeast region, but also in the South and Midwest regions. Fun fact: the human being is the only animal that continues to drink milk after weaning.

LAIT DE VÂCHE
Ce produit est présent dans le quotidien d´une bonne partie des Brésiliens, dès le café au lait, dans le premier repas de la journée. Le beurre, les yaourts, les fromages, les crèmes et d´autres dérivés du lait de vâche sont présents dans toutes les cuisines du Brésil. Dans la gastronomie, il est utilisé dans la préparation de soupes, de pains, de confits; dans la pâtisserie, il est la base pour la crème chantilly et pour la crème de pâtissier. Riche en calcium et source de protéines, il aide dans la formation des muscles et le maintient des os. Le bétail laitier a été introduit au Brésil par les Portugais, au XVIe siècle, et aujourd´hui il se concentre dans la région Sud-Est, mais il y a des élevages dans la région Sud et dans la région Centre-Ouest. Une curiosité: l´être humain est le seul animal qui continue à boire du lait après l´époque d´allaitement.

LEITOA
Sus domesticus

LEITOA
Synonymous with abundant meals and family reunions, **Leitoa à pururuca** (Brazilian-style *lechón*) is a classic dish of celebration and tradition, especially in states such as Minas Gerais and São Paulo, where even the "fight" to get the best piece of the deliciously crispy skin is part of the ritual. Slaughtered after weaning, when it is two to three months old, the female pig is typically roasted and often stuffed or served with *farofa* (seasoned manioc flour). To produce the "*pururuca*" effect, that is, the crackling of the skin, it is bathed with very hot oil, becoming blistered and crispy.

TRUIE
Considérée le symbole d´une table copieuse avec la famille réunie, la **truie *à pururuca*** est un plat classique de fêtes et d´affection surtout dans la campagne des états de Minas Gerais et de São Paulo – même la "dispute" des morceaux de peau délicieusement croquante fait partie du rituel de la servir. Abbatue après le sevrage, à l´âge de deux ou trois mois, la femelle du porc est rôtie, et plusieurs fois farcie ou servie avec de la *farofa*. Pour faire le *pururuca*, la peau reçoit un bain de graisse chaude pour qu´elle soit dorée et croustillante.

LENTILHA
Lens culinaris / Lens esculenta

LENTIL
For the superstitious Brazilians, eating lentils on New Year's Eve supper ensures a prosperous year. Lentils cooked with pork, in salads, soups or mixed with rice and onions - it does not matter the method of preparation, lentils must be eaten on the night of December 31 to January 1.

Beliefs aside, lentil is popular all over Brazil, and can replace the every-day beans at any time of year. It is a good source of iron, protein and vitamin B2. It is believed that, among all the pulses, perhaps lentils was the first to be cultivated, originating in the arid regions of Southeast Asia. Currently, the largest producers are India and Turkey. As the crops in Brazil are still scarce, 90% of what is consumed in the country comes from Canada.

LENTILLE
Pour les plus superstitieux, manger de la lentille au souper du réveillon assure une année de prospérité et d'abondance. Cuite avec de la viande de porc, sous la forme de salade, de soupe ou mélangée avec du riz et de l'oignon, n'importe qu'elle façon de préparation, ce qui compte est en manger un plat entre le 31 décembre et le 1er janvier. Des croyances à part, la lentille est présente aux tables brésiliennes et peut remplacer les haricots à n'importe qu'elle époque de l'année. Elle est une source de fer, de protéines et de vitamine B2. On croit que, de toutes les légumineuses, elle soit celle de plantation la plus ancienne, avec des origines dans les régions arides du Sud-Est asiatique. Aujourd'hui, les plus grands producteurs sont l'Inde et la Turquie. Comme la récolte au Brésil est encore trés faible, 90% des lentilles que l'on consomme au Brésil vient du Canada.

LICURI

Syagrus coronata

LICURI
Licuri or licury palm is a tree growing in dry and semi-arid regions of Brazil up to 40 inches tall. It bears around eight fruit clusters per harvest, from which hang approximately 1,400 nuts, each. Crushed, the pulp can be used to make liqueurs, candies and licuri milk, a specialty of Bahian cuisine. From the nuts, hidden inside the fruit's flesh, it is extracted an oil similar to coconut oil, which can be used in cooking. The byproduct of this extraction is used to feed animals – thus, nothing is waste in licuri. Even the leaves are transformed into bags, hats, brooms, mops and other handcrafted objects. The palm tree can be found in Minas Gerais, Bahia, Pernambuco, Sergipe, and Alagoas, and harvest runs from March to July.

LICURI
Il s'agit d'un palmier typique des régions sèches et semi-arides, qui atteint jusqu'à 12 mètres de hauteur et produit autour de huit grappes par récolte, d'où pendent environ 1400 petites noix de coco chaque. Triturés, ils sont employés dans la fabrication de liqueurs, de confit de coco et du lait de licuri, une spécialité de la cuisine de Bahia. De la noix, cachée à l'intérieur des fruits, on retire une huile semblable à celle de coco, utilisée dans la culinaire et les résidus de la plante sont encore employés dans l'alimentation animale – c'est-à-dire: on ne perd rien du *licuri*. Même les feuilles sont transformées en pochettes, chapeaux, balais, plumeaux et pièces d'artisanat. Ce palmier peut être retrouvé au Minas Gerais, Bahia, Pernambuco, Sergipe et Alagoas et la récolte a lieu de mars à juillet.

LIMA-DA-PÉRSIA

Citrus limettioides Tanaka

PERSIAN SWEET LIME
This citrus fruit has the same shape of oranges, but the thin skin and the juicy pulp are generally lighter in color. Sometimes more acidic, sometimes sweeter, the fruit is the main ingredient of a prized version of *caipirinha*, either mixed with *cachaça*, vodka or sake. As well as other citrus fruit, it is rich in vitamin C and, according to folk medicine, it helps digestion.

LIME
Sa forme est semblable à celle des oranges, mais son écorce fine et sa pulpe juteuse en général ont une couleur plus claire. Plus acide ou plus douceâtre, ce fruit a été adopté comme ingrédient d'une version très appréciée de la **caipirinha**, faite avec de la *cachaça*, de la vodka ou du saqué. Tout comme les autres fruits citriques, la lime est riche en vitamine C et, dans la médecine populaire, elle peut aider la diggestion.

LIMÃO-GALEGO

Citrus aurantiifolia

KEY LIME
This variety of lemon is closely related to the Persian lime, but it is smaller and juicier, with a yellowish, thin peel. It is considered the best lime to make **caipirinha**, and it is also used in marinades, salad dressings, mousses and cakes, among other recipes. In some parts of Brazil, the term *limão-galego* is used to refer to Rangpur lime.

CITRON VERT
Malgré le fait d'être appelé commument de citron, il s'agit en fait d'une lime acide. Plus petite et plus juteuse que la lime tahiti, il a la peau jaunâtre et fine. Il est considéré le meilleur citron pour faire la **caipirinha** et est utilisé également dans des condiments, des vinaigrettes, des mousses et des gâteaux, entre autres recettes. Dans qualques endroits du pays, le terme *limão-galego* fait référence à la bigarade.

LIMÃO-ROSA

Citrus bigaradia Loisel.

RANGPUR LIME
The fruit does not look very appealing: it is sometimes flattened in the middle, or deformed, and the peel may have dark spots. But none of this affects the toughness and juiciness of Rangpur lime. Originally from Asia, it has adapted well to Brazil, where it can be found in the backyards of country-side towns, by the rivers or at the seaside. In addition to juices, is goes well in cakes, jams, marmalades, **caipirinhas** and salad dressings. Also known in English as mandarin lime, it has several other names in Brazil, such as *limão-francês, -vinagre, -cavalo, -cravinho, -bode, -china, -capeta* and *-galego*. In places like São Paulo, however, another fruit is also called *limão-galego*: *Citrus aurantiifolia*, known in English as key lime.

BIGARADE
Son apparence n´est pas toujours très belle: le fruit un peu applati, est parfois disforme et son écorce peut présenter des tâches. Mais cela n´empêche pas que la bigarade soit un fruit très résistant, avec beaucoup de suc. Originaire de l'Asie, la bigarade s'est bien adaptée au Brésil, où elle pousse dans des vergers à la campagne ou dans des régions au bord des fleuves ou au bord de la mer. À part les jus, elle se combine très bien avec des gâteaux, de compotes, des confitures, des *caipirinhas* et des sauces. Dans le pays entier, elle possède de noms divers: *francês, vinagre, cavalo, cravinho, bode, china, capeta* e *galego* – cependant, dans l'état de São Paulo, un autre fruit reçoit le nom de *limão-galego*: la *Citrus aurantiifolia*, en fait, une lime acide.

LIMÃO-SICILIANO

Citrus limon

LEMON
The highly fragrant, thick, and deep-yellow peel of lemon is zested to aromatize sweet and savory dishes, such as fish, pasta, *Brigadeiros* (sweetened condensed milk and chocolate

confections) and liqueurs. The pulp is less acidic and less juicy than Persian lime. Widely consumed in Europe and in the United States, it is becoming more popular in the street markets and supermarkets of Southeastern Brazil.

CITRON
Ayant l´écorce épaisse, très jaune et parfumée, ce citron fournit des zestes qui parfument des plats sucrés et salés, tels les poissons, les pâtes, les confits au chocolat ou les liqueurs. Sa pulpe est moins acide et juteuse que celle de la lime tahiti. Très consommé en Europe et aux États-Unis, il devient plus courant dans les marchés et les marchés en plein air dans la région Sud-Est du Brésil.

LIMÃO-TAITI
Citrus latifolia

PERSIAN LIME
Also known as Tahiti lime in English, this variety closely related to key lime is cultivated and available throughout the country. Larger than key limes and juicier than lemons, Persian lime has a green, smooth peel and, usually, no seeds. It can be widely used in cooking: it is great to prepare juices, mousses, ice creams, pies, **caipirinhas**, and to season meats and dress salads.

LIME TAHITI
Une autre variété de lime acide, cultivée et disponible dans le pays entier. Plus grande que le citron vert et plus juteuse que le citron, la lime tahiti présente l´écorce verte et lisse; en général, elle n´a pas de pépins. Son usage culinaire est très varié: excellente pour faire des jus, des mousses, des sorbets, des tartes, des **caipirinhas** et pour assaisonner des viandes ou des salades.

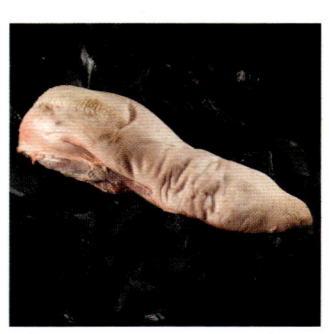

LÍNGUA BOVINA

BEEF TONGUE
Sold whole, beef tongues weigh about 2 pounds and need to be boiled before being peeled and sliced to be finalized, usually on a grilling pan. There are also smoked versions, which are salt-cured and then cooked. Strong flavored, beef tongue is high in nutrients like iron, calcium, phosphorus and vitamin B.

LANGUE DE BOEUF
Vendue entière, en pièces d´à peu près 1 kilo, elle doit subir une cuisson avant d´être, en général, coupée en tranches et grillée à la poêle. Il y a également des versions fumées, après qu´elles ont été cuites et salées. D´un goût fort, elle est riche en nutriments, tels le fer, le calcium, le phosphore et les vitamines du complexe B.

LINGUADO

Paralichthys orbignianus

FLOUNDER
Baked or shallow fried in a skillet with a little butter, this fish of tender, white flesh can be also prepared in a number of other ways and served with different accompaniments: shrimp, wine sauce, mushrooms, capers, potatoes... Flounders have oval, flattened bodies and tiny scales. They can be found throughout the Brazilian coast.

CARDEAU
Rôti ou poêlé avec un peu de beurre, ce poisson à la chair blanche et tendre peut arriver à table d´innombrables manières avec plusieurs accompagnements et sauces: aux crevettes, au vin, avec des champignons ou des câpres, avec des pommes de terre... Avec son corps ovale et plat, le cardeau est courant dans toute la côte brésilienne.

LÍNGUA SUÍNA

PORK TONGUE
Brazilian **Feijoada** (beans and meats stew), and hearty **Sarapatel** (pork offal and blood stew), from the Northeast region, are two dishes that benefit from the addition of salt-cured pork tongue. Sliced or cubed, it can be simmered in tomato sauce or roasted and served with Madeira wine sauce.

LANGUE DE PORC
La **feijoada complète** et le consistant **sarapatel** de la région Nord-Est sont deux plats typiques qui utilisent la langue de porc salée. Coupée en tranches ou en morceaux, elle peut être cuite dans une sauce tomate ou rôtie au four et servie avec de la sauce madère.

LINGUIÇA BLUMENAU

BLUMENAU SAUSAGE
Inherited from the German immigrants who settled down in Santa Catarina, it is a smoked sausage used as a spread on bread. It is never cut into slices: the creamy interior is made of two pork cuts, fresh ham and shoulder clod, seasoned with garlic. In southern Brazil, it is part of the Brazilian-style colonial breakfast tables and also used to prepare sandwiches, with cheese and Dijon mustard. This sausage can also be used in hors d'oeuvres, pasta sauces, stuffing for pies and other savory pastries, in **Escondidinho** (Brazilian-style shepherd's / cottage pie) and hamburger.

SAUCISSON BLUMENAU
Héritage des immigrants allemands qui se sont installés à Santa Catarina, il s´agit d´un saucisson fumée, approprié pour faire des tartines. On ne le coupe pas en rondelles. Son intérieur garde un mélange pâteux de deux coupes de porc (jambon et palette) assaisonné avec de l´ail. Au Sud du Brésil, il est un composant des buffés de petit-déjeuner (le *café colonial*) et peut être utilisé dans des sandwichs avec du fromage et de la moutarde de Dijon. Le saucisson *blumenau* peut être utilisé également dans la composition de canapés, dans des sauces pour les pâtes, comme farce de tarttes et des beignets et dans des recettes de **escondidinho** (de la viande avec de la purée de pomme de terre ou de manioc) et des hamburgers.

LINGUIÇA CALABRESA DEFUMADA

SMOKED CALABRESA SAUSAGE
It has to be spicy, to honor the red pepper flakes (*pimenta calabresa* in Portuguese) used to season this pork sausage. Smoked or not, cured or fresh, this sausage inspired by a recipe brought to Brazil by Calabrian immigrants gained popularity among Brazilians from all over. There's no pizza place in the country, from north to south, which does not have a **Pizza Calabresa** in their menu. The sausage also adds texture and flavor to pasta sauces, savory pie fillings, breads, sandwiches and snacks. It is often offered as an appetizer, sliced and sautéed with onions, in restaurants and *botecos*.

SAUCISSON CALABRESE FUMÉ
Il faut absolument qu´il soit piquant, pour honorer le piment-calabrese qui assaisonne les viandes de porc qui farcissent ce saucisson. Fumé ou non, cuit ou non, cette charcuterie a été inspirée sur la recette que les immigrants de la Calabre ont apporté au Brésil – et a beaucoup

plu aux Brésiliens. Il n´y a pas de pizzeria, de Nord au Sud, qui n´offre pas des pizza avec une couverture de saucisson calabrese. Ce saucisson peut donner de la consistance et de la saveur à des sauces pour les pâtes, farcis de tartes, des pains, des sandwichs et d´autres plats salés, et peut également être consommé comme amuse bouche dans des restaurants, des bars et des bistrots.

LINGUIÇA CUIABANA

CUIABANA SAUSAGE

Beef, milk and cheese are the main ingredients of this fresh sausage that, curiously, was not created in the capital of Mato Grosso, Cuiabá, as the name suggests, but in northwestern São Paulo, by a farmer who lived near São José do Rio Preto. In the original recipe, only tender beef *alcatra* and *contrafilé*, milk and spices were used. Later, cheese from Minas was added, and other versions with vegetables, pork and chicken were created. A quintessential item in the barbecue parties of that region, it is usually chargrilled.

SAUCISSON CUIABANA

De la viande de boeuf, du lait et du fromage sont les principaux ingrédients de ce saucisson frais qui, curieusement, n´a pas été créé dans la capitale de l´état de Mato Grosso do Sul, Cuiabá, mais dans le nord-ouest de l´état de São Paulo, par un fermier qui habitait proche à la ville de São José do Rio Preto. Dans la recette originale, seulement de l´aiguillette, de l´entrecôte, du lait et des condiments étaient utilisés. Plus tard, le fromage de Minas y a été incorporé et ont surgi d´autres versions avec des légumes, de la vainde de porc ou de poulet. Grillé, il s´agit d´un élément fondamental dans les barbecues de la région.

LINGUIÇA DE FUMEIRO

FUMEIRO SAUSAGE

Traditional sausage of Bahia, this artisanal product is smoked for hours over dense smoke. Producers are concentrated in Maragogipe, in Bahian Recôncavo, the birthplace of this preservation technique, which consists of salt-curing and then smoking. The process is being reviewed by Anvisa (Brazilian Health Surveillance Agency) to comply with sanitation norms, but an association defends the recognition of the more traditional form of preparation. In any case, *fumeiro* sausage is a key ingredient in Bahia traditional cuisine. Of intense flavor, it can be used to season beans, or cut into slices, fried, and served with *vinagrete* (tomato and onion salsa), ***farofa*** (seasoned manioc flour), and hot pepper sauce.

SAUCISSON DE FUMEIRO

Typique de la Bahia, il s´agit d´un saucisson fumé pendant des heures sous un rideau de fumée. Les producteurs se concentrent à Maragogipe, dans le Recôncavo Baiano, où cette technique de conservation de la viande a été créée. Elle consiste à saler et à fumer la viande. Ce procès est en train de subir des adaptations selon les règles de la Anvisa (Agência Nacional de Vigilância Sanitária) et une association défend la reconnaissance de la forme de préparation plus traditionnelle De toute façon, le saucisson *de fumeiro* continue parmi les recettes typiques de Bahia. De goût intense, il peut assaisonner les haricots ou être coupé en rondelles qui sont frites et servies avec de la salade vinaigrette, de la *farofa* et de la sauce piment.

LINGUIÇA FRESCA

FRESH SAUSAGE

Always present in Brazilian barbecues, this tender and spicy fresh sausage can also be fried, cooked with vegetables, and roasted with potatoes. It is a good addition to full-flavored pasta sauces, and fillings for breads, pies and pizzas toppings. The most common versions are pork and poultry. Throughout Brazil, though, you can find beef versions, for example, in Maracaju and Mato Grosso do Sul; goat sausage, in Petrolina and Pernambuco; and even shrimp sausage, in Acari, Rio Grande do Norte.

SAUCISSON FRAIS

Il est toujours présent dans les barbecues. Tedre et bien assaisonné, le saucisson frais peut également être frit, cuit avec des légumes, rôti au four avec des pommes de terre et s´accorde très bien dans la composition d´une sauce bem enrobée pour des pâtes, aussi bien que comme farce de pains, de tartes et dans la couverture de pizzas. Les versions les plus courantes sont celles faites de viande de porc et de poulet. Cependant, au Brésil, il est possible de trouver de saucisson de viande de boeuf de Maracaju, au Mato Grosso do Sul; de bouc, à Petrolina, dans l´état de Pernambuco; et même de crevettes, à Acari, au Rio Grande do Norte.

LINGUIÇA PORTUGUESA

PORTUGUESE SAUSAGE

According to the regulations of the Brazilian Ministry of Agriculture, the Portuguese sausage has to be cured and smoked, and made exclusively with pork seasoned with garlic. In Brazil, it is easy to identify it: the links are long and shaped like a horseshoe. It can be used to add a special touch and smokiness to beans and other stews, pasta sauces, risottos, sautéed vegetables, soups, and ***farofas*** (seasoned manioc flour). It is a great appetizer, served with some crusty bread.

SAUCISSON PORTUGAIS

Selon les règles du Ministério da Agricultura, le saucisson portugais doit être fait exclusivement avec de la viande de porc assaisonnée avec de l´ail, cuite et fumée. Au moment d´en acheter, il est facile de l´identifier: elle a la forme d´un fer à cheval. Avec le goût fumé, ce type de charcuterie donne une nuance spéciale aux haricots et peut être ajouté à des ragoûts, à la sauce des pâtes, à des risottos, à des légumes braisés, à des ***farofas*** et à des soupes. Comme amuse bouche, il faut tout simplement en servir avec des tranches de pain.

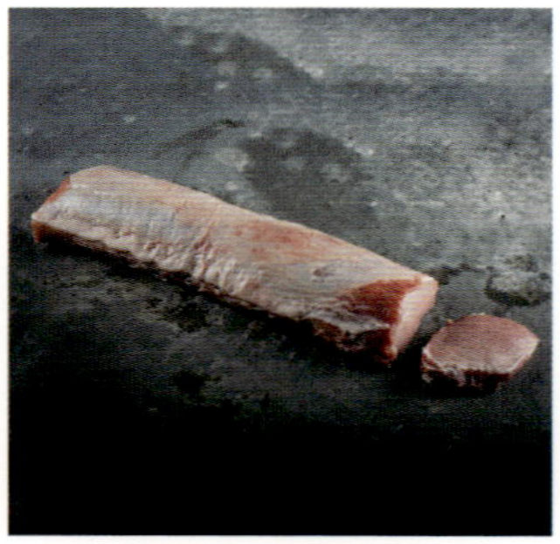

LOMBO SUÍNO

PORK LOIN

It is quite possible that each Brazilian family has its own special recipe to prepare pork loin. Seasonings and side dishes can vary greatly, but the traditional technique involves braising or roasting the meat in one piece – which may be covered with sliced bacon, to prevent dryness. Pork loin with beer, with honey and mustard, with orange sauce, stuffed with pineapple, or ***farofa*** (seasoned manioc flour) are popular recipes.

FILET MIGNON DE PORC

Il est fort possible que chaque famille brésilienne ait sa recette particulière de filet mignon de porc. Les condiments et les accompagnements peuvent varier beaucoup, mais la préparation traditionnelle consiste à mettre la viande au four, dans une seule pièce – parfois couverte d´un peu de lard, pour qu'elle ne soit pas trop sèche. Quelques préparations plus communes: rôti dans la bière, avec du miel et de la moutarde, à la sauce d'orange, farci avec de l'ananas et de la *farofa*.

LOURO
Laurus nobilis

BAY LEAF
The bay leaf can be used fresh or dried – one is enough to add lots of flavor to a dish. When added to preparations, bay leaves release notes of wood, eucalyptus, clove and flowers that make beans more appetizing and stews more fragrant. It goes well with meat, fish, poultry, and vegetables, and it is one of the ingredients of classic bouquet garni (French combination of herbs). In Brazilian cuisine, it is ubiquitous in savory preparations, but very little used in desserts, sweet pastries and teas – a common practice in other parts of the world. The oil extracted from the leaves of this shrub of Mediterranean origin is also used in perfumery and food industries. The beautiful branches work well for decoration.

LAURIER
Cette feuille peut être utilisée sèche ou fraîche – il suffit l'une d'elles pour aromatiser les plats. Lorsqu'il est ajouté aux plats, le laurier libère des touches de bois, d'eucalyptus, de girofle et de touches floraux qui rendent les haricots appétissants et des ragoûts parfumés. Elle va bien avec des viandes des poissons, des volailles et des légumes, en plus d'être un composant du classique bouquet garni. Dans la cuisine brésilienne, il a une présence assurée dans la préparation de plats salés, mais elle apparaît très peu dans les pâtisseries et dans les thés, malgré le fait que cela soit très récurrent dans d'autres parties du monde. L'huile extraite des feuilles de ce buisson d'origine méditerranéenne est utilisé également dans l'industrie de parfums et aromatisants.

LULA
Loligo plei e L. sanpaulensis

SQUID
Cut into rings, breaded and deep fried, squid (or calamari) becomes **Lula à dorée**, a snack traditionally served on all beaches across the Brazilian coast: great to be savored by the sea, drizzled with some freshly squeezed lime. Cut open lengthwise, squid can be grilled or cooked and added to salads. Because of its tubular shape, it may also be stuffed and baked.

CALMAR
Coupé en rondelles, pané et frit, le calmar devient un amuse bouche caractéristique du littoral brésilien: le **calmar doré**, excellent pour être apprécié au bord de la mer, arrosé avec des gouttes de citron. Ouvert, il est très bon grillé, ou cuit, dans des salades. À cause de sa forme tubulaire, il peut être farci et rôti au four.

MAÇÃ DO COCO

COCONUT APPLE
Among the natural foods derived from coconut – milk, water, sugar, and oil – this is the least known. It is a sweet and a spongy mass of concentrated flavor that forms inside the nut when the coconut seed sprouts, which can be eaten raw or roasted. It is also called *pão do coco* in Portuguese (literally, "coconut bread").

POMME DE COCO
Parmi les produits naturellement dérivés du coco – du lait, de l'eau, du sucre et de l'huile – la pomme de coco est la moins connue. Il s'agit d'une pâte épongeuse et douceâtre de goût concentré, qui se forme dans le fruit germiné et qui peu être mangée crue ou grillée. Cette partie est aussi nommée pain de coco.

MAÇÃ FUJI
Malus domestica Borkh.

FUJI APPLE
Rounded in shape, with a juicy and crisp pulp, Fuji apple is sweet but has a fair ammount of acidity. Highly prized for fresh consumption, it is also widely used in cooking, for both savory and sweet recipes. Originally from Japan, this variety has adapted well to the climate of Santa Catarina and Rio Grande do Sul. Although it can be found year round in farm markets and supermarkets, it is at its best from August to December.

POMME FUJI
Avec une forme ronde, cette pomme possède une pulpe juteuse et croquante, douceâtre, un peu acide. Très appréciée pour une consommation *in natura*, elle a un usage culinaire très vaste dans des recettes salées et sucrées. Originaire du Japon, cette variété s'est bien adaptée au climat de Santa Catarina et de Rio Grande do Sul. Elle est présente pendant toute l'année dans les marchés et dans les marchés en plein air, mais la meilleure période de consommation est entre août et décembre.

MAÇÃ GALA
Malus domestica Borkh.

GALA APPLE
Just like Fuji apple, gala is crisp and juicy, with a sweet and slightly tangy flavor. It can be eaten fresh, and used in many recipes – from salads to juices, to pies, and cakes. The cultivation began in New Zealand in the 1970s; in Brazil, the main orchards are in the South region. Gala and Fuji account for about 90% of the national production of apples in Brazil. Best time of the year: from February to May.

POMME GALA
Tout comme la pomme *fuji*, la pomme *gala* a une pulpe ferme, de goût douceâtre un peu acide. Elle peut être consommée *in natura* et dans de diverses recettes – des salades, des jus, des tartes et des gâteaux. On a commencé à la cultiver en Nouvelle Zélande, dans les années 1970; au Brésil, la principale production se situe dans la région Sud. *Gala* et *fuji*, représentent autour de 90% de la production nationale de pommes. La meilleure époque de consommation: de février à mai.

MAMÃO FORMOSA
Carica papaya L.

MARADOL PAPAYA
This large-sized papaya is usually served freshly sliced for breakfast, mixed with other fruits in **Saladas de frutas** (Brazilian-style fruit salad), or added to **Vitaminas** (Brazilian-style smoothies). Tender and juicy, the deep orange flesh is sweet and mildly-flavored, with low acidity and easy to digest. Unripe Maradol papaya, grated, cubed or cut into ribbons, is used to make a classic dessert from Minas Gerais: **Doce de mamão verde**. In Brazil, one of the major producers of papaya in the world, cultivation concentrates in the Northeast, especially Bahia.

PAPAYE FORMOSA
Très courante au petit déjeuner brésilien, coupée en tranches, *in natura*, dans des **salades de fruits**, ou frappée avec du

lait dans des **vitamines**. Très tendre et juteuse, sa pulpe douce et légère, couleur orange, possède un taux d'acidité très bas et très facile à digérer. Avant de mûrir, râpée ou coupé en tranches, elle compose un classique des desserts de Minas: la **compote de papaye verte**. Au Brésil, l'un des grands producteurs mondiaux de ce fruit, les plantations se concentrent dans la région Nord-Est, principalement dans l'état de Bahia.

MAMÃO PAPAIA
Carica papaya L.

HAWAII PAPAYA
Smaller, rounder, and a little firmer than the Maradol variety, Hawaii papaya is usually eaten fresh, cut in half and served with or without seeds, which have high fiber content. When ripe, the orange pulp becomes soft and very sweet. It is also good in **Saladas de frutas** (Brazilian-style fruit salads) and **Vitaminas** (Brazilian-style smoothies). The Northeast, especially Bahia, stands out as one of the largest papaya producing regions in the country.

PAPAYE
Plus petite et un peu plus ferme que la variété *formosa*, elle est consommée *in natura*, coupée à la moitié et servie avec ou sans les graines, qui ont un taux très élevé de fibres. Lorsqu'elle est mûre, la pulpe couleur orange devient tendre et très douce. Elle est aussi très bonne dans des **salades de fruits** et des **vitamines** (frappée avec du lait). La région Nord-Est, en particulier l'état de Bahia, sont les plus grandes régions productrices de papaye du Brésil.

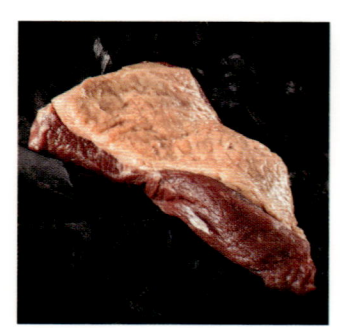

MAMINHA

TRI-TIP
Located in the animal's crotch region, this beef cut is nearly triangular (hence its name in English: tri-tip). It is the softest part of the bottom sirloin butt. Covered by a layer of fat, the meat has fibers running in different directions, and weighs about 4 lb. Similarly to other beef cuts, it should be sliced crosswise against the grain. In Brazil, it is usually barbecued, but it can also be roasted, braised, or cut into steaks and grilled.

AIGUILLETTE BARONNE
Située dans la région de la virille de l'animal, cette coupe de boeuf de format presque triangulaire est la partie la plus tendre de la *alcatra* – et est aussi connue comme pointe de *alcatra*. Couverte par une couche de graisse, cette coupe possède des fibres disposées en plusieurs sens et pèse autour de 1,8 kilos. Tout comme les autres pièces de viande comme le *contrafilé* (entrecôte), la *fraldinha* (bavette d'aloyau) et la *picanha*, doit être coupée dans les sens transversal aux fibres. Elle peut être préparée à la grille, mais aussi dans des ragoûts, dans la casserole ou sous la forme de steaks.

MANDI
Pimelodus spp.

PIMELODUS
Freshwater fish found in rivers of the Northeast, South and Southeast regions, such as the São Francisco and La Plata basins, this catfish has no scales and can be easily recognized by the long, single "beard" it has under the mouth. Mildly-flavored, it is usually stewed with tomato and seasonings, and served with *Pirão* (fish broth and manioc flour mush), or breaded and deep fried.

POISSON CHAT
Habitant des fleuves des régions Nord-Est, Sud et Sud-Est, tels les bassins du fleuve São Francisco et Prata, ce poisson n'a pas d'écailles et est facilement reconnu par ses barbillons situés près de sa bouche. Sa chair légère est en général cuite avec des condiments et des tomates, servie avec du *pirão* de farine de manioc, ou panée et frite.

MANDIOCA
Manihot esculenta Crantz.

CASSAVA / MANIOC
"The Queen of Brazil." This was the title of the chapter Brazilian anthropologist and historian Luís da Câmara Cascudo devoted entirely to manioc / cassava in his masterpiece *História da alimentação no Brasil* (History of Food in Brazil). Native to South America, this root has the ability to reunite Brazilian national cuisine: it is consumed everywhere, from north to south, from east to west of the country. Fresh cassava is usually served fried or boiled. But its wealth goes far beyond the uses of the ingredient *in natura*. Versatile, it is the raw material for a number of equally important products in the gastronomic culture of the country, such as manioc flours of various textures, *goma* and *tucupi*. That means it can be enjoyed in every step of the meal, from snack to main dish to dessert. Cassava is also known in Portuguese as *aipim*, *macaxeira* and *mandioca-mansa* (literally "tame" *mandioca*). Manioc, on the other hand, is known as *mandioca-brava* (literally, "angry"), which cannot be consumed without being processed, due to its high hydrocyanic acid content. The leaves, after going through a long and careful cooking process to eliminate the toxicity, are commercialized as *maniva*.

MANIOC
"La reine du Brésil" (*mandioca*, en portugais, est un nom féminin). Avec ce titre, l'antropologue et historien Luís da Câmara Cascudo a dédié un chapitre entier de son chef-d'oeuvre *História da Alimentação no Brasil*. Natif de l'Amérique du Sud, cette racine a la capacité d'unir la culinaire nationale: il est consommé sans distinction de nord à sud, de l'est à l'ouest. *In natura*, on a l'habitude de le frire ou cuire. Toutefois, sa richesse, ne se limite pas à la manière comme il apparaît à table. Versatile, il est un ingrédient qui origine plusieurs produits aussi importants pour la culture gastronomique du pays, tels les farines des textures les plus variées, de la gomme, et *tucupi*, ce qu fait qu'il puisse être profité dans toutes les parties des repas, des amuse bouches et entrées aux plats principaux et desserts. Il est connu aussi comme *aipim*, *macaxeira* et *mandioca mansa* – ce mot fait la différence du *mandioca brava*, qui ne peut pas être consommé sans une préparation spéciale, dû au taux très élévé d'acide cyanidrique. Ses feuilles, après subir une cuisson attentive qui élimine cette substance toxique, sont appelées de *maniva*.

MANDIOQUINHA
Arracacia xanthorrhiza

ARRACACHA / PERUVIAN PARSNIP
In São Paulo and southern Minas Gerais, this tuber is called *mandioquinha* ("little cassava"). In Rio de Janeiro, Minas Gerais' Zona da Mata, Espírito Santo and the Federal District, it is known as *batata-baroa* ("baroness potato"). In Paraná and Santa Catarina, the name is *batata-salsa* ("parsley potato"). Regional terminologies apart, this starchy yellow root, high in carbohydrates and vitamin A, becomes very smooth and velvety after cooking. It is perfect for soups, creams, gnocchi, pies, breads, cookies and mashes. It can also be fried or roasted and served as side dish for meats. It is consumed all over the country, but the production concentrates in Minas Gerais, Paraná, Santa Catarina, Espírito Santo and São Paulo. The best are harvested from May to August.

ARRACACHA

Dans l'état de São Paulo et au Sud de Minas Gerais, elle reçoit le nom de *mandioquinha*. Dans l'état de Rio de Janeiro, à la Zona da Mata mineira on la nomme *baroa* ou *batata-baroa*. Ceux qu sont natifs du Paraná et de Santa Catarina la connaissent comme *batata-salsa*. Le nom peut changer d'un endroit à l'autre, mais l'ingrédient se répète: il s'agit d'une racine jaune, riche en vitamine A et en glucides, qui atteint une consistance tendre et crémeuse après la cuisson. Elle est parfaite pour préparer des soupes, des crèmes, des gnocchis, des tartes, des pains, des croquettes et des purées. Elle peut également être frite, rôtie et servie comme garniture de viandes. On en mange partout, mais sa production est concentrée aux états de Minas Gerais, Paraná, Santa Catarina, Espírito Santo et São Paulo. La meilleure époque pour en consommer est de mai à août.

MANGA HADEN
Mangifera indica L.

HADEN MANGO

Native to Southeast Asia and produced in Brazil since the second half of the eighteenth century, according to Brazilian author Câmara Cascudo, the fruit adapted very well to the climate. It is grown mostly in the Northeast and Southeast regions, but consumed throughout the country. The large and leafy trees provide shade to several streets and avenues in Brazil, especially in Belém do Pará, known as the "mango tree city". With thin, smooth skin that varies from yellow to red, the Haden variety originated in Florida, U.S., just over a century ago. The large fruits weighing up to 21 oz. have a yellow pulp that is not too fibrous. They are excellent fresh and can be used to prepare ice creams, juices and several desserts, especially those served cold, such as mousses.

MANGUE HADEN

Native du Sud-Est asiatique et présente au Brésil depuis la seconde moitié du XVIIIe siècle, selon Câmara Cascudo, la mangue s'est très bien adaptée ici. Elle est cultivée dans une plus grande quantité au Nord-Est et au Sud-Est, mas elle est consommée dans le pays entier – avec des arbres imponantes et feuillus qui fournissent de l'ombre à des rues et des avenues, Belém, au Pará, est connu comme "la ville des manguiers". Ayant la peau fine et lisse qui va du jaune au rouge, la variété *haden* a surgi en Floride, aux États-Unis, il y a un peu plus d'un siècle. Les fruits de pulpe jaune arrivent à peser 600 grammes et présentent peu de fibres. Elles sont idéales pour la consommation *in natura* ou dans des recettes de glaces, des jus et des confits, prinicipalement ceux qui sont frais, comme les mousses.

MANGA PALMER
Mangifera indica L.

PALMER MANGO

Another variety of mango originally from Florida, U.S., where it began to be cultivated for commercial use. Available year-round in markets and fairs in Brazil, the skin can vary from purple to red as it ripens. The golden yellow pulp barely has any fibers – reason why it is a favorite for fresh consumption, and to use in desserts and salads. For its sweetness, is also used to prepare juices, smoothies, ice creams and mousses. Like other mango varieties, it can be combined with *cachaça* to make *caipirinhas*, as well as chutneys and sweet-and-sour salsas and sauces.

MANGUE PALMER

Une autre variété orignaire de la Floride, États-Unis, où elle a commencé à être cultivée, puisqu'elle s'est montrée adéquate à des buts commerciaux. Présente toute l'année dans les marchés et et marché en plein air du Brésil, elle a une peau qui va d'un ton violâtre au rouge, selon sa phase de mûrissement. La pulpe, jaune-doré ne présente presque aucune fibre – c'est pour cela qu'elle est l'une des préférées pour la consommation *in natura*, comme dessert ou comme ingrédient de salades. Très sucrée, on l'utilise dans des jus, des vitamines, des glaces et des mousses. Tout comme les autres mangues, elle apparaît également dans des recettes de *caipirinhas*, chutneys et des petites sauces aigre-douces.

MANGARITO
Xanthosoma mafaffa Schott.

MANGARITO

Tuber in the family of taro, commercially irrelevant in Brazil, it is harvested from May to August, mostly in São Paulo and Santa Catarina. Because it is difficult to grow, there is not much interest among farmers in producing it. Among some important chefs in Brazil, however, the idea is to change this scenario of near extinction to bring mangarito back to the important place it used to have in the countryside food culture. Its mild flavor is reminiscent of yam, taro and potato. Fast cooking, it can be used in gnocchi and other pasta, breads, and soups, in addition to the ancestral habit of serving it drizzled with molasses.

MACABO

Il s'agit d'un tubercule de production commerciale presque sans importance, dont la récolte est de mai à août et cultivé notemment dans les états de São Paulo et Santa Catarina. Sa manipulation compliquée n'attire pas l'attention des agriculteurs. Pourtant, quelques importants chefs de cuisine ont l'idée de changer cette situation de quasi disparition du produit et remettre en valeur l'importance que le macabo a déjà eu dans la culture alimentaire dans le Brésil profond. Son goût léger reste entre le *cará*, le gname et la pomme de terre. De cuisson rapide, il peut être utilisé dans les gnocchis et d'autres types de pâtes, de pains et de soupes, et en plus, l'habitude ancestrale d'servir avec de la mélasse.

MANIVA
Manihot esculenta

CASSAVA LEAVES

Leaves of the cassava / manioc plant are one of the few poisonous ingredients when fresh: the leaves can only be eaten after careful cooking, to extract the hydrocyanic acid. Once this process is done, cassava leaves become a quintessential ingredient in **Maniçoba** – a traditional dish from Pará, also found in Bahian Recôncavo, consisting of a hearty stew with pork meats and offal served with manioc flour and rice. They can also be used in pasta fillings, fritters, and to complement soups. They are a good source of calcium, iron, amino acids, and vitamins A, C and B2.

FEUILLE DU MANIOC

La feuille du manioc, l'un des peu ingrédients vénéneux lorsqu'ils sont frais: elle ne peut pas être consommée qu'après une attentive cuisson, pour dl'extration de l'acide cyanidhryque. Après cette procédure, la feuille du manioc devient un élément fondamental de la **maniçoba**, un plat typique du Pará – retrouvé également dans le Recôncavo Baiano – un ragoût consistant de viande et d'abats de porc, servi avec de la farine de manioc et du riz. La feuille du manioc peut également farcir des pâtes, des croquettes et enrichir des soupes. Elle est une source de calcium, du fer, des acides aminés et des vitamines A, C e B2.

MANJERICÃO
Ocimum basilico L.

BASIL

The Italian dishes popularized basil in Brazil. The delicate leaves release a peculiar aroma and slightly spicy notes of mint, a good addition to soups, meats, pastas and sauces, and a refreshing touch to salads. Among the latter is *caprese*, a salad with buffalo mozzarella, tomato and basil – an Italian classic incorporated in the Brazilian table. It is also essential to finish Margherita, the traditional mozzarella and tomato pizza. The dried version loses a lot of the aroma and flavor. In addition to seasoning, basil is also used in the food, beverage and perfumery industries.

BASILIC

Ce sont les recettes italiennes qui ont rendu populaire le basilic au Brésil. Les feuilles délicates libèrent une odeur péculiaire et un goût de menthe, légèrement épicé, qui s´accordent avec des soupes, des viandes, des pâtes et des sauces et donnent plus de fraîcheur aux salades. Parmi celles-ci il y a la caprese (mussarella de buffle, tomate et basilic), une salade italienne classique, incorporée aux tables brésiliennes. Comme finition de la pizza margherita (mussarella et tomate), également incontournable. Lorsqu´il est sec, le basilic perd l´intensité et la saveur. En plus de condiment, la plante entre dans la fabrication d´aromatisants dans l´industrie de boissons et de parfums.

MANJUBA

Anchoviella lepidentostole

BROADBAND ANCHOVY

This small-sized saltwater fish, not bigger than 5 inches, is largely used in the Brazilian kitchen. In the most popular dish, it is breaded whole, with head and tail, and deep fried – a glass of ice cold beer is the perfect accompaniment for these crispy tidbits. The roe, sometimes collected during the cleaning process, go well with bread and butter, toasted in the oven, or can be a great addition to season broadband anchovy stews. It is fished from the Northeast to the South coast of Brazil, in February and from October to December.

ANCHOIS GRAS

La petite taille de ce poisson d´eau douce, qui ne dépasse pas les 12 centimètres, est compensée par son grand profit dans la cuisine. Dans sa forme la plus connue, il est pané tout entier, avec la tête et les nageoires, et frit dans l´huile bouillante – un verre de bière bien fraîche est parfait pour le croquer. Les oeufs, qui peuvent surgir lorsque le poisson est nettoyé, s´accordent avec du pain et du beurre, dans le four, ou deviennent un excellent condiment dans une moqueca de manjuba. Présent dans le littoral do Nord-Est au Sud, en février et d´octobre à décembre.

MANTEIGA

BUTTER

It would not be exaggeration to affirm that the culinary world would lose much of its beauty and flavor without butter. Most Brazilians start their day with a cup of coffee and a piece of fresh, warm bread with some butter melting on top of it. At lunch, vegetables, or perhaps potatoes, are enhanced by the flavor and sheen of butter. A perfect afternoon tea in Brazil includes a soft, fluffy, moist cake, baked in a pan greased with butter. Made with cow's milk fat, the product is an essential part of everyday life in most kitchens – from preparations in which it is an additional ingredient (mashes, stews and desserts) to the ones fully featuring all its flavor and unctuousness (such as icings and sauces).

BEURRE

Il ne serait pas une exagération affirmer que la cuisine perdrait beaucoup de son charme et son goût sans lui. La journée peu commencer avec le beurre fondant sur le pain frais et chaud, typique du petit déjeuner simples du Brésilien. Au déjeuner, des légumes, ou bien des pommes de terres dorées avec l´aide de cet ingrédient. Un goûter parfait dans l´après-midi est celui qui inclut un gâteau tendre et umide, rôti dans un moule beurré. Il s´agit d´un produit dérivé de la graisse du lait et il fait partie du jour au jour dans la plupart des cuisines – dans les préparations où il est un acteur de deuxième rôle (des purées, des ragoûts, des confits) et dans des recettes où son goût et onctuosité figurent comme ingrédient principal (glacés et sauces).

MANTEIGA DE GARRAFA

CLARIFIED BUTTER

Traditional ingredient of the Northeast region of Brazil, the name in Portuguese ("bottled butter") comes from the fact it is stored in glass bottles, at room temperature. Liquid like an oil, this butter is essential to add richness to *carne-seca*, *carne de sol*, boiled cassava and *farofa* (seasoned manioc flour). Made with milk cream, the production is similar to that of regular butter, but it undergoes a further step, clarification. That is, the milk fat is cooked over low heat for a few hours, until the solid particles separate from the oil. The sludge deposited on the bottom of the container browns, releasing the characteristic almond flavor of the final product. The liquid fat passes through a sieve before going to the table.

BEURRE À LA BOUTEILLE

Typique dans le Nord-Est, il reçoit ce nom car il peut être stocké dans des bouteilles de verre, en température ambiante. Liquide, tel une huile, ce type de beurre est fondamental pour donner de l´ontuosité à la viande séchée, au charque, au manioc cuit et à la *farofa*. Fait à partir de la crème de lait, il subit un procès de production pareil à celui du beurre ordinaire, mais il avance encore vers une étape de claréification. C´est-à-dire, la graisse du lait va à la casserole, à feu doux, pour quelques heures, jusqu´à ce que les particules solides se séparent. Le résidu déposé au fond est grillé et libère une saveur d´amandes caractéristique de l´ingrédient. Avant d´aller à table, le produit passe est filtré.

MARACUJÁ AZEDO

Passiflora edulis Sims

YELLOW / GOLDEN PASSION FRUIT

The juice of this tart fruit is consumed all over the country, both in juices and desserts. Mousses, ice creams, cakes, trifles, pies and liqueurs are among the most common preparations. In savory recipes, it lends a tangy flavor to reductions and sauces, used to enhance salads, fish and meat dishes. Because it is too sour, it is hardly eaten on its own. But all parts of this fruit are useful. From the shell, high in iron and other nutrients, a flour is made and can be added to dishes. Besides the importance passion fruit has for cooking in Brazil, it is extensively used in the cosmetics industry. The country is the world's number one producer, and Bahia, São Paulo, Ceará and Pará have the largest and most significant crops.

FRUIT DE LA PASSION

Le jus de ce fruit aigre est consommé dans le pays entier, soit comme boisson, soit comme base pour des confits. Des mousses, des glaces, des gâteaux, des pavés, des tartes et des liqueurs sont parmi les usages les plus communs. Dans des recettes salées, il prête sa saveur acide pour les coulis et les sauces qui accompagnent les salades, les poissons et les viandes. Le fait d'être très aigre, difficilement est mangé *in natura*. Mais, on en profite tout. De l'écorce, avec une haute concentration de fer et d'autres nutriments, est faite une farine à être agrégée aux plats. En plus de l'importance culinaire, le fruit de la passion a un usage très important dans l'industrie de cosmétiques. Le Brésil en est le premier producteur mondial, les états de Bahia, São Paulo, Ceará et Pará ayant les plus grandes et les plus significatives surfaces de plantation.

MARACUJÁ DA CAATINGA
Passiflora cincinnata

CRATO PASSION FRUIT
This variety of passion fruit bears a round fruit that is green even when it is ripe and has whitish flesh, full of seeds, which is sweet and sour at the same time. Native to the northeastern semi-arid region called Caatinga, it has no large scale commercial cultivation. In Bahia, there are cooperatives of producers in towns such as Canudos, Caruçá e Uauá. It is used to make juices, jams and candies. Crato passion flour is one of the ingredients included in the Arca do Gosto (Ark of Taste), a Slow Food movement to popularize ingredients in danger of extinction.

FRUIT DE LA PASSION DE LA CAATINGA
Ce fruit possède une écorce verte, même quand il est mûr, et une pulpe blanche pleine de pépins, douce et acidulée en même temps. Cette variété de fruit de la passion est présente dans la région du Semiárido du Nord-Est et n'a pas une production commerciale à large échelle – dans l'état de Bahia il y a des coopératives de producteurs dans les villes de Canudos, Caruçá, et Uauá. De ce fruit, on en fait des jus, des confitures et des confits. Le fruit de la passion de la *caatinga* est un composant de l'Arca do Gosto, une initiative du mouvement Slow Food pour diffuser des aliments qui sont en voie de disparition.

MARACUJÁ DOCE
Passiflora alata

WINGED-STEM PASSION FRUIT
In appearance, the winged-stem passion fruit resembles a small papaya. The smooth, greenish-yellow skin is more attractive than that of the yellow (also called golden) passion fruit – which becomes all wrinkled when the fruit is ripe – and the pulp is milder in flavor. Not as suitable to make juices, it is usually served fresh for dessert, cut in half, to be eaten by the spoonful. Because the fruit contains *passiflora*, a natural calming agent, it is also cultivated for medicinal use. The best are harvested in Brazil in January, April, July, August and December.

GRENADILLE SAUVAGE
La grenadille sauvage rappelle une papaye petite. La peau lisse, jaune-verdâtre est plus remarquable que celle du fruit de la passion – qui est rugueuse, lorsqu'elle est mûre – et cache une pulpe de goût plus léger. Malgré le fait qu'elle ne soit pas très agréable pour la consommation sous la forme de jus, elle peut être consommée *in natura*, avec une cuillère. La présence de la passiflore, un calmant naturel, fait que ce fruit soit cultivé pour des buts médicaux. Les meilleures époques: janvier, avril, juillet, août et décembre.

MARMELO
Cydonia oblonga Mill.

QUINCE
In terms of shape, some say the fruit looks like a pear or an apple, but the flesh is grainy, astringent and firm, even when the fruit is ripe, and it cannot be eaten fresh. Therefore, the best way to use *marmelo* (how it is called in Portuguese) is to make **marmelada** (i.e., quince paste). The traditional recipe from Luziania region, in the Brazilian state of Goiás, was included in *Arca do Sabor* (Ark of Taste), a movement aimed at identifying and disseminating food at risk of disappearing. Besides the paste, quince can also be used in jams and liqueurs. When cooked with water and sugar, the fruit becomes soft and develops a beautiful reddish hue. In Brazil, this plant native to Asia is mostly cultivated in the states of Goiás, Rio Grande do Sul and Minas Gerais (considered the national capital of quince), and harvested in December and January.

COGNASSIER
Dans la forme, il y a ceux qui voient des ressemblances avec la poire ou la pomme, mais la pulpe a une texture granulée, astringente et ferme, même en étant mûre. Alors, il n'est pas approprié pour la consommation *in natura*. Pour cela, la meilleure manière d'en consommer est sous la forme de confit de cognassier – une recette traditionnelle de la région de Luziania, dans l'état de Goiás, qui fait partie des produits de la Arca do Gosto, un mouvement qui identifie et diffuse des aliments qui sont en voie de disparition. En plus de ce confit, généralement préparé à point d'en couper, le cognassier est utilisé dans la préparation de confitures et de liqueurs. Pendant la cuisson avec de l'eau et du sucre, le fruit devient tendre et acquiert une belle tonalité rougeâtre. Au Brésil, la plantation de ce fruit, originaire de l'Asie est plus grande dans les états de Goiás, Rio Grande do Sul et Minas Gerais, considéré la capitale nationale du cognassier, ayant la récolte en décembre et janvier.

MARRECO
Anas platyrhynchos domesticus

DOMESTIC DUCK
Often confused with muscovy duck, the domestic duck is smaller, has tenderer meat, less pronounced flavor, and not as much fat – and it is cheaper. In Brazil, it is a popular food in the South, a habit inherited from the German immigrants. In Santa Catarina, in cities like Brusque and Blumenau, domestic duck appears on many menus stuffed with giblets, roasted and served with red cabbage, potato and applesauce. It can also be deep fried or stewed.

CANARD COLVERT
Très souvent confondu avec le canard, le canard colvert est une volaille plus petite à la viande plus tendre, plus légère, sans beaucoup de graisse – et moins chère. Au Brésil, sa consommation est répandue dans la région Sud, une habitude héritée des immigrants allemands. Dans des villes de Santa Catarina telles Brusque et Blumenau, il apparaît dans divers menus, farci avec des abats, rôti et servi avec du chou rouge, des pommes de terre et de la purée de pomme. Il peut être aussi frit ou préparé sous la forme de ragoût.

MASTRUZ
Dysphania ambrosioides L.

EPAZOTE
Native to the Americas, this herb is related to quinoa and has ancient therapeutic uses. In Brazil, it is basically known for its medicinal properties – in the Northeast, a mixture of epazote and milk, according to popular wisdom, fights the symptoms of bronchitis. The leaves and seeds can be used in infusions and salves. Among its most celebrated benefits are intestinal parasites elimination, cramp relieving, appetite stimulator,

297

digestion aid, insect bite healer and a relief for respiratory problems. In Mexico, the powerful scent, and the fresh and pungent taste of epazote justify its culinary use as an aromatic herb in beans, pork, and fish dishes, and to season cheese-filled tortillas.

MASTRUZ

Originaire des Amériques, il est voisin du quinoa et possède un ancien usage térapeuthique. Au Brésil, il est manipulé pour des buts médicinaux – dans la région Nord-Est, le mélange de *mastruz* avec du lait, selon les croyances populaires peut combattre les symptômes de la bronchite. Les feuilles et les graines peuvent être utilisés sous la forme d´infusions ou des plâtres. Parmi ses bénéfices les plus populaires il y a ceux de chasser des parasytes intestinaux, soulager des coliques, stimuler l´appétit, améliorer la digestion, guérir des piqûres d´insectes et traiter des troubles respiratoires. Au Mexique, le parfum fort et le goût frais et piquant justifient son usage culinaire comme herbe aromatique dans la préparation des haricots, du porc, des fruits de mer et de la tortilla, farci au fromage.

MATRINXÃ
Brycon amazonicus

MATRINXÃ
Native to the Amazon and Tocantins-Araguaia basins, this fish of up to 6.5 pounds has a firm, orangey flesh of mild flavor that is much appreciated in the North and Midwest regions. After removing the spine, *matrinxã* is usually stuffed, wrapped in banana leaves and roasted over coals, or baked in the oven. In many places, it is known as *jatuarana*.

MATRINXÃ

Originaire des bassins des fleuves Amazonas et Araguaia-Tocantins, ce poisson, qui peut peser jusqu´à 3 kilos, possède une chair ferme de goût léger, très appréciée dans les régions Nord et Centre-Ouest. Après que l´on lui retire les arêtes, le *matrinxã* est farci, enveloppé dans une feuille de bananier et rôti à la braise ou au four. Dans plusieurs régions, il reçoit le nom de *jatuarana*.

MATURI

UNRIPE CASHEW NUTS
Unripe cashew nuts are used to prepare a popular and much appreciated dish of the Bahia Recôncavo, **Frigideira de maturi**. As writer Jorge Amado teaches in his book *Tieta*, the recipe is simple: sauté the unripe cashew nuts with dried shrimp, coconut milk and seasonings, cover with beaten eggs and bake in the oven until golden brown. Tender, with a flavor reminiscent of almond, they can be successfully frozen.

MATURI

La noix de cajou encore verte est utilisée dans un plat très célèbre et apprécié au Recôncavo Baiano, la **poêle de macuri**. Comme le dit l´écrivain Jorge Amado dans son livre *Tieta d´Agreste*, la préparation est très simple: un ragoût de *maturi*, des crevettes sèches, du lait de coco et des condiments, tout cela couvert des oeufs battus, mis au four jusqu´à ce qu´il soit doré. Tendre, d´un goût d´amandes, cette noix peut être surgélée.

MAXIXE
Cucumis anguria L.

WEST INDIAN GHERKIN
West Indian Gherkin can be smooth or prickly. The flavor is the same: reminiscent of cucumber, with a touch of acidity. Although the "thorns" become soft after cooking, many people prefer to scrape the vegetable before taking it to the pot. It can be prepared whole or chopped, sautéed or braised to be eaten with rice and beans, or added to meat dishes. Finely diced or sliced, it goes well in salads, and does not even need to be cooked. Of African origin, the West Indian Gherkin is much appreciated in the Northeast of Brazil, where it is cooked with dried shrimp, dendê oil and coconut milk. It is also enjoyed in Rio de Janeiro, in north Minas Gerais, in south Goiás, in Mato Grosso and in Mato Grosso do Sul.

CONCOMBRE ANTILLAIS

Lisse ou avec des épines – il y en a les deux. Pourtant, le goût ne change pas, il rappelle le concombre, avec une touche d´acidité. Magré le fait que les "épines" soient molles après la cuisson, certains préfèrent les enlever avant de les mettre dans la casserole. Il peut être préparé entier ou haché, braisé en bouillon pour manger avec du riz et des haricots ou préparé avec de la viande. Lorsqu´il est coupé en petits cubes ou en lamelles, on peut en consommer sous la forme de salade, sans avoir besoin d´une cuisinière. D´origine africaine, le concombre antillais a beucoup plu aux habitants du Nord-Est, qui le prépare avec des crevettes sèches, de l´huile de palme et du lait de coco. Il est très consommé aussi à Rio de Janeiro, nord de Minas, sud de Goiás, Mato Grosso et Mato Grossso do Sul.

MEL

HONEY
Oldest sweetener in the world, honey is part of the human diet since prehistoric times. A natural sugar substitute, it goes well with fruits, milk, yogurt, crackers, cereals, juices and coffee. It can be used in quick breads and, when added to cake batters, the final product is moister. In confectionery, however, replacing sugar with honey is not that simple. Viscous and with flavor profiles varying from floral to herbaceous (depending on the flowers available in the region it was harvested), it may interfere with the flavor, cooking temperature and texture of preparations. In savory dishes, honey is an ingredient in salad dressings and condiments, and its sweetness is a pleasant contrast to cheeses. Rio Grande do Sul, Paraná and Santa Catarina are the top producers in Brazil.

MIEL

La plus ancienne substance servant à sucrer du monde, le miel fait partie de l´ alimentation humaine depuis la pré-histoire. Remplaçant naturel du sucre, il s´accorde avec des fruits, des yaourts, des biscuits, ces céréales, des jus et du café. Il peut être utilisé comme levain pour des pains de fermentation rapide et, dans des recettes de gâteaux, il assure plus d´umidité à la pâte. Dans la pâtisserie, toutefois, ce remplacement n´est pas si simple. Visqueux et avec des notes qui varient entre le floral et l´herbacé (selon les fleurs et les régions de production), il peut interferer dans le goût, dans le point de cuisson et dans la texture des recettes. Dans des plats salés, le miel est composant de sauces et de salades ou des viandes et établit un délicieux contraste avec une tranche de fromage. Les états de Rio Grande do Sul, Paraná et Santa Catarina en sont les plus grands producteurs brésiliens.

MELAÇO DE CANA

LIGHT MOLASSES
It is one of the by-products of processing sugarcane in the mills. It differs from dark molasses because it has a more liquid consistency, ideal to caramelize sweet or savory ingredients, drizzle over grilled coalho cheese, and smear onto pork ribs. Sugarcane juice that has been decanted, filtered, and boiled is known in Portuguese as *mel de engenho*.

MÉLASSE DE CANNE À SUCRE

Il s'agit de l'un des sous-produits du processus subi par la canne à sucre dans les usines. Il se diffère du *melado* par la consistance plus liquide, idéale pour caraméliser des ingrédients sucrés ou salés, et pour servir comme accompagnement de brochettes de fromage *coalho* et "tartiner" les côtelettes de porc. Le bouillon décanté, filtré et cuit de la canne à sucre est également connu comme "miel du *engenho*".

MELANCIA
Citrullus lanatus

MELANCIA
Fruit of a creeping plant of African origin, watermelon is a far relative of melons. One bite and the red, crunchy pulp releases its delicate aroma and sweet taste. Refreshing and with a high volume of water, it is perfect for juices. It can also be used to prepare ice creams, jams, mousses and salads, among other things. Both the pulp and the rind can be used in confectionery. Grown in all regions of Brazil except North, watermelon is a good source of potassium, fiber, lycopene and vitamins A, B6 and C. It is low calories and can be beneficial to people suffering from vascular conditions and hypertension. It is harvested from September to April.

PASTÈQUE
Fruit d'une plante rampante africaine, la pastèque est voisine distante du melon. Lorsque l'on la croque, sa pulpe rouge à l'odeur délicate possède une consistance croquante et un goût doux. Rafraîchissante et avec une grande concentration d'eau, elle est excellente sous la forme de jus. Des sorbets, des confitures, des mousses et des salades sont aussi parmi les préparations possibles du fruit. En plus de sa pulpe, son écorce peut encore être utilisé pour des confits. Cultivée au Centre-Ouest, au Nord-Est, au Sud-Est et au Sud, la pastèque est une source de potassium, des fibres, de lycopène et des vitamines A, B6 et C. Elle possède de basses calories et aide dans les traitements vasculaires et de hypertension. La récolte a lieu de septembre à avril.

MELÃO
Cucumis melo

MELON
Of Asian origin, melon loves hot weather and grows well in the Northeast region of Brazil. Among the varieties most easily found in the country are the honeydew (yellowish, slightly rough skin, with greenish white or beige pulp), the Canary melon (smooth yellow skin with white flesh), the Crenshaw (with smooth yellowish rind and orange pulp), and the cantaloupe (with light-green grayish, reticulated skin and salmon pulp). They can all be eaten fresh or used in smoothies, juices, mousses and ice creams. The texture and delicate aroma of the fruit allows it to be also used in savory dishes, to add a touch of sweetness to hors d'oeuvres, salads and risottos. For a long time, the Italian combination of ham and melon was ubiquitous in the Brazilian fine dining scene, but nowadays, it is not as common anymore.

MELON
D'origine asiatique, le climat chaud est idéal pour le melon, car il se développe très bien au Nord-Est du Brésil. Parmi les types les plus communs il y a le jaune (écorce jaune peu rugueuse et pulpe blanche verdâtre ou crème), le *pingo de mel*, (à l'écorce lisse et pulpe blanche), l'orange (à l'écorce jaune lisse et pulpe orange) et le cantalupo (ou cantaloupe, à l'écorce rayée vert clair griseâtre et pulpe saumon). Tous peuvent être consommés *in natura*, et existent sous la forme de jus, des boissons rafraîssantes, des mousses et des glaces. La texture et l'arome délicats du fruit permettent également de faire la finition des plats et donner une goût sucré léger à des canapés, des salades et des risottos. Pendant quelque temps, la combinaison italienne de jambon avec du melon faisait partie des repas sophistiqués au Brésil, mais aujourd'hui elle en est un peu rare.

MEXERICA MURCOTE
Citrus reticulata Blanco x Citrus sinensis Osbeck

MURCOTT
Called *mexerica*, *tangerina* or *bergamota*, depending on the region of the country, the Murcott is a hybrid of sweet orange and *Citrus reticulata Blanco* mandarin. Also known in English as honey tangerine, the fruit is aromatic and has a thin peel that is closely attached to the segments. It has a higher content of vitamin C than the ponkan variety. Good for fresh consumption and also to prepare juices, *caipirinhas*, marinades and cakes. In Brazil, the South and Southeast regions lead the production and consumption of the fruit. Best harvest: from July to October.

MANDARINE MURCOTE
Appelée *mexerica*, tangerine ou *bergamota* selon la région du Brésil, la mandarine est un fruit hybride entre une orange et une tangerine de l'espèce *Citrus reticulata Blanco*. Parfumée, elle possède une écorce fine et très collée aux gousses et un taux de vitamine C beaucoup plus élevé que la variété *poncã*. Très bonne pour la consommation *in natura* et pour faire des jus, des *caipirinhas*, des plats marinés et des gâteaux. Au Brésil, les régions Sud et Sud-Est en sont les principales productrices et en possèdent le plus grand nombre de consommateurs. Les meilleures époques pour sa consommation: de juillet à octobre.

MEXERICA PONCÃ
Citrus reticulata Blanco

PONKAN
This extremely high yield variety – almost half of its weight is juice – accounts for 50% of the mandarin / tangerine market in Brazil. The thick peel comes off easily to reveal segments of intense color that can be separated effortlessly. Just as it happens with Murcotts, the production and consumption are concentrated in the South and Southeast regions. The culinary uses are also similar: juices, *caipirinhas*, sauces, marinades, confections, jams, and cakes, among other. The season runs from March to July.

MANDARINE PONCÃ
Cette variété extrêmement juteuse – presque la moitié du poids des fruits correspond au suc – est responsable pour plus de la moitié des ventes de mandarines au Brésil. Avec une écorce épaisse, elle est simple à peler et possède des gousses de couleur vive qui se séparent facilement. De la même manière que la mandarine *murcote*, sa production et sa consommation se concentrent dans la région Sud et Sud-Est; son usage culinaire en est aussi semblable: des jus, des *caipirinhas*, des sauces, des plats marinés, des confits, des confitures, des gâteaux, entre autres recettes. La récolte a lieu entre mars et juillet.

MEXILHÃO
Perna perna

BROWN MUSSEL
Present in menus all over Brazil, this mussel is more abundant in coastal Rio de Janeiro, São Paulo and Santa Catarina states, where it is also farmed. Mollusk protected by two shells, its

lean flesh is high in proteins and vitamin B12. In Brazilian markets, it is sold with and without the shells, fresh or frozen (males are beige in color and females, orangey). They are simple to prepare: come off the shells easily and can withstand overcooking quite well. In Brazil, mussels are often served with a vinegary tomato and onion salsa, but they can also be added to soups, seafood stews and pasta recipes. Better when harvested in the months of March, June, October and December.

MOULE
Elle apparaît dans des cartes de tout le Brésil, mais elle est abondante dans le littoral de Rio de Janeiro, São Paulo et Santa Catarina, où il y a de grands élevages. Il s´agit d´un molusque protégé par deux coquillages, il possède la chair maigre, riche en protéines et en vitamine B12. Dans les marchés, elle peut être retrouvée avec ou sans coquillage, fraîche ou surgélée (les mâles possèdent la couleur crème et les femmelles, une couleur orangeâtre). Elles sont très faciles de préparer. Elles se détachent facilement des coquillages et supportent bien la cuisson. La préparation avec une sauce vinaigrette est la plus courante, mais la chair peut être incorporée à des soupes, des ragoûts avec des fruits de mer et des recettes de pâtes. Les meilleurs mois pour la consommation: mars, juin, octobre et décembre.

MILHARINA

QUICK GRITS
Commonly used in Brazil to prepare cakes with a moister texture and a more homemade flavor (which are delicious with a cup of coffee), the product can be also used to prepare hard and soft polenta, porridges, and **cuscuz** (Brazilian molded corn couscous). Quick grits are precooked corn grits. In Brazil, the yellow version is more common than the white. It is an industrialized product sold in packages, with no added sugar, but containing more moisture and added iron and folic acid. Quick grits are used in several popular dishes in the Southeast and Northeast regions.

MILHARINA
Très utilisé dans des pâtisseries, surtout des gâteaux avec un goût fait maison, de texture umide, excellents pour être consommé avec du café. Cet ingrédient est utilisé aussi dans la préparation de la polenta, du couscous, du angu et des bouillies. Obtenu à partir de flocons de maïs pré-cuits, la Milharina est différente des flocons de céreales servies au petit déjeuner, par exemple. Vendues dans des paquets, elle n´a pas d´addition de sucre, mais elle est plus umide et présente le fer et l´acide folique. Des produits faits avec de la Milharina sont très communs dans les régions Sud-Est et Nord-Est.

MILHO-VERDE
Zea mays L.

FRESH CORN
Just as squashes, peppers and cassava, corn was another gift of the Americas to the rest of the world. Very versatile, it is the corn on the cob people eat in Brazil at the beach, the popcorn sold at movie theaters worldwide, the flour used to make warm **Broa** (cornmeal cream puff), and creamy soups with *cambuquira* (squash buds, flowers and young leaves), **Pamonha** (Brazilian fresh corn tamales) and **Curau** (fresh corn custard). Corn is sold on or off the cob, with or without the husks, in dried or fresh form – which is creamy and slightly sweet. It is ubiquitous in Brazilian street and farm markets year-round, and decorates the stands with its very Brazilian green-and-yellow color. During the June Festivities, corn becomes the top star: "June, month of St. John, is the month of corn, festive, boisterous, unforgettable, from the humble popcorn to the artistic cake," says Câmara Cascudo in *História da alimentação no Brasil* (History of Food in Brazil). In Brazil, production concentrates in the states of Mato Grosso, Minas Gerais, Paraná and Rio Grande do Sul.

MAÏS
De la même manière que la courge, les piments et le manioc, le maïs a été un autre cadeau de l´Amérique au monde. Très versatile, des épis au beurre, consommées au bord de la mer, du popcorn vendu dans des charriots à l´entrée des cinémas, des **broas** (genre de brioche) très chaudes, des farines et des canjicas, des **soupes avec de la *cambuquira*,** des **pamonhas** et des **curaus**: en voilà plusieurs manières d´en consommer. Les grains enlevés ou tout entier, avec ou sans feuilles, les grains frais ou secs, crémeux et légèrement douceâtres, il apparaît dans les marchés pendant toute l´année, décorant les kiosques avec sa combinaison vert–jaune, très brésilienne. Pendant les fêtes de Saint Jean, il en est le roi. "Juin, le mois de Saint Jean est le mois du maïs, festif, sonore, inoubliable, du modeste popcorn au gâteau artistique" raconte Câmara Cascudo dans son livre *História da Alimentação no Brasil*. Au Brésil, sa production se concentre dans les états de Mato Grosso, Minas Gerais, Paraná et Rio Grande do Sul.

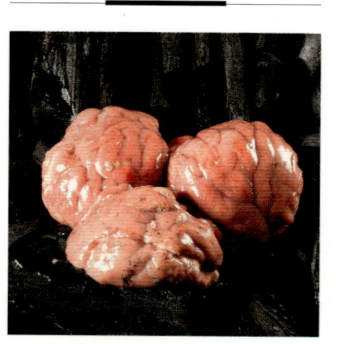

MIOLO BOVINO

BEEF BRAIN
It is not very easy to find beef brain in regular butcher shops in Brazil – to make sure you will get it, it is better to call first and preorder. The most common method of preparation involves parboiling the whole brain, cutting it into pieces, and then breading and deep frying. It can also be cooked and added to dumplings.

CERVELLE DE BOEUF
Ce n´est pas très facile d´en trouver dans des boucheries ordinaires – pour en assurer le fournissement il vaut mieux en commander préalablement. Le moyen de préparation le plus commun est celui où l´on fait bouillir la cervelle, on la coupe en morceaux, on les pane et on les frit. Elle peut également entrer dans la préparation de la pâte de croquettes.

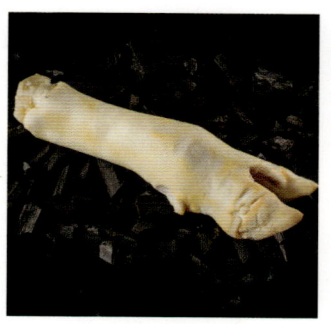

MOCOTÓ BOVINO

BEEF FEET
Tasty, beef feet are rich in collagen, a protein present in the skin and tendons of animals. In butcher shops in Brazil, they are sold without the skin and the nails, blanched and ready to go to the pot. They are the main ingredient of the invigorating **Caldo de mocotó**, a beef foot broth commonly served in Rio de Janeiro and in several places in the Northeast, and can also be added to soups and stews. The collagen is the main ingredient, as well, used to prepare the confection **Geleia de mocotó** at home. In the Northeast region, beef feet are called *mão-de-vaca* (literally, "cow hand").

MOELLE DE BOEUF
Savoureuse, la patte de boeuf est riche en collagène, une protéine qui sort de la peau et des tendons des animaux. Dans les boucheries, elle apparaît déjà sans le cuir et les sabots, blanchâtre et prête pour être cuite pour la préparation du revigorant **bouillon de moelle**, très commun dans l´état de Rio de Janeiro et dans plusieurs parties de la région Nord-Est, ou bien pour enrichir la préparation de tripes et des assortiments de viandes. Le collagène contribue aussi à la recette maison de **confiture de moelle**. Dans la région Nord-Est, cette coupe est nommée *mão de vaca*.

MOELA DE FRANGO

CHICKEN GIZZARD

Part of the digestive system of birds, the gizzard sold in Brazil comes from all over the country, but mostly from Paraná and Rio Grande do Sul, where chicken, turkey and duck are commercially raised. It is high in nutrients, has a firm texture and intense flavor, but it is often rejected by the general public, like most offal. Still, it can be seen in the appetizer menus of many *botecos* throughout Brazil. Without the external skin, it is appreciated as an ingredient in sauces, side dishes, and stuffing recipes.

GÉSIER DE POULET

Étant une partie du système digestif des volailles, le gésier est préparé dans toutes les régions du Brésil, mais notamment au Paraná et au Rio Grande du Sul (où le poulet, la dinde et le canard sont des sources traditionnelles). Comme la plupart des abats, il possède une haute valeur nutricionnelle, une texture ferme, une saveur intense et une certaine résistance de consommation du grand public. Malgré cela, il est très apprécié comme amuse-bouche dans les bars du pays. Sans la peau extérieure, il est apprécié également dans des sauces, dans des garnitures et dans des farcis.

MORANGO
Fragaria x ananassa Duch.

STRAWBERRY

Ice creams, juices, cakes, pies, candies, jams, mousses, yogurts… the applications of this heart-shaped red berry in confectionery and pastry are limitless. It can be used to decorate desserts or be the main attraction in preparations such as pavlova – strawberry served with whipped cream and crispy meringue. The fruit also features as an ingredient in salads, sauces and risottos. The slightly acidic flavor goes well in hot, cold, sweet and savory dishes, as well as in soft drinks, cocktails (such as *caipirinha*), and liqueurs. A source of vitamins, potassium, calcium, magnesium, fiber, and antioxidants, strawberry strengthens the immune system, has anti-inflammatory action, and healing properties. Grown in the Southeast and South regions of Brazil, it can be found in markets almost year round, but the best are harvested in July and August.

FRAISE

Des glaces, des jus, des gâteaux, des tartes, des chocolats, des confitures, des mousses, des yaourts. Avec ce petit fruit rouge à la forme de coeur, il n´y a pas de limites dans la pâtisserie. Il peut décorer des desserts ou en être l´élément le plus important tels les fraises avec de la crème chantilly ou le meringue. Ce fruit est aussi présent dans la préparation de salades, des sauces et de risottos. En plus de la saveur légèrement acide s´adapter bien à des plats chauds et froids, sucrés et salés, la fraise compose des cocktails, des *caipirinhas* et des liqueurs. Source de vitamines, de potassium, de calcium, de magnésium, des fibres et des antioxydants, il fortifie le système immunologique, présente une action anti-inflammatoire et aide dans le processus de cicatrisation. Cultivée dans Sud-Est et Sud du Brésil, elle est toujours présente dans des marchés et marchés en plein air presque toute l´année. Cependant, les mois de juillet et août sont les meilleurs pour la consommation.

MORTADELA

MORTADELLA

This large, sausage-like lunch meat, cut into very fine slices, is used to prepare a traditional and celebrated sandwich served at the Municipal Market of São Paulo city. It can also be used as filling for fritters, turnovers and savory pies. Of Italian origin, mortadella has always been associated with its most famous production center, the city of Bologna, in the north of the country. There, the traditional recipe is made only with cooked pork and cubed pork fat. This imparts a slightly sweet flavor to the final product. In Brazil, mortadella (like American bologna) can be made with other meats besides pork (such as chicken and beef), and it has a higher calorie content.

MORTADELLE

Coupé en lamelles fines, la mortadelle se transforme dans une farce de sandwichs très populaire, comme celui du Marché Municipal de São Paulo, très célèbre. Elle peut encore farcir des croquettes, des beignets et des tartes. D´origine italienne, cette charcuterie a son nom constamment associée au plus célèbre centre de production, la ville de Bologne, au Nord du pays. Là-bas, la recette officielle est composée seulement de viande de porc cuite, ajoutée à des morceaux réguliers de graisse pure. La formule provoque un goût légèrement doux. Au Brésil, le produit généralement est élaboré avec plus d´un type de viande (coupes de porc, de boeuf et de poulet peuvent composer la recette) et un plus grand pourcentage calorique.

MURICI
Byrsonima crassifolia

NANCE

Flavorful, slightly acidic and pleasantly aromatic, this fruit is yellow and smaller than a cherry. It is native to the North and Northeast regions of Brazil, but it can also be found in areas of Atlantic rainforest, backlands and savannahs. The pulp yields a refreshing juice and can still be used to make confections and ice creams. According to Brazilian writer Câmara Cascudo, the fruit pounded with manioc flour and sugar is called **cambica de murici**, a fortifying and healthy food.

MURICI

Savoureux, légèrement acide, ce fruit au parfum agréable – plus petit qu´une cerise – est natif des régions Nord et Nord-Est du Brésil, mais il existe aussi dans certaines régions de la Forêt Atlantique, dans des *sertões* et des *cerrados*. On peut faire de la pulpe un jus rafraîchissant qui peut être utilisé également dans la production de confits et de sorbets. Selon l´écrivain Câmara Cascudo, les fruits macérés avec de la farine et du sucre forment la *cambica de murici*, fortifiante et saine.

MÚSCULO BOVINO

BONELESS BEEF SHANK

With low fat content and thick fibers, this tasty beef cut from the animal's leg calls for slow, moist cooking – it is therefore ideal for meat stews, sauces, soups, and broths. Shredded, the meat can be added to salads or used to prepare **Carne louca** (seasoned meat served cold as a filling for sandwiches).

GÎTE DE BOEUF

Riche en fibres et pauvre en graisse, cette coupe savoureuse retirée de la jambe du boeuf exige une longue cuisson en ambiance umide – elle est idéale, donc, pour la **carne de panela** (genre de boeuf bourguignon) ou pour les sauces, les soupes et les bouillons. Éffilée, la gîte peut être utilisée dans des salades ou dans la recette de **carne louca** (une sorte de ragoût).

NAMORADO
Pseudopercis numida

NAMORADO SANDPERCH
Commercially, namorado sandperch is on the list of highly prized marine fish. The white flesh has a pleasant flavor and few bones. It can be prepared in several ways: simmered in a broth with vegetables, seasonings and wine; stewed; and roasted, stuffed or not. Moreover, it is one of the most popular fish to prepare **moqueca**, the Brazilian version of fish stew. It is more commonly found in the Southeast and South regions, where the best times for consumption run from March to May, and from September to November. It can be easily confused with tile fish (*Lopholatilus villarii*), which has similar characteristics, but is commercially less valuable.

PINGE NAMORADE
Sous le point de vue commercial, ce poisson est dans la liste de poissons nobles d´eau salée. Sa chair, blanche, possède un goût léger et peu d´arêtes. Il peut être préparé de façons diverses: bouilli dans un bouillon de plantes herbacées, de condiments et de vin, cuit, rôti et farci. En plus, il s´agit de l´un des poissons les plus recherchés pour la préparation de **moquecas** (sorte de bouillabaisse). Il est courant dans la région Sud-Est et Sud, où les meilleures époques pour sa consommation sont de mars à mai et de septembre à novembre. Il peut être facilement confondu avec le *peixe-batata* (*Lopholatilus villarii*), qui possède des caractéristiques similaires, mais avec une valeur commerciale inférieure.

NATA

NATA
Creamy, dense and rich, *nata* (literally "cream", similar to heavy / double cream) is a dairy product mostly available and used in Southern Brazilian cuisine. In the mountainous regions of Rio Grande do Sul called Serra Gaúcha, it is part of the plentiful colonial breakfast tables in Nova Petrópolis, and is always served as a side for the popular apfelstrudels of Canela. It is also used to prepare cakes, fillings, pies and cookies. In Brazil, there aren't many varieties of fresh cream in the market. Some use the word *nata* as a synonym for *creme de leite* (whipping cream), but it's not. Regular cream has, on average, 20% fat, and *nata* has a fat content of at least 40% (heavy / double cream is even richer, with a 48% fat content).

CRÈME
Crémeuse, dense et onctueuse, la crème est un dérivé du lait qui en fait toute la différence dans la culinaire du sud du pays. Dans la Serra Gaúcha, elle peut être servie avec un petit café, elle fait partie des chás et cafés coloniais (des buffés copieux, où sont servies du thé, du café, des pâtisseries et d´autres aliments propres du petit déjeuner) de Nova Petropolis et sert comme garniture des célèbres apfeltrudels à Canela. Elle peut être utilisée également dans la préparation de gâteaux, des tartes, des biscuits et des plats farcis en général. La crème rappelle une crème chantilly. Il y en a ceux qui la définisse comme un synonyme de crème de lait, mais c´est faux. La crème de lait en boîte possède, en moyenne 20% de graisse, tandis que la crème présente un taux au-dessus de 40%.

NÉCTAR DE ABELHAS NATIVAS

WILD BEE NECTAR
This natural product elaborated by wild bees has a higher concentration of water, more pronounced acidity and lower amounts of sugar – and for these three reasons, it cannot be called "honey". In Brazil, there are about 300 species of native wild bees, such as *jataí* (easy to keep in São Paulo) and *mandaçaia* (common in the Northeast), producing this nectar. The flavor profile changes depending on the species, season of the year, and region of the country. Therefore, the complexity of aromas and flavors is limitless – they can be reminiscent of flowers, grass, wood, olives and smoke. A few drops make all the difference in finishing a sauce or a dessert. Fun fact: because of the low volume of native wild bees' nectar, the price can be ten times greater than the price of regular honey.

NECTAR D´ABEILLES NATIVES
Le nectar a plus de concentration d´eau, possède une acidité plus remarcable et une plus petite quantité de sucre – et, à cause de ces trois éléments différents, il ne peut pas être calssifié comme miel. Au Brésil, il y a autour de 300 espèces d´abeilles natives, comme la jataí. (facile d´élever à São Paulo) et la mandaçaia (très significative au Nord-Est) responsables pour la production du nectar. Le produit présente des caractéristiques qui changent en fonction de l´espèce, l´époque et la région. Ainsi, la complexité d´aromes et de goûts n´ont pas de limites – ils peuvent remettre à des fleurs, des herbes, du bois, des olives et des produits fumés. Quelques petites gouttes font toute la différence dans la finition d´une sauce ou d´une pâtisserie. Une curiosité: à cause de la basse production des abeilles natives, le nectar peut atteindre un prix dix fois plus cher que celui du miel.

NECTARINA
Prunus persica var. nucipersica

NECTARINE
With reddish smooth skin and yellow flesh, nectarines are the result of a natural mutation in peaches. In Brazil, the tree usually starts to bear fruit at the end of October and, therefore, nectarines are usually associated with year-end celebrations. The consumption is limited mainly to the South and Southeast regions, where they are also cultivated. Rio Grande do Sul accounts for almost half of national production. Besides being served fresh, they can be used to prepare compotes, juices, fruit salads, and preserves.

NECTARINE
Ayant la peau lisse et rougeâtre et la pulpe jaune, la nectarine est le résultat d´une mutation naturelle du pêchier. En général, son arbre commence à fructifier fin octobre et, pour cela, elle est associée aux fêtes de fin d´année. Au Brésil, la consommation est limitée principalement aux régions sud et sud-est, où se concentrent les plantations – l´état de Rio Grande do Sul est responsable pour presque la moitié de la production nationale. Elle est servie *in natura* et également sous la forme de conserves, de jus, de salades de fruits et de confitures.

NÊSPERA
Eriobotrya japonica

LOQUAT
Orangey-yellow and small, this fruit has an elongated shape and velvety skin, like peaches. The delicate, sweet and juicy pulp is an invitation to eat it fresh. But the fruit can also be used in jellies, jams, compotes and liqueurs. The tree is native to China, but it was the Japanese who perfected the plant and spread the seeds to other regions. In Brazil, loquat trees can be found in many backyards. As for commercial production, the city of Mogi das Cruzes, in São Paulo state, stands out as the top domestic producer. The best season runs from March to September.

NÈFLE DU JAPON
Orangeâtre et petit, il a le format allongé et la peau veloutée

comme la pêche. La pulpe délicate, douce et juteuse motive la consommation *in natura*. Mais ce fruit est utilisé également dans les gélatines, des confitures, des compotes et des liqueurs. L´arbre a une origine chinoise, mais ce sont les Japonais qui ont perfectionné l´espèce et ont amené des semis pour d´autres régions. Au Brésil, il n´est pas rare, il est possible retrouver des néfliers dans quelques basses-cours. Quand on parle de plantation commerciale, la ville de Mogi das Cruzes, dans l´état de São Paulo, se montre comme un grand producteur national. La meilleure époque pour la consommation est de mars à septembre.

NOZ
Juglans regia L.

WALNUT
Also known as Persian and English walnut, the common walnut is the fruit of the walnut tree, ubiquitous in Southeast Asia, the Far East and the Americas. The hard shell stores a nut high in omega-3 polyunsaturated fat – which gives it a high nutritional content, but also favors rancidity. If kept in a cool, dark environment, it retains the flavor and is a good addition to savory and sweet dishes. It can be used in stews, *farofas* (seasoned manioc flour), salads, rice, in fillings for fresh pasta, sauces, breads, cakes, pies, ice creams, custards, trifles, and puddings. Candied walnuts give a crunchy touch to salads and desserts. They may also be eaten on their own. Walnuts are sold in Brazil both whole and shelled.

NOIX
Ce que nous connaissons comme noix, au Brésil est fruit du noyer, une espèce très courante dans le sud-est asiatique, dans l´extrême Orient et dans les Amériques. La coque dure, garde une oléagineuse riche en acide gras oméga-3 poly-insaturé, ce qui lui donne un taux nutritionnel élevé – mais qui provoque un goût rance. Conservé dans une ambiance froide et sombre, elle garde la saveur et peut être utilisée dans de bonnes recettes de plats salés et sucrés. Elle peut être utilisé dans les ragoûts, des *farofas*, des salades, du riz, farcir des pâtes fraîches, composer des sauces, des pains, des gâteaux, des tartes, des glaces, des crèmes, des pavés et des flans. Si elle est caramélisée, elle donne une touche croustillante à des salades et des confits. Elle peut être aussi consommée *in natura*. Elle est vendue avec ou sans la coque.

NOZ-MOSCADA
Myristica fragrans

NUTMEG
This spice goes well with milk and egg-based recipes, and is essential in béchamel, the classic white sauce of French cuisine. It can be used to season cream soups (especially winter squash and cheese), poultry, teas, coffee and milk beverages, cakes, cookies and custards. The fresh pine notes, woody and citric, may be destroyed when subjected to high temperatures. Therefore, the ingredient is fully flavorful and aromatic when freshly grated right before serving. Fruit of an Asian tree, nutmeg is a small, oval seed sold whole or ground.

NOIX MUSQUÉE
Des recettes à base de lait et des oeufs s´accordent très bien avec de la noix musquée, épice incontournable dans la sauce béchamel, une sauce classique de la cuisine française. Elle peut être utilisée aussi pour assaisonner des soupes (de courge et de fromage, en particulier), des volailles, des thés, du café au lait, des gâteaux, des biscuits et des crèmes. Des notes fraîches avec une touche boisée et citrique peuvent se perdre lorsqu´elle est soumise à des hautes température. Pour cela, l´ingrédient atteint la plenitude de saveur et l´arome lorsqu´il est râpé sur le moment et ajouté à la recette seulement au moment de la finission. Fruit d´un arbre asiatique, la noix musquée est une graine petite, oval qui peut être acheté entière ou en poudre.

NOZ-PECÃ
Carya illinoensis K.

PECAN
Toasted, salted or unsalted, it is a good snack and adds a crunchy touch to green salads. But the sweet and buttery flavor also goes well in breads, cakes and other pastries and confections. Compared to walnuts, pecans have a longer, more flattened shape. The cultivation in Brazil started in the South region, in the 1940s, using seedlings coming from the United States and Canada. Today, the production is concentrated in Rio Grande do Sul and some municipalities in western Paraná. But the harvest meets only 30% of the country's market, the rest is imported.

NOIX DE PÉCAN
Torréfiée ou salée, la noix de pécan est un bon amuse-bouche et peut accorder une touche croquante à une salade de feuilles – mais son goût doux et beurré se combine également avec la production de pains, de tartes et d´autres mets de pâtisserie. Par rapport aux noix "ordinaires", elle a une forme plus longue et plate. Les noix pécan ont commencé à être cultivées au sud du Brésil, dans les années 1940, avec des semis venus des États-Unis et du Canada. Aujourd´hui la production de cettte noix se concentre dans l´état du Rio Grande do Sul et dans quelques villes de l´ouest du Paraná, mais seulement 30% du marché brésilien est fourni par la récolte. Le reste de la demande est importé.

ÓLEOS

OILS
Soybean, canola, corn and sunflower are oils commonly found in any kitchen. What few people know, though, is that Brazil produces a variety of other oils that end up being restricted to regional use. In the countryside of Piauí, for example, the oil obtained from babassu, with a slightly smoky flavor, is a popular choice for deep-frying and sautéing. Extracted from an Amazonian palm tree, açai oil can substitute olive oil in salads or to finalize other recipes with a special touch. And coconut oil, which has now become more widespread due to its antioxidant properties, can be successfully used both in savory and sweet preparations.

HUILES
Des huiles de soja, de maïs, et tournesol sont très courantes dans la cuisine. Cependant, ce qui peu de gens savent est que le Brésil produit de divers types d´huile qui sont limitées à un usage régional. À la campagne du Piauí, par exemple, la variété obtenue du *babaçu*, avec un goût un peu fumé, est le choix courant pour faire des fritures et des ragoûts. Extrait d´un palmier amazonien, l´huile d´açaí peu remplacer l´huile d´olive pour assaisonner des salades ou faire la finition de recettes. Et l´huile de coco, qui est plus diffusée en fonction de ses propriétés antioxydantes, peut composer aisément des plats salés ou sucrés.

ÓLEO DE AÇAÍ

AÇAI OIL
Extracted from the fruits of *Euterpe oleracea* palm tree, this oil has the same dark purple color of açai. High in monounsaturated and polyunsaturated fatty acids, it is indicated to prevent heart disease. It can be used to dress

salads, or to finalize dishes, as a replacement for olive oil. Due to its hydrating and antioxidant properties, açai oil is also used in the cosmetic industry.

HUILE D´AÇAÍ
Extrait des fruits du palmier *Euterpe oleraceae*, qui possède la même couleur foncée et violâtre de l´*açaí*. Riche en acides gras mono-insaturés et poly-insaturés, indiqués pour la prévention de maladies cadiovasculaires, il peut être utilisé pour assaisonner des salades ou dans la finition de recettes à la place de l´huile d´olive. En fonction des propriétés hydratantes et anti-oxydantes, il est aussi employé par l´industrie cosmétique.

ÓLEO DE BABAÇU

BABASSU OIL
This oil of slightly smoked flavor is the oil of choice in the kitchens of countryside Piauí, where it is used for deep frying and sautéing. The yellowish color can become milky, depending on the room temperature. In the food industry, babassu oil is used to prepare ice creams and margarine.

HUILE DE BABASSU
Avec un goût un peu fumé, l´huile de babassu est par excellence l´huile des cuisines de l´état du Piauí, utilisé dans des fritures et des plats braisés. Ayant une couleur jaunâtre, il peut devenir laiteux, selon la température ambiante. Dans l´industrie des aliments, il est utilisé dans la fabrication de glaces et des margarines.

ÓLEO DE BURITI

BURITI OIL
Yellowish oil obtained from the buriti fruit pulp, with pleasant flavor and scent, high in oleic acid and beta carotene. In the kitchen, it can be used for frying, sautéing and stewing. Due to the antioxidant properties, it is also highly valued in the cosmetic industry to manufacture skin and anti-aging products. In the Cerrado (Brazilian savannah) and the Amazon regions, native peoples use buriti oil to treat snake bites and sunburn.

HUILE DE BURITI
Obtenue à partir de la pulpe du *buriti*, il s´agit d´un produit de couleur jaunâtre avec un parfum et goût agréables, riche en acide oléique et en bêta-carotène. Dans la cuisine, elle peut être utilisée dans les fritures, dans les sauces et dans des aliments braisés. En fonction de ses propriétés antioxydantes, elle possède également beucoup de valeur pour l´industrie cosmétique dans la fabrication de produits pour faire rajeunir la peau. Dans le Cerrado et dans l´Amazonie, la population locale (*cabocla*) a l´habitude de passer l´huile de *buriti* sur des morsures de serpent et sur des brûlures de soleil.

ÓLEO DE CASTANHA

NUT OIL
Cold pressed, nut oils can be as healthy as extra virgin olive oil. Therefore, it may be a good substitute for this ingredient. Fine-textured, slightly yellow and with a distinctive flavor of the nut from which it was extracted, nut oils cans be used in salads and vegetables dishes, and to prepare desserts, replacing butter. They can be extracted from several nuts. When buying Brazil nut oil produced in the country, it is worth paying attention to the composition. This oil is high in selenium, a chemical compound that can help prevent cancer. However, if ingested in large amounts, it can be toxic. The World Health Organization recommends a maximum intake of 0.5 ounce of Brazil nut a day.

HUILE DE CHÂTAIGNE
Extraite à froid, l´huile de châtaigne est aussi saine que celle d´olive. Pour cela, elle peut être un bonne remplançante ce celle-ci. Elle présente une texture fine, jaune clair et avec un goût caractéristique de châtaigne et peut être un composant de recettes de salades et de légumes ou dans la préparation de plats sucrés au lieu du beurre. Il est possible extraire cet ingrédient de n´importe quelle variété de châtaigne. Dans le cas de la noix-du-brésil, typique du pays, il faut faire attention à la quantité: elle possède un taux très élevé de sélénium, un élément chimique qui peut aider à la prévention du cancer. Toutefois, dans une consommation exagéré, cette substance est toxique. L´Organisation Mondiale de la Santé recommende l´ingestion maximale de 14 grammes de noix-du-brésil par jour.

ÓLEO DE COCO

COCONUT OIL
Recently, coconut oil started to show up in the shopping list of many people because of the health benefits claimed on top of the weight loss promises. But its use in the kitchen goes beyond diets. With a mild coconut flavor, it can be used to replace cooking oil in the preparation of sweet and savory recipes such as stews, soup, cakes, and salad dressing, instead of olive oil. Extracted from ripe coconuts, the oil does not need to be subjected to chemical or high temperatures during processing, which results in a product high in antioxidants, indicated in the prevention and treatment of cardiovascular diseases, to slow down aging and to improve blood circulation.

HUILE DE COCO
Il y a peu de temps, l´huile de coco est entré dans la liste d´achats de plusieurs personnes à cause des bénéfices portés à la santé, et en plus aux promesses pour mincir. Mais son usage dans la cuisine dépasse les diètes. Avec un goût léger du fruit, il peut remplacer l´huile de cuisine dans la préparation de recettes sucrées et salées, tels les ragoûts, les soupes, les gâteaux et aussi pour assaisonner des salades au lieu de l´huile d´olive. Dérivée du coco mûr, l´huile n´a pas besoin de subir de procédures chimiques ou être exposé à des hautes températures pendant leur extraction, ce qui en résulte dans un produit riche en antioxydants, indiqué pour la prévention et le traitement de maladies cardiovasculaires, pour ralentir le vieillissement et améliorer la circulation du sang.

ÓLEO DE MILHO

CORN OIL
A pale yellow oil with mild flavor, it is obtained from the germ of the corn kernels. Although it has saturated fat, it is also rich in omega-6 and monounsaturated fat, which is beneficial to the body. It can be used in hot and cold dishes.

HUILE DE MAÏS
Jaune pâle, au goût léger, il est obtenu à partir du germen des grains de maïs. Malgré le fait qu´il présente de la graisse saturée, il est également riche en oméga-6 et des graisses mono-insaturées, qui présentent des effets bénéfiques à l´organisme. Il peut être utilisé chaud ou froid.

ÓLEO DE PATAUÁ

PATAWA OIL
Native to the Amazon, the palm tree *Oenocarpus bataua* Mart. is present in the forests of Bolivia, Colombia, Ecuador, Peru, and Venezuela; in Brazil, it is more frequent in the states of Acre, Amazonas, Pará and Rondônia. An elaborate homemade method for processing the nuts is used to extract their oil, good for frying and to prepare salad dressings. With high content of amino acids and unsaturated fatty acids, it can replace olive oil in many preparations. During the Second World War, Brazil even exported some patawa oil as an alternative to olive oil. The fruit is also used to produce a "wine", *vinho de patuá*, which is in fact the juice extracted from the pulp and sold at Ver-o-Peso stalls in Belém. In the cosmetic industry, the oil is used as a moisturizer in body and hair products. In folk medicine, people drink patawa oil as a laxative and to fight asthma.

HUILE DE PATAWA
Typique de l´Amazonie, le patauazeiro, l´arbre de patawa (*Oenocarpus bataua* Mart.) est présent dans les forêts de la Bolivie, de la Colombie, de l´Équateur, du Pérou et du Venezuela; au Brésil, elle est présente dans les états de l´Acre, de l´Amazonas, du Pará et du Rondonia. À partir d´un processus très élaboré de fabrication domestique, les fruits fournissent une huile idéale pour les fritures et pour des sauces de salades. Riche en acide aminés et acides gras insaturés, elle peut être utilisée pour remplacer l´huile d´olive – pendant la Seconde Guerre Mondial, le Brésil a exporté le produit fait de patawa comme alternative à l´huile d´olive. Les fruits de ce palmier sont aussi utilisés dans la fabrication d´une sorte de "vin", comme est nommé le suc extrait des graines et vendu dans des kiosques dans le Mercado Ver-o-Peso, à Belém. Dans l´industrie cosmétique, cette huile apparaît comme ingrédient d´hydratants pour le corps et les cheveux et, dans la médicine populaire, on en prend comme laxatif et pour combattre asthme.

ÓLEO DE PEQUI

PEQUI OIL
The pulp of *pequi* drupes, fruit also known as souari nut in English, can be eaten as a fruit or transformed into an orange, aromatic oil of intense flavor, mostly used in the Midwest, Northeast and Southeast regions of Brazil. It is used as seasoning, as an ingredient for pickled hot peppers, and also to replace olive oil and *pequi* pulp in some dishes, such as mashes and sauces. In Tocantins, it is part of rural workers breakfast, mixed with manioc flour and salt and accompanied by rapadura. High in vitamin A, calcium, iron and copper, it has medicinal and phytoteraputic use (to fight bronchitis and flu), and is used in the cosmetics industry. In more traditional extraction methods, the oil is obtained from both the pulp and the nut.

HUILE DE PEQUI
La pulpe du *pequi* a une double utilisation: en plus d´être consommé comme fruit, donne origine à une huile de couleur orangeâtre, aromatique et de goût intense, plus commun au Centre-Ouest, au Nord-Est et au Sud-Est. Elle est utilisée comme condiment, dans les procédure de fermentation de piments ou alors pour remplacer l´huile d´olive et la pulpe de *pequi* dans quelques préparations culinaires, telles les purées et les sauces. Au Tocantins, il fait partie du petit déjeuner des paysans une *paçoca* de farine de manioc avec l´huile de *pequi* et sel, garnie de *rapadura*. Riche en vitamine A, des sels, du calcium, du fer et du cuivre, il a un usage médicinal, et phytothérapique (indiqué contre les bronchites et des grippes) et dans l´industrie cosmétique. Dans les méthodes artisanaux d´extraction, l´huile est obtenue de la pulpe et de la noix, ensemble.

ORA-PRO-NÓBIS
Pereskia aculeata

BARBADOS GOOSEBERRY
This shrub in the cactus family can be found in all regions of Brazil, but Minas Gerais is where it is more prominently featured in traditional dishes. In the historical cities of this state, it is often featured in the menus - the chicken with Barbados gooseberry leaves, for example, is a classic recipe of Minas Gerais cuisine. With high iron content and a flavor reminiscent of spinach, the leaves can be eaten raw, stir-fried or blanched in a hot broth. Traditionally served with chicken and pork dishes, it can also be added to salads, soups, breads, savory cakes, quiches, soufflés, pasta and pizza.

GROSSEILLER DES BARBADES
Ce buisson de la famille des cactacées peu être retrouvé dans toutes les régions du Brésil, mais c´est dans l´état de Minas Gerais où il est plus célèbre et apparaît fréquemment dans les cartes – du poulet avec groseiller des barbades, par exemple, l´une des recettes classiques de la culinaire de Minas. Riches en fer et un goût qui rappelle l´épinard, les feuilles peuvent être utilisées crues, poêlées ou molles dans un bouillon chaud. Elles peuvent être des garnitures de poulets, de coupes de porc, et composer des salades, des soupes, des pains, des gâteaux, des plats salés, des quiches, des soufflées, des pâtes et des pizzas.

ORÉGANO
Origanum vulgare L.

OREGANO
The wide use of this herb in Italian cooking may explain the fact that most of the production of this plant of Mediterranean origin, in Brazil, concentrates in the South and Southeast regions – destination of thousands of European immigrants arriving in Brazil in the past – even though the Portuguese colonists had already brought the ingredient in their luggage. Some varieties have tiny leaves like thyme, but the flavor is stronger and spicier, very similar to marjoram, its natural replacement. Widely used in tomato sauces and in the preparation of pizzas, it is also added to cheeses, breads and recipes containing eggplant, zucchini, fish, seafood and meat, prepared the Mediterranean way. It can be purchased fresh, in brunches, or dried.

ORIGAN
Le vaste usage dans la culinaire italienne peut-être expliquer le fait que la plupart de la production de cette herbe d´origine méditerranéene soit concentrée au Sud et au Sud-Est du Brésil, des régions marquées para l´arrivée des groupes d´immigrants de ce pays européen – malgré le fait que les colonisateurs portugais avaient déjà apporté cet ingrédient dans leurs bagages. En ce qui concerne la forme, il garde des ressemblances avec le thym; le goût, rappelle plutôt la marjolaine, sa remplaçante naturelle. Il est très utilisé dans des sauces à base de tomates et dans des couvertures de pizzas, et en plus il s´acoorde avec des fromages, des pains et des recettes avec des aubergines, des courgettes, des poissons, des huitres et des viandes, à la mode méditéranéene. Il peut être acheté frais, en branches, à sec ou à kilo.

ORELHA DE PORCO

PIG'S EAR
Fresh pig's ears are an essential ingredient of an emblematic dish

of Brazilian cuisine: **Feijoada**, a hearty meat and bean stew. Pig's ears have a large content of cartilage, thus requiring long cooking time in all recipes it is used as an ingredient. Cut into small pieces, they can complement salads, appetizers and stir-fries. When fried, they have a crunchy texture. In Brazil's markets, the product is sold fresh, salt-cured and smoked.

OREILLE DE PORC
Dans la version déssalée, elle fait partie de l'un des plus grands symboles des la cuisine brésilienne, la **feijoada complète**. Comme il s'agit d'un ingrédient composé par une grande quantité de cartilage, une longue cuisson est essentielle pour n'importe quel type de recette. Coupée menu, l'oreille de porc peut composer des salades, des amuse bouches et des ragoûts. Lorsqu'elle est soumise à une friture, elle gagne une texture croustillante. Dans les marchés du pays, ce produit est vendu frais, salé ou fumé.

OSTRA
Crassostrea brasiliana e Crassostrea rhizophorae (Cananeia); *Crassostrea giga* (Santa Catarina)

OYSTER
The country's most well-known production centers are Cananéia (in São Paulo state) and Florianópolis (in Santa Catarina), although oysters are also grown in other parts of Santa Catarina's coast. The variety farmed in the brackish mangrove waters of Cananéia is native to the area, smaller in size and with a milder flavor. Santa Catarina is responsible for 80% of the country's production. Signs of freshness apply to both: shiny, moist flesh, adhered to the shell and smelling of sea. Oysters can be eaten raw, with a few lemon drops, steamed or broiled. In both regions, the best time to buy is the winter (June-August), when oysters are more plump.

HUÎTRE
Les centres de production les plus célèbres au Brésil sont à Cananéia, dans l'état de São Paulo et Florianópolis, dans l'état de Santa Catarina, malgré le fait que les huîtres soient élevées dans d'autres points du littoral catarinense. Dans la ville paulista, les espèces sont natives de la région, plus petites et de goût plus léger, extraites de l'eau salée des marécages. Santa Catarina est responsable pour 80% de la production brésilienne. Les références de fraîcheur sont valables pour les deux: chair brillante, hydratée, collée au coquillage et avec l'odeur de la mer. Elles peuvent être consommées *in natura*, crue et avec des gouttes de citron, à l'étouffée ou gratinées. Dans les deux régions, la meilleure époque est l'hiver, quand des huîtres sont très charnues.

OVO DE CAPOTE

GUINEA FOWL EGG
The egg of guinea fowl – also known in Portuguese as *galinha-d'angola* and *guiné* – has a reddish yolk. In Piauí, people believe that eating one boiled guinea fowl egg every day for a month will end a sinus infection. An allusion to its spotted shell, the northeastern expression "guinea fowl egg" is used to refer to someone that has a lot of freckles.

OEUF DE PINTADE
L'oeuf de pintade – une volaille connue, encore, comme *galinha d'angola* ou *guiné* – possède le jaune très rougeâtre. Au Piauí, on croit que si on mange un oeuf chaud tous les jours, pendant un mois, il suffit pour guérir la sinusite. À cause de son apparence, l'expression du nord-est "oeuf de pintade" indique quelqu'un plein de tâches de rousseur.

OVO DE CODORNA

QUAIL EGG
Freshly cooked or jarred, this eggs with brownish shell dotted with dark spots is a common snack at botecos around the country. Weighing about 10 grams (1/3 oz.), less than a fifth of a chicken egg, it has more phosphorus, iron, calcium, protein and saturated fat than the latter, proportionally. Despite its small size, it can also be fried or poached, mainly to be added to appetizers and other finger food. It is often sold in supermarkets cooked, peeled, and jarred in a brine solution.

OEUF DE CAILLE
Cuit ou en conserve, cet oeuf à la peau couleur marron, aux tâches foncées est une amuse bouche très consommée dans des bistrots de tout le pays. Avec à peu près 10 grammes, il pèse cinq fois moins que l'oeuf de poule – cependant, proportionnellement, il possède plus de phosphore, de fer, de calcium, de protéines et de graisse saturée. Malgré le fait d'être petit, il peut être préparé frit ou poché, principalement pour faire la garniture de canapés et d'autres hors-d'oeuvres. Plusieurs fois il est vendu dans les supermarchés, déjà cuit, sans peau, en conserve de sel.

OVO DE GALINHA

CHICKEN EGG
Eggs are a complete food, not only because they are high in protein, vitamins and minerals, but because they represent an important ingredient to prepare a multitude of recipes. Simply boiled or fried, eggs are a meal on their own. But they are also a quintessential ingredient for several Brazilian dishes, such as **Ambrosia**, a creamy dessert made with curdled eggs and milk, **Feijão tropeiro** (beans, meats and scrambled eggs mixed with manioc flour and seasonings), and **Quindim** (egg yolk and coconut custard). The color of the shell is not related to the nutritional value, but to the breed of the laying chicken. Important information: egg was dethroned from its role of "heart villain" when recent studies revealed that, in fact, it is the excessive consumption of saturated or trans fats, present in other foods, which is most dangerous for the heart's health.

OEUF DE POULE
Il s'agit d'un aliment complet – et non seulement parce qu'il est riche en protéines, en vitamines et en minéraux, mais parce qu'il représente un recours très important dans l'élaboration de recettes. Cuit ou frit, de façon très simple, il devient déjà un repas. Mais il est aussi utilisé dans divers plats brésiliens typiques, tels l'**ambrosia**, un confit crémeux d'oeufs et de lait, les **haricots tropeiro**, les **quindins** avec du coco râpé. La couleur de la coquille n'a pas de liaison avec la valeur nutritionnelle, mais à la race de la poule pondeuse. Et, un aspect important, l'oeuf a été acquitté de l'accusation de "ennemi du coeur", lorsque des études récentes ont démontré qu'en fait, c'est la consommation exagérée de graisses saturées ou trans, présentes dans d'autres aliments, qui représentent un plus grand danger pour la santé cardiaque.

PACA
Cuniculus paca

PACA
Mammal rodent found throughout Brazil. The meat of this animal, which can reach up to 22 pounds in weight, is considered one of the tastiest among game. It was consumed by the native Indians way before the arrival of Portuguese, and

was also included on the menu of the colonizers. It has a pinkish hue, similar to suckling pig meat, and a skin full of collagen. Ham, chops and ribs are the most used cuts, prepared in several ways. The product should be purchased only from breeders certified by Ibama (Brazilian Institute of Environment and Renewable Natural Resources).

PACA

Il s´agit d´un mamiphère rongeur trouvé dans tout le Brésil. La viande de paca, qui atteint jusqu´à 10 kilos de poids est considérée l´une des plus savoureuses parmi celles des animaux sauvages – les Indiens en mangeaient déjà avant l´arrivée des Portugais, qui l´ont incluse dans leur menu. Elle a une couleur rosée, un goût semblable à celui du porc et une peau pleine de colagène. Jambon, bardière et côtes sont les coupes les plus utilisées dans la cuisine dans des divers types de préparation. Ce produit ne doit être acquis que chez les éleveurs autorisés par l´IBAMA.

PACU
Piaractus brachypomus

PACU
Freshwater fish native to the Mato Grosso do Sul wetlands (Pantanal), also found in the Amazon, Araguaia-Tocantins and La Plata rivers' basins. The flesh, high in fat, goes well with several cooking methods, although the preferred one is to bake the whole fish, stuffed with farofa (seasoned manioc flour). In the Midwest regions, the ribs (called *ventrecha*), are cut into large strips and then breaded and fried, chargrilled, roasted, or cooked in a griddle. The closed season runs from November to February – it should therefore be consumed only from March to October. Fun fact: similarly to piranha, a close relative, pacu has prominent teeth that allow it to break seeds, nuts shells and fruit skins from which it feeds.

PACU

Poisson typique du Pantanal du Mato Grosso do Sul, il apparaît aussi dans les bassins du fleuve Amazonas, Araguaia-Tocantins et Prata. Sa chair avec un taux élevé de graisse s´accorde bien avec tous les types de préparation, malgré le fait que la recette la plus fréquente soit celle du poisson cuit, farci de *farofa*. Au Centre-Ouest, sa *ventrecha* (côte), coupé large, est servie panée, frite ou cuite à la braise, au four ou grillée. L´époque de frai est de novembre à février – donc il doit être consommé seulement de mars à octobre. Une curiosité: tout comme la piranha, de qui il est voisin, le *pacu* possède également des dents proéminentes qui permettent de casser des graines, des noix et des fruits desquelles il se nourrit.

PAIO

Produit avec du filet de porc, une petite quantité de viande de boeuf (optionnel) et des condiments, cette charcuterie fumée, typique du Portugal est devenue un ingrédient incontournable dans notre **feijoada**. Malgré le fait que la plus grande consommation aux tables brésiliennes soit avec des haricots noirs, le *paio* peut composer des recettes avec des lentilles, des haricots blancs et des soupes. Parmi les préparations les plus célèbres il y a le *caldo verde* portugais, une soupe de chou et qui apparaît aussi aux tables brésiliennes. En rondelles et frit, le paio est servi comme amuse bouche.

PAIO

PAIO SAUSAGE
Smoked sausage made with pork loin, a small amount of beef (optional) and condiments. It is originally from Portugal, but became a quintessential ingredient in Brazilian **Feijoada** (hearty meat and bean stew). While *paio* sausage is in fact mainly used in Brazilian recipes associated with black beans, it can also be combined with lentils, white beans, and added to soups. Among the most popular preparations made with this ingredient is the Portuguese *Caldo Verde*, a potato and collard greens soup, which is also present on Brazilian tables. Sliced and fried, *paio* sausage can be served as an appetizer.

PALMITO EM CONSERVA

HEARTS OF PALM
It is the soft core extracted from the trunk of three palm tree varieties: açaí (*Euterpe oleracea*), peach palm (*Bactris gasipaes* Kunth), and juçara (*Euterpe edulis*). Because of predatory and illegal extraction, juçara hearts of palm, a native species of the Atlantic rainforest, is currently threatened with extinction, and should only be consumed if obtained from certified producers. Sold canned or jarred, packed in brine, hearts of palm can be consumed straight from the can or jar, without going through any preparation. Two ways they are commonly used: in salads, and sautéed with tomato, onions and seasonings to be used as a filling for savory pastries such as **Empadinhas** (double-crusted, savory mini pies). Currently, the most consumed variety in Brazil is the açaí palm, produced in the Amazon.

COEUR DE PALMIER EN CONSERVE

Il s´agit de l´intérieur tendre du palmier de trois variétés différentes: açaí (*Euterpe oleraceae*), pupunha (*Bactris gasipaes* Kunth) et juçara (*Euterpe edulis*) – cependant, à cause des extrations prédatoires ou clandestines cette espèce native de la Forêt Atlantique se trouve menacée et la consommation doit se restreindre aux produits des fabricants autorisés. Vendu en conserve dans un liquide salé, les coeurs de palmier peuvent être consommés immédiatement sans avoir besoin d´une préparation particulière. Il y en a deux utilisations communes: dans des **salades** et aussi braisé avec des tomates, des oignons et des condiments, ou bien il peut être utilisé pour farcir des tartes et des **empadinhas** (sorte de chausson). Actuellement, le type le plus consommé au Brésil est le coeur de palmier *açaí*, venu de l´Amazonie.

PALMITO PUPUNHA
Bactris gasipaes Kunth

FRESH PEACH PALM HEARTS
Native to the Amazon, the peach palm tree produces a sweeter and more yellowish hearts of palm if compared to açaí and juçara palm varieties. Its cultivation is considered sustainable, as the tree buds sprout again after being cut for the extraction of the hearts. In the market, they are sold whole, sometimes in the bark. Fresh palm hearts have to be cooked, roasted or grilled before consumption, or thinly sliced. Once cooked, the uses are similar to canned hearts of palm.

COEUR DE PALMIER PUPUNHA

Natif de l´Amazonie, le palmier *pupunha* produit un coeur de palmier plus douceâtre et jauneâtre par rapport aux deux autres variétés *açaí* et *juçara*. Sa plantation est considérée durable, puisque l´arbre germine encore une fois après avoir été coupé pour l´extration du produit. Dans le marché, il apparaît dans des pièces entières qui doivent être cuites, rôties, grillées avant la consommation, ou dans des tranches très fines. Son utilisation est semblable à celle des coeurs de palmier en conserve.

PARGO
Pagrus pagrus

RED PORGY
Saltwater fish found from North to South coast of the Brazil, it has reddish scales and the meat is delicate and exquisitely flavored. Usually served roasted, it can also be fried or stewed. Featured prominently in the cuisine of Rio de Janeiro, where it is served whole, after being baked under a thick layer of salt; and in tents of Praia do Futuro in Fortaleza, where it is fried whole. As the closed season runs from December to March, fresh red porgy can be found from April to November.

PAGRE
Retrouvé du Nord au Sud du littoral brésilien, ce poisson d´eau salée possède des écailles rougeâtres et un goût délicat et raffiné. Malgré l´habitude de le rôtir, il peut être également frit, ou cuit dans une casserole. On peut le remarquer dans la culinaire de Rio de Janeiro, où il est servi entier, après avoir été enveloppé dans une couche de gros sel, et dans les kiosques de la Praia do Futuro, à Fortaleza, où l´on le sert entier et frit. Comme la période de frai est de décembre à mars, ce poisson est propre pour la consommation entre avril et novembre.

PASSARINHA

BEEF SPLEEN
The popular name of this offal in Portuguese (*passarinha* literally means "little female bird") can be deceiving. Like other viscera, beef spleen is highly nutritious. It contains proteins of high biological value, iron and vitamins. Fried in dende oil, it is a delicacy in Bahia state. It can also be roasted or used as an ingredient for a special *moqueca* – a stew also containing dried shrimp.

RATE
Ceux qui associent le mot en portugais à une volaille (*passarinha*, petite oiseau en français) se trompe. Ce mot est en fait le nom populaire pour la rate du boeuf. Tout comme les autres abats, la rate est un aliment nutritionnellement riche. Il contient ds protéines de haute valeur biologique, du fer et des vitamines. Frit à l´huile de palme, il est considéré un mets à Bahia. Il peut être aussi rôti ou être le principal élément d´une *moqueca* (bouillon semblable à une bouillabaisse) qui est composée encore avec des crevettes séchées.

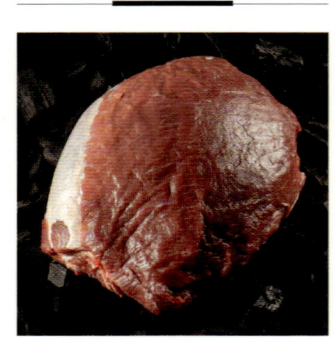

PATINHO BOVINO

BEEF KNUCKLE
Round-shaped beef cut removed from the back of the animal, near the tri-tip and the coxão duro. Lean and tender, it is one of the preferred cuts to prepare **Bife à milanesa** (breaded beef cutlets) and ground beef, and it is also good for roasting, stewing and braising, cut into chunks.

PATINHO DE BOEUF
Pièce de forme arrondie retirée de la partie arrière du boeuf, qui comprend une partie du plat de tranche, de l´araignée et de la tende de tranche. Maigre et tendre, il s´agit d´une coupe idéale pour la préparation de **steak à la milanaise** et de la **viande hachée**, mais elle se combine très bien avec des ragoûts, des plats rôtis et des *picadinhos* (de la viande coupé en cubes avec des légumes). Il peut être nommé *bochecha* ou *bola*.

PATO
Cairina moschata momelanotus

MUSCOVY DUCK
At least one important traditional Brazilian recipe is made with this bird: **Pato no tucupi**, a specialty of the North region. The cut up bird is roasted and then stewed in tucupi, a broth prepared with the liquid extracted from manioc, and finalized with para cress, a herb that causes a tingling sensation in the mouth. The meat is darker and has more fat than chicken meat; the breast is usually grilled or roasted rare, and the other parts, such as drumsticks and thighs are roasted, added to stews or braised. The giblets and bones, combined with vegetables and seasonings, render flavorful broths.

CANARD
Au moins une grande recette typique brésilienne est faite avec cette volaille: le **canard au tucupi**, une spécialité de la région Nord – la viande en morceaux est rôtie et ensuite bouillie dans le *tucupi*, un liquide extrait du manioc *brava* et incorporé au *jambu*, une herbe qui laisse la bouche légèrement anesthésiée. Plus foncé et plus gras que le poulet, le blanc de canard peut être grillé ou rôti, jusqu´à ce qu´il soit au point, et d´autres parties telles les cuisses et les contre cuisses sont rôties au four ou cuites ou bien préparés sous la forme de ragoûts. Avec des légumes et des condiments, les abats et les os peuvent être profités pour faire de délicieux bouillons.

PÉ DE GALINHA

CHICKEN FEET
Chicken feet consist of skin, bones, and tendons, which provide lots of collagen, a type of protein. The most common use in Brazil is in the preparation of broths, together with vegetables and seasonings, but it can also be used to add flavor to soups such as *Canja* (Brazilian rice and chicken soup) and stews.

PATTE DE POULE
Elle possède de la peau, des tendons – qui fournissent le collagène, un type de protéine – et un tout petit peu de viande. Son usage le plus commun est celui dans la préparation de bouillons avec des légumes et des condiments, mais elle peut également donner du goût à la *canja* (type de soupe) et à des ragoûts.

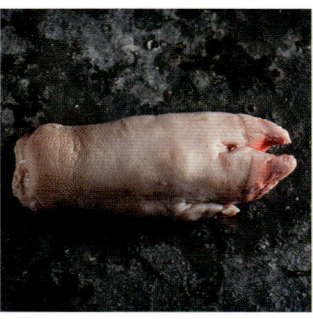

PÉ DE PORCO

PIG'S FEET
Brazil does not have a delicacy made of pig's foot as the Italian *zampone*. But the product is used fresh in many preparations all over the country. Also called pig's trotter in English, the cut consists of a little bit of meat, lots of collagen, nerves and bones. It needs to be blanched before using and cooked for a long time. Its most frequent use is associated with Brazil's national dish **Feijoada**, a hearty stew made with beans and several meats and sausages. But it can also be roasted.

PIED DE COCHON
Il n´y a pas d charcuterie nationale faite avec le pied de cochon, comme le zampone italien. Mais le produit *in natura* gagne des préparations dans toutes les régions du pays. Composé d´un peu de viande, beaucoup de colagène, des nerfs et des os, il doit être bouilli et demande une longue cuisson. Son usage le plus fréquent est associé à la version la plus complète du plus grand symbole de la culinaire brésilienne, la **feijoada**. Mais il peut être préparé aussi dans le four.

PEITO DE FRANGO

CHICKEN BREAST
Several traditional Brazilian dishes use this chicken cut, commonly sold with or without the bones, or sliced into steaks. Cooked and shredded, it is used as a filling for several salgadinhos (Brazilian appetizer-like snacks), such as the traditional **Coxinha** (mock chicken drumstick) and **Empadinha** (savory mini pie). It is also the main ingredient of **Salpicão** (smoked chicken and fruit salad) and **Canja** (chicken and rice soup). In Brazil, chicken breast has even made its way into traditional international preparations, less prone to change. Two examples are pizza – there's a version combining it with catupiry – and stroganoff, which renders a milder version of the original recipe. Low in fat, grilled chicken steaks still remain as one of the most recurrent preparation in healthy menus and diet programs for weight loss.

BLANC DE POULET
Divers plats classiques de la culinaire nationale utilisent cette coupe de volaille, vendu en général avec ou sans os, ou encore en filets. Cuit et éffilé, il peut farcir des chaussons comme les traditionnelles **coxinha** et empadinha, et être l´élément principal d´un **salpicão** (mélange de viande et de légumes cuits) ou la **canja de galinha** (genre de bouillon très léger). Au Brésil, le blanc de poulet a conquis des espaces mêmes dans des plats internationaux, contraires à des grands changements. Deux exemples: la pizza, où la viande de la volaille apparaît combinée avec le catupiry (genre de fromage blanc), et le strogonoff, dans une version plus légère. Avec un taux de graisse très bas, le filet grillé est encore l´un des éléments les plus récurrents dans des menus sains et de programmes de diète pour maigrir.

PEPINO CAIPIRA
Cucumis sativus

GARDEN CUCUMBER
With light green, streaky skin and small bumps that give it a somewhat rough appearance, this variety of cucumber is easily found in Brazil's farm markets and supermarkets. The average length is 6 inches. With mild, refreshing flavor and juicy texture, garden cucumber is often used in salads, alone or combined with other salad items. Like other fruits and vegetables, it can also be an ingredient for green juices and, although less commonly, it can be baked and stuffed, or added to hot and cold soups.

CONCOMBRE CAIPIRA
Ayant la peau vert clair avec des nervures et des petites protubérances qui la rendent un peu rugueuse, cette variété de concombre qui est facilement retrouvée dans des marchés et des marchés en plein air, a en moyenne 15 centimètres de long. Sans avoir un goût amer, le concombre caipira est utilisé dans des salades, tout seul ou accordé à d´autres plantes herbacées. À côté des fruits et des verdures, il est aussi un ingrédient des jus verts et, un peu moins commun, il peut être cuit et farci ou être utilisé dans des soupes chaudes et froides.

PEQUI
Caryocar brasiliense

PEQUI
Widely used in the cooking of Cerrado (the Brazilian savannah), especially in the Midwest region and in western Minas Gerais state, the fruit, also called souari nut in English, is used in the Northeast as well. The yellow, oily and fragrant pulp gives color, aroma and flavor to traditional recipes such as rice with pequi and **Galinhada** (rice with chicken and pequi), and is also used in farofas (seasoned manioc flour), sauces, mashes, stews, ice creams and compotes. Eating pequi whole is a task for the experienced ones: the nut shell is surrounded by several very fine thorns that can hurt those who bite it to hard; the secret is to scrape the outside flesh with the front teeth. The harvest only goes from November to January, so the fruit is most commonly sold preserved. Oily and white, the pequi nut can be eaten raw or roasted and added to farofas (seasoned manioc flour), desserts, or eaten as a snack, when roasted with salt.

PEQUI
Très utilisé dans la culinaire du cerrado, surtout dans le Centre-Ouest et dans l´ouest de Minas Gerais, mais également dans le Nord-Est. La pulpe jaune, onctueuse et parfumée donne de la couleur, du parfum et du goût à des recettes traditionnelles telles le riz avec du pequi et la **galinhada** (du riz et du poulet cuit) et est un élément composant de farofas, des sauces, des purées, des plats cuits, des sorbets et des compotes. Manger du pequi in natura est une tâche pour ceux qui en sont expérimentés: à l´intérieur il y a une noix enveloppée d´épines très fines qui peuvent blesser ceux qui la croque avec force. Le secret est ronger la pulpe avec les dents. Comme la récolte est de novembre à janvier, le fruit est trouvé plus facilement en conserve. Huileuse et blanche, la noix de pequi peut être consommée crue ou rôtie dans des farofas, dans des confits, des paçocas ou comme amuse bouche, lorsqu´elle est torréfiée et salée.

PEQUIÁ
Caryocar villosum

PEQUIÁ
Closely related to pequi, a fruit in the same genus *Caryocar*, it is larger in size and grows in the Amazon, not the semi-arid Cerrado. It also has multiple tiny "thorns" between the yellow flesh and the edible nut. Once cooked, pequiá (or piquiá) is served with manioc flour, to accompany coffee, or as a side dish for beans, rice, and meat.

PEQUIÁ
Il s´agit d´un voisin du pequi, avec qui il partage le genre botanique – mais plus grand que celui-ci et pousse en Amazonie, non dans le Cerrado, comme le premier. Il présente de petites "épines" entre la pulpe jaune et la noix comestible. Après être cuit, le pequiá (ou piquiá) est servi avec de la farine de manioc, comme accompagnement d´un petit café noir, ou avec des haricots, du riz et des viandes.

PERA
Pyrus communis

PEAR
A fruit of temperate regions, it is largely consumed fresh, or poached in syrup or wine. The largest producers in Brazil are Rio Grande do Sul, Paraná and Santa Catarina. The firm flesh, similarly to apples, does not fall apart easily when cooked on the stove or in the oven. Fresh pears, sliced or cut into wedges, are a good addition to green salads, and pair well with savory cheeses and nuts. The best time for consumption in Brazil is from April to October.

POIRE
Typique des régions tempérées – les plus grands producteurs brésiliens sont les états de Rio Grande do Sul, Paraná et Santa Catarina -, elle est très consommée in natura ou comme **compote** avec du coulis de sucre ou de vin. La pulpe ferme, comme celle de la pomme, la fait supporter la cuisson dans une casserole ou dans le four. Crue, en tranches ou en gousses, elle se combine avec des salades de

feuilles, des fromages salés et des noix. La meilleure époque pour sa consommation est entre janvier et avril.

PERNIL SUÍNO

FRESH HAM
This delicious pork cut from the animal's leg is often used liberally in the preparation of a classic sandwich served in Brazilian *botecos*: the **Sanduíche de pernil**, a roll of *pão francês* stuffed with sliced roasted pork ham and *Vinagrete* (tomato and onion salsa), or raw onion salad. In many ways simple, ham can also be festive, as it is a favorite on the Brazilian tables for Christmas celebration, served roasted and garnished with pineapple rounds. Boneless versions are available, but the bone-in pork leg is considered tastier.

JAMBON DE PORC
Cette déllicieuse coupe de la jambe du porc est habituellement utilisée de manière abondante pour farcir un mets classique des bistrots brésiliens: le **sandwich de jambon**, fait avec cette viande assaisonnée, rôtie et coupée en tranches, servie avec du pain *francês* avec des sauces vinaigrette ou d'oignons. Simple d'un côté, festif d'un autre, car le jambon est présent au dîner de Noël rôti et entouré de rondelles d'ananas. Malgré le fait qu'il existe des versions désossées, le jambon qui possède l'os est considéré plus savoureux.

PERU
Meleagris gallopavo

TURKEY
"It is certainly one of the most beautiful gifts the New World gave to the old," attested French gastronome Jean Anthelme Brillat-Savarin (1755-1826) in his masterpiece *The Physiology of Taste*. In Brazil, turkey is closely associated with the Christmas supper: in many homes, roast turkey reigns on the table, often stuffed with *farofa* (seasoned manioc flour). In several country side places, turkeys used to be raised and slaughtered in the backyards, after getting drunk with a few sips of *cachaça*, given to the animal to tenderize the meat. Today, it is sold in every supermarket, ready to roast, and also in versions only containing the boneless breast. Smoked turkey breast is also a common item in sandwiches and salads year round.

DINDE
"Il s'agit sûrement de l'un des plus beaux cadeaux que le Nouveau Monde a offert à l'Ancien", a attesté le gastronome français Jean-Anthelme Brillat-Savarin (1755-1826) dans son oeuvre *La phisiologie du goût*. Au Brésil, elle est fortemement liée au dîner de Noël: dans plusieurs maisons, la **dinde rôtie** est la reine à table, en général farcie de *farofa*. Dans plusieurs endroits à la campagne, elle est élevée et abattue dans les cours après être enivrée de *cachaça*, pour rendre sa viande plus tendre. Aujourd'hui elle apparaît entière dans les marchés, prête pour être mise au four, ou dans des versions avec le blanc désossé. Pendant toute l'année, le blanc de dinde fumé est un ingrédient commun dans des sandwichs et des salades.

PESCADA-AMARELA
Cynoscion acoupa

ACOUPA WEAKFISH
The name of this fish in Portuguese makes reference to the color of the animal's yellowish belly. It can be found in the coastal waters of the North, Northeast and Southeast regions, and it is highly valued because of its white flesh with few bones. Although it can grow to be over 3 feet long, the average size is 18 inches. Two popular preparation methods: roasted and *moquecas* (Brazilian version of fish stew), often including ripe plantain.

ACOUPA JAUNE
L'acoupa possède ce nom en fonction de son ventre jaunâtre. Il s'agit d'un poisson retrouvé dans les eaux littorales des régions Nord, Nord-Est et Sud-Est, très valorisé à cause de sa chair blanche, avec peu d'arêtes. Il mesure en moyenne 45 centimètres, mais il peut atteindre plus d'un mètre de long. Deux préparations communes: au four et sous la forme de **moquecas** (une sorte de bouillabaisse) qui fréquemment incluent de la banane platain.

PESCADA-BRANCA
Cynoscion leiarchus

SMOOTH WEAKFISH
Although the name in Portuguese says the fish is branca ("white"), the scales are silver. Commonly found off the Brazilian coast, from the North to the Southeast region, it is usually sold whole in farm markets and fishmongers, measuring about 14 inches, or cut into fillets. The flesh is white and lean, has few bones, and can be roasted, but more often it is grilled with a drizzle of oil, or breaded and deep fried.

ACOUPA BLANC
Malgré le fait d'être nommé "blanc", ses écailles sont argentées. Il s'agit d'un poisson très courant dans le littoral brésilien, de la région Nord, jusqu'à la région Sud-Est. Ayant à peu près 35 centimètres de long il est vendu en général entier ou coupés en filets dans des marchés et dans des marchés en plein air. Blanche et maigre, avec peu d'arêtes, sa chair peut être rôtie au four; il est plus commun qu'elle soit grillée avec peu de graisse ou panée et frite.

PESCADA-CAMBUCU

Cynoscion virescens

GREEN WEAKFISH
Similarly to other fish in the genus *Cynoscion* swimming the coast of Brazil from North to Southeast, green weakfish has white, tender, and delicate flesh. Some argue this is the tastiest among weakfish. It is sold with or without skin, whole or cut into large fillets. It can be prepared in the oven, or pan fried with a little oil.

ACOUPA CAMBAÇU
Tout comme les autres types de poisson du genre *Cynoscion* qui nagent dans le littoral nord et sud-est brésilien, il possède une chair blanche, tendre et délicate – il y en a ceux qui affirment qu'il s'agit de l'un des plus délicieux des acoupas. Il est vendu avec ou sans la peau, entier ou en grands filets. On en prépare habituellement des morceaux au four ou à la poêle, avec peu d'huile.

PÊSSEGO
Prunus persica

PEACH
Juicy, extremely fragrant and very soft when ripe, this is a summer favorite, preferably eaten fresh. In the kitchen, it can be used in salads, preserves, juices, and to make **Pessegada**, a firm peach and sugar paste that you cut with a knife. Peach poached in sugar syrup is a common dessert item in Brazil, and the industrialized version is often used as an accompaniment to roasted meats. Although the

fruit has arrived in the country back in the sixteenth century, commercial cultivation of peaches was only established in the 1970s. Concentrated in the South and Southeast region, the national production does not supply the country's demand; therefore, Brazil imports peaches from Argentina and Chile.

PÊCHE
Juteuse, extrêmement parfumée et très tendre, lorsqu'elle est mûre, il s'agit d'un fruit d'été, pour être consommé de préférence *in natura*. Dans la cuisine, elle peut être profitée dans des salades ou être préparée sous la forme de confitures, des jus et des **pessegadas**, des confits consistantes, à être coupés. La version en coulis est un dessert très courant et plusieurs fois ce produit industrialisé accompagne des viandes rôties. Malgré le fait qu'il soit arrivé au Brésil au XVIe siècle, la production commerciale du pêcher a été établie seulement dans les années 1970. Concentrée dans les régions Sud et Sud-Est, la récolte nationale, néanmoins, n'est pas suffisante pour le marché local; c'est pour cela que beaucoup de fruits sont importés de l'Argentine et du Chili.

PICANHA BOVINA

PICANHA
Quintessential in any **Brazilian barbecue** worth its salt, it is one of the most appreciated and popular beef cuts in the country and abroad. A portion of the larger cut *alcatra completa* (similar to U.S. top sirloin butt), it must not weigh more than 1.1 kilo (2.4 lb), or it will include a piece of the harder, adjacent cut (outside / bottom round). This Brazilian beef cut, similar to U.S. top sirloin cap (fat on), also called rump cap, is triangular and has a uniform layer of fat covering the whole surface of one side, which should be thick and have a homogenous color. Very flavorful and tender, it can also be roasted and served with sauces, marinated, or stuffed.

PICANHA DE BOEUF
Obligatoire dans tous les barbecues brésiliens, il s'agit d'une des coupes les plus appréciées et populaires du pays. Retiré d'une des extrémités de la *alcatra*, le *picanha* doit peser au maximum, 1,1 kilo – au-dessus de cela, il est inclut un morceau de *coxão-duro* (à peu près la gîte à noix). Courvert par une couche uniforme de graisse, la viande doit être haute et présenter une couleur homogène. Savoureuse et tendre, cette cojpe de viande peut être préparée au four et recevoir des sauces, des farci divers et être marinée.

PICANHA SUÍNA

PORK PICANHA
Pork cut from the leg end of the pork loin, it has a triangular shape similar to beef picanha, although it is slightly smaller, weighing on average 1.5 pounds – although it can reach 2.2 pounds. Covered by a thin layer of fat, the rosy, juicy, and tender meat retains the color after cooking. Good to be prepared braised on a pot, roasted in the oven, or chargrilled, stuck on skewers.

PICANHA DE PORC
Retirée d'un morceau de l'*alcatra* de porc (partie supérieure du jambon), cette coupe possède la forme semblable à celle de la *picanha* de boeuf, mais un peu plus petite – elle pèse, en moyenne, 700 grammes, mais peut arriver à 1 kilo. Couverte d'une fine couche de graisse, la viande roseâtre, juteuse et tendre maintient la couleur même après la cuisson. Elle est idéale pour être préparée à la poêle, au four ou à la grille de barbecue, dans des brochettes.

PIMENTAS

PEPPERS
Do you know how to identify a pimenta-de-cheiro? Think carefully before you answer, because the confusion of names is huge. What some know by one name, others swear it is called something else. And we cannot even say that they all share the feature of being hot: Some varieties of the genus *Capsicum*, which encompasses most of the peppers, may be even eaten fresh or whole, like vegetables. In general, they can be classified as "hot", or "spicy", and "fragrant". It's hard to find a Brazilian home that does not have a small jar of pickled pepper somewhere, a hot sauce bottle in the fridge, or even a potted pepper plant – according to popular wisdom, it protects people against evil eye.

PIMENTS
Vous savez identifier le piment *de-cheiro*? Pensez-y bien avant de répondre, car la confusion de nom est énorme. Ce que les uns connaissent d'une manière, d'autre y jurent que c'est différent. Et on ne peut même pas dire qu'ils ont un point commun: qu'ils sont tous piquants. Quelques variétés du genre botanique *Capsicum*, qui concerne la plus part des piments peuvent même être consommés entiers, comme s'ils étaient des plantes herbacées. En général, ils sont classifiés "piquants" ou "aromatiques". Il est difficile de trouver une maison brésilienne sans un petit bol de piment en conserve, un petit pot avec de la sauce de piment prête dans le frigo ou même un vase avec la plante – selon la croyance populaire, les piments protègent contre le mauvais oeil.

PIMENTA-BIQUINHO
Capsicum chinense

PIMENTA-BIQUINHO
This aromatic variety of sweet pepper, sometimes slightly spicy, was once cultivated as an ornamental plant, but it can now be found on most the tables of the Midwest and the Southeast regions, especially in Minas Gerais and São Paulo. Usually sold in jars, preserved (marketed sometimes as "kiss pepper" in English-speaking countries, a reference to chocolate kisses), they can also be found fresh at fairs and farm markets. The red, round fruit with a pointy "little beak" (*biquinho* in Portuguese) is about 1 inch long, and can be used in meat and fish dishes, and sauces, among other recipes.

PIMENT HABANERO
Cette variété aromatique de piment doux – c'est à dire, peu piquant – est sortie des plantations ornementales pour assaisonner des plats aux tables des régions Centre–Ouest et Sud-Est, principalement Minas Gerais et São Paulo. Malgré le fait que le plus courant soit le trouver en conserve, on le voit déjà dans des marchés et dans des marchés en plein air. Ayant environ 3 centimètres de long, ses fruits sont utilisés dans la préparation de viandes, de poissons et des sauces, entre autres recettes.

PIMENTA-CAMBUCI
Capsicum baccatum

BISHOP'S CROWN PEPPER
Sweet pepper of mild flavor and peculiar shape – also known by many other names, both in English and in Portuguese – it can be eaten fresh in salads, added to pickled vegetables and stews, sautéed and served as side dish, or to replace bell peppers in many preparations. Some recipes feature it as the main ingredient, stuffed with either meat or cheese and baked, drizzled with a little olive oil. The color is a good indicator of its sweetness: as it ripens, bishop's crown pepper becomes redder and the flavor concentrates, and gets sweeter.

PIMENT DE BOLIVIE

Tendre et sans être piquant, ce piment à la forme particulière – aussi connu comme *chapéu-de-bispo* ou *chapéu-de-frade* – peut être consommée *in natura*, dans des salades, en conserve, dans des plats braisés, servi comme garniture, à la place du poivron. Dans plusieurs recettes, il apparaît comme ingrédient principal, sans pépins, farci de viande ou de fromage et rôti avec un peu d´huile d´olive. La couleur est un bon indicateur de son goût: lorsqu´il mûrit, petit à petit, le piment de bolivie devient rougeâtre et son goût se concentre, et il devient plus sucré.

PIMENTA-CANAIMÉ
Capsicum spp.

CANAIMÉ PEPPER
An ancestral dish of the indigenous communities in Roraima, **Damorida** is a broth-like concoction made with game meat or fish grilled on the *moquém* (i.e., dried on a rack positioned over a camp fire, but not too close to the heat and to the smoke), black tucupi, and many hot peppers, including *canaimé*. Because it is so hot, this shriveled small pepper bears the same name as a scary folk character who, according to local legend, has his eyes on his belly, lives on a mountain with evil spirits, and pursues those who attack mother nature.

PIMENT CANAIMÉ
Il s´agit d´un plat ancestral des communautés indiennes de Roraima, la **damorida** est une sorte de bouillon fait avec du gibier ou poisson *moqueado* (fumé), du *tucupi* oir et beaucoup de piments, comme le *canaimé*. Extrêmement fort, cet ingrédient petit et rugueux a le même nom d´un effrayant personnage folklorique qui, selon les légendes locales, persécute ceux qui attaquent la nature, possède les yeux au ventre et habite une montagne avec des esprits malignes.

PIMENTA-CEREJA
Capsicum annuum

CHERRY PEPPER
The appearance is sometimes deceiving: these small, very red peppers bear some resemblance to cherries, and may seem harmless. The heat, however, can vary. Some are milder and can be served stuffed. Others are a little hotter.

PIMENT CERISE
Il s´agit d´un piment dont l´apparence peut tromper: petit et très rouge, il rappelle une cerise et peut paraître innofensif. Cependant, sa force est variée. Avec quelques-uns, plus légers, il est possible de les farcir ou les servir purs. D´autres présentent une force moyenne.

PIMENTA-CUMARI
Capsicum spp.

PIMENTA-CUMARI
With balanced aroma and pungency, it is good for hot sauces and preserves. In the countryside of states like São Paulo and Minas Gerais, *pimenta-cumari* is always present in homemade recipes, which often include *cachaça*. It is small in size, and not too hot.

PIMENT CUMARI
Avec le goût et la puissance équilibrés, ce piment est très bon pour des sauces et de la conserbe – à la province des états de São Paulo et Minas, il ne manque pas dans des recettes maison, ce qui y inclut de la *cachaça*. Petit et pas très fort.

PIMENTA-CUMARI-DO-PARÁ
Capsicum chinense

PIMENTA-CUMARI-DO-PARÁ
Yellow, oval, aromatic and very hot, it is widely used in the Amazon region, lending its characteristic piquancy to traditional Northern preparations, such as fish stews and *tucupi*. It can also be used to flavor salsas, meat dishes, or simply rice and beans.

PIMENT CUMARI-DO-PARÁ
Jaune, de forme ovale, aromatique et très piquante, caractéristique de la région amazonique, ce piment au goût fort est utilisé pour assaisonner des plats typiques de la région Nord, tels les poissons et le *tucupi*. Il est utilisé également dans des vinaigrettes et peut servir comme garniture de viandes ou du riz avec des haricots.

PIMENTA-DE-BODE
Capsicum chinense

PIMENTA-DE-BODE
Commonly found in the Southeast and Midwest regions, but especially in the Northeast. Yellow or red, very hot, and with a distinctive aroma, it goes well with strongly flavored meats, although it is also used to flavor sauces and stewed beans.

PIMENT DE BODE
Commun dans les régions Sud et Centre-Ouest, mais principalement au Nord-Est. Jaune ou rouge et très piquante, avec un parfum caractéristique, il s´accorde avec des viandes de goût plus fort, mais il est utilisé aussi pour assaisonner des sauces et des haricots.

PIMENTA-DE-CHEIRO
Capsicum chinense

PIMENTA-DE-CHEIRO
This name, as many others in the hot pepper world, may cause confusion because many hot peppers are called *"pimenta-de-cheiro"* (literally "fragrant-pepper") in Portuguese. In states like Piauí and Maranhão, this variety is used to season most dishes, as it is usually added to *refogado* (sautéed onion and/or garlic – the starting point of many Brazilian dishes). But it also appears in the Southeast, Midwest, and North regions, and in other states of the Northeast. It is very aromatic and spicy.

PIMENT DE-CHEIRO
En voilà encore un nom qui peut confondre, car plusieurs piments sont nommés *"de cheiro"*. Dans les états de Piauí et Maranhão cette variété est un condiment pour des plats braisés simples, mais il apparaît aussi dans les régions Sud-Est, Centre-Ouest, Nord et dans d´autres états du Nord-Est. Aromatique et piquante.

PIMENTA-DE-CHEIRO

DA BAHIA
Capsicum chinense

PIMENTA-DE-CHEIRO DA BAHIA
More rounded and with a beautiful purplish hue, it is spicy and fragrant, and used in many dishes from Bahia, such as various fish and shellfish stews and mushes, and **Xinxim** (chicken and shrimp stew).

PIMENT DE-CHEIRO-DA-BAHIA
Présente un format plus arrondi et une belle couleur violâtre. Piquant et parfumé, ce piment est un composant dans des recettes de poisson, des bouillons, du **bobó** et **xinxim** de poule.

PIMENTA-DE-CHEIRO DO ACRE
Capsicum chinense

PIMENTA-DE-CHEIRO DO ACRE
This *pimenta-de-cheiro* variety is used in many traditional dishes of Acre state, such as **Baião de dois** (rice and beans dish), oxtail stewed in tucupi, and **Tacacá** (cassava, dried shrimp and para cress broth).

PIMENT DE-CHEIRO DO ACRE
Baião de dois, **rabada au tucupi** et **tacacá** sont quelques recettes typiques de la cuisine de cet état qui se servent de cette variété de *piment de-cheiro*.

PIMENTA-DEDO-DE-MOÇA
Capsicum baccatum

PIMENTA-DEDO-DE-MOÇA
Preserved or fresh, this is the most commonly and widely used hot pepper in Brazil, in all regions. Moderately hot, it often surprises those who think they are harmless. Also known simply as *pimenta-vermelha* ("red hot pepper"), it is often used, as well, in the decoration of dishes.

PIMENT DEDO-DE-MOÇA
En conserve ou frais, il s'agit du "manioc des piments": il est capable unir le pays entier autour de son usage. Piquant, il trompe ceux qui pensent que son apparence est innofensive. Il est aussi connu comme piment rouge, ou *chifre-de-veado* et est très employé dans la décoration des plats.

PIMENTA-DE-MACACO
Xylopia aromatica

MONKEY PEPPER
Despite the name, it is not a true, hot *Capsicum* pepper: it is actually a seed, used in the same way as black pepper and nutmeg. Because it is not spicy, it can also be used to flavor desserts.

PIMENT DE-MACACO
Malgré son nom, il ne fait pas partie du groupe d'ingrédients piquants du genre *Capsicum*: en fait, il s'agit d'une graine uutilisé de même manière que le piment noir et la noix de muscade. Comme il n'est pas piquant, il peut être employé pour aromatiser des recettes sucrées.

PIMENTA-DOCE
Capsicum spp.

PIMENTA-DOCE
The use of this pepper variety in Acre is due to the proximity of this state with the neighboring country Peru, which has some influence on the region's cuisine. The pepper is used in cold preparations such as salads and ceviches – raw fish marinated in citrus juices and seasoned with fresh hot pepper.

PIMENT DOCE
L'usage de cet ingrédient dans la cuisine de l'état d'Acre est dû à la proximité avec le Pérou et à une certaine influence culinaire du pays voisin dans la région. Il est utilisé dans des préparations froides, telles les salades et ceviches, une recette faite de poisson cru mariné dans des sucs citriques et assaisonné avec du piment.

PIMENTA-FIDALGA
Capsicum chinense

PIMENTA-FIDALGA
Native to Brazil and also known as *cabacinha* or *cabaça* ("gourd"), it is very hot. Used in sauces and salads in northern Brazil, and in some regions of São Paulo and Minas Gerais. It is orange when ripe.

PIMENT FIDALGA
Natif du Brésil et également connu comme *cabacinha* ou *cabaça*. Très piquant, il apparaît dans des sauces et des salades dans la région Nord du Brésil et dans quelques lieux dans les états de São Paulo et Minas Gerais. Lorsqu'il est mûr, il a la couleur orange.

PIMENTA-MALAGUETA
Capsicum frutescens

MALAGUETA PEPPER
This hot pepper is the symbol of Bahia, present in **Feijoada** (beans and meat stew), Dona Flor's **Vatapá** (dried shrimp, coconut milk and bread porridge), and **Acarajé** (black-eyed peas falafel-like fritter). Native to tropical America, it is small in size (about 1 inch) but yet very spicy. Fresh or preserved, the elongated fruit can be used both unripe, when it is green, or when it is very ripe and deep red. Also found in the cuisine of the Southeast and Midwest regions.

PIMENT DE CAYENNE
Il s'agit du piment-symbole de l'état de Bahia, présent dans des sauces pour la **feijoada**, dans le **vatapá** de Dona Flor et dans les kiosques de **acarajé**. Natif de l'Amérique tropicale, il est très piquant pour sa petite taille (autour de 2,5 centimètres). Frais ou en conserve, le fruit allongé peut être utilisé soit vert, lorsqu'il n'est pas encore mûr, ou bien tout rouge. On en retrouve aussi dans des plats de la cuisine des régions Sud et Centre-Ouest.

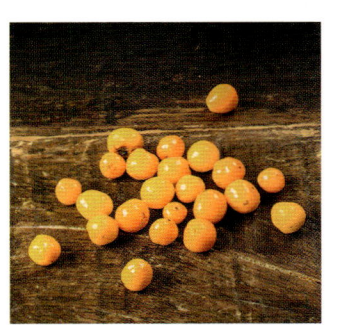

PIMENTA-MURICI
Capsicum spp.

PIMENTA-MURICI
Mostly used in the North and Northeast regions of Brazil. In Maranhão, it is a quintessential ingredient of a classic recipe, **Arroz de cuxá**, which also features resella, okra, dried shrimp and sesame seeds.

PIMENTA-MURICI
Plus utilisé dans les régions Nord et Nord-Est du Brésil. Dans l'état du Maranhão, il est un ingrédient fondamental pour une recette classique: le **riz de cuxá**, qui inclut de la *vinagreira*, du gombo, des crevettes sèches et du sésame.

PIMENTA-MURUPI
Capsicum chinense

PIMENTA-MURUPI
Grown and consumed on a daily basis in the North region, the color of these peppers ranges from green to red as it ripens. Very spicy, it is used fresh, preserved, or transformed into hot sauces to season *tucupi*, **Tacacá** (cassava, dried shrimp and para cress broth) and fish dishes.

PIMENTA-MURUPI
Cultivé et consommé dans le jour au jour dans la région Nord, il présente des couleurs vert au rouge, dépendant de sa mûrissement. Très piquant, on en retrouve frai, en conserve ou dans des sauces qui assaisonnent le *tucupi*, le **tacacá** et des poissons.

PIMENTÃO
Capsicum annuum

BELL PEPPER
With zero units in the Scoville scale – used to measures the pungency of Capsicum peppers –, bell peppers are treated as vegetables. Widely used in Brazilian cuisine to prepare several dishes, from antipasti and salads to sauces and side dishes. It can be stuffed and baked, stewed, chopped and added to ground beef to impart flavor, transformed into spreads, and pickled vegetables. Cut into strips, it has a crunchy texture.

POIVRON
Ayant niveau zéro dans l´échelle Scoville qui mesure la force des piments *Capsicum* – voilà pourquoi il est considéré une palnte herbacée. Dans la culinaire brésilienne, il est utilisé dans les hors-d´oeuvre, dans les salades et dans les sauces et comme garniture variée: farci et rôti, cuit, haché menu pour être ajouté à de la viande hachée et des conserves. Éffilé, il possède une texture croustillante.

PIMENTA-OLHO-DE-PEIXE
Capsicum chinense

PIMENTA-OLHO-DE-PEIXE
Ball-shaped and very hot, it is widely used in the North region, in states like Acre and Roraima, where it is very popular among native Indians of the Wapixana, Macuxi and Patamona tribes, among others. It complements fish dishes and is an ingredient for sauces and hot pepper preserves.

PIMENT OLHO-DE-PEIXE
Sous la forme de petites boules et très piquant, on en retrouve dans la région Nord, dans les états d´Acre et Roraima – où il est une des variétés les plus consommées par les Indiens Wapixana, Macuxi, et Patamona, entre autres. Il est utilisé pour assaisonner des poissons et des recettes de sauces et des conserves.

PIMENTA ROSA
Schinus terebinthifolius

PINK PEPPER
Not hot at all, this pepper is the fruit of a tree native to South America, *aroeira*. Sold dried or preserved in brine, the pink tiny spheres are mainly used in the preparation of sauces to accompany meat and fish dishes, or to decorate food. *Caipirinha*, pasta and even plain rice can be enhanced by the addition of this ingredient. In the region of Baixo São Francisco, between Alagoas and Sergipe, the Aroeira Project encourages sustainable production of pink pepper.

POIVRE ROSE
Sans être piquant, il s´agit d´un fruit d´un arbre typique de l´Amérique du Sud. Vendues sèches ou en conserve dans l´eau salée, les petites boules roseâtres entrent principalement dans la préparation de sauces qui accompagnent des viandes et des poissons ou dans la décoration de plats. Des *caipirinhas*, de pâtes et même du riz gagnent un autre goût avec cet ingrédient. Dans la région du Baixo São Francisco, entre Alagoas et Sergipe, le Projeto Aroeira incentive la production durable du piment rose.

PINHÃO
Araucaria angustifolia

PARANA PINE NUT
Nut of a tree native to the Atlantic rainforest and to the South region of Brazil, known in English as Parana pine, Brazil pine or candelabra tree, this nutritious pine nut pays an important role in the Brazilian June Festivities. Just boiled in water with a little salt, or roasted on the plate of a wood-fired stove, it is a tasty snack to be paired with **Quentão** (mulled *cachaça*). In the mountain region of Santa Catarina, it is used to prepare **Entrevero**, a stew with sausage, tomato, pork and beef, and **Paçoca de pinhão**, cooked and ground Parana pine nut pounded with meats and sausage. It is also used in soups, salads, and to prepare candies, such as a sweet version of *paçoca*, and a nutritious meal, Parana pine nut flour.

PIN DU PARANA
Il s´agit d´une graine d´un arbre typique de la Forêt Atlantique et du sud du pays – l´*araucária* ou pin du paraná – dont le nutritif pin est un ingrédient important dans les fêtes de Saint Jean. Simplement cuit dans l´eau avec un peu de sel ou rôti au plateau d´une cuisinière à bois, il devient un mets savoureux pour accompagner le *quentão* (boisson chaude, à base de *cachaça*, gengibre, cannelle et sucre). Dans la région de la Serra Catarinense, on l´utilise pour préparer l´**entrevero**, un ragoût avec du saucisson, des tomates et des viandes de porc et de boeuf, et de la **paçoca de pin**, faite aussi avec des viandes et du saucisson, mais avec les graines cuites et moulues. Elles sont utilisées encore dans des soupes, des salades et des confits, comme une sorte de paçoca sucrée, et on peut en faire de la farine très nutritive.

PINTADO
Pseudoplatystoma corruscans

SPOTTED SORUBIM
The name could not be more appropriate, as the body of this catfish with no scales inhabiting the basins of the São Francisco and Paraná-Paraguay rivers is covered with dark spots. Also called *surubim* in Portuguese, this fish has firm, boneless, white meat, ideal for the classic preparation of **Pintado na brasa** (chargrilled spotted sorubim), commonly served in many riverside restaurants of the country. In Mato Grosso, one of the traditional dishes is **Mojica de pintado**, a stew with spotted sorubim and cooked cassava; in Mato Grosso do Sul, **Pintado ao urucum** is a regional star – the fish is stewed in a coconut milk and mozzarella sauce and served au gratin, with rice and **Pirão** (fish broth and manioc flour mush).

SURUBI TIGRÉ
Il possède un nom très approprié, puisque la peau de ce poisson – qui vit principalement dans les bassins des fleuves São Francisco et Paraná-Paraguay est couverte de tâches foncées. Nommé *surubim* dans quelques

régions, il possède une chair blanche et ferme, sans arêtes, idéale pour une préparation classique: le **surubi tigré à la braise**, très commun dans certains restaurants aux bords des fleuves au Brésil. Dans l'état de Mato Grosso, l'un des plats typiques est la **mojica de suburi tigré**, un ragoût composé de poisson, de condiments et de manioc; au Mato Grosso do Sul, un plat très emblématique est le **surubi tigré au roucou**, avec du lait de coco et mozzarella gratinée, servi avec du riz et du *pirão* (bouillon de manioc).

PIRANHA
Pygocentrus nattereri (red-bellied piranha) e *Serrasalmus rhombeus* (black piranha)

PIRANHA
With a strong presence in the North and Midwest regions, where its culinary use is more evident, this freshwater fish is not very common in markets elsewhere in the country. Among the more than thirty different species, only two have commercial elevance: the black piranha, found in the Amazon and Araguaia-Tocantins basins, and the red-bellied piranha, whose habitat also include the b asins of La Plata and São Francisco rivers, as well as ponds in the Northeast region. In the kitchen, piranhas can be roasted, fried or stewed. The fish has many bones. The most popular preparation is a hearty broth, which many believe has aphrodisiac properties. Appropriate for consumption from March to July, and from September and October.

PIRANHA
Très présent au Nord et au Centre-Ouest du Brésil, où son usage culinaire est intense, ce poisson d'eau douce apparaît timidement dans les marchés du restant du pays. Des plus de trente espèces existentes, seulement deux atteignent une importance pour la pêche commerciale: le piranha noir, trouvé dans les bassins du fleuve Amazonas et Araguaia-Tocantins, et le piranha rouge (nommé aussi de piranha-cajou) dont l'habitat s'étend encore pour les bassins du fleuve Prata et du São Francisco et dans des lacs do Nord-Est. Dans la cuisine, le piranha peut être cuit, rôti, frit ou être dans des ragoûts. Toutefois, comme il a beaucoup d'arêtes, la préparation la plus courante est un bouillon très consistant, identifié populairement comme aphrodisiaque. La consommation est appropriée de mars à juillet, en septembre et en octobre.

PIRARUCU
Arapaima gigas

PAICHE
Emblematic fish of the Amazon fauna, paiche (also known as *arapaima* and *pirarucu* in English) can be found in the Midwest region as well, in the rivers of the Araguaia-Tocantins basin. It is one of the largest freshwater fishes of the world: it can reach 6.5 feet in length, and weighs an average of 220 pounds. As it needs to get part of its oxygen on the water surface, paiche became an easy target for overfishing, which left the species endangered of being extinct, until it started to be farmed. Fresh, it can be roasted, grilled or stewed. The closed season extends from December to May.

ARAPAIMA
Ce poisson emblématique de l'Amazonie est présent aussi dans la région Centre-Ouest, dans les fleuves du bassin Araguaia-Tocantins. Il s'agit de l'un des plus grands poissons d'eau douce du monde: il peut atteindre 2 mètres de long et pèse, en moyenne 100 kilos. Comme il a besoin de monter à la surface pour obtenir une partie de son oxigène, il est devenu une cible facile pour la pêche prédatoire, ce qui a provoqué le risque de disparition de l'espèce, jusqu'à ce qu'il a été commencé à être élevé. Frais, il peut être rôti, grillé, ou préparé sous la forme de ragoût. La période de frai est entre décembre et mai.

PIRARUCU SECO

SALT-CURED PAICHE
Known as the "Amazonian cod", the salt-cured, dried version of paiche can be prepared the same way as salt cod, shredded or in tranches. In the Amazon, one of the most traditional recipes is *Pirarucu de casaca*, salt-cured paiche layered with cassava flour, ripe plantain, and a coconut milk sauce; the name comes from the fact that the dish comes to the table all "dressed up" (*de casaca*).

ARAPAIMA SEC
Connu comme "la morue de l'Amazonie", la version salée et sèche de l'arapaima peut être préparée de la même façon que le poisson d'eau salée, éffilé ou en morceaux. En Amazonie, l'une des recettes les plus traditionnelles est l'**arapaima de *casaca***, avec des couches de farine de manioc, banane platain (*pacova*) et sauce de lait de coco. Le plat possède ce nom, car il est servi très décoré.

PITANGA
Eugenia uniflora L.

SURINAM CHERRY
It is not hard to find leafy Brazil cherry trees in backyards and orchards from north to south of Brazil. In spring and summer, when the tree begins to bear fruit, the branches are filled with tiny pumpkin-like berries in shades ranging from green to dark red, depending on ripeness, up to purple or almost black. Consumed fresh or reduced to a pulp, it is used in juices, jams, preserves and syrups. Native to Brazil, this fruit has been fascinating foreign visitors since colonization times. In *Açúcar* (Sugar), Brazilian sociologist Gilberto Freyre writes that in the mid-nineteenth century, the British vice-consul in Bahia and Paraiba praised the fruit flavor in his letters: "sour and slightly bitter, it is very pleasant to the taste". He also states that custards, jams, pies and compotes were made with the fruit at the time. He even gives his recipe, later in the book, for a "*cachaça*" prepared in his house in Recife: a "**pitangada**", combining the berries with *cachaça*, violet or rose liqueur, and cinnamon.

CERISE DE CAYENNE
Il n'est pas difficile de retrouver des cérisiers de Cayenne feuillus dans des bas-cours et des vergers du Nord-Est au Rio Grande do Sul. Au printemps et en été, lorsque l'arbre commence à donner des fruits, les branches se remplissent de petites grappes rouges avec des tons qui deviennent plus foncés, selon leur mûrissement, jusqu'au point où elles deviennent violâtres ou presque noires. Consommée *in natura*, ou transformée en pulpe, on peu l'utiliser pour produire des boissons rafraîchissantes, de la confiture, des sauces et des coulis. Native du Brésil, la cerise de Cayenne enchante les visiteurs étrangers depuis l'époque de la colonisation. Dans aon livre *Açúcar*, le sociologue Gilberto Freyre raconte que, vers le milieu du XIXe siècle, le vice-consul britannique à Bahia et à la Paraíba, faisait des éloges dans ses lettres à la saveur de ce fruit "aigre et légèrement amère, très agréable au goût" et ajoute en disant que l'on en produit des flans, des confitures, des tartes et des compotes. Le même auteur, dans le même ouvrage donne sa recette d'une eau-de-vie (*cachaça*) préparée chez lui, à Recife. Il s'agit d'une "**pitangada**" qui combine les grappes à l'eau-de-vie, de la liqueur de violette ou de rose et de la cannelle en poudre.

PITOMBA
Talisia esculenta

PITOMBA
Fruit common in the Northeast region of Brazil, although it can also be found in the Midwest, North and South regions. It is sold in stalls on the streets of Northeastern cities or offered by vendors at the beaches. Despite not being cultivated commercially, it is popular among those who were lucky enough to try it fresh, the way it is most commonly consumed. The tree can grow up to 40 feet high, and the fruit has a firm skin, which is brown when ripe, and a pit surrounded by a sweet and sour pulp, thin and whitish, with a gelatinous texture. Once open, it is very similar to the lychee, of Asian origin. Close to Recife, in Pernambuco, the municipality of Jaboatão dos Guararapes holds a festival, since the seventeenth century, in honor of Our Lady of Joy. As the celebration coincides with the end of pitomba season, which runs from January to April, it became known as the Pitomba Festival.

PITOMBA
La *pitomba* existe au Centre-Ouest, au Nord et au Sud-Est du Brésil, mais elle est plus courante au Nord-Est, où elle apparaît dans des kiosques dans les rues ou vendue dans le commerce des plages – et, même sans une plantation commerciale, elle connaît un grand succès auprès de ceux qui ont la chance de la goûter *in natura*, la façon la plus courante de la consommer. Fruit d'un arbre qui peut atteindre 12 mètres de haut, elle possède une écorce ferme, marron lorsqu'elle est mûre, et un noyau enveloppé d'une pulpe aigre-douce, fine et blanchâtre, de texture gélatineuse. Lorsqu'elle est ouverte, elle ressemble beaucoup à la lichie, d'origine asiatique. Tout près de Recife, capitale de Pernanbuco, la ville de Jaboatão dos Guararapes réalise, depuis le XVIIe siècle une fête en hommage à Notre Dame dos Prazeres. Par coincidence, cette fête a lieu à la fin de la saison du fruit. C'est pour cela qu'elle est connue comme la Fête de la *Pitomba*.

POLVILHO

MANIOC STARCH
Without this ingredient, at least two classics preparations served on the Brazilian tables for breakfast or afternoon snack would not exist: the tempting and crunchy **Biscoito de polvilho** and **Pão de queijo**, a manioc starch and cheese roll born in Minas Gerais to conquer the country. Extracted by decantation from the liquid squeezed out of the hydrated grated manioc, it can be *doce* ("sweet," that is, the starch is dried immediately after being separated from the liquid – known as *tapioca* / manioc / cassava starch / flour in English, not to be confused with instant tapioca granules or puffed tapioca flakes) or *azedo* ("sour," that is, the starch is left to ferment for up to twenty days before being dried – available outside Brazil usualy as an import). While still moist, *polvilho doce* is called *goma*, and used to prepare the crepe-like bread known as **Tapioca** or **Beiju** in Portuguese by simply passing it through a sieve onto a hot skillet. With a more acidic flavor, *polvilho azedo* is used to make *biscoitos* and *pão de queijo* – although some recipes also include *polvilho doce*. In Mato Grosso do Sul, *polvilho doce* is also the ingredient used to prepare **Chipa**, a hybrid of *biscoito* and *pão de queijo*, horseshoe-shaped, and also known as "Paraguayan *pão de queijo*," as the recipe came from the neighboring country.

POLVILHO
Sans ce produit, au moins deux éléments classiques des tables brésiliennes au petit déjeuner ou au goûter de l'après-midi n'existeraient pas: le séducteur et croquant **biscuit de *polvilho*** et le ***pão de queijo***, un mets originaire de Minas, mais qui est consommé dans le Brésil entier. Extrait par décantation de la pâte de manioc râpé et hydraté, le *polvilho* peut être doux (sec tout de suite après la séparation du liquide et de l'amidon) ou aigre (fermentée jusqu'à vingt jours avant de sécher). Encore umide, le *polvilho* doux est nommé "goma", de laquelle on fait la **tapioca** (*beiju*): il suffit de le tamiser sur une poêle chaude. D'un goût plus acide, le *polvilho* aigre est utilisé dans des biscuits et dans le *pão de queijo* – qui est présenté aussi dans une version sucrée. Dans l'état de Mato Grosso do Sul, le *polvilho* doux est un ingrédient de la **chipa**, un mélange de biscuit et de petit pain, sous la forme de fer à cheval, connu comme le "*pão de queijo* paraguayen", puisque la recette est originaire du pays voisin.

POLVO
Octopus vulgaris e *Octopus insularis*

OCTOPUS
Octopus can be served as a starter (e.g., carpaccio and salad, dressed with vinaigrette) or as a main dish (on its own or as an ingredient in rice, pasta and stew recipes). In Brazilian menus, however, it usually appears in the section of **moquecas** (Brazilian fish / shellfish stews). It is a marine mollusk present in all Brazilian coast and more suitable for consumption from February to April, and from August to December. It is high in protein, vitamins (A and E), and minerals (such as potassium, calcium, zinc and phosphorus). Its soft body, bearing no skeleton, can be fully used in the kitchen, although the tentacles are considered to be the most refined and tasty part. It is usually served with the suction cups. Long, slow cooking is recommended to prepare octopus, in order to obtain a more tender and juicier meat.

POULPE
Il peut apparaître comme entrée (sous la forme de carpaccio, dans des salades, à la sauce vinaigrette) ou comme plat principal (seul ou avec des recettes de riz, des pâtes ou bouilli). Cependant, dans le menu brésilien, son usage le plus connu est lié aux *moquecas* (genre de bouillabaisse). Il s'agit d'un mollusque d'eau salée présent dans toute la côte brésilienne et plus propre à la consommation de février à avril et d'août à décembre. C'est un animal riche en protéines, en vitamines (A e E) et minéraux (tels le potassium, le calcium, le zinc et le phosphore). Son corps mou, sans squelette interne ou externe, peut être profité intégralement dans la cuisine, malgré le fait que ses tentacules soient considérés la partie la plus noble et savoureuse. Généralement, ils sont servis avec les ventouses. Pour préparer le poulpe, on suggère la cuisson longue, ce qui rend la chair plus tendre et juteuse.

PONTA DE PEITO BOVINO

BEEF BRISKET / POINT CUT
It is not a very tender cut, but the layer of fat on one side of the piece helps to tenderize the meat – especially if its slow cooked in a pressure cooker. In barbecues, it is usually prepared "**no bafo**", that is, slowly roasted in the barbecue pit wrapped in aluminum foil. In the country side of states such as São Paulo, Mato Grosso do Sul, Paraná, and Rio Grande do Sul, this beef cut is called *granito*.

POINTE DE POITRINE DE BOEUF
Il ne s'agit pas d'une coupe trop tendre, mais la couche de graisse qui enveloppe la pièce aide à rendre la viande plus molle – surtout si elle est cuite pour plus longtemps ou à la cocotte minute. Dans des barbecues, en général, elle est préparée "à l'étouffée", enveloppé dans du papier aluminium. À la campagne des états de São Paulo, Mato

Grosso do Sul, Paraná et Rio Grande do Sul, cette coupe reçoit le nom de *granito*.

PREGUARI
Strombus pugilis

FIGHTING CONCH
Found in Todos os Santos Bay, in Bahia, this beautiful, orange shell hides a tasty mollusk that can be used to enhance salads, and fish and shellfish stews. Before cooking it, it is necessary to remove the intestine and the "nail" of the animal, which can be used to prepare a broth regarded as aphrodisiac. In Ilha de Maré, district of Salvador, an annual festival is dedicated to fighting conch, known locally as *peguari*.

STROMBE
Trouvé dans la Baía de Todos os Santos, cette belle coquille orange cache un mollusque savoureux qui peut être un composant de salades, des ragoûts et des *moquecas* (genre de bouillabaisse). Avant de cuire, il faut retirer les intestins et "l'ongle" de l'animal – cette partie plus dure peut être profitée dans un bouillon considéré aphrodisiaque. Dans l'Île de Maré, près de Salvador, une fête annuelle est dédiée ao strombe, y nommé *peguari*.

PRESUNTO

HAM
Ham is cooked and cured boneless pork leg. It is part of the everyday life of many Brazilians, either in sandwiches or as a filling for *salgadinhos*, often combined with mozzarella or prato cheese. Two classic preparations using ham: **Enroladinho de presunto e queijo** (a ham and cheese roll rolled up like a jelly roll), called *joelho* ("knee") in Rio de Janeiro, and **Misto quente** (ham and cheese sandwich).

JAMBON
Fait à partir du jambon de porc désossé, cuit et affiné. Il fait partie du jour au jour de la plupart des Brésiliens dans des goûters, des chaussons, plusieurs fois combiné avec du fromage *prato* ou mozzarella. Deux classiques: le **enroladinho de jambon et fromage** (appelé "*joelho*" dans l'état de Rio de Janeiro) et le sandwich **misto quente** (du pain avec du jambon et du fromage fondu).

PRIPRIOCA

Cyperus articulatus L.

PRIPRIOCA
Tall grass found in the Amazon region, it is the main ingredient of *banho de cheiro*, a traditional aromatic bath Pará inhabitants take to celebrate St. John and at the year-end festivities. The strikingly scented oil extracted from the plant tuber, with floral and woody notes, is highly sought-after by the Brazilian fragrance industry. An essential oil extracted from the root of this plant has versatility of vanilla in the kitchen, with a slightly earthy flavor reinforced by wood and coal notes. In Pará, it is used in the preparation of some braised and stewed savory dishes, and more recently, it has been included in some pastry and dessert recipes.

PRIPRIOCA
Ce genre d'herbe haute de l'Amazonie, constitue le principal ingrédient des bains parfumés utilisés par les habitants du Pará dans les fêtes de Saint Jean et dans les fêtes de fin d'année. Le parfum marquant de l'huile extraite du tubercule de la plante, à l'odeur florale et boisée est encore très demandée par l'industrie nationale de fragances. De la racine, on peut obtenir une essence avec la versatilité de la vanille, de goût légèment terreux, renforcé par des touches de bois et de charbon. Au Pará, elle entre dans la préparation de quelques plats salés, tels des ragoûts et des *caldeiradas* (genre de ragoût de fruits de mer), et récemment on a commencé à l'inclure dans quelques recettes de pâtisserie.

PUPUNHA
Bactris gasipaes Kunth

PEACH PALM FRUIT
Cooked and served with molasses, the fruit of peach palm – native to the Amazon, also used to extract hearts of palm – can replace bread for breakfast in several houses of the North region. Some say the taste is reminiscent of potatoes and cassava, or chestnuts. Mashed, the pulp can also be used to prepare cakes, with coconut milk or cassava, cookies and mousses. The whole fruit, seeds removed, can be stuffed with cupuaçu paste, or poached in syrup.

PUPUNHA
Cuit et servi avec de la mélasse, le fruit de la pupunheira – arbre d'origine amazonienne qui fournit aussi le coeur de palmier – peut remplacer le pain dans le petit déjeuner dans plusieurs maisons de la région Nord. Il y en a ceux qui lie son goût à celui des pommes de terre, des maniocs ou à celui des châtaignes portugaises. Écrasée, la pulpe est utilisée aussi dans des recettes de gâteaux au lait de coco ou manioc, de biscuits et de mousses. Entier et sans la graine, il peut être farci avec du confit de cupuaçu ou préparé en compote.

PUXURI
Ocotea benthamiana

PUXURI
Seed of an Amazonian tree of the laurel family, *puxuri* looks like a Brazil nut and has a flavor profile reminiscent of nutmeg, but it is more aromatic, and can replace this spice in many recipes. Grated, it goes well in meat dishes and desserts; in folk medicine, it treats insomnia, cramps and intestinal problems.

PUXURI
Ayant une forme qui rappelle la noix du brésil, cette graine d'un arbre amazonienne de la famille du laurier a un goût comparable à celui de la noix muscade – mais encore plus parfumée – et peut remplacer celle-ci dans de diverses recettes. Râpée, elle assaisonne des viandes et des plats sucrés; dans la médicine populaire, elle traite l'insomnie, les coliques et les troubles intestinaux.

QUEIJO ALAGOA

ALAGOA CHEESE
Some call it "Mantiqueira parmesan", since this aromatic cheese of strong and spicy

317

flavor can be cured for longer periods until it is hard enough to be grated. It is produced using artisanal techniques and raw (which has not been pasteurized) cow's milk, in the city of Alagoa, Minas Gerais. About ten liters of milk are needed to produce a two-pound cheese.

FROMAGE ALAGOA
Il y en a ceux qui l'appelle "parmesan de la Mantiqueira", puisque ce formage aromatique de goût fort peut être cuit pour plus longtemps, jusqu'à acquérir de la consistance suffisante pour être râpé. Il est produit de façon artisanale avec du lait de vâche crue (non pasteurisé) dans la ville de Alagoa, dans l'état de Minas Gerais. Environ 10 litres de lait sont nécessaires pour produire un kilo de fromage.

QUEIJO CABACINHA

CABACINHA CHEESE
Handcrafted in the north of Minas Gerais state, in the cities of Jequitinhonha Valley, this cheese is shaped like a gourd ("*cabaça*" in Portuguese - hence the name). During the manufacturing process, portions of cow's milk pasta filata weighing about 1 pound are tied in a piece of kitchen twain and hung to acquire the characteristic gourd shape. With a flavor profile similar to mozzarella cheese, it is usually sold informally at roadside stalls in that area.

FROMAGE CABACINHA
Produit de façon artisanale au Nord de l'état de Minas Gerais, dans les villes du Vale do Jequitinhonha, il est nommé ainsi dû à sa forme, semblable à la calebasse. Pendant le processus de fabrication, avec du lait de vâche, les pièces – pesant entre 400 et 500 grammes – sont attachées et pendues pour acquérir cett apparence caractéristique. Leur goût rappelle celui du **fromage mozzarella**, et est vendu en général, d'une façon très informelle dans des kiosques au bord des routes de la région.

QUEIJO CAMPO REDONDO

CAMPO REDONDO CHEESE
The birth place of this cheese with thin and yellowish rind is the Itamonte region of Minas Gerais, more than 3,000 feet above sea level, close to the border with Rio de Janeiro. Made with cow's milk, it has a delicate flavor and pasty consistency. In recent years, it has been discovered by chefs and is now used in sandwiches, *pão de queijo* (Brazilian manioc starch and cheese rolls), mashes and *pastéis* (Brazilian fried turnovers made with wonton-like wrap).

FROMAGE CAMPO REDONDO
Le berceau de ce fromage de croûte fine et jaunâtre est de la région de Itamonte, dans l'état de Minas Gerais, à plus de 900 mètres d'altitude et proche de devise avec l'état de Rio de Janeiro. Fait à partir du lait de vâche, il possède un goût délicat et un consistance pâteuse. En évidence depuis les dernières années, il est utilisé par des cuisiniers professionnels dans la production de sandwichs, de **pain au fromage**, des purées et des beignets.

QUEIJO CATAUÁ

CATAUÁ CHEESE
Cheese made with raw (unpasteurized) milk obtained from jersey cows pasture-raised in the Serra da Mantiqueira region, which encompasses the states of Minas Gerais, São Paulo, and Rio de Janeiro. Hence the fact it is also known as "Mantiqueira cheese". Under the deep-yellow rind, which may become greyish as it ages, the firm yet soft interior has a mild flavor and shows several visible holes.

FROMAGE CATAUÁ
Il est produit avec du lait cru – c'est à dire, sans pasteurisation – obtenu du bétail jersey, dans la région de la Serra da Mantiqueira, qui concerne les états de São Paulo, Minas Gerais et Rio de Janeiro. Pour cela, il est connu aussi comme "le fromage de la Mantiqueira". Sous une croûte bien jaune, qui peut devenir plus foncée à force de la cuisson, une pâte ferme et pleine de petits trous, mais encore tendre, possède un goût léger.

QUEIJO COALHO

COALHO CHEESE
Once restricted to the Northeast region of the country, this cheese is more widespread across the country nowadays. On the beaches of Rio de Janeiro and São Paulo states, for example, several street vendors sell logs of coalho cheese skewered and fresh grilled over hot coals right before you, usually on makeshift pits made of empty cans. *Coalho* cheese is made with salted, pasteurized cow's milk pressed into blocks and then cut into logs. Because it is heat resistant, it may be barbecues or grilled before it melts completely. A classic combination: warm, grilled *coalho* cheese cubes drizzled molasses.

FROMAGE COALHO
Avant, il état limité à la région Nord-Est, aujourd'hui il est plus diffusé dans le Brésil – aux plages de Rio de Janeiro et du littoral de São Paulo, par exemple, il est commun trouver des colporteurs qui vendent des brochettes de fromage coalho cuites sur le moment, sur des petites cuisinières improvisées. Il est obtenu à partir du lait de vâche pasteurisé, salé et préssé en blocs et ensuite coupé en tranches. Puisqu'il est résistant à la chaleur, il peut être grillé, sur une grille de barbecue ou dans une poêle, sans qu'il fonde complètement. Une combinaison classique: des petits cubes de fromage *coalho*, tout chauds, avec de la mélasse de canne-à-sucre.

QUEIJO COLONIAL

COLONIAL CHEESE
Traditional cheese from the areas where Italian immigrants have a strong presence, in Santa Catarina and Rio Grande do Sul. The first colonial cheese cooperative celebrated its 100th anniversary in 2012. Handcrafted with cow's milk, salt and lactic ferments, it has a soft and elastic texture and a yellow, leathery rind. The older the cheese, the spicier it is; ideally, it should be aged for at least 30 days. Good to be eaten on its own or added to pasta, sauces and gratins.

FROMAGE COLONIAL
Typique des régions de la colonie italienne dans l'état de Santa Catarina et Rio Grande do Sul – la première coopérative *gaúcha* de fromage *colonial* a commémoré ses 100 ans en 2012. Fait artisanalement avec du lait de vâche, du sel et du ferment lactique, il possède un intérieur tendre et élastique, enveloppé d'une croûte jaune et solide. Plus il est cuit, plus il est piquant; l'idéal de maturation étant de 30 jours. Il est bon pour être consommé *in natura* ou dans des recettes de pâtes, des sauces et des plats gratinés.

QUEIJO DA SERRA DA CANASTRA

SERRA DA CANASTRA CHEESE

Since 2008, the artisanal way of making cheese in Minas Gerais is considered a Cultural Heritage of Brazil by Iphan (Brazilian Historical and Artistic Heritage Institute). According to this institution, the cheese-making technique used in some areas of the state, more specifically "the use of raw milk and the addition of "pingo" to the curd, a natural lactic yeast collected from the whey that drains from cheese while it is being made which transfers specific characteristics to the cheese, conditioned by the type of soil, climate and vegetation of each region". Among the cheeses of Minas Gerais, perhaps the most famous is the one produced at Serra da Canastra region. In order to be sold outside that state, it must undergo a maturation period of at least 20 days, which makes its flavor most intense and spicy.

FROMAGE DE LA SERRA DA CANASTRA

Depuis 2008, la façon artisanale de faire des fromages dans l´état de Minas Gerais est considéré Patrimoine Culturel du Brésil par le Iphan (Instituto do Patrimônio Histórico e Artístico Nacional). Selon l´instituition, il s´agit de préserver la fabrication avec "l´usage de lait cru et l´addition du pingo, un ferment lactique naturel, recueilli à partir du sérum qui sort du propre fromage et qui lui donne les caractéristiques spécifiques, conditionnées au type de sol, au climat et à la végétation de chaque région". Parmi eux, peut-être le plus célèbre soit le produit fait à la Serra da Canastra. Pour pouvoir être vendu en dehors de Minas Gerais, il doit passer par une période de maturation d´au moins 20 jours, ce qui rend son goût plus intense et plus piquant.

QUEIJO DA SERRA DO SALITRE

SERRA DO SALITRE CHEESE

In August 2014, the Agricultural Institute of Minas Gerais (IMA) published a decree in the state's Official Gazette identifying the municipality of Serra do Salitre, 404 kilometers from Belo Horizonte, as a "micro appellation for the production of artisanal Minas cheese". Araxá, Campo das Vertentes, Canastra, Cerrado, Serro and Triângulo Mineiro already were in that list. Made with freshly milked raw cow's milk, Salitre cheese follows a centuries-old recipe. The main features of this local product are the creamy texture, the mild flavor and the rind, consisting of a deep yellow resin. As it ages, the flavor becomes more intense and acidic.

FROMAGE DE LA SERRA DO SALITRE

En août 2014, l´Instituto Mineiro de Agropecuária (IMA) a publié une décision dans le Diário Oficial de Minas Gerais, identifiant la ville de Serra do Salitre, à 404 kilomètres de Belo Horiazonte, comme une "micro-région de production du fromage minas artisanal" - Araxá, Campo das Vertentes, Canastra, Cerrado, Serro e Triângulo Mineiro y étaient déjà sur cette liste. Produit à partir du lait de vâche cru qui vient d´être traitrée, le salitre suit une recette centenaire. Les principales caractéristiques du produit local sont la texture crémeuse de goût léger et la croûte, faite d´une résine jaune. Plus sa maturation avance, plus intense et acide il devient.

QUEIJO DE ARAXÁ

ARAXÁ CHEESE

Still made using traditional techniques in the cities of Araxá, Altos, Conquista, Ibiá, Pratinha, Pedrinópolis, Perdizes, Sacramento, Santa Juliana and Tapira – area classified as "micro appellation for the production of artisanal Minas cheese" by the Agricultural Institute of Minas Gerais (IMA). The preparation follows the steps of other cheeses produced in the state: raw milk mixed with "pingo" (natural lactic yeast) and rennet before being pressed, shaped and salted. After aging for about 20 days, it is ready for consumption. It has a yellow rind and the interior is slightly softer than the cheese from Serra da Canastra.

FROMAGE DE ARAXÁ

Ce fromage est encore produit de façon traditionnelle dans les villes d´Araxá, Campos Altos, Conquista, Ibiá, Pratinha, Pedrinópolis, Perdizes, Sacramento, Santa Juliana et Tapira – une région connue comme "micro-région de la production du fromage minas artisanal" par l´Instituto Mineiro de Agropecuária (IMA). La façon de préparer ce produit suit celle des autres produit de l´état: du lait cru mélangé au pingo (ferment naturel) et à la présure avant d´être écrasé, moulé et salé. Après avoir maturé autour de 20 jours, il est prêt. Il a la croûte jaune et la pâte un peu plus légère que celle du fromage de la Serra da Canastra.

QUEIJO DO MARAJÓ

MARAJÓ CHEESE

Buffalo adapted well to Pará, which concentrates 39% of the herd in the country, and became a symbol of Marajó Island, located at the mouth of the Amazon River, about 3 hours from Belém by boat. Light and creamy, the cheese produced there used to be made with cow's milk, but since the 1930s, cow's milk has been replaced with buffalo milk. Fatter and higher in protein, the curd goes through several steps, such as filtering, fermenting, cutting, washing and cooking, before being shaped into rounds or squares inside wooden or plastic molds.

FROMAGE DU MARAJÓ

Bien adapté ao Pará – l´état qui concentre 39% du bétail du pays – les buffles sont devenus le symbole de l´Île de Marajó, situé à l´embouchure du fleuve Amazonas et distant autour de trois heures en bateau à partir de Belém. Léger et crémeux, le fromage de cette région était produit avec du lait de vâche, mais à partir des années 1930, la matière première a été remplacée par le lait de bufflonne. Plus gros et protéique, cet ingrédient passe par diverses étapes, tels le filtrage, la fermentation, la coupe, le lavage et la cuisson, jusqu´au point d´être modelé en format rond ou carré dans des récipients en bois ou en plastique.

QUEIJO DO REINO

REINO CHEESE

In the nineteenth century, edam Dutch cheese arrived in Brazil coming from Portugal – that is, "do reino" (literally, "from the kingdom"). In 1888, when Mantiqueira Dairy Company was open in the current city of Santos Dumont, Minas Gerais, it adapted the manufacturing techniques of the imported cheese and named the resulting product with the popularly known expression. The charming red can that holds the cheese mimics the waxy cheese rind of the same color. It is a protective layer for the semi-hard interior made of pasteurized cow's milk, with a texture somewhat drier than edam, deep yellow colored, and with a spicy, strong flavor.

FROMAGE DU REINO

Au XIXe siècle, le fromage hollandais du type edam arrivait au Brésil, à travers le Portugal – c´est à dire, à travers "le royaume" ("do reino", en portugais). En 1888, lorsque la Companhia de Laticínios da Mantiqueira a été inaugurée dans l'actuelle ville de Santos Dumont, dans l'état de Minas Gerais, elle a adapté les méthodes de fabrication de ce produit importé et l'a baptisé avec ce nom populaire. La charmante boîte rouge qui garde le fromage cache une croûte de la même couleur. Il s'agit d'une couche protectrice pour la pâte semi-dure, mais sèche, d'un jaune intense et de goût piquant, faite avec du lait de vâche pasteurisé.

QUEIJO DO SERRO

SERRO CHEESE

Eleven municipalities of Alto Jequitinhonha region, in Minas Gerais, form another appellation recognized by the Agricultural Institute of Minas Gerais (IMA) as producers of artisanal Minas cheese: Serro, Alvorada de Minas, Coluna, Conceição do Mato Dentro, Dom Joaquim, Materlândia, Paulistas, Rio Vermelho, Sabinópolis, Santo Antônio do Itambé and Serra Azul de Minas. In the handmade manufacturing process, raw cow's milk is mixed only with "pingo" (natural lactic yeast), rennet and salt. The resulting cheese has a whitish rind that becomes yellower as it ages, a slightly acidic, strong flavor, and compact texture. It is usually 6 inch in diameter and 3.5 inches tall.

FROMAGE DU SERRO

FROMAGE DU SERRO
Onze villes du Alto do Jequitinhonha forment une région reconnue par l'Institut Mineiro de Agropecuária (IMA) comme productrice de quijo minas artisanal: Serro, Alvorada de Minas, Coluna, Conceição do Mato Dentro, Dom Joaquim, Materlândia, Paulistas, Rio Vermelho, Sabinópolis, Santo Antônio do Itambé et Serra Azul de Minas. Dans la fabrication artisanale, le lait cru de vâche reçoit seulement le *pingo* (ferment lactique naturel), de la présure et du sel. Le résultat est un fromage à la croûte blanchâtre devient qui jaune selon la maturation et la pâte peu acide, ferme et compacte. En général, elle mesure 15 centimètres de diamètre pour 9 centimètres de haut.

QUEIJO GORGONZOLA

GORGONZOLA CHEESE

Born over a thousand years ago in northern Italy, gorgonzola is also manufactured by several companies in Brazil – although the national product is slightly less pungent than the original. During the production, this cow's milk cheese is injected with the mold *Penicillium roqueforti*, which imparts the flavor, aroma, and visually characteristic blue veins. The consistency may be creamier or more crumbly. In addition to being eaten on its own, gorgonzola can be used to complement risottos and soups, and as an ingredient in several pasta and meat dishes.

FROMAGE GORGONZOLA

Ce fromage, qui a surgi il y a plus de mille ans, au Nord de l'Italie, est aussi fabriqué par de diverses industries nationales – malgré le fait que l'ingrédient brésilien soit un peu moins fort que l'original. Pendant la production, à partir le lait de vâche, on y insère la moisissure *Penicillium roqueforti* qui donne de l'odeur, du goût et la forme visuelle caractéristique avec des veines bleuâtres. La pâte peut se présenter crémeuse ou plus cassante. On peut le consommer cru, dans des risottos, ou pour enrichir des soupes. Il est utilisé dans plusieurs recettes de sauces et de viandes.

QUEIJO MANTEIGA

MANTEIGA CHEESE

Literally "butter cheese", this is a classic cheese of the Northeast region made with cow's milk and produced mainly in the states of Pernambuco, Rio Grande do Norte, Paraíba and Bahia. This cooked curd cheese shaped into blocks is made without the addition of rennet, which renders a fatty yellow cheese, with soft and elastic texture. There is a variation that includes the "*rapa*" – the scrapes that stick to the bottom of the pan and brown as the cheese is being cooked. Manteiga cheese is used in a traditional Brazilian recipe, **Cartola**: fried banana topped with melted *manteiga* cheese, sugar and cinnamon.

FROMAGE BEURRE

Il s'agit d'un classique de la région Nord-Est fait à partir du lait de vâche et produit principalement dans les états de Pernambuco, Rio Grande do Norte, Paraíba et Bahia. Faite sans addition de présure, la pâte cuite devient un fromage jaune gras, de texture tendre et élastique, formé en blocs. Une variation inclut les résidus croustillants (*rapa*) croustillante qui reste au fond du plateau utilisé dans la cuisson. Le fromage beurre fait partie d'une recette traditionnelle brésilienne, le **cartola**: des bananes frites, couverte de fromage fondu avec du sucre et de la cannelle.

QUEIJO MORBIER

MORBIER CHEESE

By looking at it, one may have the impression that this is one of the so-called "blue cheeses," like Gorgonzola and Roquefort. The crosswise dark veins seen in the interior of morbier, however, are in fact edible vegetable charcoal, added to the curd when the product is being molded. Made with cow's milk, this originally French cheese has a yellow interior, soft and smooth texture, and no acidity. In Brazil, it is produced in states such as Espírito Santo, Pernambuco and Rio Grande do Sul.

FROMAGE MORBIER

D'après son apparence, on dirait qu'il s'agit d'un des "fromages aux veines bleues", comme le gorgonzola et le roquefort. Mais, les sillons foncés qui apparaissent dans la pâte du morbier sont des lignes de charbon végétal comestible, ajouté au moment où l'on met le produit dans les moules. D'origine française et fait avec du lait de vâche, il possède une pâte jaune et tendre, légère et sans acidité. Au Brésil, il est fabriqué dans les états de l'Espírito Santo, Pernambuco et Rio Grande do Sul.

QUEIJO MUÇARELA

MOZZARELLA CHEESE

It seems to be everywhere: sandwiches, pasta fillings, pizza toppings. It is the top seller cheese in the country, with 30% of the market. The initial recipe used in Brazil followed the Italian original, made only with buffalo milk. Currently, it is made with cow's milk. It is a pasta filata cheese, that is, softened in hot water and stretched slowly to form the desired shape. This yellowish cheese melts very well, and is sold In Brazil in large logs, sticks, small balls and knots.

FROMAGE MOZZARELLA

Il est partout: dans des sandwichs, dans des farces de, pâtes, dans des couvertures de pizzas – il est le champion de ventes du pays, avec 30% du marché. La recette initiale, produite au Brésil, suivait l'originale, italienne, faite seulement avec du lait de bufflonne Aujourd'hui, la matière première a été changée pour le lait de vâche. La pâte est filée: le caillé obtenu est trempé dans l'eau chaude et tiré lentement jusqu'à obtenir le format

QUEIJO MUÇARELA DE BÚFALA

BUFFALO MOZZARELLA
In Italy, for a product to be officially called "mozzarella", it has to be made with buffalo milk. In Brazil, however, there are two variations: the ubiquitous cow's milk mozzarella, used daily in many preparations, and the buffalo milk product, which has special status. As buffalo's milk does not contain carotene, this mozzarella is bright white, with moist, creamy texture. At the supermarkets, it is usually sold shaped into small, orange-sized balls immerse in whey, but knots, braids and sticks are also available. To make sure the product has not been tampered with cow's milk, check the packaging for the authenticity inspection stamp, issued by the Brazilian Buffalo Breeders Association.

FROMAGE MOZZARELLA DE BUFFLONNE
En Italie, pour que le fromage soit nommé officiellement "mozzarella", il doit être obligatoirement de bufflonne. Cependant, ici, il y a deux variations: le fromage du jour au jour, fait avec du lait de vâche, et le produit dérivé de la bufflonne, qui a gagné un status spécial. souhaité. Jauneâtre, ayant une texture qui fond très bien, la mozzarella peut être présentée dans le format classique rectangulaire, en barrettes, en boules ou en petits noeuds.

Comme la matière première n´a pas de carotène, la mozzarella de buffle est très blanche, avec une texture umide et crémeuse. Dans les supermarchés, en général, il apparaît dans des boules emballées dans un pot avec du sérum – mais il existe des version en petits noeuds, en tresses et en barrettes. Pour assurer que le produit n´a pas été adultéré avec du lait de vâche, l´emballage doit exhiber le label de pureté de l´Associação Brasileira de Criadores de Búfalos.

QUEIJO PARMESÃO

PARMESAN CHEESE
In shaves or, more commonly, grated, it is present at the tables all around the country, mainly to finalize pasta dishes and pizzas. Of Italian origin, parmesan has a spicy yellow interior that is dry, hard, and crumbly. The flavor develops as the cheese ages. In Brazil, the maturation time is around six months, whereas in Italy, it can be aged for up to three years. It is sold whole, in cylinders, in wedges or previously grated. The best practice, however, is to always grate the Parmesan freshly, right before using it.

FROMAGE PARMESAN
Éffilé, ou peu plus commun, râpé, il est présent aux tables de tout le pays, principalement pour la finition des plats de pâtes ou pizzas. D´origine italienne, il a une pâte piquante et sèche, dure et cassante. Le goût se développe en fonction de la maturation – au Brésil, le temps de cuisson est autour de six mois, alors qu´en Italie, il peut arriver à trois ans. Il peut être vendu entier, dans son format cylindrique, en forme de coin ou déjà râpé. Cependant, il vaut mieux, râper le parmesan au moment de servir.

QUEIJO PRATO

PRATO CHEESE
Together with mozzarella and parmesan, *prato* cheese is very popular in Brazil – a traditional snack item accounting for 20% of the domestic market. It is believed this cheese was born in southern Minas Gerais, in the 1920s, when Danish immigrants were playing with the recipes for danbo and tybo cheeses, from their country of origin. The cooked curd, made of cow's milk, is orangey in color, has a soft consistency and a bland flavor. According to the Brazilian Ministry of Agriculture, different names refer to distinct formats: *lanche* or *sanduíche* (rectangle), *cobocó* (cylinder), *esférico* or *bola* (ball).

FROMAGE PRATO
Tout comme la mozzarella et le parmesan, il fait beaucoup de succès à la table des Brésiliens – traditionnelle pour les goûters, il est le responsable de 20% du marché national de fromages. On dit qu´il a surgi au Sud de Minas Gerais, dans les années 1920, lorsque les immigrants danois ont essayé de reproduire les fromages danbo et tybo, de leur pays d´origine. La pâte cuite, de lait de vâche, possède une couleut jauneâtre, de goût léger et de consistance tendre. Selon le Ministère de l´Agriculture, il peut gagner d´autres noms en fonction du format: goûter ou sandwich (rectangulaire), *cobocó* (cylindrique), sphérique ou boule (sphérique).

QUEIJO PROVOLONE

SMOKED PROVOLONE CHEESE
In Brazil, smoked provolone cut into cubes and seasoned with olive oil and oregano is on the snacks menu of many *botecos*. The brownish rind, although edible, is often removed to reveal the yellow, hard interior, which is quite salty and has a characteristic, pungent taste and odor. Made from cow's milk and using a recipe of Italian origin, the provolone cheese produced in Brazil has a cylindrical shape and is hung up to dry before being smoked. Ideally, it should be aged for at least 70 days.

FROMAGE PROVOLONE
Coupé en petits cubes et assaisonné avec de l´huile d´olive et de l´origan, il apparaît dans le menu de amuse-bouches de divers bistrots. La croûte marron, malgré le fait qu´elle soit comestible, est en général enlevée pour révéler la pâte jaune, ferme, bien salée, d´odeur caractéristique et de goût piquant. Fait avec du lait de vâche à partir d´une recette d´origine italienne, ce fromage produit sous le format cylindrique, reste pendu jusqu´au point de sécher et passe encore par un processus de fumage. La maturation idéale est d´au moins 70 jours.

QUEIJO RESTEIA

RESTEIA CHEESE
Venda Nova do Imigrante, in the mountain range of Espírito Santo, is a small town known for the investment it has been making on agritourism. On both sides of Pedro Cola Highway, several farms have opened stores and receive visitors to show them how cheese, jam and socol, among others delicacies of the region, are prepared. Of Italian origin, *resteia* cheese has soft texture, a slightly sweet flavor, and is also available in a smoked version.

FROMAGE RESTEIA
Venda Nova do Imigrante, dans la Serra Capixaba, est une petite ville connue par les investissements réalisés sur le agro-tourisme. Au bord de l´autoroute Pedro Cola, diverses fermes ont ouvert leurs propres magasins et reçoivent des visiteurs pour montrer comment on produits des fromages, des confitures et le *socol*, parmi d´autres mets typiques de la région. D´origine italienne et de goût légèrement sucré, le *resteia* possède une pâte de texture tendre, légèrement sucrée, et une variante fumée.

QUEIJO SERRANO

SERRANO CHEESE
One of the coldest areas of Brazil – Campos de Cima da Serra, on the border of Santa Catarina and Rio Grande do Sul – is the place of origin of this cheese, which was already carried in the luggage of drovers traveling through the region at the beginning of the nineteenth century. The recipe calls for raw cow's milk, rennet and salt. Inside the hard, whitish-yellow skin, the buttery interior has a delicate flavor, but it becomes stronger as the cheese ages.

FROMAGE SERRANO
L´une des régions les plus froides du pays – les Campos de Cima da Serra, entre les états de Santa Catarina et de Rio Grande do Sul – est la région d´origine de ce fromage, qui faisait partie du bagage des tropeiros (cowboys) en voyage dans la région, au début du XIXe siècle. Dans la production, il y a du lait de vâche, de la présure et du sel. Dans la croûte dure et jaune, la pâte beurrée de goût délicat reste plus en évidence, en fonction du temps de maturation.

QUEIXADA
Tayassu pecari

WHITE-LIPPED PECCARY
It can be confused with collared peccary, which belongs to the same Tayassu genus, but the meat of the white-lipped peccary is redder. Low in fat and in cholesterol, the sharply flavored, it is sold in cuts like fresh ham, shoulder, chops and ribs. In Brazil, the recently established producing farms are located mainly in the Midwest and Southeast regions. Fun fact: the name of an indigenous ethnic group of Acre, Yawanawá, means "white-lipped peccary people".

PÉCARI
Il peut être confondu avec le *cateto*, qui appartient au même genre *Tayassu*, mais la viande du pécari possède une couleur rouge plus vive. Avec peu de graisse, un taux de cholésterol bas et un goût très marquant, sa viande est vendue dans des coupes tels le jambon, la palette, le carré et les côtes. Au Brésil, l´élevage récent se situe principalement dans les régions Centre-Ouest et Sud-Est. Une curiosité: le nom d´une etnie indienne dans l´état du Acre, Yawanawá, signifie "le peuple du pécari".

QUIABO
Abelmoschus esculentus

OKRA
Native to Africa, this vegetable has adapted very well to the Brazilian cuisine. Without it, the country would lose at least two traditional recipes: **Frango com quiabo**, a flavorful chicken and okra stew from Minas Gerais cuisine, and Bahian **Caruru**, okra cooked with dried shrimp, cashew nuts and dende oil. Versatile, it can be prepared in several ways: braised, roasted, deep-fried, steamed, or chargrilled. The secret to remove okra's "*baba*" (literally "drool"), the viscous substance that exudes from okra when it is cut, is to rinse and dry it thoroughly before adding it to the pan.

GOMBO
Natif de l´Afrique, cette plante herbacée s´est adaptée très bien à la culinaire brésilienne. Sans elle, le pays, perdrait au moins deux recettes: **le poulet avec du gombo**, un savoureux ragoût de la cuisine de Minas Gerais, et le **caruru** de Bahia, avec des crevettes séchées, des noix du brésil et de l´huile de palme. Versatile dans les façons de préparations, il peut être braisé, cuit, frit, cuit à la vapeur ou grillé. Le secret pour retirer la "bave", une substance visqueuse qui apparaît lorsque l´on coupe le gombo, est de le laver, le sécher bien et seulement après le faire cuire.

QUINCAM
Fortunella japonica

KUMQUAT
It looks like a miniature orange, although it does not belong to the genus Citrus. This soft fruit, rounder or more oval, has an edible peel that is somewhat bitter and very fragrant, and can be enjoyed fresh or used in salads, jams and compotes. The Chinese name kumquat (kinkan in Japanese) means "golden orange".

QUINCAM
Il s´agit d´une orange minuscule, malgré le fait qu´il n´appartienne pas au genre *Citrus*. Avec une peau comestible, plus ronde ou plus ovale, ce petit fruit tendre, un peu amer et très parfumé peut être savouré *in natura* ou dans des salades, des confitures et des compotes. Son nom original, *kinkan* en japonais et *kumquat* en chinois, signifie "orange d´or".

QUIRELA

CRACKED CORN
Cracked corn, also called *quirera* in Portuguese, is crushed corn kernels (not ground). It can be cooked in the broth of the meat it will be served with. One example is the **Quirera lapeana**, a traditional dish of Lapa, a town in Paraná, made with corn grits and pork ribs. It is also often prepared with beef ribs.

QUIRELA
Quirela ou *quirera*, est le grain de maïs cassé, mais non moulu, qui peut être cuit dans des bouillons de viandes qu´il accompagnera. Un exemple: la *quirera lapeana*, plat typique de la ville de Lapa, dans l´état du Paraná, faite de côtelettes de porc. La côte de boeuf plusieurs fois est servie de cette façon.

RABADA DE BOI

OXTAIL
Slowly cooked with garlic, onion and other seasonings, it becomes a traditional Brazilian dish known as **Rabada**, served with polenta or watercress, or both. In the North region, there is a version of the dish in which the oxtail is cooked in *tucupi*. Whatever the preparation, the slowly cooked, tender meat can be also shredded and used as a filling for sandwiches, fritters and savory pastries.

RABADA DE BOEUF
Cuite lentement avec de l´ail, des oignons et d´autres condiments, la queue se transforme dans un plat typique, la **rabada**, servie avec de la polenta ou du cresson – ou les deux. Dans une version à la façon de la région Nord, la viande est plongée dans un bouillon de *tucupi*. Peu importe la préparation, quand elle sera tendre, elle pourra être éffilée et des sandwichs, des croquettes et des beignets pourront en être farcis.

RABO SUÍNO

PORK TAIL

Also called pig tail, together with pig trotter, pork ear and tongue, pork tail is usually an ingredient of **Feijoada**, which includes several pork cuts. It can also be used to enhance stews made with beans or other legumes, such as lentils and peas.

QUEUE DE PORC
À côté du pied, de l'oreille et de la langue de porc, la queue est un ingrédient habituel de la **feijoada completa**, qui inclut diverses coupes de porc. Elle peut être utilisée aussi pour enrichir les haricots ou des ragoûts faits avec d'autres légumineuses, comme les fèves et les petits pois.

RAIA
Ordem Batidoidimorpha

STINGRAY
Cut into fillets, this cartilaginous fish is the main ingredient for a famous **moqueca** (fish stew) in Bahia, together with coconut milk, tomato, bell peppers, cilantro and dende oil. Although the most common preparation method is stewing – it can be quite tasty just cooked in tomato sauce – there are also stingray recipes prepared in the oven or deep fried. Please note: fishing and eating Brazilian guitarfish (*Rhinobatos horkelli*), endemic to Brazil, is prohibited by the Brazilian Ministry of Environment since 2004, throughout the country.

RAIE
Coupé en pavé, ce poisson cartilagineux est un ingrédient de la célèbre *moqueca baiana* (genre de bouillabaisse), assaisonnée avec du lait de coco, des tomates, des poivrons, de la coriandre et l'huile de palme. Malgré le fait que sa préparation la plus courante soit sous la forme de ragoût – cuite seulement à la sauce tomate elle est très savoureuse -, il y a des recettes de raie au four ou frite. Attention: la pêche et la consommation de la raie *viola*, endémique au Brésil, (*Rhinobatos horkelli*) a été interdite par le Ministério do Meio-Ambiente en 2004, dans le tout le Brésil.

RAPADURA

RAPADURA SUGAR
The "*raspa dura*" ("hard scrape") coming from the large pots of sugar cane juice boiled in hundreds of sugar mills around the Northeast since the colonial period is an important element in the Brazilian diet. In *História da alimentação no Brasil* (History of Food in Brazil), Câmara Cascudo says the product "became not only a treat, but a seasoning, real and more frequent than regular sugar or bread in the backland diet, an accompaniment to the meal." Currently, the rapadura sugar is no longer limited to consumption as a side for manioc flour, or to be added to the pot of stewed beans – common practices in the countryside of Northeast region. It also appears in recipes for sauces, **caipirinhas**, mousses and ice creams. And although the simplified recipe for **Pé de moleque** uses condensed milk, there is nothing like the original recipe, which combines roasted chopped peanuts and melded rapadura sugar.

RAPADURA
La "*raspa dura*" (résidus durs) des grandes marmites de jus de canne à sucre dans des centaines d'usines dans la région Nord-Est depuis la période coloniale est un élément important dans la diète brésilienne. Dans son livre *História da Alimentação no Brasil*, Câmara Cascudo affirme que le produit "n'est pas seulement une confisserie, mais un condiment, réel et plus utilisé que le sucre ou le pain dans l'alimentation des habitants du *sertão*, comme accompagnement des repas". Actuellement, la rapadura n'est plus consommée seulement avec de la farine ou dans la casserole de haricots, des pratiques quotidiennes dans le Nord-Est. Elle apparaît aussi dans des recettes de sauces et de **caipirinhas**, des mousses et des glaces. Il n'y pas de **pé de moleque** légitime si les cacahuètes hachées ne sont pas enveloppés par la rapadura, malgré le fait que sa préparation soit simplifiée avec l'usage du lait condensé sucré.

REPOLHO
Brassica oleracea var. capitata

CABBAGE
A relative of broccoli, collard greens and cauliflower, this vegetable with green or purple leaves can be eaten raw, finely shredded, and can also be used in soups, stews and pickled vegetables. The sauerkraut, *chucrute* in Portuguese, a dish that German immigrants introduced to the southern region of the country, is made with fermented cabbage and spices, traditionally served with sausages and ham hocks.

CHOU
Voisin du brocoli, du chou *manteiga* et du chou-fleur, cette plante herbacée aux feuilles vertes ou violettes peut être consommée crue, coupées en tranches très fines et aussi profitée dans des soupes, des ragoûts et des conserves. La **choucroute**, un plat que les immigrants allemands ont introduit dans la région Sud du pays, est fait avec du chou fermenté et affiné avec des épices, traditionnellement servi pour accompagner des saucissons, des saucisses ou le genou de porc.

REQUEIJÃO

REQUEIJÃO SPREAD
Brazilian invention, this viscous cheese spread was created in Minas Gerais to utilize the byproduct of cow's milk used to make butter. In the original recipe, after the skimmed milk had been curdled, de-wheyed and cooked, it was mixed with cream – a formula still followed by industrial manufacturers. In addition to being a classic at breakfast, spread on a slice of warm bread, it is widely used in cooking: mixed with shredded chicken breast, or added to rice dishes, pasta sauces, cake batters, and savory pastries fillings, among other uses.

FROMAGE BLANC
Il s'agit d'une invention brésilienne, ce fromage a été créé dans l'état de Minas pour profiter le sérum du lait de vâche qui était utilisé dans la fabrication du beurre. Dans la recette originale, après que le lait ait été écrémé et caillé, essoré et cuit, on y ajoutait de la crème fraîche – une formule encore utilisée dans les industries. Très présent à table pour le petit déjeuner, pour en faire des tartines avec du pain encore chaud, il a un vaste usage culinaire: **blanc de poulet avec du fromage blanc**, dans le riz au four ou crémeux, dans des sauces pour des pâtes, dans des gâteaux ou pour farcir des beignets ou des tartes, parmi tant d'autres recettes.

REQUEIJÃO DE CORTE

SLICING REQUEIJÃO
Popular in the Northeast, this version of *requeijão* appeared before the spread version was created and, to date, it is often produced through a handmade process from cow's buttermilk, de-wheyed and cooked. The right consistency is obtained during the cooking process, and the more it cooks, the darker it gets – that is why it can be called *requeijão crioulo* (creole) or *preto* (black). Sliced or cut into pieces, it complements salads and fillings.

FROMAGE BLANC À COUPER
Très courant dans la région Nord-

Est, ce fromage a surgi avant la version crémeuse et, jusqu'à aujourd'hui, il est plusieurs fois produit à partir du lait de vache complet, caillé, essoré et cuit. Le point idéal est obtenu pendant la cuisson et plus longtemps il passe dans la casserole, plus foncé il devient – pour cela, il peut être appelé *requeijão crioulo* ou *requeijão preto*. En tranches ou en petits morceaux, il complète des salades et peut également farcir d'autres plats.

RICOTA

RICOTTA
Because it does not include any yeast or rennet, this milk product originated in Italy should not be called "cheese". In Brazil, ricotta became synonymous with low calorie food, suitable for weight loss diets, or to prepare fillings for pasta, savory pastries, and herbed spreads, served with toasts as an appetizer. Unlike the most commonly found versions of ricotta sold in Brazilian supermarkets, which are crumbly and dry, real ricotta is creamy, smooth and velvety.

RICOTTA
Puisqu'il ne contient ni ferment ni présure, ce produit laitier originaire de l'Italie ne devrait pas être nommé fromage. Au Brésil, il est synonyme d'ingrédient peu calorique, approprié pour les diètes d'amaigrissement, ou pour farcir des pâtes, des chaussons et sous la forme de pâtés assaisonnés aux herbes, servis comme hors-d'oeuvre. Contrairement à des versions sèches et farineuses trouvées dans les supermarchés, la vraie ricotta est crémeuse, légère et veloutée.

ROBALO
Centropomus spp.

SNOOK
This valued marine fish of white flesh is one of the most requested in Brazilian restaurants. The firm flesh breaks into large flakes after cooking, allowing it to be cut into tranches and chargrilled or roasted, often with a crust of herbs or nuts. Whole, it can be stuffed with vegetables and cooked in the oven. Another common use is in *moquecas* (fish stews). Although the species is not threatened, it should be consumed in moderation. The closed season varies. In Bahia and Espírito Santo, for example, it lasts from May to July; in Paraná, it is in November and December.

LOUBINE
Ce poisson d'eau salée à la chair blanche est très valorisé car il est l'un des poissons les plus commandés dans des restaurants du pays. La chair ferme, éfilée après la cuisson, permet qu'il soit coupé en pavés et grillé ou rôti, plusieurs fois avec des croûtes d'herbes ou des noix. Entier, il peut être farci avec des plantes herbacée et rôti au four. Une autre préparation très commune est sous la forme de **moquecas** (genre de bouillabaisse). Malgré le fait que cette espèce ne soit pas en danger, elle doit être consommée avec modération. La période de frai varie. Dans les états de Bahia et de l'Espírito Santo, par exemple, cette période est de mai à juillet; au Paraná, il a lieu en novembre et en décembre.

SACARAUNA

SACARAUNA
Sea snail found in Todos os Santos Bay, in Bahia, used in several fish and shellfish stews, such as *caldeiradas*, *mariscadas* and *moquecas*.

SACARAUNA
Type de mollusque de coquille trouvé dans la Baía de Todos os Santos et utilisé dans des *caldeiradas*, *mariscadas* ou *moquecas* de fruits de mer.

SAGU

PEARL TAPIOCA
Those who only know tapioca pearls could never imagine that in other countries, these pearls can be made with arrowroot or potato starch – moreover, the original *sagu* (or sago) is a starch obtained from the trunk of several palm trees in Southeast Asia. In Brazil, what people know as sagu is often the pearl tapioca derived from manioc. The ingredient is used to prepare a dessert popular in the southern states, **Sagu com vinho tinto** (tapioca pearls cooked in red wine) – the pearls take on the beautiful burgundy color of the wine. Coconut milk, juices and fruit infusions can also be used to impart flavor and color to these tiny spheres, which become transparent after cooking.

SAGU
Ceux qui ne connaissent que le *sagu* de manioc ne peuvent pas imaginer que, dans d'autres pays il soit fait de *araruta*, ou la fécule de pomme de terre – et ne peuvent pas imaginer non plus que le produit original était obtenu à partir de l'amidon retiré du tronc de divers palmiers du Sud-Est Asiatique. Au Brésil, toutefois, le plus courant est encore en trouver des petites boules blanches dérivées du manioc. Avec cet ingrédient on prépare un dessert de même nom: le **sagu au vin rouge**, commun dans les états de la région Sud, où il acquiert la belle couleur foncée de la boisson. Du lait de coco, des jus et des infusions de fruits peuvent également parfumer et colorier les petits grains qui deviennent transparents après la cuisson.

SALAME ITALIANO

ITALIAN SALAME
Cured sausage of Italian origin made with pork meat and fat coarsely ground and seasoned with black pepper, fennel, and other spices and condiments, depending on the region of origin. In Brazil, the law allows the addition of a percentage of beef in industrialized salame. It is often served as a snack at Brazilian *botecos*, drizzled with freshly squeezed lime, and used thinly sliced as a sandwich filling.

SALAMI ITALIEN
Il s'agit d'saucisson maturé de recette originale italienne, fait avec des viandes et du lard de porc, moulus et assaisonnés avec du piment noir et du fenouil entre autres condiments et épices – cependant, selon les lois brésiliennes, il est permis d'y ajouter une quantité de coupes de boeuf au produit industriel. Il est un amuse bouche très courant dans les bistrots, arrosé avec des gouttes de citron ou coupé en fines rondelles pour farcir des sandwichs.

SALSÃO
Apium graveolens var. *dulce*

CELERY
Also known as *aipo* in Portuguese, this vegetable has long, thick stalks that are crunchy and slightly sweet. They can be cut into sticks and served raw, as an appetizer, alongside creamy dips, or sliced and used to add a refreshing touch to salads and other cold preparations, such as Salpicão (shredded smoked chicken, shoestring potato and fruits salad). Both the stalks and the leaves can be used to increment stews, broths and soups. In Brazil, the state of São Paulo is

the largest producer.

CÉLERI
Ayant une texture croquante et un goût légèrement douceâtre, les tiges du céleri – une plante herbacée nommée aussi *aipo* – peuvent être coupés en paillettes et servis comme amuse bouche, accompagnés de pâtes crémeuses, ou hachés menu en petites rondelles et ajoutés à des salades et à des *salpicões*, pour y donner une touche rafraîchissante. Tout comme les tiges, les feuilles enrichissent des ragoûts, des bouillons et des soupes. Au Brésil, l'état de São Paulo en est le plus grand producteur.

SALSICHA

PRE-COOKED SAUSAGE
When you hear the word *salsicha* in Portuguese, the first thing that comes to mind is hot dog, found everywhere in the country: from the simplest street vendor to those places that are keen to using only handmade or exclusive products. The difference is that, in Brazil, hot dogs are always made with pre-cooked sausage, the kind that has a puréed, uniform texture. These are called *salsicha* in Portuguese, as opposed to *linguiça*, which is used to refer to sausages, pre-cooked or not, that have visible pieces of meat and fat. In industrial manufacturing, scraps of pork and beef are ground together very finely, and then seasoned, cooked, cooled and dyed – a solution of annatto seeds guarantees the characteristic orange color of *salsichas*. There are also poultry versions, such as chicken and turkey.

SAUCISSE
Lorsque l'on entend parler de saucisse, la première chose qui vient à la tête est le traditionnel *hot dog*, retrouvé n'importe où: des plus simples bistrots aux endroits qui utilisent des produits artisanaux aux recettes exclusives. Dans la fabrication industrielle sont utilisés des morceaux de coupes de porc et de boeuf, bien moulus et assaisonnés, qui passent par des processus de cuisson, de refroidissement et de teinture – une solution de roucou assure le ton rouge caractéristique. Il y a des variétés élaborées avec de la viande de volaille, telles celle de poulet ou de dinde.

SALSINHA
Petroselinum crispum

PARSLEY
This versatile herb grows up in beds in backyards or even in pots inside apartments – perhaps that is why its use is so widespread throughout the country. It is the base of **cheiro-verde**, a mix of parsley and spring onions that can also include cilantro, or even culantro, depending on the region. Finely chopped, it is added at the end of cooking, imparting flavor and beauty to many dishes. In Brazil, the flat leaf variety is the most commonly used.

PERSIL
Cette herbe polyvalente pousse même dans des chantiers dans les bas-cours ou dans des petits vases dans les appartements – peut-être pour cela, son usage soit tellement diffusé dans tout le pays. Le persil est la base du **cheiro-verde**, condiment qui réunit le persil et la ciboule, à la coriandre ou à la chicorée *do-pará*, selon la région. Haché menu et ajouté à la fin d'une cuisson, il donne de la saveur et de la beauté à d'innombrables plats.

SÁLVIA
Salvia officinalis

SAGE
The strong, unmistakable flavor of this herb's velvety leaves is a good seasoning to pork, veal, or poultry, and a perfect match for pumpkins and winter squashes. It is more commonly found in the markets of regions influenced by Italian immigrants, like São Paulo and the South region of Brazil. A simple **sauce of browned butter and sage** adds character to plain or stuffed pasta.

SAUGE
Le goût fort et marquant de cette herbe aux feuilles veloutées aide à assaisonner des viandes de porc, du veau ou des volailles et se combine de manière spéciale avec la courge. Elle apparaît plus fréquemment dans des marchés et des marchés en plein air de régions influencées par l'immigration italienne, telles São Paulo et la région Sud du Brésil. Une simple **sauce au beurre et sauge** aide à valoriser des pâtes simples ou farcies.

SAPOTI
Manilkara zapota

SAPODILLA
Mostly found in the North and Northeast regions, especially in Pará, Pernambuco, Bahia and Ceará – many streets of Fortaleza, the state capital, are adorned by sapodilla trees. Native to southern Mexico and Central America, the fruit has a soft, yellowish, and very sweet pulp, to be eaten preferably fresh and chilled, in juices or ice creams. Sliced, it can be added to salads, and a jam made with it can be used as an accompaniment for some fish.

SAPOTILLE
Ce fruit prédomine dans les régions Nord et Nord-Est, surtout dans les états du Pará, de Pernambuco, de Bahia et du Ceará – plusieurs rues de Fortaleza, la capitale de l'état, sont décorées avec des sapotilliers. Native du sud du Mexique et de l'Amérique Centrale, elle possède la pulpe molle, jaunâtre et très douce, pour être consommée de préférence fraîche, *in natura*, dans des jus ou des glaces. Des tranches de la sapotille peuvent être incorporées à des salades et de la confiture accompagne quelques types de poisson.

SARDINHA
Sardinella brasiliensis

SARDINE
Some people turn up their noses because sardine is a very cheap fish – and full of bones. But it is flavorful, an excellent source of omega-3, and very versatile. In the menu of several *botecos* and restaurants in the Northeast and Southeast regions, fresh sardines are offered breaded and fried, as a finger food, or marinated and served cold, which goes well with a roll of bread. Sardines can also be grilled on a pan, over coals or roasted in the oven.

SARDINE
Il y en a ceux en font la tête car il s'agit d'un poisson très bon marché – et plein d'arêtes. Mais, il est savoureux, une excellente source d'acide gras oméga-3 et très versatile. Dans le menu de plusieurs restaurants des régions Nord-Est et Sud-Est, la sardine fraîche apparaît panée et frite, pour en manger avec les mains, ou en **scabèche**, accompagné du pain. Elle peut être également grillée, rôtie à la braise ou simplement rôtie.

SARNAMBI

Anomalocardia brasiliana

SARNAMBI

Also known as *chumbinho* and *berbigão*, this bivalve mollusk is native to the mangrove swamps, and more popular in the states of the Northeast region, such as Bahia and Maranhão. A well-known dish is **Moqueca de sarnambi**, made with dende oil, but the small cockle can also be simply cooked in coconut milk and seasonings, or added to **Frigideiras**, that is, sautéed with tomato and bell peppers, among other vegetables, covered with beaten eggs and baked until golden brown.

SARNAMBI

Chumbinho et *berbigão* sont d´autres noms donnés à ce mollusque bivalve originaire des marécages et plus consommé dans les états de la région Nord-Est, tels Bahia et Maranhão. Une préparation courante est la *moqueca de sarnambi*, avec l´huile de palme, mais le petit mollusque peut être aussi préparé cuit avec du lait de coco et des condiments ou braisé avec des tomates et des poivrons.

SERIGUELA
Spondias purpurea L.

HOG PLUM

Hog plum, red mombim, purple mombim, or sineguela? The name may vary, but the delight they refer to is the same: an oval berry with yellow and juicy pulp, with a smooth, shiny and reddish skin. It is less acidic and sweeter than other fruits in the family of the Anacardiaceae, which includes yellow mombim, jew(ish) plum, and Brazil plum. In the Northeast, it can be found year-round in street markets stalls, and people use it to prepare juices, ice creams, liqueurs, mousses, sauces, and a legendary cocktail made with *cachaça* or vodka, popular in Bahia, where it is called "*roska*". Some believe hog plum also has medicinal properties as diuretic and energy-buster.

MOMBIN ROUGE OU CIROUELLE

Seriguela, ciriguela, siriguela ou ciruela? La graphie du nom est variable, mas non son caractère délicieux: un petit fruit de forme ovale, à la pulpe jaune et juteuse, une peau lisse, brillante et rougeâtre. Il est le moins acide et le plus sucré parmi les autres représentants de sa famille, celle des anacardiaceaes, qui inclut le *cajá*, le *cajá-manga* et l´*umbu*. Au Nord-Est, il peut être retrouvé toute l´année dans les kiosques des marchés en plein air et également dans des recettes de jus, de sorbets, de liqueurs, des mousses, des sauces et d´une très célèbre caipirinha fait avec de la *cachaça* (eau-de-vie) ou de la vodka, courante à Bahia, où elle est nommée "*roska*". Il y en a ceux qui affirment aussi que le mombin rouge possède des propriétés médicinales en tant que produit diurétique et énergisant.

BLUE CRAB

The shredded meat, combined with coconut milk, dende oil, bread crumbs, and sprinkled with parmesan to make a crust in the oven makes a **Casquinha de siri**, perhaps the most traditional dish made with the meat of this marine crustacean found throughout the Brazilian coast. Sold clean, often precooked and frozen, crab meat can be used in salads, sauces, fish and shellfish stews, and fillings for several *salgadinhos* (Brazilian appetizer-like snacks), such as **Pastel** (Brazilian fried turnover) and **Empadinha** (savory mini pie). Fun fact: the word *siri* comes from Tupi language and means "to run, slide, walk backwards".

CRABE BLEU

Du lait de coco, de l´huile de palme, du fromage parmesan pour le gratiner et de la farine de manioc pour le rendre croquant: voilà la base de la **casquinha de siri** (la chair servie dans une coquille), peut être le plat le plus traditionnel fait avec de la chair de ce crustacé d´eau salée retrouvé dans tout le littoral brésilien. Vendue éffilée, plusieurs fois déjà pré-cuite et surgélée, sa chair peut composer des salades, des ragoûts, des *moquecas* et peut farcir des beignets et d´autres chaussons. Une curiosité: le mot *siri* vient de la langue tupi et veut dire "courir, glisser, marcher en arrière»".

SIRI
Callinectes sapidus

SIRI MOLE
Callinectes sapidus

SOFT-SHELL CRAB

Moqueca de siri mole (soft-shell crab stew) was a favorite dish of Vadinho, the late husband of Dona Flor. Writer Jorge Amado tells the secrets of the dish in his book: "Wash the crabs whole in lemon juice, wash them well, and then a little more, To get out all the sand without taking away the taste of the sea." Crabs get "soft" when they are changing their shells, as they grow. The soft meat can also be used in other dishes, such as frittatas, or breaded and fried.

CRABE BLEU MOU

Moqueca de siri mole était le plat préféré de Vadinho, le feu mari de Dona Flor, et l´écrivain Jorge Amado enseigne les secrets du plat dans son livre: "Lavez les crabes entiers dans l´eau avec du citron, lavez-les bien, encore un peu, pour en retirer les saletés, mais sans enlever l´odeur de la mer". Ce crustacé devient "mou" à l´époque où il change sa carapace, pendant sa croissance. Sa chair tendre peut être préparée également dans d´autres manières, principalement frite ou panée et frite.

SOBRECOXA DE FRANGO

CHICKEN THIGHS

Roasted, grilled or stewed, this flavorful chicken cut is the basis for almost infinite variations of every-day recipes. The most common preparations are similar to those used for chicken drumsticks – often the two pieces are sold attached to each other. Chicken thighs pair well with spicier, sweet and sour sauces, with requeijão spread, and can be successfully cooked in beer.

CONTRE CUISSE DE POULET

Cuite, grillée ou poêlée, cette coupe savoureuse du poulet est la base pour des variations presque infinies de recettes quotidiennes. Les préparations les plus courantes sont semblables à celles de la cuisse de poulet – plusieurs fois, les deux parties sont vendues encore unies. Elle se combine très bien avec des sauces plus piquantes ou bien aigre-douces, avec du fromage blanc et, tout comme la cuisse, elle est très célébrée lorsqu´elle est cuite dans la bière.

SOCOL

SOCOL

The preparation of this hybrid of sausage and *prosciutto crudo* of Italian origin follows the guidelines left by the pioneer *nonnos* who helped found Venda Nova do Imigrante, in the mountain range of Espírito Santo. The original pork cut was taken from the animal's neck, and has been replaced by pork loin, but seasonings and technique remain the same. During manufacturing, the pork loin is dehydrated with salt, rinsed, dried out and seasoned with black pepper and garlic. Then, the meat is cured for about six months. With a very intense flavor, socol should be served very thinly sliced.

SOCOL

La préparation de ce mélange de charcuterie et jambon cru d'origine italienne suit les instructions laissées par les *nonnos* pioniers de Venda Nova do Imigrante, une ville de la Serra Capixaba – malgré le fait que la coupe de la viande originale, retirée du cou du porc, ait été échangé par le filet, les condiments et les techniques restent les mêmes. Pendant la production, le filet est déshydraté dans le sel, lavé, séché et assaisonné avec du piment noir et de l'ail. Ensuite, il est affiné pendant six mois. De goût très intense, le *socol* doit être servi en rondelles très fines.

SOROROCA
Scomberomorus brasiliensis

SERRA SPANISH MACKEREL
A relative of tuna, this mackerel has white, fat, delicate meat that is good to be griddled, roasted or chargrilled. It can be found year round in fish markets all over the Brazilian coast, but it is at its best in the colder months in Brazil, from May to August.

THAZARD SERRA
Voisin du thon, le thazard serra possède une chair blanche, délicate et grasse, idéale pour être grillée, cuite ou rôtie à la braise. Elle apparaît toute l'année dans des poissonneries de tout le littoral brésilien, mais la meilleure période de consommation est dans les mois les plus froids, de mai à août.

SUÃ SUÍNO

PORK BACKBONES
The most famous dish made with them, popular in the Midwest region, is **Arroz com suã** (rice cooked with pork backbones). In the countryside of South and Southeast regions, they are cooked with cracked corn. Whatever the combination, pork backbones add heartiness to dishes – some of them, allegedly created during the long journeys of drovers in the hinterlands of the country. When cooked slowly on the stove or in a pressure cooker, the meat around the bones becomes very tender and tasty.

POINTE DE FILET DE PORC
Dans la région Centre-Ouest, il y a le **riz avec pointe de filet de porc**. Dans les régions Sud et Sud-Est, **quirera avec pointe de filet de porc**. Quoi qu'il en soit l'accompagnement, la colonne du porc offre des plats de résistance qui auraient été créés pendant les voyages des *tropeiros* (des cowboys) dans le *sertão* du Brésil. Faite dans la casserole ordinaire ou à la cocotte minute, la viande qui entoure les morceaux des os devient tendre et savoureuse.

SURURU
Mytella charruana

CHARRU MUSSEL
Such is the importance of charru mussels for the gastronomic culture of Alagoas that, in December 2014, the small mollusk became an Intangible Heritage of that state. In Bahia, it also enjoys great popularity: it is considered an aphrodisiac and, combined with dried shrimp, coconut milk and dende oil, appears on the menu of *botecos* and beach kiosks as **Caldinho de sururu** (charru mussel broth). Other regions of the country, like Espírito Santo, enjoy the mollusk in *moquecas* (fish stews).

SURURU
Le *sururu* est tellement important pour la culture gastronomique de l'état d'Alagoas qu'en décembre 2014, le petit mollusque est devenu Patrimônio Imaterial de l'état. Dans l'état de Bahia, il y a une valeur pareille: considéré aphrodisiaque et fait avec des crevettes sèches, du lait de coco et l'huile de palme, le **caldinho de sururu** apparaît dans le menu des bistrots et des kiosques au bord de la mer. D'autres régions du pays, telles l'Espírito Santo, l'utilisent dans des *moquecas*.

TAINHA
Mugil platanus e Mugil liza

MULLET
Although found throughout the Brazilian coast, mullet is more commonly used in the South and Southeast. During the winter, several municipalities in those regions organize "festivities" where the fish takes center stage, grilled over coals, either whole or flattened. Fresh, the roe of mullet can be prepared in the oven or in a skillet; dehydrated, it becomes *bottarga*, a delicacy that can be thinly slices or grated to add flavor to sauces, pasta and other fish and shellfish dishes.

MULET
Malgré le fait d'être retrouvé dans tout le littoral brésilien, le mulet est plus fréquent aux tables de la région Sud et Sud-Est – pendant l'hiver, plusieurs villes de ces régions organisent des "fêtes" où ce poisson joue le premier rôle, rôti à la braise, entier ou ouvert. Frais, les oeufs du mulet demandent une préparation au four ou à la poêle; lorsqu'ils sont déshydratés, il forment la *bottarga*, un mets qui peut être utilisé en tranches fines ou râpé pour enrichir des sauces, des plats de pâte et d'autres poissons.

TAIOBA
Xanthosoma sagittifolium

ARROWLEAF ELEPHANT EAR
Often compared to collard greens and spinach, this leaf vegetable has a major difference compared to the other two – it must always be braised or cooked before consumption, as the leaves contain a substance, oxalic acid, that can cause itching and irritation in the throat. In Bahia, the parboiled leaves of arrowleaf elephant ear are an ingredient of **Efó**, a dish with dried shrimp, cashew nuts, coconut milk and dende oil. Sautéed, they can be added to rice, omelets, fillings or *farofas* (seasoned manioc flour).

MACABO
Plusieurs fois comparée au chou et à l'épinard, cette plante herbacée présente une grande différence par rapport à ces deux autres: elle doit être toujours braisée ou cuite, car ses feuilles contiennent une substance – l'acide oxalique – capable de provoquer des allergies et des irritations à la gorge. Dans l'état de Bahia, le macabo bouilli est un ingrédient du **efó**, un plat fait avec des crevettes sèches, des noix de cajou, du lait de coco et de l'huile de palme. Braisé, il peut être consommé avec du riz, dans des omelettes ou des *farofas*, ou bien être utilisé pour farcir d'autres plats.

TAMARINDO
Tamarindus indica L.

TAMARIND
Some say it came from India and Southeast Asia; other say it appeared in Africa. The fact is that this large tree has adapted very well to Brazil, where it can be found in the North, Northeast, Midwest and Southeast regions. Due to its sharp acidity, the fruit is hardly eaten fresh, but the dense, brownish pulp is useful in the preparation of soft drinks, desserts and sauces to accompany savory dishes. In markets, it can be found whole, still in the pods, or peeled and pressed into blocks.

TAMARIN
Il y en a ceux qui affirment que le tamarin est venu de l´Inde; d´autres, qu´il a surgi en Afrique. Mais, on peut affirmer que ce grand arbre s´est très bien adapté au Brésil, où il peut être trouvé dans les régions Nord, Nord-Est, Centre-Ouest et Sud-Est. En fonction de son acidité, on ne le mange pas *in natura*, mais la pulpe dense et rougeâtre est très utile dans la préparation de boissons rafraîchissantes, dans des confits et dans des sauces pour accompagner des recettes salées. Dans les marchés, il peut être retrouvé encore dans les gousses ou pelés et pressés dans des blocs.

TAMBAQUI
Colossoma macropomum

TAMBAQUI
It is no exaggeration to say that, when it comes to the table crispy and golden brown, **Costela de tambaqui** (tambaqui ribs) do look like pork ribs. Tender, oily and bold flavored, this fish from the Amazon Basin can be prepared in many different ways: chargrilled, roasted, deep fried, pan-fried or stewed. In the North region, another traditional recipe made with this fish is **Caldeirada**, a stew with tomato, onion, potato, and pimenta-de-cheiro. Also called black pacu and red-bellied pacu in English.

TAMBAQUI
On peut affirmer, sans exagération que visuellement, la **côte de tambaqui** peut rappeler la même coupe du porc. Tendre, gras et d´un goût marquant, ce poisson du bassin amazonien peut être préparé de plusieurs façons: rôti à la braise, cuit, frit, grillé ou rôti. Dans la région Nord, une autre recette typique est la **caldeirada**, faite avec des tomates, des oignons, des pommes de terre et des piments *de-cheiro*. Il est aussi appelé *pacu* rouge.

TARIOBA
Iphigenia brasiliensis

GIANT FALSE COQUINA
This is another bivalve mollusk appreciated on the coast of the Northeast and in some parts of the Southeast regions, such as in Maranhão, Bahia and Rio de Janeiro. Two popular recipes are **Arroz de tarioba** (rice with giant false coquina) and **Mariscada** (shellfish stew).

TARIOBA
Encore un mollusque bivalve apprécié dans le littoral de la région Nord-Est, notamment dans les états de Maranhão et Bahia et dans quelques parties de la région Sud-Est, notamment dans l´état de Rio de Janeiro. Deux recettes très courantes: le **riz de tarioba** et la **mariscada**.

TARTARUGA
Podocnemis expansa

ARRAU TURTLE
After almost thirty years of prohibition, the creation and commercialization of turtle meat was approved by Ibama (Brazilian Institute of Environment and Renewable Natural Resources) in 1996, but it can only be sold by farms certified by this institution. The breast and the loin, with a milder flavor, are used to make stews, casseroles and *farofas* (seasoned manioc flour); the cooking broth is mixed with manioc flour to make the *pirão*. Besides the Arrau turtle (*P. expansa*), the farming of scorpion mud turtles (*Kinosternon scorpioide*), called *muçuã* in Portuguese, have also been approved and certified by Ibama. In Pará, **Casquinha de muçuã**, served in the animal's carapace, is a popular dish.

TORTUE
Après trente ans d´interdiction, l´élevage et le commerce de la chair de tortue ont été réglés par le Ibama en 1996 – mais elle ne peut être vendue que chez les éleveurs autorisés et certifiés par cette institut. De la poitrine ou du dos, qui possède un goût plus subtil, sont préparés des ragoûts et des *farofas*, ou hachés avec de légumes; le bouillon de la cuisson est profité pour le *pirão*. En plus de la tortue de l´amazonie (*P. expansa*), il y a aussi la *muçuã* (*Kinosternon scorpioide*) qui a son élevage inspectionné par le Ibama. Dans l´état du Pará, un plat très célèbre est la **casquinha de muçuã**, servi dans la carapace de l´animal.

TESTÍCULO DE BOI

BULL TESTICLES
Sautéed in oil and garlic, breaded and deep-fried, grilled, roasted "the Bahian way" (with dende oil and dried shrimp): There are several ways of preparing the sexual glands of the ox, a delicacy present on the menu of many *botecos*. By symbolic association, some believe bull testicles enhance men's virility.

TESTICULE DE BOEUF
Poêlé à l´ail et à l´huile, à la milanaise, grillé, rôti à la façon *baiana* (avec l´huile de palme et des crevettes sèches): il y a plusieurs manières de préparer les glandes sexuelles du boeuf, une suggestion qui est présente dans la carte de plusieurs bistrots. Par une association symbolique, on croit que cet ingrédient aide à renforcer la virilité masculine.

TILÁPIA
Tilapia rendalli

TILAPIA
Freshwater fish with tasty flesh, few bones, and low-fat content. It is usually grilled, but can also be prepared in the oven or deep-fried. In many fishmongers and restaurants, it appears with the name "*saint peter*" – rename the fish was the solution found, about two decades ago, to differentiate the farmed product from the tilapia fished in rivers, which some say "tasted like mud". The name stuck and not all consumers know that both are actually the same fish.

TILAPIA
Il s´agit d´un poisson d´eau douce à la chair savoureuse, avec peu d´arêtes et un taux très bas de graisse. Il peut être grillé, mais on peut le préparer aussi au four ou frit. Dans plusieurs

poissonneries et restaurants, il reçoit le nom de "saint peter" - rebaptiser le poisson a été la solution trouvée, il y a plus de vingt ans pour faire la différence entre le poisson élevé dans des réservoirs de celui pêché dans des fleuves, dont on parlait avoir un "goût de terre". Aujourd'hui ce n'est pas tous les consommateurs qui savent que les deux, en fait, sont le même poisson.

TILÁPIA ROSA
Oreochromist

RED TILAPIA
This is a genetically improved fish, with reddish skin. The culinary uses are similar to those listed for regular (*Tilapia rendalli*) tilapia: it can be grilled, deep-fried or roasted. In the states of the Northeast, such as Pernambuco and Rio Grande do Norte, there are government incentives for the commercial farming of red tilapia.

TILAPIA ROSE
Il s'agit d'un poisson amélioré génétiquement qui présente une couleur roseâtre et qui a des usages culinaires semblables à ceux de la *Tilapia rendalli*: il peut être grillé, frit ou préparé au four. Dans les états de la région Nord-Est, tels Pernambuco et Rio Grande do Norte, il y a des projets pour incentiver l'élevage commercial de cette espèce.

TIQUIRA

TIQUIRA
Strong liquor with an alcohol content of 38° to 54° GL obtained from manioc, which is grated, pressed, cooked, fermented and then distilled. In several towns of Maranhão, it is handmade and sold informally. To acquire this bluish lilac color it is mixed with an infusion of mandarin leaves or methyl violet dye. The high alcohol content of *tiquira* gave rise to some popular beliefs in Maranhão. According to one of them, after drinking three or four shots of this drink, one should not take a shower or get the head wet, or s/he runs the risk of becoming "aluado" ("moonstruck").

TIQUIRA
Il s'agit d'une eau-de-vie forte avec un taux d'alcool entre 38º et 54º GL, faite à partir du manioc râpé, pressé, cuit, fermenté et finalement distillé. Dans plusieurs villes de l'état du Maranhão, elle est produite et vendue de façon artisanale et informelle. Pour obtenir une couleut entre le lilas et le bleu, elle reçoit une infusion de feuilles de mandarine ou corant méthyl violet. Le taux d'alcool élévé de la *tiquira* a provoqué l'invention de plusieurs légendes. Par exemple: après avoir bu trois ou quatre doses de la boisson, personne ne doit se baigner ni mouiller la tête, car elle prend le risque devenir "aluado" (fou).

TOMATE
Lycopersicon esculentum

TOMATO
Versatile and juicy, this fruit native to the Americas is widely used, from appetizers to main courses. Just cut into succulent slices, seasoned with olive oil and salt, it becomes a salad that accompanies everyday lunch and dinner, sometimes with lettuce – there is no need to remove the peel or seeds. Across the country, several varieties are produced, such as *caqui* (beefsteak, firm, with medium acidity), *cereja* (cherry, small, to be served whole), *débora* (round, good for sauces), *holandês* (sold on the vine), and *italiano* (Roma, oval, with sweetish pulp). It is the star of many sauces, juices, and soups. It can be stewed, roasted, and stuffed.

TOMATE
Versatile et juteux, le fruit d'origine américaine est consommé de l'entrée au plat principal. Juste coupé en tranches juteuses, assaisonné avec de l'huile d'olive et du sel, la tomate forme déjà une salade qui accompagne le déjeuner et le dîner du jour au jour, parfois avec de la laitue – sans avoir besoin de retirer les pépins. Dans le Brésil entier, il y a plusieurs espèces qui sont produites telles la tomate *caqui* (ferme, ayant une acidité moyenne), la tomate cerise (petite pour être servie entière), *débora* (idéale pour les sauces), *holandês* (vendue avec la tige) et l'*italiano* (ovale, à la pulpe douce). Il peut être cuit ou rôti et utilisé également dans des **sauces**, des jus, des soupes, et dans des plats farcis.

TOMATE-DE-ÁRVORE
Cyphomandra betacea

TAMARILLO
Also called *tamarillo*, *tamarilho*, *tomatão*, and *sangue-de-boi* in Portuguese. This fruit native to the Andes has a sweet-and-sour flavor and can be eaten fresh, or used in savory recipes. When the skin is still yellowish, they are firmer and more acidic. As the fruit ripens and becomes redder, the pulp gets softer and sweeter. It can also be used to make sauces, juices and jams.

TOMATE EN ARBRE
Nommée aussi *tamarillo*, *tamarilho*, *tomate-de-árvore*, *tomatão*, *sangue-de-boi*. Ayant un goût aigre-doux, cette espèce originaire des Andes peut être consommée dans des recettes salées ou profitées de forme pure, comme un fruit. Lorsque sa peau est encore jaune, elles sont plus fermes et acides. Plus le rouge apparaît, plus elles sont tendres et douceâtres. On peut en faire aussi des sauces, des jus et des compotes.

TOMILHO
Thymus vulgaris

THYME
This herb of Mediterranean origin, for some, reminiscent of oregano, is very aromatic and adapted well to cultivation in the state of Paraná and in the countryside of São Paulo. It is added to sauces, rubs and marinades for meats, salad dressings, seafood and vegetable dishes; it pairs particularly well with tomatoes.

THYM
Très parfumée – certains trouveront une certaine ressemblance avec l'origan – cette herbe d'origine méditerranéenne s'est très bien adaptée dans les états du Paraná et de São Paulo. Elle peut être utilisée dans des sauces, dans des condiments, dans des viandes marinées, dans des salades, avec des fruits de mer et des plantes herbacées; elle se combine particulièrement bien avec la tomate.

TRAÍRA
Hoplias spp.

TRAHIRA
Common in country side towns,

this freshwater fish swims in rivers, lakes, and reservoirs practically nationwide. The flesh is tender and flavorful, but the fish has a bony spine – if it has not been removed by the fishmonger, it may be easier to pull it out all at once after the fish is cooked. The most common preparation is deep-frying the whole fish, or cutting it into chunks to cook it in a pressure cooker.

TRAÍRA
Il s´agit d´un poisson courant dans les villes de la campagne, puisque la *traíra* nage dans des fleuves et des lacs et réservoirs de pratiquement le Brésil entier. Sa chair, tendre et savoureuse possède une grande colonne vertébrale – et si on ne l´enlève pas au moment d´en acheter, il vaut mieux la retirer après la cuisson du poisson. La préparation la plus courante est celle de faire frire le poisson entier ou coupé en morceaux, le faire cuire à la cocotte minute.

TREMOÇO
Lupinus albus

LUPINE
In Brazilian *botecos*, a small plate placed next to a bowl of lupines gives away how much of it has already been eaten by the height of the piled shells. A light pinch on one side is enough to slip this yellowish seed out of its sandy skin. A member of the legume family, this plant's seed should be cooked before consumption. It is sold preserved in brine, and can be added to salads or eaten on its own.

LUPIN BLANC
Dans des bars et des bistrots, une petite assiette placée à côté d´un pot de lupin blanc indique combien il a été déjà consommé, selon la taille du tas de peaux – il suffit une légère pression pour que la peau glisse et le grain jaunêatre apparaisse. Le lupin blanc appartient à la famille des légumineuses et doit être cuit avant la consommation. Vendu sous la forme de conserve, il peut être utilisé dans des salades ou mangé pur.

TRIGO

CRACKED WHEAT
The immigrants who left the Middle East to settle in Brazil brought with them many culinary delights, such as kibbeh, a combination of cracked wheat, ground beef and spices. The fried version of this dish – there is also the raw kibbeh – became a snack served in thousands of *lanchonetes* and *botecos* all over the country. After being soaked in water or broth until soft, the coarse meal can be used in salads or combined with other vegetables. The Italian pie Pastiera di grano appears on some dessert menus: it is stuffed with ricotta cheese, cracked wheat and candied fruit.

BLÉ
Des immigrants qui sont sortis du Moyen Orient pour s´installer au Brésil, nous ont offert des délices culinaires telle la recette de **quibe**, une combinaison de vinade hachée, des condimens et du blé en grains. Dans la version frite – il existe aussi le *quibe cru* – a été transformé dans un amuse bouche de milliers de bistrots et de bars dans tout le Brésil. Après être cuits dans l´eau ou dans un bouillon, jusqu´à ce qu´ils soient tendres, les petites grainespeucent être utilisées dans les recettes et dans des salades, accordé à des légumes et de verdures. Venue de l´Italie, la tarte **pastiera di grano** apparaît dans le menu de desserts, farci de ricotta, de blé en grains et des fruits cristalisés.

TRILHA
Pseudupeneus maculatus

SPOTTED GOATFISH
In São Paulo and Rio de Janeiro, it is called *trilha*; in Pernambuco and elsewhere in the Northeast, *saramunete*. Some say this small saltwater fish – on average, 8 inches long – tastes like shrimp, because it feeds on this crustacean. The white flesh, tender and delicate, have easy-to-remove bones and tastes good when pan fried in a little olive oil, or roasted in the oven.

BARBARIN ROUGE
Dans les états de São Paulo et Rio de Janeiro, on le nomme *trilha*. Dans l´état de Pernambuco et d´autres endroits de la région Nord-Est, *saramunete*. Certains affirment que ce petit poisson d´eau salée – il mesure en moyenne 20 centimètres de long – a le goût de crevettes, car il se nourrit de ce crustacé. Sa chair blanche, tendre et délicate possède une colonne facile à enlever et est très lorsqu´elle est frite rapidement dans un peu d´huile d´olive ou est rôtie au four.

TRIPA BOVINA

BEEF INTESTINE
Beef intestines are traditionally used as casings in the preparation of sausages, but they are also used in recipes such as soups and stews, combined with white beans and sausage. Cut into bite-sized pieces and deep-fried in hot oil, the intestine can be served as an appetizer or used to make *farofa* (seasoned manioc flour). Together with beef tripe (the stomach) and feet, they are an ingredient of **Panelada**, a hearty stew from the Northeast region served mainly in Ceará.

TRIPE DE BOEUF
Il s´agit de l´intestin de l´animal, traditionnellement utilisé dans la préparation des charcuteries, mais qui apparaît également dans des recettes de soupes et de ragoûts avec des haricots blancs et du saucisson. Coupée en morceaux et frite dans l´huile chaude, la tripe devient un amuse bouche ou peut être utilisée pour faire de la *farofa*. A côté du estomac et de la moelle, elle entre dans la recette de **panelada**, un ragoût de la région Nord-Est, servi principalement au Ceará.

TRIPA SUÍNA

PORK INTESTINE
Pork intestines, like beef, are also used as sausage casings. In the Northeast, there is a **Espetinho de tripa** (pork intestine barbecued on a skewer), chargrilled until crispy and golden brown.

TRIPE DE PORC
Elle correspond également à l´intestin de l´animal et, tout comme la tripe de boeuf, elle est utilisée dans la fabrication de saucissons et de la charcuterie. Dans la région Nord-Est, il existe une **brochette de tripe**, faite sur des braises, rôties jusqu´à ce que les morceaux soient croustillants.

TRUTA
Oncorhynchus mykiis

RAINBOW TROUT
River fish deeply associated with Serra da Mantiqueira, the mountain range between the states of São Paulo, Minas Gerais, and Rio de Janeiro, where it is farmed in several locations. But it can also be found in the mountain regions of Santa Catarina and Rio Grande do Sul. Whole, it is usually roasted; cut into fillets, it

is pan grilled. A common dish on the menu of restaurants is **_Truta com amêndoas_** (trout with almonds). There is also a smoked version.

TRUITE

Poisson d´eau douce très courant à la Serra da Mantiqueira, entre les états de São Paulo, Minas Gerais et Rio de Janeiro, où il y a de divers éleveurs, mais existente ausse dans les régions de montagne de Santa Catarina et du Rio Grande do Sul. Entière, on peut la faire rôtir au four, dans des filets ou poêlée. Une recette commune dans des restaurants est la truite avec des amandes. Il existe aussi une version fumée.

TUCUMÃ
Astrocaryum aculeatum

TUCUMÃ

In the Amazon, where *tucumã* is endemic, there is a peculiar sandwich, **_X-caboclinho_**: a roll of *pão francês* stuffed with sliced tucumã, sometimes incremented with banana or coalho cheese. Fruit of a palm tree, this nut can range in color from orangey to red. It has a large internal nut, with dark brown skin, which is surrounded by a deep-yellow, oily pulp usually consumed fresh.

TUCUMÃ

Dans la régions amazonienne, d´où le *tucumã* est natif, il y a un sandwich curieux: le **_x-caboclinho_**, du pain farci avec des tranches de cette pulpe et parfois enrichi par une banane ou fromage *coalho*. Fruit d´un palmier, ce petit coco possède l´écorce dont les couleurs varient de l´orange au rouge et une grande amande interne, à la peau marron, enveloppe la pulpe jaunâtre et huileuse, consommée *in natura*.

TUCUNARÉ
Cichla spp.

PEACOCK BASS

Potato, onion, tomato, and bell peppers cooked in a pot with steaks of peacock bass – this is the **_Caldeirada de tucunaré_**, a popular stew in the Amazon region. In addition to the characteristic yellow scales crossed by vertical black stripes, this fish has a distinctive peacock spot on the tail. It swims in the Amazon and Tocantins-Araguaia basins, as well as in other areas of the Northeast and in the Pantanal, where the typical preparation, *à pantaneira*, involves cooking the peacock bass in the oven stuffed with banana *farofa* (seasoned manioc flour).

TUCUNARÉ

Des pommes de terre, des oignons, des tomates et des poivrons, cuits dans la casserole avec des pavés du poisson, forment la **_caldeirada de tucunaré_**, recette fréquemment retrouvée en Amazonie. En plus des écailles jaunes croisées, rayées en noir, on le distingue à cause d´une tâche circulaire sur sa queue. Il nage dans le bassin amazonien et dans les fleuves Araguaia-Tocantins, et dans d´autres endroits dans les régions du Nord-Est et du Pantanal – où la préparation typique, à la mode du Pantanal, est le *tucunaré* rôti, farci de *farofa* avec de la banane.

TUCUPI

TUCUPI

After being separated from the starch, which settles on the bottom of the recipient, the yellowish juice extracted from *mandioca-brava* (manioc, the poisonous variety) is fermented, cooked, and seasoned with pimenta-de-cheiro and culantro to become an ingredient used in a number of recipes from the North region. Two of the most famous are **_Tacacá_**, a soup-like concoction served in a gourd, with dried shrimp and para cress, ubiquitous all over the Amazon, and **_Pato no tucupi_**, roast duck cooked in tucupi, a specialty of Pará. Fish also pairs well with tucupi's acidic flavor. Tucupi can be considered one of the greatest gifts provided by manioc, second only to manioc flour.

TUCUPI

Après être séparé de l´amidon, qui se sédimente au fond du récipient, la sauce jaune extraitte du manioc *brava* est fermenté, cuit, assaisonné avec du piment *de-cheiro* et *chicória-do-pará*, pour être ainsi utilisé comme ingrédient d´une série de recettes de la région Nord. Deux des plus célébres recettes sont le **_tacacá_**, une sorte de soupe servie dans un bol avec des crevettes et feuilles de *jambu*, présent dans toute la région amazonienne, et le canard au *tucupi*, rôti et ensuite bouilli dans le liquide, une spécialité de l´état du Pará. Des poissons se combinent avec le goût acide du *tucupi* – qui, après la farine, peut être considéré le plus grand cadeau fourni par le manioc.

TUCUPI NEGRO

BLACK TUCUPI

Variation of traditional *tucupi*, it is obtained by reducing the yellow liquid to concentrate the flavor – more than twenty liters of regular tucupi are needed to prepare one liter of black tucupi. The final product is dense, with a syrupy consistency similar to balsamic vinegar. In the region of São Gabriel da Cachoeira, Amazonas state, ants are to the preparation. Black tucupi pairs well with stewed fish.

TUCUPI NOIR

Une variété de *tucupi* traditionnel obtenu avec la cuisson plus ntense du liquide jaune, afin de concentrer le goût – plus de vingt litres sont utilisés pour obtenir seulement 1 litre du tucupi noir. Le produit reste dense, avec une consistence de sirop comme le vinaigre balsamique. Dans la région de São Gabriel da Cachoeira, dans l´état d´Amazonas, des fourmis entres comme ingrédient complémentaire à cette préparation. Elle est idéale pour accompagner des poissons cuits.

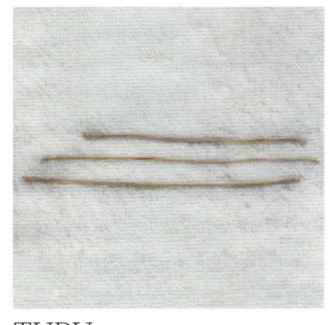

TURU
Teredo sp.

NAVAL SHIPWORM

It looks like a worm, but it is a bivalve mollusk found in the coastal mangroves of Pará and Marajó Island, where they live buried in the wood of fallen trees. With delicate flavor, naval shipworms can be added to broths and soups, breaded and deep-fried, or sautéed. The *marajoaras* – inhabitants of Marajó Island – often eat them fresh out of the shell, raw, only dressed with lemon juice and a pinch salt.

TURU

On dirait un petit ver-de-terre, mais il s´agit d´un mollusque bivalve trouvé dans les marécages du littoral du Pará et dans l´Île de Marajó, où il survivent dans le bois d´arbres tombés. D´un goût délicat, cette chair est profitée dans des bouillons et des soupes, préparée à milanaise ou braisée – les *marajoaras*, cependant, plusieurs fois mangent le *turu* qui vient de sortir de sa coquille, encore crus, seulement avec du citron et du sel.

UMBU
Spondias tuberosa Arruda

BRAZIL PLUM
A relative of yellow mombim, jew(ish) plum and hog plum, Brazil plum comes from a hardy tree that survives even the adverse, desert-like conditions of Northeast Caatinga, where it originated. The plant's roots store water for the dry season – hence the names in Portuguese, *umbu*, *ambu* and *imbu*, meaning "tree that provides drinking water" in Tupi-Guarani. Refreshing and juicy, the sweet-and-sour pulp, of greenish white color, is surrounded by a smooth skin, sometimes slightly fuzzy, with yellowish-green tones when the fruit is ripe. It is the main ingredient for a traditional and ubiquitous recipe in the Northeast, the **Umbuzada**; the fruit is cooked with milk and sugar and then processed in the blender. The fruit should not be confused with the *umbu* (or *ombú*) from Rio Grande do Sul, whose scientific name is *Phytolacca dioica* L.

UMBU
Voisin du *cajá*, do *cajá-manga* et du mombin rouge, l´*umbu* vient d´un arbre résistant qui survit même dans des conditions adverses de la caatinga du Nord-Est, d´où elle est originaire. Les racines de la plante gardent de l´eau pour l´époque de la sécheresse – d´où le nom et ses versions, *ambu* et *imbu*, des mots dérivés qui, dans la langue tupi signifie "arbre qui donne à boire". Rafraîchaîssante et juteuse, sa pulpe aigre-douce, blanc-verdâtre, est enveloppée par une peau lisse, ou une légère poilure, aux tons jaune-verdâtre lorsqu´elle est mûre. Il est composant d´une recette traditionnelle et courante au Nord-Est: l´**umbuzada**, cuit avec du lait et du sucre et ensuite passé au mixeur. Ce fruit ne doit pas être confondu avec le *umbu* originaire du Rio Grande do Sul, dont le nom scientifique est *Phytolacca dioica* L.

UMBURANA
Amburana cearensis

UMBURANA SEEDS
Native to the Brazilian savannah, Cerrado, and also known as *amburana* and *imburana*, this tree can be found in the Midwest, Northeast and Southeast regions. The seeds have been used as a spice, similarly to cinnamon, cloves and nutmeg; grated, they can substitute vanilla in some dessert recipes. The most common technique to use them is to make an infusion with milk or sugar syrup and umburana seeds broken into pieces.

UMBURANA
Native du Cerrado, l´arbre de l´*umburana* – nommé aussi *amburana* ou *imburana* – est présente aussi dans les régions Centre-Ouest, Nord-Est et Sud-Est. Ses graines sont utilisées comme épice, de la même manière que la cannelle, le girofle et la noix muscade; râpée, elle peut remplacer la vanille dans quelques confits. La manière la plus commune de l´utiliser est en faire une infusion dans le lait ou dans un coulis de sucre cuit avec de l´*umburana* cassée en morceaux.

URUCUM
Bixa orellana

ANNATTO SEEDS
Very mild, annatto is used more to add color to food than to add flavor. What people call colorau (or colorífico) in the Northeast, a fundamental seasoning in their regional cuisine, is simply ground annatto seeds (compare with colorau). Nevertheless, it has a great culinary value. There is no **Moqueca capixaba**, for example, without *tintura de urucum*, that is, oil infused with annatto seeds. This oil is also used, in Espírito Santo, to prepare *pirão* (fish broth and manioc flour mush). Fun fact: a paste made with annatto seeds, also called *urucu* in Portuguese, has always been used by the Amazonian Indians to embellish their bodies in thanksgiving rituals.

ROUCOU
Très léger, il est plus utilisé pour donner de la couleur aux aliments que pour leur donner de la saveur – le colorifique, base de condiments du Nord-Est, n´est qu´une poudre obtenue à partir du roucou. Mais, il possède une grande valeur culinaire. Il n´y a pas de *moqueca capixaba*, par exemple, sans la teinture de roucou, faites avec des grains rechauffées dans l´huile. Encore dans l´état d´Espírito Santo, cette huile teinte apparaît dans le *pirão*. Une curiosité: une pâte faite avec les graines du roucou, ou *urucu*, a été toujours utilisée par les Indiens de l´Amazonie pour décorer leurs corps dans des rituels de remerciement.

UVAIA
Eugenia pyriformis var. *uvalha*

UVALHA
Native to the Atlantic rainforest, this small fruit has always been present in the backyards and orchards of homes from Minas Gerais to Rio Grande do Sul. The orange skin surrounds an acidic pulp that not everybody consider pleasant to enjoy fresh, but which can be used in jams and preserves, and to flavor a bottle of *cachaça*. To take advantage of the short harvest period, in October and November, freeze the fruit to make juices and ice creams later.

UVAIA
Originaire de la Forêt Atlantique, il a été toujours un petit fruit des basses-cours et vergers des états de Minas Gerais au Rio Grande do Sul. Dans une peau orangeâtre il y a une pulpe acide, que certains n´aiment pas beaucoup savourer *in natura* – mais qui peut être utilisée dans des compotes et des confitures ou pour parfumer une bouteille de *cachaça*. De toute façon, il faut profiter la récolte, d´octobre et novembre, ou pour surgéler l´*uvaia*, pour après en faire des jus ou des glaces.

UVA ITÁLIA
Vitis vinifera L.

ITALIA GRAPE
This variety of table grape – that is, a grape not suitable to make wine – has large, light-green berries and contains seeds. It is enjoyed fresh or used to complement salads, savory sauces and fruit pies. A classic candy sometimes served at parties in Brazil is made by cooking sweetened condensed milk, egg yolks, and butter until the mixture is firm enough to be rolled out, after cooling, and stuffed with an Italia grape berry.

RAISIN ITALIA
Cette variété de raisin de table – c´est-à-dire, qui n´est pas indiqué pour la fabrication de vin – possède des grappes grandes, avec des pépins, à la peau vert clair. Apprécié *in natura* ou utilisée pour enrichir des salades, des sauces salées et des tartes sucrées. Un mets classique pour les fêtes est le "*bombom*" fait avec la pâte de lait condensé sucré cuit avec des jaunes d´oeuf et du beurre, au point de *brigadeiro*, farci de raisin *Italia*.

UVA NIÁGARA
Vitis labrusca L.

FOX GRAPE
The white variety of *Vitis labrusca*, known as Niagara, was initially cultivated in the northeastern United States. The red variety arrived in Brazil around 1830 and, by the end of the nineteenth century, its cultivation was already established in a region of São Paulo state including the cities of Jundiaí, Louveira and Vinhedo. Together with seven other cities, they comprise the so-called *Circuito das Frutas* (Fruit Circuit), which promotes visits to farms and a series of events that occur during the harvest season, from December to February. In 2015, Vinhedo's Wine Festival gathered 400,000 people. The pink variety of *Vitis labrusca*, one of the most consumed in Brazil, was discovered in 1933, in Louveira. Grapes can be served fresh for dessert, and also used to prepare juices, jams, ice creams and cakes.

VIGNE AMÉRICAINE
Initialement cultivées au Nord-Est des États-Unis, les raisins de l'espèce *Vitis labrusca* sont arrivées au Brésil autour de 1830 et, à la fin du XIXe siècle, sa plantation était déjà établie dans une région à la province de l'état de São Paulo, qui concerne les villes de Jundiaí, Louveira et Vinhedo. À côté des autres sept villes, elles intègrent le Circuit des Fruits, où l'on organise des visites à des propriétés rurales et une série d'événements qui ont lieu à l'époque de la récolte, de décembre à février – en 2015, la Festa da Uva de Vinhedo a reçu 400 mille personnes. La variété niagara rosée, l'une des plus consommées au Brésil, a été découverte en 1933, à Louveira. En plus d'être servi *in natura*, comme dessert, elle entre dans la préparation de jus, des confitures, des sorbets et de gâteaux.

UVA RUBI
Vitis vinifera L

RUBY GRAPE
In 1972, the farmer of Japanese origin Kotaro Okuyama was harvesting Italia grapes in his plantation in Santa Mariana, in Paraná state, when he found a cluster that had undergone a somatic mutation: that was the beginning of Ruby grape cultivation, a variety with pink berries. In the late 1970s, Ruby grape farming had spread to other areas of the state, and arrived in São Paulo and Rio Grande do Sul states. Ruby grape is served fresh or used to make juices, jams, jellies, and other desserts, as well as an ingredient for salads and sauces.

RAISIN RUBIS
En 1972, l'agriculteur d'origine japonaise Kotao Okuyana cueillait des raisin du type Itália (de couleur verte) dans sa plantation dans la ville de Santa Mariana, à l'état du Paraná, lorsqu'il a découvert une grappe qui avait subi une mutation somatique: cela a été le début de la plantation de la variété *rubi*, avec des grappes de couleur rosée. À partir de la fin des années 1970, la récolte s'était déjà diffusée par d'autres villes du Paraná et est arrivée à l'état de São Paulo et au Rio Grande do Sul. Le raisin *rubi* est servi in natura ou sous la forme de jus, des confitures et d'autres confits, ou bien il est composant de salades et des sauces.

VAGEM
Phaseolus vulgaris

GREEN BEANS
Although the name in Portuguese does not make it clear, it is the same plant that yields beans, but the pod is still green, or unripe. Among the several varieties available are the Italian green beans (flattened, about 8 inches long), and the haricot verts, or French green beans (round, about 6 inches long). The fibrous ends should be discarded before consumption. Sautéed, blanched, or steamed, green beans are a good addition to side dishes and salads, and can be served on their own. They are also used as an ingredient for soups, *farofas* (seasoned manioc flour) and stews.

HARICOT VERT
Il s'agit de la même plante des haricots, mais consommée encore verte et avec les grains immatures gardés par les gousses. Parmi des divers types disponibles il y a la *manteiga* (plate, mesurant environ 20 centimètres) et la *macarrão* (arrondie, d'environ 15 centimètres). Les extrémités fibreuses doivent être jetées avant la préparation. Braisés ou cuits dans l'eau – ou à la vapeur – ils rendent de bons accompagnements, dans des salades ou tous seuls. Ils sont aussi utilisés comme complément de soupes, des *farofas* et des plats cuits.

VAGEM DE METRO
Phaseolus vulgaris

YARDLONG BEANS
As the name implies, this variety of green beans grows much longer than the other varieties. Round and darker in color, yardlong beans can be prepared in the same ways as the other green beans.

HARICOT KILOMÈTRE
Comme le nom l'indique, il s'agit d'une variété de haricot vert qui pousse beaucoup plus que les autres variétés. De forme cylindrique et ave un couleur plus foncée, elle peut être préparé de la même manière que les haricots *manteiga* et *macarrão*.

VIEIRA
Pecten maximus e Nodipectem nodosus

SCALLOP
Tender, but yet firmer than other mollusks, such as oysters, scallops are good grilled or prepared au gratin. In Brazil, the few existing farms are on the coast of Rio de Janeiro, São Paulo, and Santa Catarina, and they are not enough to meet the country's demand. Therefore, a lot of what is served in restaurants in is frozen scallops from Chile or Canada. Fun fact: the traditional appetizer *Casquinha de siri* (Brazilian-style dressed crab) is often served in a scallop shell.

PÉTONCLE
Tendre, la chair de la petoncle possède une consistance plus ferme que celle d'autres molllusques, comme l'huître, et elle est très bonne grillée ou gratinée. Au Brésil, les très nombreux éleveurs existants dans le littoral des état de Rio de Janeiro, São Paulo et Santa Catarina ne réussissent pas à répondre à la demande des restaurants. C'est pour cela qu'une grande partie de cet ingrédient consommé dans le pays vient surgélée du Chili ou du Canada. Une curiosité: la traditionnelle *casquinha de siri* est servie, en fait, dans des coquilles de pétoncle.

VINAGREIRA
Hibiscus sabdariffa L.

ROSELLE
"In true *cuxá*, roselle reminds us that life is sometimes sour, but without this acidic seasoning, it cannot be lived," wrote Odylo Costa Jr., in his *Cozinha do arco-da-velha* (Unbelievable Cooking Traditions), about **Arroz de cuxá**. The most emblematic dish of Maranhão combines the fruit and leaves of this plant with rice, fresh and dried shrimp, okra, and sesame seeds. Chopped, the leaves impart a natural acidity to recipes and can be used instead of lime. The sepals that surround the fruit of this plant of the hibiscus family are dried and used to make tea.

ROSELLE
"Dans le vrai *cuxá*, la roselle rappelle que la vie parfois est très acide, mais sans ce condiment aigre, elle ne peut pas être vécue", a écrit Odylo Costa, filho, dans son livre *Cozinha do arco-da-velha*, sur le **riz de cuxá** – le plat le plus emblématique du Maranhão combine les grains avec les feuilles de cette plante herbacée, des crevettes fraîches et sèches, du gombo et du sésame. Hachée menu, cette herbe donne une acidité naturelle à des recettes et peut être utilisée à la place du citron. Les sépales qui enveloppent le fruit de la plante, un hibisque, sont déshydratées et utilisées pour en faire du thé.

VÔNGOLE
Anomalocardia brasiliana

BRAZILIAN CLAM
This small bivalve mollusk, also called *berbigão* in Portuguese, barely exceeds 3 cm and can therefore be used in their shells as an ingredient for the recipe inherited from Italian immigrants who came to Sao Paulo, present on the menu of several restaurants in the country: **Espaguete ao vôngole** (spaghetti with Brazilian clams). Although it can be found all along the Brazilian coast, it is more abundant in Santa Catarina, where it is used as filling for *pastel* (Brazilian fried turnover) and other dishes, such as **Sopa de berbigão** (clam soup). The Brazilian clam is one of the ingredients included in the *Arca do Gosto* (Ark of Taste), a Slow Food movement to popularize ingredients in danger of extinction.

PALOURDES
Ce petit mollusque bivalve, connu aussi comme *berbigão*, possède à peine 3 centimètres et peut, donc, apparaître encore dans des écorces dans unn recette héritée par des immigrants italiens de São Paulo et présente dans des divers menus du pays: le **spaghetti aux palourdes**. Malgré le fait qu´il soit présent dans tout le littoral, il est plus abondant à la côte de Santa Catarina, où il apparaît dans des farces de beignets et dans des plats, tels **la soupe de berbigão**. La palourde brésilienne fait partie de la Arca do Gosto, initiative du mouvement Slow Food, pour diffuser des aliments qui sont en voie de disparition.

XARÉU
Caranx lugubris

BLACK JACK
Fish commonly found in the coastal region of the Northeast, where it is an ingredient for fish stews. Whole, it can be baked stuffed with *farofas* made with seasoned manioc flour. Cut into steaks, it can be lightly breaded and deep fried, or cooked in coconut milk sauce.

CARANGUE NOIRE
Très courante sur la côte du Nord-Est, où la chair apparaît dans des *peixadas* ou des *moquecas*. Entier, il va au four farci de *farofas* de farine de manioc. Dans des pavés, il peut être légèrement pané et frit ou cuit à la sauce de lait de coco.

ÍNDICE DE NOMES COMUNS

Os termos em *itálico* identificam as entradas do livro que correspondem às variações regionais do nome de diversos ingredientes. Basta consultá-los em ordem alfabética.

A

abecedária: *jambu*
abóbora-do-nordeste: *abóbora de leite*
abóbora-paulista: *abóbora-de-pescoço*
abóboras: *jerimum*
abóbora-seca: *abóbora-de-pescoço*
abóbora-sergipana: *abóbora de leite*
abrote: *abrótea*
açafrão-da-índia: *cúrcuma*
açafrão-da-terra: *cúrcuma*
açafroa: *cúrcuma*
adicuri: *licuri*
agrião-do-brasil: *jambu*
agrião-do-norte: *jambu*
aguardente: *cachaça*
agulha: *acém*
aipim: *mandioca*
aipo: *salsão*
alcatrinha: *acém*
alecrim-de-são-josé: *beldroega*
alfavaca-cheirosa: *manjericão*
alfavação: *manjericão*
alicuri: *licuri*
almêijoa: *lambreta*
ambu: *umbu*
amburana: *umburana*
amêijoa: *lambreta*
ameixa-amarela: *nêspera*
ameixa-caipira: *nêspera*
ameixa-do-pará: *nêspera*
ameixa-japonesa: *nêspera*
amido de mandioca: *goma*
amora-do-mato: *amora silvestre*
anato: *urucum*
andu: *feijão-guandu*
anona-de-espinho: *graviola*
araçá-roxo: *araçauna*
araticum-grande: *graviola*
araticum-manso: *graviola*
ariá: *batata-ariá*
aricuri: *licuri*
ariocó: *cioba*
arroz da terra: *arroz vermelho*
asinha: *asa de frango*
assado: *costela bovina*
azedinha: *vinagreira*
azeite de cheiro: *azeite de dendê*
azeite de palma: *azeite de dendê*

B

bacalhau da Amazônia: *pirarucu seco*
bacalhau brasileiro: *abrótea*
balãozinho: *camapu*
banana-branca: *banana-maçã*
banana-comprida: *banana-da-terra*
baroa: *mandioquinha*
barujo: *baru*
basilicão: *manjericão*
basílico: *manjericão*
basílico-grande: *alfavaca*
batata-aipo: *mandioquinha*
batata-baroa: *mandioquinha*
batata-chinesa: *jacatupé*
batata-d'água: *jacatupé*
batata-cenoura: *batata-doce*
batata-do-alto: *namorado*
batata-paraense: *batata-ariá*
batata-salsa: *mandioquinha*
bauna: *cioba*
baunilha-banana: *baunilha do cerrado*
beque: *capivara*
berdolaca: *beldroega*
berduega: *beldroega*
bergamota caiense: *bergamota montenegrina*
bijupirá: *beijupirá*
bilimbi: *biribiri*
bochecha: *patinho bovino*
bodeco: *pirarucu*
bola: *patinho bovino*
bredo: *beldroega; caruru*
brota: *abrótea*
bruto: *araticum do cerrado*

C

cabeçudo: *licuri*
cabochã: *abóbora-japonesa*
cabotiá: *abóbora-japonesa*
cabra: *bode*
cabrito: *bode*
caitatu: *cateto*
caititu: *cateto*
camarão de água doce: *camarão pitu*
cambicá: *cambucá*
cambricó: *cambucá*
cana: *cachaça*
caninha: *cachaça*
capim-cidreira: *capim-limão*
capim-santo: *capim-limão*
cará-borboleta: *cará-moela*
cará-de-árvore: *cará-moela*
cará-do-ar: *cará-moela*
carambola-amarela: *biribiri*
caranambu: *cará*
caranho: *cioba*
caraputanga: *cioba*
caratinga: *cará*
cará-voador: *cará-moela*
carne de sertão: *carne de sol*
carne de vento: *carne de sol*
carpincho: *capivara*
castanha-da-amazônia: *castanha-do-brasil*
castanha-do-pará: *castanha-do-brasil*
catfish: *bagre*
catirê: *capote*
cenoura-amarela: *mandioquinha*
cereja-das-antilhas: *acerola*
cereja-de-barbados: *acerola*
cereja-do-pará: *acerola*
chã de dentro: *coxão mole*
chã de fora: *coxão duro*
chá-do-méxico: *mastruz*
chagas: *capuchinha*
chaguinha: *capuchinha*
chapéu-de-frade: *pimenta-cambuci*
cherne: *garoupa*
chicória-amarga: *almeirão*
chicória-do-norte: *chicória-do-pará*
chumbinho: *sarnambi*
cobia: *beijupirá*
cobió: *cubiu*
cocá: *capote*
coco-babão: *bocaiuva*
coco-baboso: *bocaiuva*
coco-de-espinho: *bocaiuva*
coco-feijão: *baru*
coco-xodó: *bocaiuva*
coentrão: *chicória-do-pará*
coentro-de-caboclo: *chicória-do-pará*
coentro-do-pasto: *chicória-do-pará*
colorífico: *colorau*
condessa: *graviola*
conquém: *capote*
coqueiro-aracuri: *licuri*
coqueiro-buriti: *buriti*
coqueiro-dicuri: *licuri*
coração-de-rainha: *graviola*
costela do dianteiro: *costela bovina*
croá: *cruá*
cubu: *capivara*
cudiguim: *codeguim*
cumaruana: *baru*
cumbaru: *baru*
cupido: *capivara*
curuputi: *camapu*

E

embiriba: *imbiriba*
enchova: *anchova*
epazote: *mastruz*

erva-cidreira: *capim-limão*
erva-de-santa-maria: *mastruz*
erva-santa: *mastruz*
escodeguim: *codeguim*
escudiguinho: *codeguim*
espora-de-galo: *capuchinha*

F

farnangaio: *agulhinha*
fava-belém: *fava-branca*
fécula de mandioca: *goma*
feijão-andu: *feijão-guandu*
feijão-batata: *jacatupé*
feijão-canário: *feijão-bolinha*
feijão-caupi: *feijão-fradinho*
feijão-de-lima: *fava-branca*
feijão-fava: *fava-branca*
feijão-favona: *fava-branca*
feijão-gandu: *feijão-guandu*
feijão-gorgutuba: *feijão-gorgotuba*
feijão-macuco: *jacatupé*
fisalis: *camapu*
flor de bananeira: *coração de bananeira*
flor-de-sangue: *capuchinha*
fraca: *capote*
funcho: *erva-doce*

G

gairoba: *gariroba*
gairova: *gariroba*
galinha-d'angola: *capote*
galinha-do-mar: *garoupa*
galinha-do-mato: *capote*
garirova: *gariroba*
gerobeba: *jurubeba*
gramixó: *açúcar*
granito: *ponta de peito bovino*
guariroba: *gariroba*
gueiroba: *gariroba*
guiné: *capote*

I

iandirana: *bacuri*
imbu: *umbu*
imburana: *umburana*
inhame-cará: *cará*
iquiriba: *imbiriba*

iricuri: *licuri*

J

jabá: *carne-seca*
jaca-de-pobre: *graviola*
jaca-do-pará: *graviola*
jaguaroba: *gariroba*
jataí: *jatobá*
jenipaba: *jenipapo*
jerimum: *abóbora-moranga*
joá: *camapu*
joá-manso: *jurubeba*
jubeba: *jurubeba*
jupeba: *jurubeba*
juribeba: *jurubeba*
jurupeba: *jurubeba*

K

kabochá: *abóbora-japonesa*
kinkan: *quincam*
kumquat: *quincam*

L

lagosta-sapateira: *cavaquinha*
leren: *batata-ariá*
limão-de-caiena: *biribiri*
lobrobô: *ora-pro-nóbis*
lombo de acém: *acém*
lombo de agulha: *acém*
lombrigueira: *mastruz*

M

macaíba: *bocaiuva*
macauba: *bocaiuva*
macaxeira: *mandioca*
maisena: *amido de milho*
maná: *cubiu*
mandarina: *bergamota montenegrina*
mangará: *coração de bananeira*
mangará: *mangarito*
mangarataia: *gengibre*
mangaratiá: *gengibre*
maní: *amendoim*
manjericão-cheiroso: *alfavaca*
manjerona-selvagem: *orégano*
manteiga da terra: *manteiga de garrafa*
maracujá-amarelo: *maracujá*

azedo
marelaço: *garoupa*
marolo: *araticum do cerrado*
mastruço: *mastruz*
mata-fome: *camapu*
mata-velha: *ora-pro-nóbis*
mate: *erva-mate*
mel de engenho: *melado*
melão-caboclo: *cruá*
melão-de-caboclo: *cruá*
melão-de-cheiro: *cruá*
menina-brasileira: *abobrinha brasileira*
menstrusto: *mastruz*
mentrasto: *mastruz*
mentruço: *mastruz*
mero: *garoupa*
minga: *costela bovina*
miriti: *buriti*
mocotó bovino: *mão de vaca*
morgote: *mexerica murcote*
mozarela: *queijo muçarela*
mulaca: *camapu*
murcote: *mexerica murcote*
muriti: *buriti*
muritim: *buriti*
muruti: *buriti*
mussarela: *queijo muçarela*

N

nona: *fruta-do-conde*

O

óleo de palma: *azeite de dendê*
olho-de-boi: *pitomba*
onze-horas: *beldroega*
orabrobó: *ora-pro-nóbis*
orapinóbis: *ora-pro-nóbis*
orégão: *orégano*
oricuri: *licuri*
ossuboco: *chambaril*
ouricurizeiro: *licuri*
ovinha: *farinha de mandioca Uarini*

P

pacova, pacovã: *banana-da-terra*
pacu vermelho: *tambaqui*
paiche: *pirarucu*

palmeira sertaneja: *licuri*
panã: *araticum do cerrado*
pão do coco: *maçã do coco*
patauá: *óleo de patauá*
pati-amargosa: *gariroba*
patoá: *óleo de patauá*
pazote: *mastruz*
pecari: *cateto*
peguari: *preguari*
pequiá: *pequi*
physalis: *camapu*
pinga: *cachaça*
pintada: *capote*
piqui: *pequi*
piquiá: *pequiá*
piracuca: *garoupa*
piracuí: *farinha de piracuí*
piraíba: *filhote*
piranambu: *filhote*
pirapitinga: *filhote; pacu*
piripirioca: *priprioca*
pirosca: *pirarucu*
pitiá: *pequi*
pitombo: *pitomba*
pitu: *camarão pitu*
pixuri: *puxuri*
polenta: *fubá*
polvilho doce: *goma*
ponçã, ponkã: *mexerica ponçã*
ponta de agulha: *costela bovina*
ponta de alcatra: *maminha*
porcelana: *beldroega*
porco-do-mato brasileiro: *cateto*
pulmão bovino: *bofe*

Q

quaresma: *fruta-do-conde*
queijo bola: *queijo do reino*
queijo bola: *queijo prato*
queijo catupiry: *catupiry*
queijo cobocó: *queijo prato*
queijo da Mantiqueira: *queijo catauá*
queijo de coalho: *queijo coalho*
queijo de colônia: *queijo colonial*
queijo esférico: *queijo do reino*
queijo esférico: *queijo prato*
queijo lanche: *queijo prato*
quiabinho: *ora-pro-nóbis*

R

radicce: *almeirão*
ripa de costela: *costela bovina*
rosmarinho: *alecrim*

S

saco-de-bode: *pequi*
sakué: *capote*
salsa-do-pará: *chicória-do-pará*
sangue-de-boi: *tomate-de-árvore*
saramunete: *trilha*
saúva: *içá*

T

taioba portuguesa: *mangarito*
tamarilho: *tomate-de-árvore*
tamarillo: *tomate-de-árvore*
tanajura: *içá*
tangerina rio: *bergamota montenegrina*
tapioca: *farinha de tapioca flocada*
tatu: *lagarto*
tayaó: *mangarito*
teredo: *turu*
tetsukabuto: *abóbora-japonesa*
tirante: *acém*
tomatão: *tomate-de-árvore*
toucinho: *bacon*
tripa: *bucho bovino*
tubarão-de-água-doce: *filhote*

U

umbigo de bananeira: *coração de bananeira*
uricuri: *licuri*
uricuriba: *licuri*

V

vacío, vazio: *fraldinha*
verdolaga: *beldroega*
verdoloca: *beldroega*
vermelho: *pargo*
vermelho-cioba: *cioba*

Y

yam: *inhame (taro)*

BIBLIOGRAFIA

AMADO, Jorge. *Dona Flor e seus dois maridos*. São Paulo: Companhia das Letras.

AMADO, Paloma Jorge. *A comida baiana de Jorge Amado*. Rio de Janeiro: Record, 2003.

BRILLAT-SAVARIN, Jean Anthelme. *A fisiologia do gosto*. São Paulo: Companhia das Letras, 1995.

CASCUDO, Luís da Câmara. *História da alimentação no Brasil*. São Paulo: Global, 2004.

COSTA, FILHO, Odylo et al. *Cozinha do arco-da-velha*. Rio de Janeiro: Nova Fronteira, 1997.

DEBRET, Jean Baptiste. *Voyage pittoresque et historique au Brésil*. Paris: Firmin Didot Frères, 1835. (edição eletrônica)

DI STASI, Luiz Claudio & **HIRUMA-LIMA**, Clélia Akiko. *Plantas medicinais na Amazônia e na Mata Atlântica*. São Paulo: Unesp, 2002.

ERBETTA, Gabriela & **JORGE**, Michelle Seddig. *O livro das ervas, especiarias e pimentas*. São Paulo: Publifolha, 2004.

FERNANDES, Caloca. *Viagem gastronômica através do Brasil*. São Paulo: Editora Senac. São Paulo: Editora Estúdio Sonia Robatto, 2001.

FREYRE, Gilberto. *Açúcar*. São Paulo: Companhia das Letras, 1997.

FRIEIRO, Eduardo. *Feijão, angu e couve*. São Paulo: Editora da Universidade de São Paulo, 1982.

GRIGSON, Jane. *O livro das frutas*. São Paulo: Companhia das Letras, 1999.

Guia Quatro Rodas Brasil 2015. São Paulo: Editora Abril, 2014.

HERBST, Sharon Tyler e Ron. *Food lover's companion*. Nova York: Barron Educational Series, 2007.

HOUAISS, Antonio. *Dicionário Houaiss da língua portuguesa*. Rio de Janeiro: Objetiva, 2009.

LINGUANOTTO NETO, Nelusko. *Pimentas com suas receitas*. São Paulo: Boccato Editores, 2004.

MELO, Eduardo Alves (editor). *Alimentos regionais brasileiros*. Brasília: Ministério da Saúde, 2015.

Ministério da Agricultura, Pecuária e Abastecimento. *Manual de hortaliças não convencionais*. Brasília: MAPA, 2010.

NEGRAES, Paula. *Guia A-Z de plantas – Condimentos*. São Paulo: BEI, 2003.

O grande livros dos ingredientes. São Paulo: Publifolha, 2011.

PICKEL, D. Bento José. *Flora do Nordeste do Brasil*. Recife: EDUFRPE, 2008.

SHANLEY, Patricia. *Frutíferas e plantas úteis na vida amazônica*. Belém: CIFOR, Imazon, 2005.

SILVA, Silvestre & **TASSARA**, Helena. *Frutas Brasil Frutas*. São Paulo: Empresa das Artes, 2005.

SOUZA, Julio S. Inglez de. *Enciclopédia agrícola brasileira*. São Paulo: Edusp, 1995.

PRINCIPAIS SITES CONSULTADOS

Associação brasileira das indústrias de queijo (www.abiq.com.br)

Blog do Paladar (blogs.estadao.com.br/paladar/)

Blog do Wessel (www.wessel.com.br)

Centro de referência da pecuária brasileira (www.crpbz.org.br)

Come-se (www.come-se.blogspot.com.br)

Embrapa (www.embrapa.br)

Enciclopédia da Nutrição Nestlé (www.nestle.com.br)

International Union for Conservation of Nature (iucn.org)

Lista de Espécies da Flora do Brasil (www.floradobrasil.jbrj.gov.br)

Revista Globo Rural (www.revistagloborural.globo.com)

Revista Pesquisa Fapesp (www.revistapesquisa.fapesp.br)

Slow Food Brasil (www.slowfoodbrasil.com)

Um pé de quê? (www.umpedeque.com.br)

Esta obra foi composta em Chronicle
Display, Flama e Stag e impressa em
papel couché 150 g/m² pela RR Donnelley